MÜNSTERISCHE BEITRÄGE
ZUR RECHTS- UND STAATSWISSENSCHAFT

HERAUSGEGEBEN VON DER
RECHTS- UND STAATSWISSENSCHAFTLICHEN FAKULTÄT DER
WESTFÄLISCHEN WILHELMS-UNIVERSITÄT IN MÜNSTER

18

1974
WALTER DE GRUYTER · BERLIN · NEW YORK

IN INTEGRUM RESTITUTIO UND VINDICATIO UTILIS

bei Eigentumsübertragungen im klassischen römischen Recht

von

BERTHOLD KUPISCH

W DE G

1974

WALTER DE GRUYTER · BERLIN · NEW YORK

Gedruckt mit Unterstützung der Deutschen Forschungsgemeinschaft

D 6
ISBN 3 11 004549 4

Printed in Germany.

Satz und Druck: Saladruck, 1 Berlin 36
Buchbindearbeiten: Wübben & Co., Berlin

VORWORT

Die Abhandlung wurde im Sommer 1969 von der Heidelberger Juristischen Fakultät als Habilitationsschrift angenommen. Alsbald übernommene akademische Pflichten in Heidelberg und Münster/Westfalen haben den Druck verzögert. Das monographische Schrifttum ist bis Herbst 1971 berücksichtigt worden.

Das Thema der Arbeit ergab sich als unvermutete Frucht einer Beschäftigung mit der *alienatio iudicii mutandi causa facta.* Sie war von Gerardo Broggini angeregt worden, dem ich seit langem auch freundschaftlich verbunden bin. Seine Zustimmung zu den Thesen der vorliegenden Untersuchung hat mich in der Ausarbeitung ganz entscheidend bestärkt. Max Kaser und Wolfgang Kunkel haben die Vorbereitung zum Druck mit ihrer Kritik gefördert. Beiden Gelehrten sowie Hubert Niederländer, der über das Korreferat hinaus die Habilitation betreut hat, bin ich gleichfalls zu Dank verpflichtet.

Die Deutsche Forschungsgemeinschaft hat großzügig Druckbeihilfen gewährt.

Münster/Westfalen, im Oktober 1973

Berthold Kupisch

INHALT

EINLEITUNG

ERSTES KAPITEL

Restituere actionem im Recht des *SC Vellaeanum*

ZWEITES KAPITEL

Die *in integrum restitutio* des minderjährigen Veräußerers

DRITTES KAPITEL

Die *in integrum restitutio* des gezwungenen Veräußerers

VIERTES KAPITEL UND SCHLUSS

ABKÜRZUNGEN

AG	Archivio giuridico «Filippo Serafini» (Bologna, Pisa, seit 1921 Modena).
ASD	Annali di storia di diritto (Mailand seit 1957).
B.	Basiliken (siehe auch Hb. und Sch.).
Balzarini	M. Balzarini, Ricerche in tema di danno violento e rapina nel diritto romano (Padua 1969).
Bekker, Aktionen	E. I. Bekker, Die Aktionen des römischen Privatrechts, 2 Bde. (Berlin 1871 und 1873).
Beseler, Beitr.	G. v. Beseler, Beiträge zur Kritik der römischen Rechtsquellen, 5 Hfte. (Tübingen 1910—1920, Leipzig 1931).
BIDR	Bulletino dell'Istituto di diritto romano »Vittorio Scialoja« (Rom, seit 1940 Mailand).
Burchardi	G. C. Burchardi, Die Lehre von der Wiedereinsetzung in den vorigen Stand (Göttingen 1831).
Carrelli, Actio institutoria	E. Carrelli, L'actio institutoria ex Velleiano senatusconsulto, in: RISG 12 (1937) 63 ff.
Ders., Actio Publiciana	E. Carrelli, L'actio Publiciana rescissoria, in: SDHI 3 (1937) 20 ff.
Ders., Beneficium	E. Carrelli, Sul beneficium restitutionis, in: SDHI 4 (1938) 5 ff.
Ders., Decretum	E. Carrelli, Decretum e sententia nella restitutio in integrum, in: Annali Bari 1 (1938) 129 ff.
Ders., Intercessio	E. Carrelli, L'»intercessio« della donna e la »restitutio in integrum« del creditore, in: SDHI 3 (1937) 305 ff.
Cervenca, Restitutio	G. Cervenca, Studi vari sulla restitutio in integrum (Mailand 1965).
FIRA	Fontes iuris Romani anteiustiniani, edd. S. Riccobono, I. Baviera u. a. 2. Aufl., 3 Bde. (Florenz 1940—43).
Gradenwitz, Ungültigkeit	O. Gradenwitz, Die Ungültigkeit obligatorischer Rechtsgeschäfte (Berlin 1887).
Hartkamp	A. S. Hartkamp, Der Zwang im römischen Privatrecht (Amsterdam 1971).
Hb.	Basilicorum libri LX, edd. G. E. Heimbach u. a., 6 Bde. (Leipzig 1833—70).
IP	Interpretatio zu PS, edd. M. Kaser u. F. Schwarz (Köln und Graz 1956).

IURA	IURA, Rivista internazionale di diritto romano e antico (Neapel seit 1950).
Karlowa, RG	O. Karlowa, Römische Rechtsgeschichte, 2 Bde. (Leipzig 1885 u. 1901).
Kaser, RP	M. Kaser, Das römische Privatrecht, 2 Bde. (München 1955 u. 1959 = Handbuch der Altertumswissenschaften X 3,3).
Ders., RZ	M. Kaser, Das römische Zivilprozeßrecht (München 1966 = Handbuch der Altertumswissenschaften X 3,4).
Kunkel, RP	Römisches Privatrecht auf Grund des Werkes von P. Jörs, in 2. Aufl. neu bearbeitet von W. Kunkel, 3. Aufl. (Berlin—Göttingen—Heidelberg 1949).
Labeo	Labeo, Rassegna di diritto romano (Neapel seit 1955).
Lenel, Edikt	O. Lenel, Das Edictum perpetuum, 3. Aufl. (Leipzig 1927).
Ders., Pal.	O. Lenel, Palingenesia iuris civilis, 2 Bde. (Leipzig 1889).
Levy, Konk. I u. II	E. Levy, Die Konkurrenz der Aktionen und Personen im klassischen römischen Recht, Bd. 1 u. 2, 1. Hälfte (Berlin 1918 u. 1922).
Ders., Privatstrafe	E. Levy, Privatstrafe und Schadensersatz im klassischen römischen Recht (Berlin 1915).
Ders., Restitutio	E. Levy, Zur nachklassischen in integrum restitutio, in: SZ 68 (1951) 360 ff. = Ges. Schriften I (1963) 446 ff.
Ders., Vulgarrecht I u. II	E. Levy, West Roman Vulgar Law, The Law of Property (Philadelphia 1951). Weströmisches Vulgarrecht, Das Obligationenrecht (Weimar 1956).
v. Lübtow	U. v. Lübtow, Der Ediktstitel Quod metus causa gestum erit (Greifswald 1932).
Maier	G. H. Maier, Prätorische Bereicherungsklagen, Romanistische Beiträge zur Rechtsgeschichte, 5. Heft (Berlin u. Leipzig 1932).
Mitteis, RP	L. Mitteis, Römisches Privatrecht bis auf die Zeit Diokletians, 1. Bd. (Leipzig 1908).
NNDI	Novissimo digesto italiano (Turin seit 1957).
PS	Pauli Sententiae receptae (FIRA 2, 317 ff.).
Raggi, Restitutio	L. Raggi, La restitutio in integrum nella cognitio extra ordinem (Mailand 1965).
RE	Paulys Realenzyklopädie der klassischen Altertumswissenschaften, neue Bearb. edd. G. Wissowa u. a. (Stuttgart seit 1894).
RH	Revue historique de droit français et étranger (Paris seit 1921).
RIDA	Revue internationale des droits de l'antiquité (Brüssel seit 1948).

RISG	Rivista italiana per le scienze giuridiche (Turin, Rom, seit 1947 Mailand).
SANFILIPPO	C. SANFILIPPO, Il metus nei negozi giuridici (Padua 1934).
SARGENTI, Restitutio	M. SARGENTI, Studi sulla restitutio in integrum, in: BIDR 69 (1966) 193 ff.
SAVIGNY	F. C. v. SAVIGNY, System des heutigen Römischen Rechts, 8 Bde. (Berlin 1840—1849).
Sch.	Basilicorum libri LX, edd. H. J. SCHELTEMA u. a., Series A: Textus, Series B: Scholia (Groningen seit 1955).
SCHLOSSMANN, Zwang	S. SCHLOSSMANN, Zur Lehre vom Zwang (Leipzig 1874).
SCHMIDT	A. SCHMIDT v. ILMENAU, Civilistische Abhandlungen, Bd. 1 (Jena 1841).
SCHULZ, CRL	F. SCHULZ, Classical Roman Law (Oxford 1954).
Ders., Metus	F. SCHULZ, Die Lehre vom erzwungenen Rechtsgeschäft im antiken römischen Recht, in: SZ 43 (1922) 171 ff.
SDHI	Studia et documenta historiae et iuris (Rom seit 1935).
SZ	Zeitschrift der Savigny-Stiftung für Rechtsgeschichte, Romanistische Abteilung (Weimar).
TR	Tijdschrift voor rechtsgeschiedenis = Revue d'histoire du droit (Haarlem, seit 1950 Groningen, Brüssel und Den Haag).
WENGER	L. WENGER, Institutionen des römischen Zivilprozeßrechts (München 1925).
WINDSCHEID-KIPP	B. WINDSCHEID, Lehrbuch des Pandektenrechts, 9. Aufl. bearb. v. TH. KIPP, 3 Bde. (Frankfurt a. M. 1906).

EINLEITUNG

§ 1

Das Problem

I. Für die *in integrum restitutio (i. i. r.)* des klassischen römischen Rechts[1] sind nach moderner romanistischer Lehre besonders zwei Merkmale charakteristisch. *I. i. r.* bezeichnet erstens eine spezifische, durch besondere Verheißung (Restitutionsedikt) in Aussicht gestellte Tätigkeit des Prätors. Zweitens taugt die *i. i. r.* nur zur Beseitigung von Rechtsveränderungen, zur Wiederherstellung eines früheren Rechtszustands. „Durch *in integrum restitutio* können zwar Rechtsveränderungen, nicht aber tatsächliche Veränderungen rückgängig gemacht werden."[2]

Beide Eigentümlichkeiten folgen nicht schon aus der Wortbedeutung von *i. i. r.* bzw. *i. i. restituere*[3]. Sie spiegeln vielmehr eine den römischen Juristen zugeschriebene technische Verwendung von *i. i. r.*, wie sie schon Savigny nachdrücklich und mit der ihm eigenen Klarheit vertreten hat und wie sie seitdem von der Romanistik, zumal der neueren, allgemein akzeptiert wird[4]. Näher beschreiben läßt sich die *i. i. r.* am besten im Vergleich mit einer anderen Form der Restitution, der judizialen, womit zugleich das Spannungsfeld der vorliegenden Untersuchung abgesteckt ist.

Angenommen, bei einer Eigentumsübertragung hat der Veräußerer unter Zwang des Erwerbers gestanden[5], dann kann der Veräußerer die Restitution

---

[1] Sedes materiae der „Wiedereinsetzung in den vorigen Stand" sind die Digestentitel D. 4,1—4,7. Für die Zwecke der Arbeit interessieren insbesondere die (den klassischen Ediktsrubriken entsprechenden) Titel D. 4,2 *(metus)* und D. 4,4 (Minderjährigkeit), außerdem D. 4,3 *(dolus)* und D. 4,7 *(alienatio iudicii mutandi causa facta).* Vgl. ferner im Codex Justinianus die Titel C. 2,19—2,54. Den klassischen Ediktstitel *De in integrum restitutionibus* berücksichtigen lediglich die Digesten (D. 4,1). Zu allem Lenel, Edikt 109 ff.

[2] Lenel, Edikt 127. Siehe auch Schulz, Metus 221 N. 4 und Windscheid-Kipp 1,586.

[3] Savigny 7,91 f.

[4] Vgl. Savigny 7,99 ff.; 103 ff.; 120; ferner Karlowa, RG 2, 1101 und öfter; Duquesne, Ann. Grenoble 20 (1908) 297; Klingmüller, RE 1 A (1914) 677; Wenger 235; Jobbé-Duval, St. Bonfante III (1930) 183; Carrelli, Decretum 130; Kunkel, RP 104; Kaser, RP 1,215 und RZ 330 (dort auch die neueste Gesamtdarstellung); Arangio-Ruiz, Ist.[14] (1960) 143.

[5] Zur Rechtswirksamkeit erzwungener Geschäfte jetzt Hartkamp 73 ff. mit umfassender Literaturübersicht.

des Rechtsverlusts auf zwei Wegen erreichen. Einmal dadurch, daß der Prätor ihm die beantragte Einsetzung eines Urteilsgerichts *(iudicium)* gemäß der *actio quod metus causa* bewilligt. Klagegrundlage ist die erzwungene Rechtsveränderung, Funktionsweise der Restitution die Rückübereignung, die klagtechnisch durch eine für die Formel charakteristische Restitutionsklausel vorgesehen ist[6]. Sie ermächtigt den *iudex*, dem Beklagten aufzugeben, die für die Rückübereignung (und Besitzverschaffung) erforderlichen Handlungen mit dem Kläger vorzunehmen *(iussum iudicis)*. Die effektive Wiederherstellung des status quo ante geschieht also (auf der Basis des erzwungenen Rechtszustands) durch die Parteien selbst, durch rechtsgeschäftliche Umkehrung des mangelbehafteten Übereignungsgeschäfts.

Diese Form der Restitution wird als j u d i z i a l e Restitution bezeichnet, weil sie im *iudicium* vor sich geht. Da sie der *iudex* befiehlt, spricht man auch von b e f o h l e n e r Restitution[7]. Der Prätor begnügt sich hier mit regulärer Rechtshilfe, insoweit er dem Gezwungenen eine Klage, die Metusklage, erteilt. Sie kann nach dem Gesagten nur eine *actio in personam* sein.

Ganz anders verhält sich der Prätor, wenn der Gezwungene *i. i. r. propter metum* beantragt. Dann ist es unmittelbar Sache des Prätors (gewöhnlich nach eigener Untersuchung des Restitutionsgrunds: *causae cognitio*), dem Gezwungenen das Eigentum wieder zu verschaffen. Das geschieht durch eine Entscheidung hoheitlicher Gewalt *(decretum)*, durch die der erzwungenen Eigentumsübertragung selbst die Rechtswirksamkeit genommen wird. LEVY definiert deshalb den Unterschied zwischen *i. i. r.* und judizialer Restitution auch einmal so: „Im ersten Falle handelte der Prätor selbst *(restituam)*[8], im zweiten wurde der Partei geboten zu handeln *(restituas)*."[9]

---

[6] LENEL, Edikt 113; vgl. Ulp. D. 4,2,14,11.

[7] Auch der Prätor befiehlt zuweilen Restitution, so etwa beim Interdikt *Quod vi aut clam*, Ulp. D. 43,24,1 pr. Nicht jeder vom *iudex* ausgehende Restitutionsbefehl zeigt freilich judiziale Restitution in dem beschriebenen Sinn an. Vgl. unten Anm. 13.

[8] Vgl. Ulp. D. 4,6,1,1.

[9] LEVY, Restitutio 362. Einschärfend und auch für die moderne Lehre noch gültig stellt WINDSCHEID das Prinzip der *i. i. r.* heraus: „Wenn man", warnt er, „bei der Betrachtung der Wiedereinsetzung davon ausgeht, daß sie die Wiederherstellung eines früheren Zustandes sei, so muß man scharf betonen, daß unter Wiederherstellung eines früheren Zustandes nicht zu verstehen sei die Herstellung eines gleichen Zustandes wie der früher dagewesene, sondern Herstellung des identischen früher dagewesenen, was eben nur durch Negation der Abänderung (der abändernden Kraft) möglich ist." WINDSCHEID-KIPP 1,584 N. 3; ferner 585 und N. 7. Vgl. auch BEKKER, Aktionen 2,75. — Zur Frage, ob die amtliche Entscheidung stets in Form eines besonderen Dekrets erging, alsbald im Text und Anm. 17. Einzelheiten S. 101 ff.

Die Restitution von hoher Hand nennt man auch prätorische Restitution. Ihre „eigentümlichste Folge" zeigt sich nach einer Formulierung SAVIGNYS „in dem Anspruch auf eine wahre *in rem actio*"[10]. Es ist dem Prätor allerdings verwehrt, der von ihm vorgenommenen Restitution zivilrechtliche Wirkung beizulegen. Er kann die frühere Rechtslage nur vor seinem Forum wiederherstellen, das heißt als Fiktion: als ob die Rechtsübertragung nicht eingetreten wäre[11]. Für die restitutionsweise gewährte *a. in rem* ist deshalb eine von der Grundformel *(formula vulgaris)* abweichende Fassung typisch, welche die angegriffene Eigentumsübertragung als unterblieben fingiert[12] und die Klage in die Kategorie der *actiones utiles* einreiht[13].

Prätorische Restitution bedeutet demnach Wiederherstellung des früheren Zustands unmittelbar durch den Prätor im Wege rückwirkender Vernichtung des bestehenden Zustands. Damit wird das zweite Merkmal der *i. i. r.* einsichtig. Liegt die Eigenart der *i. i. r.* darin, daß eine Entscheidung des Prätors den bestehenden Zustand mit Wirkung für die Vergangenheit beseitigt, dann eignet sich die *i. i. r.* zwangsläufig nur dazu, den früheren Rechtszustand wiederherzustellen, Veränderungen in der Rechtssphäre rückgängig zu machen. Für das Recht als Phänomen des Normativen ist der be-

---

[10] 7,193.

[11] SAVIGNY 7,96; DUQUESNE a. a. O. 298; JOBBÉ-DUVAL a. a. O. 183; KASER RZ 330. BEKKER a. a. O. spricht in dem Zusammenhang von der „retrograden Tendenz" der *i. i. r.* Neuestens verwendet RAGGI (267 und passim) den Ausdruck „salto indietro nel tempo", der bei seinen Rezensenten FABBRINI (Labeo 13 [1967] 204) und GAUDEMET (RH 44 [1966] 613: „saut en arrière") Anklang gefunden hat. Vgl. bereits CARRELLI, Actio institut. 69.

[12] Rekonstruktion bei LENEL, Edikt 110. Eingehend v. LÜBTOW 121 ff. und, für die fiktizische Klage bei verlorenen Forderungsrechten, 125 f. Neuerdings scheint WESEL die Auffassung zu vertreten, der Prätor habe z. B. die Eigentumsübertragung mit Wirkung für das Zivilrecht rückwirkend beseitigen können. SZ 85 (1968) 94 ff.; vgl. 105; 156; 159; 165 f.; 170. Die Meinung wird indes nicht näher begründet. Sie ist Bestandteil einer Argumentation, bei der unvermittelt von der so verstandenen *i. i. r.* auf eine dingliche Wirkung der *redhibitio* und von dort auf eine dingliche Wirkung der Rücktrittsvorbehalte beim Kauf, dem eigentlichen Thema WESELS, geschlossen wird. Auffällig ist dabei durchgängig die unkritische Verwendung römischer Termini wie *rescindere, resolvere* in einem der These WESELS genehmen Sinn. Dagegen ist anerkannt, daß gerade im Bereich der Unwirksamkeit von Rechtsgeschäften die von den Römern verwendeten Ausdrücke eine feste Bedeutung nicht haben. Vgl. unten S. 86; 119 ff. Zum Verhältnis von *i. i. r.* und *redhibitio* siehe noch unten S. 97 f. mit Anm. 167.

[13] Entsprechend Gai. 4,38. Vgl. ferner KASER, RZ 253 und N. 31 in fin. Daß auch beim *iudicium in rem* ein Restitutionsbefehl des *iudex* ergeht (Paul. D. 6,1,35,1; LENEL 186), berührt nicht die dogmatische Unterscheidung zwischen judizialer und prätorischer Restitution.

schriebene Vorgang denkbar, nicht aber wären tatsächliche Veränderungen, im Beispielsfall die mit der Eigentumsübertragung verbundene Besitzübertragung, allein durch ein Machtwort aus der Welt geschafft[14].

Diese Einschränkung führt lehrmäßig zu einer weiteren Unterscheidung. Anders als bei der judizialen Restitution geht die Wiederherstellung der früheren tatsächlichen Lage nicht in den Begriff der *i. i. r.* ein[15]. Erteilung und Durchführung der *a. in rem* sind vielmehr nur Konsequenzen der *i. i. r.*, des vom Prätor wiederhergestellten status quo ante[16], mochte der Prätor förmlich (Restitutionsdekret) oder, wie heute überwiegend angenommen wird, implizit, durch Erteilung der *actio* gehandelt haben[17]. Für das Formularverfahren hält die Lehre *i. i. r.* und *actio* als zwei verschiedene, sich freilich gegenseitig ergänzende Verfahren begrifflich streng auseinander[18].

II. Gegenüber einer Fülle von Problemen betrachtet die heutige Romanistik die skizzierte Struktur der *i. i. r.* und damit ihre Entgegensetzung zur judizialen Restitution und zur *actio* überhaupt als gesichertes Ergebnis[19]. Die römische Grundvorstellung gilt in einem Maße als geklärt, daß auch in Einzeldarstellungen vorbehaltlos an die Lehre angeknüpft werden kann[20].

1. Es scheint indessen fraglich, ob dieser Verzicht auf Reflexion der Prämisse zu Recht geübt wird oder nicht vielmehr das Erkennen einer differenzierteren historischen Wahrheit behindert. Quellenmäßig steht es um die Lehre gar nicht so günstig, wie man meinen sollte. Die wenigen Stellen, die uns die *a. in rem* expressis verbis überliefern, lassen sich nur unter Schwierigkeiten, zum Teil gar nicht in das traditionelle Bild der *i. i. r.* ein-

---

[14] Vgl. dazu noch Kunkel, RP 262; v. Lübtow 215; Duquesne a. a. O. 309 und N. 2.

[15] *I. i. r.* scheidet danach ganz aus, wo die beanstandeten Veränderungen nur tatsächlicher Natur sind. Im Metusrecht füllt diese Lücke die judiziale Restitution der Metusklage. Schulz, Metus 221; Kunkel, RP 261 N. 5; Kaser, RP 1,213.

[16] Levy, Restitutio 362; 367; Carrelli, Decretum 130 und passim. Von den älteren Autoren vgl. Savigny 7, 232 f.; Spaltenstein, Wiedereinsetzung in den vorigen Stand (1873) 206 f. und besonders 218.

[17] Diese Meinung überwiegt heute. Kaser, RZ 332 N. 22 mit weit. Angab.

[18] „L'*i. i. r.* est obtenue au cours d'une véritable instance *in iure*." Duquesne, Ann. Grenoble 20 (1908) 298. Vgl. auch Levy, Restitutio 362; Cervenca, St. Biondi I (1965) 608 und die Darstellung bei Kaser, RZ 332.

[19] Hervorgehoben von Duquesne a. a. O.

[20] An neueren und neuesten Einzeluntersuchungen sind zu nennen die Arbeiten von Carrelli, Levy, Cervenca, Raggi und Sargenti, ferner Hartkamp. Eine umfassende Bibliographie der *i. i. r.* gibt Cervenca, Restitutio 1 N. 1. Von den Handbüchern vgl. zuletzt Kaser, RZ 330 ff.

fügen[21]. Es überzeugt heute nicht mehr ohne weiteres, wenn das auf nachklassische Eingriffe zurückgeführt werden soll.

In der Sache selbst fällt bei der *i. i. r.* gegen Eigentumsübertragungen auf, daß Begriff und Bezeichnung auseinanderfallen. Judiziale Restitution würde hier die Rückgängigmachung der Besitzlage in die Restitution einbeziehen und daher den Namen *i. i. r.* eigentlich mit mehr Recht verdienen als die prätorische Restitution. Dem könnte entgegengehalten werden, die für die *i. i. r.* charakteristische Irrelevanz des Tatsächlichen ergebe sich zum Beispiel daraus, daß nach Ulp. D. 4,4,16,3 der Rechtsbehelf bei nichtigem Vertrag ganz ausscheidet. Damit wären indessen die Probleme nicht getroffen: Ob die *i. i. r.* eingreift, ist die eine Frage, die sich keineswegs generell beantworten läßt, wie Ulp. D. 4,2,9 pr. zeigt; die andere, hier entscheidendere Frage ist die, wie es mit der Reichweite der *i. i. r.* steht, wenn sie eingreift. Daß nämlich die *i. i. r.*, wie sie heute verstanden wird, judizialer Restitution im Regelfall unterlegen ist, ist so wenig bestritten wie die Tatsache, daß es eine überzeugende Erklärung für den angenommenen Vorrang der prätorischen Restitution nicht gibt.

Die ältere Lehre[22] machte sich Gedanken über den Fall des restitutionsuchenden Minderjährigen, der irrtümlich eine ihm nicht gehörige Sache veräußert hat, wofür er dem Eigentümer haftet. Prätorische Restitution mit *a. in rem* kommt hier nicht in Betracht. Man behalf sich mit der Annahme, der Prätor habe in diesem Fall von einem *iudicium in rem* abgesehen und das gesamte Verfahren in eigener Regie, ohne Erteilung einer *actio* erledigt. Wenn aber eine ganz allgemein gehaltene Rechtsschutzverheißung[23] den Prätor ermächtigte, so zu verfahren, dann mochte er auch im Rahmen des Formularverfahrens Mittel und Wege finden, um das Restitutionsziel zu erreichen. Zu denken wäre an eine *a. in factum* mit, allenfalls auch ohne Restitutionsklausel. Das hätte zudem den Vorteil größerer Wirksamkeit gehabt. Die wahre Eigentumslage kommt möglicherweise erst vor dem *iudex* an den Tag, weil Zweifel am Eigentum des Minderjährigen *in iure* nicht auftauchen und die Notwendigkeit umfassenden prätorischen Eingreifens nicht erkannt wird. Der Vindikationsprozeß jedenfalls geht dann verloren[24]. Dieses Ergebnis würde mit einer *a. in factum* vermieden. Sie klammert, sachlich

---

[21] Siehe Ulp. D. 4,2,9,4 und 6; 4,4,13,1; Gord. C. 2,19,3 (a. 238) und unten S. 61 ff.; 134 ff.

[22] BURCHARDI 443 f.; SAVIGNY 7,234 und N. 9.

[23] Ulp. D. 4,4,1,1 (11 ad ed): *Quod cum minore quam viginti quinque annis natu gestum esse dicetur, uti quaeque res erit, animadvertam.* Dazu PUGLIESE, NNDI 3, 434 s. v. *cognitio.*

[24] Diese Situation wäre allenfalls durch eine *a. Publiciana* mit doppelter Fiktion zu vermeiden gewesen. Vgl. SCHLOSSMANN, Zwang 107.

angemessen, die Frage des Eigentums aus, nötigt nicht dazu, die Zweiteilung des Verfahrens aufzugeben, sondern vereinigt die allgemein angestrebte Verfahrensökonomie mit einem unmittelbar wirksamen Schutz des Minderjährigen.

Die Überlegenheit judizialer Restitution zeigt sich auch dann, wenn die veräußerte Sache beim Empfänger untergegangen oder, bei Geld, vermischt worden ist. Darauf ist im Rahmen erzwungener Eigentumsübertragung gelegentlich hingewiesen worden[25]. Die einwandfrei belegte Metusklage macht in diesem Fall die Annahme einer besonderen *actio in factum* überflüssig[26]. Die Existenz dieser Klage aber hat schon bisher die Gesamtwürdigung des Rechtsschutzes wegen *metus* in bezeichnender Weise beeinflußt: Nach Levy nimmt sich die *i. i. r.* neben der Metusklage „an sich schon problematisch" aus, und Savigny verweist auf „bedeutende Vorteile" von Metusklage und *exceptio metus,* welche Rechtsbehelfe in solcher Ausdehnung eingeführt worden seien, „daß sie für die meisten Fälle völlig ausreichten"[27]. Von den beiden Fällen, in denen Savigny das weiterhin bestehende Bedürfnis einer *i. i. r.* glaubt feststellen zu können, läßt sich freilich der eine, der die Konkursbeständigkeit der reszissorischen *actio in rem* betrifft, nicht belegen (nach Savigny allerdings: „nur zufällig nicht in unseren Rechtsquellen erwähnt"). Der andere ist ein solcher, der, wie Savigny selbst sagt, „nur zu selten vorkommen wird, um praktisch wichtig zu sein"[28]. Man wird deshalb diese zwei Fälle nicht als Grund für die Existenz eines so durchgebildeten Rechtsinstituts, wie es die *i. i. r.* nach der Lehre ist, ansehen können. Savigny entscheidet sich hier für die *i. i. r.* als den ursprünglichen Rechtsbehelf. Der wäre durch die ebenfalls „schon früh" eingeführten beiden anderen verdrängt worden[29]. Die Altersfrage ist nun aber so kontrovers[30], daß eine mit ihrer Hilfe anvisierte Lösung außerordentlich problematisch scheint.

Allerdings ist die Metusklage eine Strafklage und gilt gemeinhin als Sanktion für Erpressung, wodurch ihre Anwendung über den Delinquenten hinaus auf den Dritterwerber — mit diesem Schutzbereich rechnet man prinzipiell (auch) bei der Restitution wegen *metus* — ein Problem scheint,

---

[25] Maier 112 f. Vgl. aber auch Kaser, Krit. Vierteljahresschrift 27 (1935) 80.

[26] Siehe auch Maier 113.

[27] Levy, Konk. II 169 N. 5. Savigny 7, 192. Beide Autoren nehmen freilich an, daß die Metusklage auch in klassischer Zeit auf unschuldige Dritterwerber anwendbar war. Dazu sofort.

[28] Zwang bei Erbschaftsantritt und -ausschlagung. Savigny 7, 195. Den Vorteil der *i. i. r.* in den von Savigny bezeichneten Fällen betont auch Hartkamp 267 N. 101 (268). Siehe im übrigen unten S. 154 ff.

[29] Vgl. Savigny 7, 192.

[30] Sie erweist sich im Zuge der Arbeit als ein Scheinproblem. Unten S. 239 f.

das sich bei einer aller pönalen Elemente baren *i. i. r.* offensichtlich nicht stellt. Indessen sind hinsichtlich der Metusklage gegen Dritte, die von der älteren Lehre der Überlieferung entsprechend angenommen, dann aber von SCHULZ[31] für das klassische Recht scharf abgelehnt wurde, die Dinge wieder in Fluß gekommen[32]. SCHULZ' radikale Quellenkritik findet immer weniger Zustimmung und verliert weiterhin an Boden, wenn man den Metustatbestand wörtlich nimmt, in dem kausal von Zwang die Rede ist *(metus causa)*, keineswegs speziell von erpresserischem; mit der tatbestandsmäßigen Handlung verhält es sich anscheinend vielschichtiger, als es nach geläufiger Meinung der Fall ist.

Im übrigen wird man zugunsten von prätorischer Restitution nicht ohne weiteres auf die Haftung dritter Erwerber verweisen können, weil der Rechtserwerb des Ersterwerbers, einmal durch den Prätor aufgehoben, selbstverständlich auch keinem Nachmann zugute kommen kann *(erga omnes)*[33]. Der Gedanke klingt logisch verlockend, ist aber gerade deswegen nicht unverdächtig. Darf man die *a. in rem* zu Recht mit absolutem Schutz in Verbindung bringen, so wäre doch denkbar, daß dieser Schutzumfang (mit Rücksicht auf den Restitutionsgrund) wertungsmäßig bestimmt war, wobei sich dann die Frage stellen könnte, ob nicht prätorische Restitution mit *actio utilis* u. U. erst das Ergebnis einer Entwicklung ist, in deren Verlauf zunächst anderweitig der Schritt zum absoluten Schutz getan wurde resp. getan werden mußte. Die Quellen zum Metusrecht zum Beispiel weisen die restitutorische *actio in rem* als eine späte Erscheinung aus, zeitlich parallel zur absoluten Anwendung der Metusklage, die in der Spätklassik allgemein zur Anerkennung gelangt[34]. Daß auf diese Weise das überlieferte Metusedikt primär auf die Metusklage bezogen werden müßte und nicht, wie die Lehre es will, überhaupt nur auf prätorische Restitution, ist nicht so mißlich, wie man annehmen möchte. Die Existenz eines besonderen Klageedikts ist Hypothese, und daß die Ediktsworte *Quod metus causa gestum erit, ratum non habebo* (Ulp. D. 4,2,1) nur im Sinne prätorischer Restitution gemeint sein können, darf als überholt gelten, nachdem sich mehr und mehr die Erkenntnis durchsetzt, daß viele Ausdrücke der klassischen Rechts-

---

[31] Metus passim.

[32] Das Verdienst daran gebührt MAIER. Vgl. ferner KUNKEL, RP 262 f. und N. 11; KASER, RP 1, 213. Neuestens HARTKAMP 244 ff.

[33] Vgl. etwa MAIER 146; ARANGIO-RUIZ, Compravendita² (1954) 324; IMPALLOMENI, Mezzi di revoca (1958) 22; etwas anders SCHULZ, Metus 254. Siehe noch unten S. 67 f.

[34] Unten S. 199 ff.; 222 ff.

sprache eine feste Bedeutung nicht haben. Das trifft insbesondere für den Bereich der Unwirksamkeit von Rechtsgeschäften zu[35].

2. Damit kommt die mitentscheidende Frage nach der Existenz technischer Termini im Bereich der Restitutionsedikte genauer in den Blick. Es fällt zunächst einmal auf, daß zum Beispiel das *restituam* des Prätors (oder eine im Zentrum des Themas liegende Rechtsschutzverheißung wie D. 4,4,1,1: *animadvertam;* D. 4,2,1: *ratum non habebo*) rein sprachlich durchaus auch die Gewährung judizialer Restitution einschließen könnte; denn letzten Endes würde auch hier der Prätor restituieren: durch Erteilung des *iudicium. Restituam* hat von sich aus nicht den festen Begriffskern, wie er im Verhältnis von *restituas* und befohlener (judizialer) Restitution vorzuliegen scheint. Das trifft in gleichem, wenn nicht größerem Maße auf die genannten zwei anderen Edikte zu. Die Lehre muß deshalb einer technischen Verwendung des Ausdrucks *i. i. r.* und einschlägiger anderer Wendungen erhöhte Bedeutung beimessen.

Läßt sich die Annahme solcher Technizität erschüttern — und das läge ganz auf der Linie neuerer Überlegungen zur römischen Rechtssprache[36] —, dann sichert und fördert das die Indizien, die jedenfalls im Rahmen des Themas eine Korrektur der herkömmlichen Auffassung von *i. i. r.* nahelegen. Wir können uns hier damit begnügen, die Problematik generell zu beleuchten:

Vergleichen läßt sich das traditionelle Bild der *i. i. r.* mit dem Institut der Anfechtung von Rechtsgeschäften im modernen deutschen Zivilrecht. Hier ist es freilich der Begünstigte (Anfechtungsberechtigte) selbst, der bei gegebenem Anfechtungsgrund (u. a. rechtswidrige Drohung, § 123 Abs. 1 BGB) durch Anfechtungserklärung die Rechtsfolgen der mangelbehafteten Willenserklärung mit Wirkung für die Vergangenheit (ex tunc) beseitigen kann (§ 142 Abs. 1 BGB). Wie bei der *i. i. r.* ist aber auch hier scharf zu unterscheiden zwischen der (erklärten) Anfechtung und den daraus resultierenden Rückgabeansprüchen[37]. Andererseits ist Anfechtung in diesem Sinn wiederum ein Kunstausdruck nur des bürgerlichen Gesetzbuchs. Das gemeine Recht des 19. Jahrhunderts verwendet das Wort Anfechtung auch zur Bezeichnung der anspruchsweisen Beseitigung von Rechtsfolgen[38] oder unterscheidet zwischen

[35] Mitteis, RP 237 ff.; Kaser, RP 1, 214 und St. Biondi I (1965) 133. Für die Vereinbarkeit von Edikt und Metusklage etwa Savigny 7, 137 N. m und 193.

[36] Gegen die Annahme voller Technisierung der klassischen Rechtssprache zuletzt grundlegend Kaser, Zur juristischen Terminologie der Römer, Studi Biondi cit. 97 ff. Auf die Ausführungen Kasers wird immer wieder Bezug zu nehmen sein.

[37] Dem offensichtlichen geschichtlichen Zusammenhang zwischen *i. i. r.* im herkömmlichen Verständnis und Anfechtung kann hier nicht nachgegangen werden. Vgl. etwa Mitteis, RP 245; Sohm-Mitteis-Wenger, Institutionen[17] (1923) 219.

[38] Savigny 4, 537.

unmittelbarer und mittelbarer Anfechtung, welch letztere eben wieder die Verpflichtung zur Rückgängigmachung eingetretener Rechtsveränderungen bedeutet[39]. Und außerhalb des BGB, im heutigen Konkursrecht, bezeichnet Anfechtung gleichfalls einen schuldrechtlichen Rückgewähranspruch[40]. Die Rechtssprache eines Zeitalters, für das eine beispiellos breite Verwendung technischer Termini kennzeichnend ist[41], wäre also im Hinblick auf eine vergleichbare Sach- und Problemlage technisch weniger durchgebildet als diejenige der Römer, bei denen eine großzügigere Terminologie eher zu erwarten wäre[42]. Das gibt zu denken.

III. 1. Mit dieser ersten, die Aufgabe umreißenden Kritik soll, wie die Überlegungen schon erkennen lassen, bei den für unsere Zwecke einschlägigen Restitutionen prätorische Restitution nicht generell in Abrede gestellt werden. Aufgabe der Arbeit ist vielmehr, den Terminus *i. i. r.* von der einseitigen Festlegung auf den traditionell gelehrten Begriff zu lösen und wahrscheinlich zu machen, daß wir unter dieser Bezeichnung auch mit judizialer Restitution zu rechnen haben (Fragwürdigkeit der Entgegensetzung von *i. i. r.* und judizialer Restitution). Ins Auge gefaßt werden soll allerdings, daß der judizialen Restitution vielleicht die größere Bedeutung zukommen könnte. Eine solche Umkehrung der geläufigen Meinung wird sich ihrerseits vor dogmatischer Verhärtung zu hüten haben, scheint aber als Motor der Kritik von besonderem Wert.

Hinzu kommt die weitere Frage, ob die *vindicatio utilis* zu Recht von der *i. i. r.* im Sinne prätorischer Restitution unterschieden wird oder nicht richtiger als integraler Bestandteil derselben angesehen werden muß (Problem der Komplementarität). Im ganzen gesehen handelt es sich also darum, die weithin untechnische Verwendung von *i. i. r.* durch die römischen Juristen zu erweisen[43] und damit insgesamt eine neue Basis für die Interpretation der Quellen zur *i. i. r.* zu schaffen. Die Formulierung des Themas zielt folglich einerseits auf zwei verschiedene Restitutionsverfahren, andererseits auf eine Identität von *i. i. r.* und *vindicatio utilis*.

Wird mithin der Gedanke prätorischer Restitution bei den in Frage stehenden Restitutionsedikten nur in der bisher angenommenen absoluten

---

[39] Regelsberger, Pandekten 1 (1893) 634 f.

[40] Statt aller Jaeger-Lent, Konkursordnung[8] (1958) Vorbem. Ziff. II zu §§ 29—42 KO.

[41] Vgl. auch Kaser a. a. O. 99.

[42] Dazu nochmals Kaser a. a. O. passim.

[43] Ansätze dazu bei Lauria, St. Bonfante II (1930) 514 im Anschluß an Bekker, Aktionen 2, 76.

Geltung angezweifelt[44], so soll erst recht nicht verkannt werden, daß in bestimmten Fällen prätorische Restitution vorteilhafter sein konnte als judiziale. Bei der *i. i. r.* wegen *capitis deminutio* zum Beispiel hätte an sich mögliche judiziale Restitution — eine Klage des Gläubigers gegen den *deminutus* auf Wiederherstellung der erloschenen Schuld — praktisch wenig Sinn gehabt. Mangels Vermögensfähigkeit des Beklagten wären weder die wiederhergestellte Forderung, noch, blieb die Restitution aus, das Urteil zwangsweise durchsetzbar gewesen. Der Gläubiger hätte das Erlöschen der *patria potestas* abwarten müssen, um zu seinem Geld zu kommen. Demgegenüber ermöglichte prätorische Restitution, den durch die Negation der *capitis deminutio* wiederbelebten alten Anspruch einzuklagen und auch zu vollstrecken[45]. Nur nebenbei sei bemerkt, daß das Edikt (Ulp. D. 4,5,2,1) die Verheißung eines *iudicium* enthält, was zu dem geläufigen Begriff *i. i. r.* nicht paßt.

2. Arbeitshypothese und Ziel der Arbeit bestehen nach allem in einem römischen Begriff von *i. i. r.*, der prätorische wie judiziale Restitution erfaßt: das dem Zweck eines Restitutionsedikts dienende Verfahren, das je nach Restitutionsgrund, vielleicht auch nach Lage des Einzelfalles die Merkmale prätorischer oder judizialer Restitution aufweist.

Diese Begriffsbestimmung ist sicherlich nicht deswegen problematisch, weil das römische Recht die Idee der Anfechtung noch nicht kennt. Aus dieser Lücke folgt nicht, daß die prätorische Restitution das typische Hilfsmittel dieses Rechts gewesen sein muß, wenn es um die Wiederherstellung eines früheren Zustands ging. Die gegenteilige Argumentation[46] zeigt im Grunde nur, wie tief verwurzelt und unangefochten die traditionelle Lehre ist. Denn es läßt sich sofort einwenden: Anstelle von Anfechtung wie von prätorischer Restitution ist die Lösungsmöglichkeit der judizialen Restitution denkbar

---

[44] Das aber auch für die Restitution im Obligationenrecht (Forderungsverlust) und für den Ausgleich prozessualer Nachteile. In beiden Fällen scheint allein prätorische Restitution plausibel. Dabei wird einerseits über der fiktizischen *a. utilis* das Interesse an zivilrechtlicher Wiederherstellung der Forderung vernachlässigt, andererseits der Umstand, daß die Wiederholung des Prozesses keineswegs die einzige Möglichkeit restitutorischer Rechtshilfe ist. Siehe auch unten S. 25 ff.; 204 f.; 249 f.

[45] Gai. 3,84; Burchardi 274 ff. Es verdient festgehalten zu werden, daß uns die Tatsache prätorischer Restitution für die *i. i. r.* wegen *capitis deminutio* am besten bezeugt ist. Vgl. Ulp. D. 4,5,2,1; Gai. 4,38. — Mit Absicht ausgeklammert bleibt hier eine Stellungnahme zur *i. i. r. maiorum.* Das Problem wird besser erst ins Auge gefaßt, wenn die *i. i. r.* im Rahmen des gestellten Themas kritisch untersucht worden ist.

[46] Raggi, Restitutio 267 und passim. Zustimmend Gaudemet, RH 44 (1966) 613; Fabbrini, Labeo 13 (1967) 204.

und im modernen wie im römischen Recht auch verwirklicht worden[47]. Das Fehlen der Anfechtung begründet keine Priorität für prätorische Restitution, zumal die für die prätorische Restitution kennzeichnende Rückbeziehung in die Vergangenheit zweifellos keine Voraussetzung ist, damit dem Restitutionsuchenden das verschafft werden kann, was er hätte, wenn der angreifbare Rechtsakt unterblieben wäre[48].

Die Vorstellung einer von Restitutionsgrund zu Restitutionsgrund zweckmäßigerweise verschieden und innerhalb desselben Restitutionsgrundes möglicherweise differenzierter ausgestalteten Verfahrensweise wird aber gerade in ihrer Konsequenz für die *i. i. r.* bei Eigentumsübertragungen die Skepsis einer Lehre hervorrufen, die der logisch anziehenden, durch prätorische Restitution ausgezeichneten Theorie der *i. i. r.* anhängt, welche schon DUAREN, CUJAZ, DONELL und mit suggestiver Kraft schließlich SAVIGNY gelehrt haben[49]. Denn bei der Eigentumsübertragung kommt die Theorie zur reinsten Anschauung. Andererseits ist die oben angedeutete Unzulänglichkeit der prätorischen Restitution von diesem Standpunkt aus zum Teil[50] aufgehoben in dem Nebeneinander von prätorischer *i. i. r.* und judizialer Restitution im klassischen, in der schließlichen Ablösung der prätorischen Restitution durch die judiziale im justinianischen Recht[51].

Der Gedanke, die klassischen Juristen hätten bei aller Unterschiedlichkeit der Restitutionsgründe und Restitutionssachverhalte dennoch nur einen einzigen Begriff von *i. i. r.* gehabt und ohne Rücksicht auf Praktikabilität gehandhabt, scheint indessen nicht über den Verdacht erhaben, daß er von der Begabung und Aufgeschlossenheit späterer Zeitalter für Systematik und logisch ansprechende Theoreme herrühren könnte, worüber die geschichtliche Wirklichkeit der Römer zu kurz gekommen ist. (Der moderne Jurist denkt unwillkürlich an die Handhabung der sich nach § 142 BGB ergebenden Anfechtungsfolgen, deren Problematik als absolut zwingende Regelung längst erkannt ist.) Wie unbedingt der überkommene Standpunkt gleichwohl vertreten wird, zeigt folgendes Beispiel.

---

[47] Mit Recht stellen WINDSCHEID-KIPP (1,585) und MITTEIS (RP 245) prätorische Restitution und judiziale als Möglichkeiten der Verfahrensgestaltung nebeneinander. Zum modernen Recht siehe oben S. 8 f.

[48] Vgl. nur Ulp. D. 42,8,10,22 zum sog. *Interdictum fraudatorium*.

[49] Prüfstein ist die Unterscheidung zwischen *i. i. r.* wegen *metus* und Metusklage. Zu den humanistischen Juristen vgl. SCHLIEMANN, Die Lehre vom Zwang (1861) 185 ff.

[50] Nämlich für die Restitutionsgründe *metus, dolus* und *alienatio iudicii mutandi causa facta.*

[51] SAVIGNY 7, 112 und N. d; 135; SCHULZ, Metus 230; 236; siehe aber auch 237 N. 5. Anders sieht LEVY die nachklassische Entwicklung. Danach wären prä-

3. Bei der *i. i. r.* wegen *alienatio iudicii mutandi causa facta* stellt sich die Frage, wohin die überlieferte arbiträre *a. in factum*[52] im Gesamtbild der Restitution gehört. So unterschiedlich die Antworten auch ausfallen, so stimmen sie doch gewöhnlich darin überein, daß sie die *a. in factum* von der *i. i. r.* unterscheiden: entweder als Rechtsbehelf neben der *i. i. r.* oder anstelle der *i. i. r.* dort, wo man eine *i. i. r.* nicht für möglich hält[53].

Diese Lehre hat Lenel — nur vorübergehend anderen Sinnes — wiederholt kritisiert und seine eigene am praktisch wichtigsten Beispiel: Veräußerung einer Sache, um dem drohenden Vindikationsprozeß zu entgehen, erläutert.

I. i. r. mit der Folge einer *vindicatio utilis* gegen den Veräußerer[54] lehnt Lenel ab, da die prätorische Restitution die in der Veräußerung liegende tatsächliche Veränderung, den Besitzverlust, nicht habe rückgängig machen und die Voraussetzung für eine Vindikation nicht habe wiederherstellen können; eine Fiktion des Besitzes[55] scheint Lenel unannehmbar. Das bedeutet jedoch für Lenel nicht Ausschluß der *i. i. r.* und Anwendung einer unabhängig von der *i. i. r.* verheißenen *a. in factum*[56], sondern lediglich eine Ersetzung der nicht möglichen *vindicatio utilis* durch die *a. in factum.* Mit Lenels Worten: die *actio in factum* ist das Mittel der *i. i. r.*[57]

Bezeichnenderweise ist Lenels Kombination von *i. i. r.* und *a. in factum* durch die retrospektive, für die prätorische Restitution typische Komponente geprägt[58]. Aber selbst in dieser Form ist sie auf allgemeine, bis zum Vorwurf

---

torische *i. i. r.* und judiziale Restitution zu einem Anfechtungsrecht verschmolzen. Restitutio 433; 434 und passim.

[52] Gai. D. 4,7,1 pr. und Paul. eod. 8 pr.

[53] Übersicht der Meinungen bei Lenel, Edikt 126 ff.; SZ 37 (1916) 104 ff.; Kretschmar, SZ 40 (1919) 142 ff.

[54] Für diese Möglichkeit Partsch, De l'édit sur l'alienatio i. m.c. f. (1909) 42 und, modifiziert, Kretschmar a. a. O. 151 f. Nach Partsch hatte die *a. in factum* die Funktion einer Schadensersatzklage, insbesondere nach einem Vorprozeß gegen den Erwerber; a. a. O. 47. Kretschmar dagegen hält die *a. in factum* für gegeben, wenn die *a. i. m. c. f.* dolos vorgenommen wurde; a. a. O. 147 und passim, vgl. auch noch SZ 48 (1928) 556 ff.

[55] Partsch a. a. O. 42 N. 1.

[56] So Karlowa, RG 2, 1093 und Lenel, Edikt² 121 ff.

[57] Lenel, Edikt 127 f.; SZ 37 (1916) 111 ff. und bereits Edikt¹ 101 f.

[58] Es habe dem Prätor nur darauf ankommen können, „dem geschädigten Kläger alles zu gewähren, was er mittels der verlorenen *actio in rem* gegen seinen ursprünglichen Gegner hätte erreichen können." SZ a. a. O. 112. Vgl. auch Edikt 128. Für Lenel tritt die *a. in factum* an die Stelle der *a. in rem.* Noch etwas anderes wäre es, würde sich die *a. in factum* auf die Wiederherstellung der früheren Besitzlage zum Zweck eines Vindikationsprozesses gerichtet haben. Dazu unten S. 254 f.

tragischen Irrtums[59] reichende Ablehnung gestoßen[60], weil sie der Vorstellung einer begrifflich unzweideutig formulierten *i. i. r.* nicht entspricht.

IV. Lenels unorthodoxer Behandlung der *alienatio iudicii mutandi causa facta* verdankt die vorliegende Arbeit einen entscheidenden Anstoß, die in keinem Zweifel befangene Dogmatik der *i. i. r.* in Frage zu stellen. Hinzu kommen die Vorteile einer gewandelten methodischen Einstellung den justinianischen Quellen gegenüber. Wenn zum Beispiel die Kompilation auf weite Strecken hin die *i. i. r.* als judiziale Restitution ausweist, dann bedeutet das bei der nunmehr gebotenen Zurückhaltung in der Annahme nachklassischer sachlicher Veränderungen der Texte eine willkommene Unterstützung der Kritik an der herkömmlichen Lehre[61]. Erleichtert wird das Vorhaben auch dadurch, daß die traditionelle Textkritik weithin von den als selbstverständlich vorausgesetzten Lehrsätzen beeinflußt scheint, so daß man mit deren Wegfall viele Quellen gleichsam für sich selbst sprechen lassen kann, weil sachliche Verdachtsgründe fehlen und mögliche formale Anstände nicht ins Gewicht fallen.

Der Aufbau der Arbeit ist dieser: Einführend wird im Rahmen des Interzessionsrechts der Ausdruck *restituere actionem*, der bei nahezu allen *i. i. restitutiones* begegnet und als „untrügliches Kriterium" (Levy) für prätorische Restitution gilt, auf die Stichhaltigkeit solcher Begriffsbestimmung überprüft (1. Kapitel). Es folgt sodann die *i. i. r.* beim Eigentumserwerb vom Minderjährigen (2. Kapitel) und, mit besonderem Schwergewicht, vom Gezwungenen (3. Kapitel). Ja, aufs Ganze gesehen erweisen sich die zwei ersten Kapitel nur als Wegbereiter für ein Formprinzip, das im Metusrecht über eine revidierte Dogmatik hinaus die geschichtlichen Bedingungen des überlieferten Edikts schärfer und umfassender hervortreten lassen soll. Schlußfolgerungen für die Restitutionstitel D. 4,3 *(dolus)* und D. 4,7 *(alienatio* rell.) sowie ein Resümee der Aufgabenstellung mit dem Blick auf bezeichnende Vorgänge in der romanistischen Geschichte der *i. i. r.* schließen die Untersuchung ab (4. Kapitel).

---

[59] Schulz, Metus 236 N. 4.

[60] Vgl. noch Kretschmar a. a. O. passim. Auch Kaser unterscheidet Verheißung einer *i. i. r.* und Verheißung einer *a. in factum*; RZ 227. Das kommt der Auffassung Karlowas und Lenels in Edikt[2] nahe.

[61] Eine pauschale Abwertung der Interpolationenkritik kann das selbstverständlich nicht heißen. Vgl. vorstehend nur Kaser, Zur Methodologie der römischen Rechtsquellenforschung (1972).

ERSTES KAPITEL

Restituere actionem im Recht des *SC Vellaeanum*

§ 2

Restituere actionem: ein Schlüsselterminus

I. Bei der prätorischen *i. i. r.* verkörpert sich die Beseitigung der angegriffenen Rechtsveränderung spätestens in der fiktizischen Klage, mit deren Erteilung der Prätor die frühere Rechtslage wieder für maßgeblich erklärt[1]. Den früheren Rechtszustand faßt nun die Lehre unter dem Gesichtspunkt der ihm entsprechenden Klage ins Auge, die für den früher Berechtigten wegen des rechtsändernden Vorgangs nicht mehr gegeben ist. Infolgedessen begreift sie die vom Prätor zur Verfügung gestellte fiktizische Klage als wiederhergestellte frühere Klage, sieht sie den Gehalt der Restitution darin: der Prätor restituiert die *actio*, die Klage[2]. Die fiktizische Klage wird deshalb auch *actio restituta* genannt[3].

Belegt wird diese Auffassung mit dem Ausdruck *restituere actionem*, der sich in den Quellen zur *i. i. r.* findet[4]. *Actio* soll hier die rein prozessuale Bedeutung: *formula, iudicium* haben, *restituere* eine spezifische, der Klagenerteilung entsprechende Tätigkeit des Prätors bezeichnen. „*Restituere actionem*", sagt LEVY, ist „ein untrügliches Kriterium für das Eingreifen des Imperiumsträgers"[5]. Weiter heißt es in bezug auf den *iudex:* „Wie ein *iudicium dare* jenseits seiner Sphäre lag, so die Erneuerung einer untergegangenen *actio.*"[6] Für CARRELLI ist die Wortbedeutung von *restituere* über-

[1] Oben S. 3.

[2] Z. B. JOBBÉ-DUVAL, St. Bonfante III (1930) 184; LENEL, Edikt 118; CARRELLI, Decretum 195 und passim; Intercessio 310; 312; LEVY, Restitutio 362 f.; 364 ff.; KASER, RZ 332.

[3] CARRELLI, Decretum 195 und passim; Intercessio 317 und passim; Actio institutoria 80. Vgl. ferner die Angaben unten S. 15 Anm. 8.

[4] Belege bei LEVY, Restitutio 364 ff. Vgl. etwa Ulp. D. 4,2,9,8; 4,6,1,1 (R); 4,5,2,4; Gai. D. 4,4,27,2.

[5] Restitutio 364. Besonders deutlich auch JOBBÉ-DUVAL a. a. O. 183: „Le mot *restituere* désignait l'acte du magistrat." Folgerichtig zählt LEVY a. a. O. 365 *restituere iudicium* (Cels. D. 4,4,28) zu den Belegen für *restituere actionem*. Vgl. dagegen unten S. 21 ff.

[6] Restitutio 364; ferner 362 f. mit N. 11; 365 N. 24 (Unmöglichkeit des Beklagten, eine *actio* zu restituieren). Dazu unten S. 22 f.

haupt nur im Hinblick auf die Formel gewahrt, da zwischen der früheren zivilen Verpflichtung auf *dare facere praestare (oportere)* und dem jetzigen *teneri honorario iure* ein den Begriff *restituere* legitimierendes Band nicht besteht: „Ci troviamo così di fronte a due rapporti fra i quali manca ogni legame, dove quindi è assolutamente impossibile parlare di *restituere*, così come se ne parla nei confronti dell'azione, ove invece il legame è dato dalla redazione delle rispettive formule, delle quali quella dell'*a. restituta* si modella su quella dell'*a. civilis* estinta, salvo naturalmente la *fictio* che la caratterizza."[7] Das mag heute nicht mehr überzeugend klingen. Einig ist man sich aber darüber, den Sinn von *restituere actionem* ganz in Analogie zu *dare actionem (iudicium)* zu bestimmen: „*Restituere actionem,* concedere cioè una azione nuova uguale a quella civile estinta."[8] Dieser Satz Carrellis kennzeichnet zutreffend die allgemeine Meinung.

II. Die Bedeutung dieser Interpretation von *restituere actionem* für den Begriff der *i. i. r.* liegt auf der Hand. Darf es indessen für ausgemacht gelten, daß *restituere actionem* dieselbe Technizität eigen ist wie *dare actionem?* *Actio* hat auch die materiellrechtliche Bedeutung „Klagerecht"[9], und *restituere actionem* könnte deshalb materiellrechtlich gemeint sein, Wiederherstellen des Klagerechts bedeuten. Im Hinblick auf die Form des Verfahrens der mit *restituere actionem* angesprochenen Restitution wäre dann eine Korrektur des bisherigen Verständnisses von *restituere actionem* erforderlich. In der Existenz und Erteilung der fiktizischen Klage könnte zwar — als materiellrechtlicher Reflex — das *restituere actionem* liegen. Das müßte jedoch nicht so sein. *Restituere actionem* ließe sich jetzt auch mit judizialer Restitution vereinbaren, die im Wege eines *iudicium restitutorium* zur rechtsgeschäftlichen Wiederbegründung des früheren Zustands und damit zur Restitution des Klagerechts führt.

Entsprechend wären die Auswirkungen für die Beschäftigung mit der *i. i. r.* Das Prinzip prätorischer Restitution dürfte nicht mehr fraglos vorausgesetzt, sondern müßte in die Überlegungen als Problem einbezogen werden, unbeschadet des Einzelfalles, in dem sich der geläufige Schluß von *restituere actionem* auf prätorische Restitution als richtig erweist[10]. Auf

---

[7] Actio institutoria 81; vgl. auch Intercessio 310; 311; 312.

[8] Carrelli, Intercessio 331. Entsprechend wird vom „Vollzug der Litiskontestation mit der *actio restituta*" gesprochen oder von der „restituierten Vindikation". Vgl. Lenel, Edikt 122; 434; 439; SZ 37 (1916) 107; Levy, Konk. II 168 f.; Schulz, Metus 200.

[9] Zur materiellrechtlichen Bedeutung von *actio* vgl. Kaser, RP 1,197 und RZ 173, ferner im folgenden, insbes. S. 19 f.

[10] Freilich auch nicht ohne bezeichnende Modifikation, unten S. 21.

welche Form der Restitution *restituere actionem* verfahrensmäßig hinweist, wäre demnach von Fall zu Fall zu bestimmen, nicht anders als es hier für den Begriff *i. i. r.* vorgeschlagen wird[11].

III. Ob *restituere actionem* die allgemein angenommene Bedeutung hat, läßt sich am besten in einem Gebiet außerhalb der Restitutionsedikte überprüfen.

Die Wendung begegnet besonders oft im Recht des *SC Vellaeanum*. Dieser Senatsbeschluß aus der Mitte des ersten nachchristlichen Jahrhunderts verbietet Frauen, im Interesse Dritter Verbindlichkeiten einzugehen *(intercedere)*[12]. Das Verbot bewirkt keine zivilrechtliche Nichtigkeit der Interzession[13]. Seine Durchführung ist vielmehr Aufgabe des Prätors. Entweder verweigert er dem Gläubiger schon die Klage gegen die Interzedentin[14], oder er entkräftet die Klage mittels einer *exceptio SCti Vellaeani*[15].

Soweit sich die Frau als Gesamtschuldner oder Bürge neben einem Schuldner verpflichtet hat, kann der Gläubiger sich weiterhin an diesen halten. Tritt sie dagegen an die Stelle des Schuldners *(expromissio)*, so wirkt sich die zivilrechtlich gültige Interzession für den Gläubiger nachteilig aus. Er verliert die Forderung gegen den ursprünglichen Schuldner (den *prior debitor*, wie die Quellen ihn nennen) und vermag die Forderung gegen die Frau nicht durchzusetzen. Die gleiche Situation entsteht bei kumulativer Interzession, wenn der Gläubiger durch *litis contestatio* mit der *mulier* auch seine Forderung gegen den Schuldner eingebüßt hat[16]. Diesen Nachteil gleicht der Prätor aus, indem er dem Gläubiger gegen den alten Schuldner amtsrecht-

---

[11] Oben S. 9.

[12] Der Wortlaut des *SC* bei Ulp. D. 16,1,2,1. Darstellungen in neuerer Zeit von VOGT, Studien zum SC Velleianum (1952); MEDICUS, Zur Geschichte des SC Velleianum (1957), ausführlich besprochen von VOGT, TR 34 (1966) 90 ff. Zur richtigen Schreibweise *Vellaeanum* (vgl. Ulp. loc. cit.) MEDICUS a. a. O. 1; zum Begriff *intercedere* ebenda 25 ff.

[13] GRADENWITZ, Ungültigkeit 72; MITTEIS, RP 244 f.; CARRELLI, Intercessio 307. Ob der Senat eine solche überhaupt hätte anordnen können, ist für die Entstehungszeit des *SC* umstritten. Entgegen früher (GRADENWITZ a. a. O.; MOMMSEN, Röm. Staatsrecht 3, 1238 zu N. 4) neigt man heute zu der Ansicht, der Senat habe diese Befugnis erst seit Hadrian gehabt. BONFANTE, Storia del diritto[4] (1934) 1, 363; CARRELLI a. a. O. und N. 5.

[14] *Denegatio actionis.* GRADENWITZ, Ungültigkeit 73 f.; CARRELLI, Intercessio 307 f.

[15] *Si in ea re nihil contra SC factum sit.* LENEL, Edikt 513; CARRELLI a. a. O. Vgl. Jul. D. 16,1,16 pr. Die *exceptio* bot sich vor allem an, wenn die Feststellung des Interzessionstatbestands *in iure* zu langwierig erscheinen mochte, MEDICUS (Anm. 12) 30. Eine dritte Möglichkeit bestand für den Prätor darin, die Frau von der *defensio* auszuschließen. Ulp. D. 16,1,2,5, in fin.; GRADENWITZ a. a. O. 66 f.; MEDICUS 30 N. 64.

[16] Zum Vorstehenden CARRELLI, Intercessio 307 f.; ferner MEDICUS 64 ff.

lichen Klageschutz gewährt[17]. Die quellenmäßigen Ausdrücke dafür sind fast immer *actio restituitur* oder *actio restitutoria datur*[18]. Wie bei der *i. i. r.* geht es also auch hier um die Wiederherstellung eines früheren Zustands. Der Terminus *i. i. r.* begegnet allerdings nicht. Daraus folgert die herrschende Meinung, der Prätor sei routinemäßig tätig geworden, auf den bloßen Vortrag des Klägers hin, nicht *causa cognita*[19]. Die Art und Weise seines Eingreifens soll jedoch der Gebrauch von *restituere actionem* klarstellen: prätorische Restitution[20]. Die *a. restitutoria* ist in dieser Sicht das Mittel der Restitution, zugleich aber auch deren Objekt: *actio restituta*[21]. Bestärkt sieht man sich in der Auffassung des Ganzen dadurch[22], daß nach einem Wort von Ulpian gegen den Schuldner die alte Klage erteilt wird:

D. 16,1,8,7 (29 ad ed): Quotiens pro debitore intercesserit mulier, datur in eum pristina actio, etsi ille prius acceptilatione liberatus sit quam mulier intercesserit.

§ 3

Die Bedeutungsbreite von *restituere actionem*

I. Die Lehre von der prätorischen Restitution im Interzessionsrecht stört es nicht, daß die römischen Juristen die dem Gläubiger restitutionsweise gewährte Klage *a. restitutoria* nennen. Der Terminus scheint ein tech-

[17] Dessen Einführung kommentiert Paulus D. 16,1,1,2 (30 ad ed): *aequum autem visum est ita mulieri succurri, ut in veterem debitorem aut in eum, qui pro se constituisset mulierem ream, actio daretur.* Der zweite Tatbestand *(aut in eum ...)* bezieht sich (auch) auf den Fall der unrömisch sog. *a. institutoria* gegen den Dritten, an dessen Stelle die *mulier* von vornherein eine Verbindlichkeit auf sich genommen hat. Im einzelnen zu dieser Klage unten S. 49 ff. Daß sich aus den Worten des Paulus für die Art und Weise der Restitution zwingend nichts ergibt, dürfte allgemein Zustimmung finden.

[18] Belege im folgenden. Diocl. C. 4,29,16 nennt die Klage gegen die *priores debitores rescissoria actio.* Ein Unterschied zur *a. restitutoria* wird darin nicht gefunden. Savigny 7,233 N. p; Lenel, Edikt 287.

[19] Levy, Restitutio 363 N. 16; Kaser, RZ 331 N. 13. Vgl. auch Lenel, Edikt 287. Für eine *i. i. r.* Carrelli, Intercessio passim.

[20] Lenel, Carrelli, Levy alle a. a. O.; ferner Gradenwitz, Ungültigkeit 185 f.; Medicus (Anm. 12) 64 und N. 69.

[21] Carrelli a. a. O. 317 und passim; ferner Kaser, RP 1, 558 („restituiert der Prätor dem Gläubiger die Klage"). Schon Savigny nennt die *a. restitutoria* eine wiederhergestellte Klage; 7,107 N. s. Anders Medicus, der von Wiederherstellung des Anspruchs oder der Forderung spricht; a. a. O. 65 f. Vgl. auch Heumann-Seckel, v. *restitutorius* Ziff. 1: wiederhergestelltes Klagerecht. Siehe dazu im folgenden.

[22] Lenel, Edikt 287.

nischer[23] und für die Erklärung des Sachzusammenhangs nicht weiter von Belang.

Gegen diese Vernachlässigung des Bedeutungsinhalts von *restitutorius* wäre einzuwenden, daß *restitutorius* sich von *restitutor,* dem Urheber der Restitution, ableitet[24]. Damit soll freilich nicht gesagt sein, daß *restitutorius* lediglich aktive Bedeutung haben kann und stets nur das Vermögen bezeichnet, Restitution zu bewirken, so daß schon von daher eine *a. restitutoria „restituta"* nicht viel für sich hätte; die Möglichkeit passiver Bedeutung läßt sich nicht ausschließen[25].

Sieht man indes, wie die Römer die Verbindung *interdictum restitutorium* verwenden[26], ohne daß gleichzeitig Anhaltspunkte für die Annahme eines *interdictum „restitutum"* vorhanden sind, dann scheint es für die *a. restitutoria* des Interzessionsrechts ebenso diskutabel, daß sie allein den aktiven Sinn hat: eine die Wiederherstellung bewirkende, auf Wiederherstellung gerichtete Klage, die nicht ihrerseits eine wiederhergestellte ist. Der Restitutionseffekt läge dann ganz auf der Ebene des materiellen Rechts, woran aber nichts zu bemängeln ist. Entsprechend wäre *restituere* zu präzisieren. Absichern läßt sich dieser Gedanke mit Ulp. D. 16,1,8,14 (29 ad ed), wo die *a. restitutoria* dem Verb *restituere* so zugeordnet ist:

datur in te actio, quae ... restituit obligationem.

Unter der Voraussetzung fiktizischer Fassung würde das für die *a. restitutoria* besagen: Die Klage wirkt restituierend, indem sie als Reflex ihrer Erteilung die alte erloschene Verbindlichkeit im Rahmen des prätorischen Rechts wiederherstellt.

Damit stehen wir vor einer Verknüpfung von *restituere* und *actio,* welcher offensichtlich nicht der oben beschriebene prozessuale Sinn innewohnt. Levy[27] rügt deshalb auch Ulpians Formulierung als „für einen klassischen Juristen jedenfalls höchst ungewöhnlich". Während nämlich der Terminus *a. restitutoria* unbewußt oder wegen einer „technischen Verwendung" der möglichen Folgerung enthebt, *restituere* auf die Klage allein als Subjekt zu beziehen, fällt die verbale Umschreibung *actio restituit* auf, weil hier die Inkongruenz zur geläufigen Vorstellung vom Sachzusammenhang (*restituere* analog *dare, actio* Objekt zu *restituere*) nicht übersehen werden kann.

---

[23] Kaser, RP 1, 558 N. 10. Vgl. auch Savigny 7,107.

[24] Zum denominativen Suffix *-ius* Stolz-Schmalz, Lat. Grammatik[5] (1928) 192.

[25] Vgl. Forcellini, Totius Latinitatis Lexicon[3] III (1833) 654 s. v. *restitutorius: ad restituendum pertinens;* Dirksen, Manuale Latinitatis fontium iuris civilis Romanorum (1837) 844 s. v. *restitutorius: ad restitutionem spectans.* Siehe ferner unten S. 21 mit Anm. 41.

[26] „auf Wiederherstellung gerichtet", Heumann-Seckel a. a. O. Ziff. 2; Savigny 7, 107 N. s in fin.

[27] Restitutio 363 N. 16.

Entsprechend aufschlußreich für die Bewertung von *restituere* ist *obligatio restituitur*, eine den Quellen ganz geläufige Wendung[28]. Es verbietet sich heute, *restituere obligationem* für nachklassische Einfälschung etwa deswegen zu halten, weil die Klassiker ein *iure praetorio teneri*, worin nach der Lehre die Form der Restitution liegen soll, nicht als *obligatio* bezeichnet hätten. Diese von CARRELLI[29] noch streng vertretene Ansicht ist überwunden und hat einem ausgewogeneren Urteil Platz gemacht[30].

II. Nur ein erster Schritt ist die Feststellung, daß die Quellen zum Interzessionsrecht *restituere* verwenden, ohne damit den Sinn von (Klage-)Erteilung zu verbinden. Darüber hinaus scheint es, daß auch der Schlüsselterminus *restituere actionem* nicht diese Bedeutung hat, daß, mit anderen Worten, das herkömmliche Verständnis von *restituere* auch nicht teilweise zutrifft und *restituere* bald ohne (etwa *restituere obligationem*), bald aber — und technisch — mit Bezug auf Klageerteilung gebraucht wird *(restituere actionem)*. Ganz entgegen einer solchen Differenzierung vermittelt nämlich die Lektüre der Quellen[31] den Eindruck, als werde zwischen *obligatio restituitur* und *actio restituitur* sachlich kein Unterschied gemacht.

Auch CARRELLI kann sich diesem Eindruck nicht entziehen, der seiner Auffassung des Ganzen widerspricht. *Actio* und *obligatio* sind keine austauschbaren Begriffe, wenn unter *actio* Formel, *iudicium* verstanden werden soll. CARRELLI behilft sich mit der Annahme, die justinianische Auffassung der *actio* schlechthin als Klaganspruch hätte eine nachträgliche Substitution von *actio* durch *obligatio* möglich gemacht[32]. Aber diese kühne und weiter nicht begründete Hypothese verdeckt eine einfachere und überzeugendere Erklärung. An einer Gleichsetzung von *actio restituitur* und *obligatio restituitur* ist nichts auszusetzen, wenn man einen anderen Bezugspunkt wählt. Der Begriff *actio* hat, wie bereits bemerkt, nicht nur prozessuale Bedeutung *(formula, iudicium)*, sondern auch eine, wenn auch nicht voll ausgeprägte, materiellrechtliche. *Actio* bedeutet auch Klagemöglichkeit, Klagerecht: „Das private Recht, vom Gegner das zu verlangen und notfalls mit Prozeß und Vollstreckung durchzusetzen, was die Formel und die hinter ihr stehende

---

[28] Vgl. Ulpian D. 16,1,8 §§ 2.11.14.

[29] Actio institut. 80 und N. 4; Intercessio 311 N. 13 in fin.; 327 und passim.

[30] Statt aller KASER, RP 1,401 f. und N. 4. Die Frage wäre sogar gegenstandslos, wenn *obligatio*, von Hause aus in der Tat ein zivilrechtlicher Terminus, in dieser Bedeutung auch im Interzessionsrecht verwendet werden konnte: judizialer Restitution wegen.

[31] Vgl. die oben Anm. 28 angegebenen Stellen.

[32] Actio institut. 78; Intercessio 327 f.

Rechtsordnung dem Kläger verheißt."[33] Insoweit decken sich *actio* und *obligatio*. Beide Begriffe bezeichnen den Anspruch. *Actio restituitur* läßt sich danach ungezwungen im Sinne von *obligatio restituitur*, also nichtprozessual, verstehen[34]. Wiederum auf eine fiktizische *a. restitutoria* bezogen hätte das den Sinn: In *actio restituitur (restituta)* ist *actio* das alte Klagerecht; *a. restitutoria* dagegen ist die neue Klage, die an die Stelle der alten, dem Gläubiger nicht mehr zugänglichen Klage tritt und als materiellrechtlichen Reflex die Wiederherstellung des alten Klagerechts nach sich zieht.

Carrelli würde dagegen wieder einwenden, daß zwischen dem früheren zivilen Klagerecht und dem durch die *a. restitutoria* vermittelten prätorischen infolge der verschiedenen Rechtsschichten von Restitution nicht gesprochen werden könne[35]. Mit diesem stark begrifflichen Argument übersieht jedoch Carrelli, daß es eine Identität des restituierten Zustands mit dem früher dagewesenen nicht gibt. Das wäre nur der Fall, könnte der Prätor die Interzession mit zivilrechtlicher Wirkung aus der Welt schaffen. Aber gerade das kann der Prätor nicht[36]. Deswegen wird der restituierte Zustand immer nur ein entsprechender sein, mag er in der Neubegründung einer der erloschenen Verbindlichkeit gleichen Forderung bestehen oder in dem Reflex einer prätorischen Klage. Es kann deshalb zwischen der früheren zivilen Verbindlichkeit und dem an ihre Stelle getretenen *iure praetorio teneri* das Band der Restitution sicherlich nicht geleugnet werden. Beweis dafür scheint auch zu sein, daß in den Quellen anstatt von *actio restituitur* häufig davon die Rede ist, daß eine Person restituiert wird[37].

Ebensowenig wird man Carrelli folgen können, wenn er den Gehalt der Restitution in die „redazione delle formule" verlegt und dementsprechend Ausdrücke wie „azione civile estinta" oder „azione civilmente estinta" mit Bezug auf die Formel verwendet[38]. Es ist nicht die Formel, gleichsam eine Norm, auf die sich die Restitution bezieht. Restitution tritt vielmehr ein als Folge einer neuen, speziell abgefaßten Formel, insoweit diese verheißen wird und dadurch ein *agere* erneut möglich macht. Carrelli selbst bleibt seinen eigenen Voraussetzungen nicht treu, wenn er mit leichter Hand („salvo

---

[33] Kaser, RP 1,197 und RZ 173 mit Lit.; h. M.

[34] Auch bei Medicus (Anm. 12) 65 und 66 ist zutreffend von Wiederherstellung des Anspruchs, der Forderung die Rede, vgl. schon oben S. 17 Anm. 21. Siehe auch Kaser, der „restituieren" in Anführungsstriche setzt, wo er es in Verbindung mit Klage verwendet: RP 1,558.

[35] Actio institutoria 80 f. Text oben S. 15.

[36] Vgl. oben S. 3.

[37] VIR 5,181, 44—182, 30; 182, 40—183, 19. Levy, Restitutio 366. Für das Interzessionsrecht Jul. D. 16,1,16,1 in fin.: *restituitur prior debitor creditori.*

[38] Vgl. Carrelli a. a. O.; Intercessio 310; 312 und passim.

naturalmente la *fictio*"[39]) darüber hinweggeht, daß durch die eingefügte Fiktion die Formel der *a. utilis* entscheidend von derjenigen der *a. civilis* abweicht und schon deshalb keine restituierte sein kann. Andererseits erlischt mit der Interzession nicht die *actio* in der Bedeutung Formel. Es erlischt vielmehr die *obligatio*, die privatrechtliche Verbindlichkeit[40]. Es erlischt ein rechtlicher Befund, der den Gläubiger bis dahin in den Stand gesetzt hatte, eine im Hinblick auf diesen Befund proponierte *actio* gegen den Schuldner anzustrengen. Man kann allenfalls sagen, der Gläubiger habe die *actio* verloren, wobei man sich aber klar sein muß, daß in der Person des Gläubigers resp. Schuldners die Voraussetzungen für die *actio* verloren gegangen sind. Der Gläubiger verliert, korrekter ausgedrückt, durch die Interzession sein Recht auf die Klage, sein Klagerecht.

III. Mit diesen Überlegungen verbindet sich eine allgemeinere Frage: Ob nicht überhaupt der Blick auf den konkreten Rechtsnachteil, den die Restitution ausgleichen soll (und kann), maßgeblich ist für das jeweils richtige Verständnis von *restituere actionem*.

Im Interzessionsrecht geht es um den Verlust des privaten Klagerechts. Es würde deshalb einleuchten, wenn die römischen Juristen auch die Restitution aus der Sicht des Klagerechts angesprochen hätten. Prozessual verstanden hat *restituere actionem* Sinn bei der Restitution gegenüber einem erteilten *iudicium*[41] (in welcher Restitution freilich zugleich auch die Restitution des Klagerechts liegt, das die Gewährung des ersten Prozesses aufgezehrt hat). Im Interzessionsrecht dagegen sagt *restituere actionem* im Sinne von *restituere iudicium* zuviel, schießt diese Deutung über den durch den Verlust des privaten Klagerechts charakterisierten Restitutionsfall hinaus. Zwischen dem Interzessionsgläubiger und dem *prior debitor* hat es noch kein Urteilsgericht gegeben, das restituiert werden könnte. In Betracht kommt für die Restitution allein das Klagerecht. Auch aus diesem Grund müßte *restituere actionem* hier auf die materiellrechtliche Bedeutungskomponente eingeschränkt werden, wäre *actio restituta* nicht identisch mit *a. restitutoria*, sondern ein Synonym für *obligatio restituta*, unabhängig davon, ob man an prätorische oder judiziale Restitution denkt[42]. Die Be-

---

[39] Actio institut. 80 f.

[40] Richtig CARRELLI, Actio institut. 80.

[41] Vgl. Celsus D. 4,4,28: *contrarium iudicium restituendum* nach einer bereits einmal durchgeführten Klage. Hier wäre übrigens das *iudicium restitutum* zugleich auch *iudicium restitutorium*, insofern das erneute Klagen die Restitution des früheren bewirkt. Vgl. dagegen die folgende Anm. 42.

[42] Auch ist die *a. restitutoria* nicht schon deswegen *actio restituta*, weil der durch sie wiederhergestellten *obligatio* auch eine wiederhergestellte Klage entsprechen müßte. Eine solche Vorstellung von Wechselwirkung scheint sachlich nicht erfor-

zeichnung des judizialen Aspekts scheint nicht durch *restituere*, sondern nur unter Verwendung der regulären, typischen Ausdrucksweise möglich, die schlechthin Rechtsschutz anzeigt: *actio datur*. Belegen läßt sich in der Tat *a. restitutoria datur*, soweit ich sehe aber nicht der Gedanke, daß die *a. restitutoria* ihrerseits Objekt der Restitution ist[43].

Eine interessante Parallele, die freilich die Frage nach der Form der Restitution im Interzessionsrecht nicht präjudizieren kann, findet sich im Metusrecht. Dem Bürgen, der sich Akzeptilation erpreßt hat, droht die Verurteilung nach der Metusklage, wenn er nicht dafür sorgt, daß auch der gleichzeitig befreite Hauptschuldner seine Verbindlichkeit wiederherstellt. Ausgedrückt wird diese den Bürgen treffende Pflicht so: *nisi adversus reum quoque actionem restituat*[44].

Daß der Bürge als derjenige erscheint, der die *actio* restituieren soll, ist bei prozessualer Deutung von *restituere actionem* undenkbar. In dem Sinn restituieren kann nur der Prätor. Die Stelle gilt schon deshalb allgemein für verfälscht. Hinzu kommt, daß in ihr nach Ansicht der Lehre judiziale und prätorische Restitution heillos durcheinanderlaufen[45]. Gewonnen wäre also durch eine Auswechslung des Subjekts (Prätor anstelle von Bürge) noch nichts, m. E. aber auch darum nicht, weil ein *iudicium*, das zu restituieren wäre, gar nicht stattgefunden hat.

Die Schwierigkeiten ließen sich auf andere Weise beheben. Entschließt man sich dazu, unter *actio* Klagerecht zu verstehen, so erhält der Text insgesamt und ungezwungen einen vernünftigen Sinn. Weil es um die Wiederherstellung des Klagerechts geht (und nicht der Klage), kann auch ein Privater, der Bürge, zur Wiederherstellung angehalten werden: Er muß sich darum kümmern, daß der Hauptschuldner seine Verbindlichkeit erneut auf sich nimmt, wodurch das Klagerecht gegen ihn wiederhergestellt wird. *Restituere actionem* braucht nicht anders verstanden zu werden als das un-

derlich und bei dem Wirkungsgefälle von der prozessualen zur materiellrechtlichen Ebene auch nicht zulässig. Das liegt bei judizialer Restitution auf der Hand, wo erst die Durchführung des *iudicium restitutorium* zur *obligatio restituta* führt. Aber auch bei einer fiktizischen *a. restitutoria* wäre die Existenz und Durchführung der Klage nur Ausdruck der durch sie wiederhergestellten Klagemöglichkeit, nicht dagegen Wiederherstellung des *iudicium* resp. seiner Durchführung.

[43] Zu *actio restitutoria datur* siehe Ulp. D. 16,1,8,9; eod. 10; Gai. eod. 13,2. Vgl. ferner Ulp. eod. 8,7: *pristina actio datur*. Daß die alte Klage erteilt wird, ist etwas anderes, als wenn sie restituiert würde: Die alte Klage, das heißt diejenige, die dem Gläubiger vor der Interzession zu Gebote stand. Sie muß ihm nicht schon erteilt gewesen sein, was m. E. bei *actio (= iudicium) restituitur* vorauszusetzen wäre. Zu fr. 8,7 siehe noch unten S. 28 ff.

[44] Ulp.-Marc.-Jul. D. 4,2,9,8.

[45] Einzelheiten und Belege unten S. 212 ff.

problematische *restituere obligationem*, das Paulus wenig später syntaktisch in ähnlicher Weise verwendet wie Julian *restituere actionem*[46]. Dadurch wäre auch der Verdacht ausgeräumt, in den Text, der an sich von der Metusklage handelt, seien nachträglich und sinnentstellend Elemente prätorischer Restitution eingeflossen[47].

Auf der anderen Seite mag es nicht ohne Bedeutung sein, daß Ulpian, wo er für die durch erzwungene Akzeptilation erloschene Verbindlichkeit allem Anschein nach auf die Möglichkeit prätorischer Restitution verweist, zur Bezeichnung des prozessualen Aspekts *restituere actionem* vermeidet: *volenti autem datur* (nicht: *restituitur*) *actio in personam rescissa acceptilatione* (D. 4,2,9,4).

IV. Als erstes Ergebnis läßt sich zusammenfassend feststellen:

Entgegen der geläufigen Meinung spricht viel dafür, daß die prozessuale Komponente im römischen Rechtsdenken nicht überbewertet und *restituere actionem* nicht ausschließlich prozessual als Analogon zu *actionem dare* verstanden werden darf. Der Terminus scheint mehrdeutig zu sein. *Restituere actionem* kann (mit dem Annex materiellrechtlicher Bedeutung) den Sinn spezifisch prätorischer Tätigkeit haben, wenn damit die Restitution einer bereits einmal erteilten Klage angesprochen ist *(restituere iudicium)*. Wo dagegen, wie im Interzessionsrecht, der auszugleichende Rechtsnachteil in dem privatrechtlichen Verlust des Klagerechts besteht, hat *restituere actionem* meiner Meinung nach den materiellrechtlichen Inhalt: Wiederherstellen des Klagerechts. *Restituere actionem* ist hier identisch mit *restituere obligationem* und könnte insoweit zu den Ausdrücken gerechnet werden, die für den materiellrechtlichen Aktionenbegriff kennzeichnend sind: *actio nascitur, oritur, paritur* etc.[48]

§ 4

Restituere actionem und judiziale Restitution

I. 1. Wenn es stimmt, daß *restituere actionem* Wiederherstellen des Klagerechts bedeuten kann, dann ist Levys Charakterisierung („untrügliches Kriterium für das Eingreifen des Imperiumsträgers") nur noch bedingt richtig. Wohl bedarf auch die Wiederherstellung des Klagerechts in der Regel eines Jurisdiktionsakts des Prätors. Aus *restituere actionem* läßt sich

---

[46] D. 4,2,11. Dazu Levy, Restitutio 365 N. 24.

[47] Zu allem unten S. 212 ff.

[48] Kaser, RZ 173 N. 20. Dem Nachweis des materiellrechtlichen Aktionenbegriffs dient also auch die Untersuchung von *actio restituitur*.

aber nicht mehr zwingend schließen, daß die Restitution des verlorenen Klagerechts unmittelbar mit und in der vom Magistrat verheißenen und erteilten *actio* gegeben ist. Das wurde bereits angedeutet. Hinter *restituere actionem* kann die Gewährung prätorischer Restitution stehen[49]. *Restituere actionem* kann aber ebensogut einen anderen Zusammenhang meinen. Die Wendung schließt jetzt auch die Möglichkeit rechtsgeschäftlicher Wiederherstellung des Klagerechts ein: dadurch, daß im Wege einer Arbiträrklage der *prior debitor* gezwungen wird, eine der erloschenen Schuld entsprechende Verbindlichkeit einzugehen und damit erneut die Voraussetzungen für die Klage zu schaffen, die dem Gläubiger vor der Interzession zu Gebote stand.

Wie weit sich im Interzessionsrecht mit *restituere actionem* judiziale Restitution verbinden läßt, muß am Einzelfall überprüft werden. Vorausgehen mag zunächst noch einmal ein Blick auf die Verfahrensmöglichkeiten als solche.

2. Als Mittel prätorischer Restitution kommt neben der fiktizischen Klage eine *a. in factum* in Betracht. In beiden Fällen erschöpft sich die restituierende Wirkung der *a. restitutoria* in ihrem materiellrechtlichen Reflex. Sehr präzise bei der fiktizischen Klage dadurch, daß sie durch die ihr eingefügte Fiktion auf das frühere zivile Leistenmüssen verweist[50]. Bei der *a. in factum* dagegen würde der Sachverhalt der Interzession beschrieben und der Richter angewiesen, den Beklagten in die seiner früheren Schuld entsprechende Leistung zu verurteilen. Der *restitutio obligationis* ist hier durch ein Äquivalent Genüge getan.

Im Fall judizialer Restitution wäre die *a. in factum* mit einer Restitutionsklausel versehen. Die Wiederherstellung des erloschenen Klagerechts liegt hier nicht schon in der Klagemöglichkeit nach der *a. restitutoria*, sondern zielt auf eine der erloschenen Schuld gleiche Verbindlichkeit, die im *iudicium restitutorium* der *prior debitor* auf Geheiß des Richters durch Rechtsgeschäft mit dem Kläger auf sich nimmt. Es wird der privatrechtliche Tatbestand wiederhergestellt, der vor der Interzession bestand und den Gläubiger zur Klage berechtigte. Der aktive Gehalt von *restitutorius* ver-

---

[49] Das wäre etwa aus Ulp. D. 4,5,2,2 im Hinblick auf fr. 2,1 eod. und Gai. 4,38 (vgl. oben S. 10) für die *i. i. r.* wegen *capitis deminutio* zu schließen. Die Klage gegen den *minutus* nennt Paulus D. 4,5,7,2 *restitutio. Actio restitutoria* begegnet nicht. Dagegen findet sich in den Scholien zu B. 46,2,6 (Hb. 4,557 Ziff. 4 und 5 = Sch. B 2741 f. Ziff. 5 und 6) *formula restitutoria:* ῥεστιτουτόριος τύπος. Vgl. auch schol. 3 zu B. 46,2,1: ῥεσκισσόριος τύπος (Hb. 4,553 = Sch. B 2737 Ziff. 2).

[50] Lenel, Edikt 287: *si Seia non intercessisset, tum si $N^m N^m$ dare oporteret.* Vgl. zur Formel auch noch Medicus (Anm. 12) 64 N. 69.

wirklicht sich bei einer derartigen *a. restitutoria* also ähnlich wie beim *interdictum restitutorium:* der beabsichtigte Restitutionseffekt liegt nicht schon in der Erteilung des Rechtsbehelfs[51].

3. Von diesen möglichen Wegen der Verfahrensgestaltung bedarf die traditionell vertretene fiktizische Klage keiner besonderen Fürsprache. Es sei aber kritisch vermerkt, daß die communis opinio allein auf allgemeinen Überlegungen beruht; zwingende Quellenbelege gibt es nicht[52]. Mag also die Vermutung verlockend sein, die zur Wiederherstellung des Klagerechts dienende *a. restitutoria* werde am ehesten der Klage ähnlich gewesen sein, die dem Kläger vor der Interzession zustand — die Möglichkeit auch einer *in factum* konzipierten *a. restitutoria* kann nicht von vornherein abgewiesen werden. Vielleicht hat der Prätor mit beiden Rechtsbehelfen operiert, um den erstrebten Restitutionszweck zu erreichen. Sein Imperium bot ihm jedenfalls die Handhabe dazu.

Die Auffassung, daß verfahrensmäßig zu den Mitteln der Restitution auch eine arbiträre *a. in factum* gehört haben könnte, wird sich dagegen besonders legitimieren müssen. Das „Ungewöhnliche" kann dabei zwar nicht die Tatsache einer arbiträren *a. in personam* als solcher sein. Das klassische Recht kennt verschiedene Klagen dieser Art[53]. Wohl aber und vor allem ist der Einwand zu erwarten, ob nicht gegen ein Arbiträrverfahren im Interzessionsrecht starke praktische Überlegungen sprechen. Warum, so könnte die Frage lauten, soll zum Beispiel eine durch Interzession erloschene Darlehens- oder Stipulationsschuld erst aufgrund eines *iudicium restitutorium* wiederhergestellt (und dann in einem zweiten Prozeß eingeklagt) werden, wenn der Endeffekt unmittelbar über eine fiktizische Klage oder eine nichtarbiträre *a. in factum* erreichbar ist?

Diesen Bedenken sind zunächst Quellen selbst entgegenzuhalten. Wir besitzen — insoweit unverdächtig — Belege über die judiziale Restitution auch einer Obligation[54]. Der Verurteilung nach der Metusklage entgeht der erpresserische Schuldner zum Beispiel auch dadurch, daß er die infolge er-

---

[51] Wenn der Beklagte den Restitutionsbefehl des *iudex* ignoriert, unterscheidet sich die Arbiträrklage theoretisch doch von der nichtarbiträren *a. in factum.* Vgl. unten S. 27.

[52] Lenel, Edikt 287 N. 8 verweist auf Diocl. C. 4,29,16; *rescissoria actio.* Aber *rescindere* ist nicht technisch. Es begegnet z. B. auch bei der *a. Fabiana,* einer arbiträren, *in factum* konzipierten *a. in personam.* Einzelheiten unten S. 85 f. Vor einer zu weitgehenden Annahme technischer Termini im klassischen Recht warnt auch Kaser, St. Biondi I (1965) 99 ff.

[53] Insbesondere: *a. aquae pluviae arcendae, a. redhibitoria, a. quod metus causa, a. de dolo, a. Fabiana.* Vgl. die Aufzählung bei Kaser, RZ 257 N. 8 und 9.

[54] Vgl. zum Folgenden vor allem Levy, Restitutio 363 und N. 16.

zwungener Akzeptilation erloschene Verbindlichkeit erneut auf sich nimmt[55]. Diese Regelung mag für generalisierende Schlüsse nicht geeignet sein, weil wegen des *quadruplum* der Urteilssumme die Klage nicht unmittelbar auf das gerichtet werden konnte, was aus der erloschenen Forderung geschuldet wurde. Das Argument entfällt jedoch im Fall des Arbiträrverfahrens, das sich an das *Interdictum fraudatorium* anschloß. Die *restitutio in pristinum statum* betrifft hier ausdrücklich auch Forderungen: *sive res sive obligationes*[56]. Entsprechendes dürfen wir für die arbiträre *a. Fabiana* im Hinblick darauf vermuten, daß zwar das Beispiel der *in fraudem patroni* erlassenen Schuld allem Anschein nach nicht überliefert ist, wohl aber der aufschlußreiche Fall des fraudulosen Vergleichs[57], in dem der Erlaß eine maßgebliche Rolle spielen kann[58]. Die Annahme wäre willkürlich, in bezug auf Forderungen sei die Klage des Patrons von vorherein vom Arbiträrmechanismus der *a. Fabiana* ausgenommen gewesen.

Als *a. in factum* mit Restitutionsklausel wäre also die *a. restitutoria* durchaus kein Sonderfall im Kreis der überlieferten Arbiträrklagen. Ein schutzwürdiges Interesse der Parteien an erneuter privatrechtlicher Verpflichtung ist ja auch denkbar. Es liegt dort auf der Hand, wo die wiederherzustellende Forderung im Zeitpunkt ihres Erlöschens noch nicht fällig war und auch noch nicht fällig ist, nachdem sich der Restitutionsgrund herausgestellt hat. Die geschiedene Frau zum Beispiel, die ihrem Mann dadurch die *dos* bestellt hatte, daß sie ihm eine Schuld erließ, deren Fälligkeit hinausgeschoben war, kann Wiederherstellung der Forderung mit dem alten Fälligkeitstermin verlangen[59]. Es ist doch sehr unwahrscheinlich, daß demgegenüber der Interzessionsgläubiger in vergleichbarer Situation gehindert gewesen sein soll, auf Wiederherstellung der Obligation zu dringen; denn weder die fiktizische Klage noch die *a. in factum* konnten dem Bedürfnis nach sofortigem Rechtsschutz genügen. Vom Standpunkt prätorischer Restitution aus wäre das Interesse des Gläubigers, umgehend zu wissen, ob die Interzession verbotswidrig war oder nicht, möglicherweise überhaupt unberücksichtigt geblieben. Die Frage mochte nämlich im Prozeß gegen die *mulier* deswegen nicht zur Sprache kommen, weil sie *in diem* interzediert hatte und der Gläubiger bereits aus diesem Grund abgewiesen wurde. Die praktischen Vorteile einer arbiträren *a. restitutoria* sind also nicht zu über-

---

[55] Ulp.-Jul. D. 4,2,9,7. Vgl. auch eod. 9,8 zum erpresserischen Bürgen, der im Rahmen der Metusklage nicht nur für die Wiederherstellung seiner eigenen Schuld zu sorgen hat, sondern auch für die des Hauptschuldners. Dazu schon oben S. 22 f.

[56] Ulp. D. 42,8,10,22. Lenel, Edikt 498 f.

[57] Ulp. D. 38,5,1,9. Vgl. auch eod. 1,3.

[58] Vgl. Sab.-Ulp. D. 2,15,4 *(stipulatio Aquiliana)*. Dazu Kaser, RP 1,543.

[59] Ulp. D. 23,3,43,2: *restauranda est in diem pristinum obligatio.*

sehen. Von ihr würde auch ohne Vorbehalte gelten können, was Paulus gelegentlich von der *a. restitutoria* sagt: *statim atque intercessit mulier (competit)*[60].

Hinzu kommt folgendes: Abgesehen von den Geschäften des täglichen Lebens werden obligatorische Verbindlichkeiten oft nicht deswegen eingegangen, um alsbald realisiert zu werden. Der Kreditgedanke ist hier nur ein, wenn auch ein sehr wichtiger Gesichtspunkt. Für das antike Rom können wir das unmittelbar daran ablesen, daß Bürgschaftsschulden entweder zeitlich nicht begrenzt waren und auf den Bürgenerben übergingen oder, wie bei *sponsio* und *fidepromissio*, immerhin zwei Jahre lang bestehen konnten[61]. In einem auf Dauer angelegten Geflecht von Hauptschuld, Gesamtschuld, Bürgen- und Pfandsicherung[62] mußte also die Interzession nicht notwendig die Liquidation einleiten. Sie konnte ebensogut die Verlagerung der Interessen bezwecken. Schlug in diesem Fall die Interzession zum Nachteil des Gläubigers aus, weil sie gegen das *SC* verstieß, dann lag die Naturalherstellung des früheren Zustands am nächsten, war die Arbiträrklage das gegebene Mittel zu ihrer Verwirklichung, wenn unter den Parteien die Verbotswidrigkeit der Interzession umstritten war. *Integra causa pristina restituenda est,* sagt Julian loc. cit. gelegentlich und im Hinblick auf Bürgschaften. Das klingt nicht nach prätorischer Restitution als typischem Hilfsmittel[63]. Prätorische Restitution, soweit sie überhaupt sofort anwendbar war, würde geradezu störend und wie eine Gewaltkur gewirkt haben. Die arbiträre *a. restitutoria* dosiert besser: Die *condemnatio pecuniaria,* die „Liquidation", kommt erst zum Zuge, wenn der Beklagte den Restitutionsbefehl des *iudex* ignoriert[64]. Daß das Urteil dann nicht auf die ursprünglich geschuldete Summe lautete, sondern auf das, was der Kläger mit dem *iusiurandum in litem* als sein Interesse beschwor, wird praktisch keinen Unterschied gemacht haben (was das Fehlen von Belegen gut erklären könnte) und befremdet im übrigen nicht; denn der *prior debitor* war jetzt nicht zur Zahlung, sondern, weil das schutzwürdige Interesse des Gläubigers dahin ging, zur Wiederherstellung der Verbindlichkeit verpflichtet.

---

60 D. 16,1,24,3.

61 Vgl. Gaius 3,120 f.

62 Anschauungsmaterial in Ulp. D. 16,1,8,11; Gaius eod. 13,1; Jul. eod. 14; Afr. eod. 20.

63 Zur Julianstelle auch unten S. 29 f. und S. 44 f.

64 Möglicherweise war je nach der Interessenlage der Übergang zwischen arbiträrer und nicht arbiträrer *a. in factum* fließend. — Übrigens hat Carrelli selbst, obschon unter größten Vorbehalten, eingeräumt, daß die Bezeichnung *a. restitutoria* die Möglichkeit einer von der *pristina actio* unabhängigen Klage an sich nicht ausschließt (Intercessio 311). Wenn er dafür keine Chance sah, so deswegen, weil für ihn die rein prozessuale Deutung von *restituere actionem* unumstößlich feststand.

Schließlich: Die Restitution durch den Beklagten macht die Verbindlichkeit gerichtsbekannt, so daß sich für den Gläubiger in der Regel ein zweiter Prozeß erübrigt haben wird. Auf jeden Fall verliert das mögliche Argument, die judiziale Restitution führe unnötig zu doppelter Inanspruchnahme des Gerichts, stark an Gewicht. Auch soll nicht bestritten werden, daß dort, wo dem Gläubiger an Naturalherstellung nicht gelegen war, der Prätor die *a. restitutoria* als fiktizische Klage oder als nichtarbiträre *a. in factum* gegeben hat. Im übrigen wäre von diesen beiden Rechtsbehelfen prätorischer Restitution die *a. in factum* als Gegenstück zur absolut „retrograden" Lösung bereits ein willkommenes Argument gegen die traditionelle Lehre.

II. 1. In einer ersten Gruppe von Texten, die auf Indizien für judiziale Restitution befragt werden, geht es um Aussagen über die *a. restitutoria* selbst. Berührt wurde schon Ulpians Charakterisierung:

datur in te actio, quae ... restituit obligationem[65].

Vor dem Hintergrund einer arbiträren *a. restitutoria* ist das so wenig problematisch, wie wenn es gelegentlich vom Prätor heißt, er restituiere[66]. *Actio* wie der sie erteilende Prätor sind ursächlich für die Restitution, unbeschadet der Tatsache, daß der Beklagte, der sich dem Restitutionsbefehl des *iudex* widersetzt, die Restitution vereiteln kann.

2. Verwickelter liegen die Dinge in Ulp. D. 16,1,8,7 (29 ad ed):

Quotiens pro debitor intercesserit mulier, datur in eum pristina actio, etsi ille prius acceptilatione liberatus sit quam mulier intercesserit.

Bei der *pristina actio* kann es sich nicht um eine Klage handeln, die erst auf rechtsgeschäftliche Wiederherstellung der früheren Verbindlichkeit gerichtet ist. Eine andere Frage ist gleichwohl, ob *pristina actio* auf den im Anschluß an die Interzession erteilten Rechtsbehelf geht und ergo mit der *a. restitutoria* identisch ist. Die Antwort im Sinne der traditionellen Lehre mag unproblematisch erscheinen[67]. Immerhin sei auf einige Unstimmigkeiten hingewiesen, die sich ergeben, wenn man *pristinus* einen eigenen Aussagewert zugestehen und abgewinnen will.

Ein *iudicium restitutorium* mit fiktizischer Formel oder *formula in factum* ist nicht das alte Verfahren, das dem Gläubiger vor der Interzession offen stand. Auch weniger präzise verstanden, im Verhältnis zur (exzeptionsbehafteten) neuen Klage gegen die *mulier* etwa, wäre die restitutionsweise verheißene Klage gegen den *prior debitor* keine alte, sondern selbst eine die Klage gegen die *mulier* überholende neue Klage.

---

[65] Fr. 8,14 h. t., oben S. 18.

[66] Jul. fr. 16,1 h. t. in fin.: *a praetore restituitur prior debitor creditori.*

[67] Vgl. Lenel, Edikt 287 und oben S. 17.

Diese Bedenken verstärken sich angesichts von fr. 13,1 h. t. (Gaius 9 ad ed prov):

De pignoribus prioris debitoris non est creditori nova actione opus, cum quasi Serviana (quae et hypothecaria vocatur) in his utilis sit: quia verum est convenisse de pignoribus nec solutam esse pecuniam.

Mittelbar ergibt sich, daß für Gaius die *a. restitutoria* eine *nova actio* ist. Was ist von dem Gegensatz zwischen ihm und Ulpian zu halten, der sich bei einer Gleichsetzung von *pristina actio* und *a. restitutoria* ergäbe?

Widersprüchlich nimmt sich die Antwort CARRELLIS aus, der zu fr. 13,1 bemerkt[68], „che l'*actio restituta* non è la stessa azione che quella estinta dall'*intercessio*, ma che è anzi una *nova actio*", fr. 8,7 aber dahin erläutert[69], „che vada data contro il *prior debitor pristina actio*, non quindi una azione nuova, ma la stessa azione civile *(pristina)*, estinta in conseguenza della *acceptilatio* e restituita come azione utile sul terreno del diritto pretorio." Man könnte daran denken, CARRELLI verstehe unter *actio* einmal (in fr. 13,1) Anspruch, das andere Mal Formel, *iudicium*. Das scheint jedoch nicht der Fall, wäre auch nicht richtig; denn auch bei Gaius ist *actio* offensichtlich prozessual gebraucht, wie der Zusammenhang mit der *a. Serviana* erkennen läßt. Das Zugeständnis freilich, ein und dieselbe Klage sei von Ulpian *pristina*, von Gaius *nova actio* genannt worden, dürfte indessen gerade den Anhängern einer fiktizischen *a. restitutoria* schwer fallen. *Nova actio* würde einleuchten, denn die fiktizische Klage enthielte gegenüber der ursprünglich zuständigen alten etwas Neues. Aber die *nova actio* schlechthin auch *pristina* zu nennen, mußte sich den römischen Juristen ebenso verbieten, wie sie eine *a. utilis* nicht gleichzeitig als *a. directa* bezeichnen konnten[70].

Weiterhelfen könnte die Beobachtung, daß sich *pristinus* noch einmal im Interzessionsrecht findet (fr. 14 h. t.), und zwar im Zusammenhang mit Bürgen, deren Verpflichtung ebenso wiederhergestellt wird wie die des Hauptschuldners, für den interzediert wurde. Die von Julian (12 dig) stammende und bereits berührte Erörterung schließt mit den Worten:

integra causa pristina restituenda est.

Auf dem Boden prätorischer Restitution mag das dahin interpretiert werden, daß unter dem wiederherzustellenden früheren Zustand nicht der qualitativ gleiche, früher dagewesene zu verstehen sei, sondern dieser als honorarrechtliches Spiegelbild[71]. Eine solche Auffassung wäre aber dem geschlossenen Bild prätorischer Restitution zuliebe mit Inkonsequenz erkauft. Denn für

---

68 Actio institut. 80; ferner Intercessio 332.

69 Intercessio 312.

70 LENEL a. a. O. verweist im Anschluß an das wörtliche Zitat von Ulp. fr. 8,7 kommentarlos auf Gai. fr. 13,1.

71 CARRELLI, Intercessio 320.

die Bereiche außerhalb des Interzessionsrechts weist die gleiche Lehre mit Nachdruck (und grundsätzlich wohl mit Recht) darauf hin[72], daß Wendungen wie *restituere in pristinam causam*[73], *in eandem causam*[74], *in pristinum statum*[75] typisch seien für das Vorliegen judizialer Restitution. In fr. 14 muß es sich nicht anders verhalten.

Nun wird man darauf nicht um jeden Preis bestehen wollen. Die römischen Juristen mögen mit den eben genannten Ausdrücken so frei geschaltet haben, wie es in dieser Arbeit für Termini vermutet wird, die man bislang einzig prätorischer Restitution vorbehalten hat. Deshalb soll fr. 14 nicht als zwingender Beleg für judiziale Restitution in Anspruch genommen werden. Wohl aber muß mit der nicht geringen Möglichkeit gerechnet werden, daß fr. 14 an dem Prinzip der judizialen Restitution orientiert ist.

Zu einer dergestalt wiederhergestellten *pristina causa* würde in ganz präzisem Sinn eine *pristina actio* gehören: der privatrechtlichen Neuverpflichtung entspricht die gleiche Klage, die vor der Interzession gegeben war. Von hier aus läßt sich eine Brücke zu fr. 8,7 schlagen.

Versteht man unter *actio restituitur* Wiederherstellen des Klagerechts, dann vernachlässigt die Quelle im Ausspruch über die Rechtsfolge die Tatsache der Klageerteilung. Der prozessuale Aspekt kommt aber oft durch die Formulierung zum Ausdruck, daß „gegen den Schuldner" das Klagerecht wiederhergestellt wird[76]. Vor dem Hintergrund judizialer Restitution wäre also „gegen den Schuldner das Klagerecht wiederherstellen" ein Kürzel dafür, daß gegen den Schuldner eine Klage erteilt wird, in deren Verlauf die Wiederherstellung des Klagerechts vor sich geht. Julian zum Beispiel verneint die (implizit gestellte) Frage, ob derjenige Hauptschuldner zur Metusklage passiv legitimiert sei, der durch einen vom Bürgen erpreßten Erlaß frei geworden ist, so: *in reum non esse restituendam actionem*[77]. Daß im umgekehrten Fall die Pflicht zur Wiederherstellung des Klagerechts, wie sie Marcellus und Ulpian loc. cit. in fin. für richtig halten, eingebettet wäre in die gegen den Hauptschuldner zu richtende Metusklage, ist nur angedeutet *(in reum)* und bleibt, anscheinend als selbstverständlich, unausgesprochen[78].

Von daher, daß mit *actio restituitur* ein Teilstück des Restitutionsverfahrens im Ganzen — die Erteilung der *a. restitutoria* — übersprungen wird, zeigt sich eine denkbare Verbindung zu *pristina actio datur*. Statt

---

[72] Levy, Restitutio 362.

[73] Jav. D. 38,2,35; Ulp. D. 43,26,8,4; vgl. auch Paul. D. 4,7,8 pr.

[74] Paul. D. 43,16,9,1.

[75] Pomp. D. 8,4,9; Jav. D. 8,6,14 pr.; Ulp. D. 4,2,9,7; 42,8,10,22; 43,8,2,43.

[76] Vgl. etwa Ulp. D. 16,1,8,11; Paul. eod. 9; Jul. eod. 14; Afr. eod. 20.

[77] Ulp.-Jul.-Marc. D. 4,2,9,8.

[78] Zum Problem noch unten S. 45 und S. 214 f.

actio restituitur können wir auch sagen: *pristina actio restituitur*[79]. Zwischen *pristina actio datur* und *pristina actio restituitur* besteht dann folgender Zusammenhang: Im ersten Fall wird prozessual artikuliert, was im zweiten der Klagemöglichkeit, der Klageberechtigung nach zum Ausdruck kommt. *Pristina actio datur* entspricht aus der Sicht der Klageerteilung dem mit *pristina actio restituitur* materiellrechtlich anvisierten Restitutionseffekt. In *pristina actio datur* erscheint also das Restitutionsverfahren seinem ganzen Ablauf nach nur akzentuell anders mitgedacht und enthalten als in *pristina actio restituitur.* Darüber hinaus wäre mit *pristina actio datur* der wiederherzustellende Zustand zur typischen Anschauung einer Rechtsposition gebracht, womit die Regelnatur von fr. 8,7, die zuweilen verkannt wird, gut harmonieren würde[80]. Interessanterweise gibt der Anonymus, an der spezifischen Denkfigur des klassischen Juristenrechts nicht interessiert, seine Vorlage mit *obligatio restituitur* wieder[81].

So gesehen könnte das Verhältnis von fr. 13,1 zu fr. 8,7 dahin erklärt werden: Gaius meint mit *nova actio* die *a. restitutoria,* Ulpian hingegen mit *pristina actio* die Klage, die zu der rechtsgeschäftlich wiederhergestellten Obligation gehört. Das verbindende Glied wäre eine mit *nova actio* assoziationsvoll charakterisierte Arbiträrklage[82].

Ein besonderes Wort verlangt noch der Gaiustext[83]. Hinsichtlich der

---

[79] Vgl. Jul. fr. 14 h. t., oben S. 27.

[80] Es handelt sich in fr. 8,7 nicht, wie Carrelli (Intercessio 311) annimmt, um einen casus, einen Fall, sondern um einen Satz, der die Rechtsfolge allgemein, für alle einschlägigen Fälle beschreibt. (Vgl. zu dem Komplex der *regulae* zuletzt Schmidlin, Die römischen Rechtsregeln [1970]; siehe auch Wieling, SZ 87 [1970] 212 N. 35; 242). Naturgemäß berücksichtigt die Regel nur den typischen Ablauf. Gegen die hier vertretene Auslegung von Ulpian spricht deshalb nicht die Möglichkeit, daß es zu einer *datio pristinae actionis* nicht kommt, wenn die Klage auf Restitution der Verbindlichkeit mit der Kondemnation auf das Interesse endet.

[81] B. 26,7,39 (Hb. 3,139 = Sch. A 1302): 'Αποκαθίσταται κατὰ τοῦ χρεώστου ἡ ἐνοχή, κἂν πρὸ τῆς ἀντιφωνήσεως τύχοι ἀποχῆς. Übers. Hb.: *Restituitur adversus debitorem obligatio, licet ante intercessionem acceptilationem nactus sit.* Abweichend, aber sachlich von der Vorlage gedeckt und uns Heutigen weniger mißverständlich: ἀποκαθίσταται ... ἡ ἐνοχή. Wie im klassischen Recht *actio* und *obligatio* werden auch in den Basiliken ἡ ἀγωγή und ἡ ἐνοχή promiscue verwendet. 'Η ἀγωγή heißt einmal „Klage" (so in der Verbindung ἡ ἀποκαταστατκὴ ἀγωγή, z. B. B. 26,7,39 zu D. 16,1,8,11), vor allem aber auch „Rechts- und Klageanspruch" (Preisigke-Kiessling, Wörterbuch der griech. Papyrusurkunden, Bd. 4 [1944] s. h. v.), so daß wir wie für das klassische Recht differenzieren können zwischen ἀποκαταστατικὴ ἀγωγή *(actio restitutoria)* und ἀποκαθίσταται ἡ ἀγωγή (*actio restituitur*; z. B. B. 26,7,51). Vgl. auch noch unten S. 33 Anm. 90.

[82] Die *in factum* konzipierte arbiträre *a. Fabiana* wird von Paulus D. 46,3,98,1 einmal *nova actio* genannt. Einzelheiten zu dieser Stelle unten S. 78; 80 ff.

[83] *Cum quasi — utilis sit* hält Kreller für erklärendes Glossem SZ 64 (1944)

Pfänder, die der *prior debitor* dem Gläubiger bestellt hatte[84], hält Gaius die *a. restitutoria* nicht für nötig. Insoweit steht dem Gläubiger die alte Pfandklage zu, ist die *quasi Serviana* (weiterhin) brauchbar[85]. Der Gedanke liegt nahe, daß die *a. restitutoria,* wäre sie erforderlich, dem gleichen Zweck wie die *Serviana* dienen würde, nämlich die Pfandsache in den Besitz des Gläubigers zu bringen: ein Argument für prätorische Restitution also und ein Indiz dafür, daß die *a. restitutoria* auch dinglicher Natur sein kann.

Der Schluß ist indes nicht zwingend. Gaius beurteilt keinen konkreten Fall der Pfandverfolgung, sondern allgemein die Pfandrechtslage nach der Interzession. Mit Rücksicht darauf braucht mit dem Zitat der *Serviana* nicht mehr gesagt zu sein, als in prozessualer Einkleidung die Tatsache, daß durch die Interzession die Pfandrechte nicht erloschen sind. Wie das Restitutionsverfahren bei Untergang der Pfandrechte aussehen würde, bleibt nach dem Gaiustext dann offen. Die *a. restitutoria* könnte sich deshalb, unserer Fragestellung gemäß, auf erneute Pfandrechtsbestellung (an den früheren Pfändern oder an anderen Sachen) gerichtet haben und hätte ihre Qualität als

---

310; zustimmend KASER, SZ 78 (1961) 211 N. 114. Anders WATSON, SDHI 27 (1961) 358 N. 9 (zu WATSON noch unten Anm. 85). Keinen Antoß nehmen auch die in der folgenden Anmerkung zitierten Autoren. *Utilis* wäre aber jedenfalls nicht technisch zu verstehen (HEUMANN-SECKEL, h. v. Ziff. 3; vgl. auch WUBBE, Res aliena pign. dat. [1960] 99 N. 58), so daß daraus kein Argument für eine *utilis*-Natur der *nova actio* hergeleitet werden könnte.

[84] Abzulehnen RATTI, Sull'access. d. pegn. (1927) 25 ff. und (ihm folgend) BONIFACIO, Novazione[2] (1959) 169, die *in his utilis* auf Pfänder beziehen, welche die Interzedentin dem Gläubiger bestellt habe. Gegen RATTI eingehend CARRELLI, Intercessio 321 ff., unter Aufgabe früherer Zustimmung; Sulla access. d. pegn. (1934) 25 ff. Vgl. ferner FREZZA, Le garanz. delle obblig. (1963) 2,300, der indessen die Meinungsänderung CARRELLIS übersieht. Zu Unrecht beruft sich andererseits BONIFACIO auf CARRELLI. Ist *in his utilis* überhaupt Glossem, fehlt der Auffassung RATTIS jegliche Grundlage. Vgl. noch die folgende Anmerkung.

[85] Ebenso Pomp. D. 4,4,50. Dafür scheint maßgeblich zu sein, daß bei der Interzession nur eine Umwandlung der Forderung stattfindet. Bei Akzeptilation erlischt das Pfandrecht und muß neu bestellt werden. Gai. D. 4,2,10,1; 4,4,27,2. — Für den Fortbestand des Pfandrechts bereits GRADENWITZ, Ungültigkeit 176 ff. Ferner CARRELLI, FREZZA gegen RATTI und BONIFACIO, alle a. a. O. — Gegen wen sich die Pfandklage richtet, sagt fr. 13,1 nicht (vgl. auch alsbald im Text); aber sicherlich auch gegen den *prior debitor,* wenn er im Besitz der Pfänder ist. Anfechtbar daher, was WATSON dem Text entnimmt: "The action *quasi Serviana* seems to be given here because the defendant is not the original debtor but a successor"; a. a. O. 358; vgl. auch 359. Zu dieser Auffassung ist WATSON vermutlich wegen des *prior debitor* gelangt, als zeige *prior* neben der zeitlichen Differenz auch eine Differenz im Hinblick auf die beteiligten Personen an. Damit läßt Watson für fr. 13,1 den Zusammenhang mit dem Interzessionsrecht außer acht. Ob das WATSONS Konzeption der *a. quasi Serviana* (*quasi,* weil sich die Klage nicht gegen den ursprünglichen Schuldner richte) beeinträchtigt, kann hier nicht weiter verfolgt werden.

a. in personam nicht dadurch eingebüßt, daß sie auch für die Restitution der früheren dinglichen Rechtslage zur Anwendung kam. Es wird sich jedenfalls zeigen, daß dieser Gedanke mutatis mutandis für die sog. *a. institutoria* fruchtbar gemacht werden kann und daß durch ihn seit alters erhobene Unechtheitsvermutungen hinfällig werden[86].

3. Die Interpretation von D. 16,1,8,7 bedarf schließlich noch der Abgrenzung gegenüber einer Konstitution Justinians, die in dem hier interessierenden Punkt eine äußere Ähnlichkeit mit der Digestenstelle aufweist.

Für den Fall, daß der Nachweis mißlingt, die *mulier* habe den Gegenwert der Interzession erhalten, ordnet Justinian C. 4,29,23,1 b (a. 530) an:

> Sin vero hoc minime fuerit ab eo approbatum, tunc mulieri superesse auxilium et antiquam actionem adversus eum servari, pro quo mulier intercessit, vel ei actionem parari.

Carrelli geht für das Verständnis des Textes davon aus, daß nach justinianischem Recht die gegen das *SC Vellaeanum* verstoßende Interzession ipso iure nichtig sei. Deshalb bleibe die alte Verbindlichkeit bestehen und dem Gläubiger die *antiqua actio* erhalten. Die *a. restitutoria* ist jetzt überflüssig und auch in den Digesten nur noch ein historisches Relikt[87].

Diese Auslegung stößt sich bereits an c. 23,1 b selbst. Die Nichtigkeit der Interzession würde eine Verpflichtung der *mulier* ebenso verhindern, wie sie die frühere Forderung unberührt ließe. Die *mulier* brauchte in diesem Fall das *auxilium,* womit ohne Zweifel die *exceptio SCti Vellaeani* gemeint ist, nicht[88]. Schlecht zu Carrellis Auslegung paßt auch der Fortgang der Konstitution. Dort zeigt sich, daß die Verletzung der neuen Formerfordernisse, nicht das Interzessionsverbot, die Interzession nichtig macht[89]. Schließlich bleibt bei Carrelli die Frage ungeklärt, warum die Basiliken nicht nur zu c. 23,1 b (B. 26,7,87) die *a. restitutoria* konserviert haben[90], wenn schon Justinian über sie hinausgelangt war.

Die Bedeutung der *antiqua actio* läßt sich aus einer anderen Richtung weniger anfechtbar erschließen. Entscheidend ist die tatbestandsmäßige Ausfüllung von *antiquam actionem servari — vel actionem parari.* Carrelli

---

86 Unten S. 49 ff.

87 Intercessio 331 ff.

88 Vgl. auch Carrelli selbst, a. a. O. 332.

89 So auch Medicus (Anm. 12) 71 ff., bes. 73; ebend. 68 ff. zur übrigen Problematik der Konstitution im Ganzen.

90 Hb. 3, 146 = Sch. A 1310 f. In diesem Fall sprechen übrigens die Basiliken nicht wie gewöhnlich und wie Heimbach auch hier übersetzt von der *a. restitutoria,* der ἀποκαταστατικὴ ἀγωγή, sondern von der ἀγωγή περὶ αποκαταστάσεως, eine für das thema probandum beziehungsvolle und nicht zu beanstandende Variation des Ausdrucks.

ist darin zuzustimmen, daß es sich um zwei verschiedene Tatbestände handelt, nicht um einen einzigen mit alternativen Lösungen. Wenn man aber mit CARRELLI *actionem parari* dem Interzessionstatbestand der *a. institutoria* zuweist[91], wird *antiquam actionem* etc. auf den Normalfall der Übernahme einer fremden Schuld, vornehmlich also auf die privative Interzession, fixiert und damit zu einem Interpretationsproblem. Nichtigkeit der Interzession und folglich unbeeinträchtigter Bestand der früheren Forderung scheiden aus, wie wir soeben gesehen haben. Bedenklich erscheint es, die *antiqua actio* Justinians wie oben die *pristina actio* Ulpians zu interpretieren[92] oder sie im Sinne der bisherigen Lehre mit der *pristina actio*, das heißt mit der *a. restitutoria* zu identifizieren[93]; denn im Unterschied zum klassischen *pristina actio datur* dürfte für justinianisches *antiqua actio servatur* die Implikation eines Forderungsverlustes auszuscheiden haben.

Indessen ist CARRELLIS Tatbestandsanalyse ganz durch sein Vorverständnis der *antiqua actio* bestimmt: in ihr soll die ipso iure-Nichtigkeit zum Ausdruck kommen. Losgelöst von dieser These kommen für den Text ungezwungen die Tatbestände der kumulativen und privativen Interzession in Betracht. Deren Geschichte bis zu Justinian ist durch folgende Momente gekennzeichnet.

Nach klassischem Recht besteht die privative Interzession in einer novierenden Stipulation (Novation). Dabei ist die novierende Wirkung an die Wortform geknüpft, in der Weise, daß auf die alte Schuld ausdrücklich Bezug genommen wird[94]. Mit dem Untergang der Verbalobligationen in nachklassischer Zeit geht dieses Kriterium verloren. An seine Stelle tritt die zusätzliche Frage, ob die Parteien novierende Wirkung wollen. Justinian zieht hier den Schlußstrich, indem er — eine bis in seine Zeit hinein beobachtete Urkundenpraxis ins Gegenteil abändernd — festlegt, Novation solle nur eintreten, wenn sie ausdrücklich als gewollt erklärt wird[95].

C. 8,41,8 pr. und I. 3,29,3 a, wo uns die neue Regelung überliefert ist[96],

---

[91] Intercessio 331 N. 53; ebenso BORTOLUCCI, Actio quae instituit obligationem (1915) 15 f.

[92] Oben S. 28 f.; 30 f.

[93] Oben S. 17; 28.

[94] Titulierte Stipulation, z. B.: *quod mihi Seius debet, dari spondes?* Ulp. D. 45,1,75,6. KASER, RP 1,542; BONIFACIO, Novazione[2] (1959) 60 ff.

[95] Zum Vorstehenden KASER, RP 2,325 und im folgenden.

[96] I. 3,29,3 a in fin.: *ideo nostra processit constitutio* (scil. C. 8,41,8), *quae apertissime definivit tunc solum fieri novationem, quotiens hoc ipsum inter contrahentes expressum fuerit, quod propter novationem prioris obligationis convenerunt, alioquin manere et pristinam obligationem* ... C. 8,41,8 pr. (a. 530): ... *nihil penitus priori cautelae innovari, sed anteriora stare* ... *nisi ipsi specialiter remiserint*

stützen die Annahme, daß die Beschäftigung der kaiserlichen Kanzlei mit dieser Frage sie auch zu der Abfassung von c. 23,1 b veranlaßt hat. Bezeichnend scheint die Reihenfolge. *Antiquam actionem servari* drückt den neuen Grundsatz aus. *Actionem parari* gilt für den Fall, daß Novation vereinbart wurde. Dann steht dem Gläubiger die *a. restitutoria* zu. Noch größer würde die Wahrscheinlichkeit dieses Zusammenhangs, wenn wir für c. 23 als genaues Datum den 1. August 530 ansetzen könnten[97]; denn C. 8,41,8 stammt vom 22. Juli 530.

In jedem Fall läßt sich aus c. 23,1 b nichts für die Ansicht herleiten, die *a. restitutoria* sei schon bei Justinian ein Anachronismus. Das Gegenteil muß richtig sein, wie der Kontext gezeigt hat. Zumal als arbiträre *a. in personam* würde sich die *a. restitutoria* der nun einheitlichen Rechtsordnung auch ohne Schwierigkeiten einfügen, ohne daß die Frage sich stellt, wie weit der ehedem prätorische Rechtsbehelf infolge der Verschmelzung von Volksrecht und Amtsrecht moderne Erscheinungen wie Nichtigkeit oder Anfechtung[98] einschließt.

III. Im folgenden Abschnitt stehen Texte zur Diskussion, die zu judizialer Restitution gut passen würden oder die, im günstigsten Fall, aus dem Gedanken judizialer Restitution vielleicht am besten erklärt werden können.

1. Gaius D. 16,1,13,2 (9 ad ed prov): Si sub condicione vel in diem mulier pro alio intercesserit, etiam pendente condicione volenti creditori cum priore debitore experiri actio danda est restitutoria: quo enim bonum est exspectare condicionem vel diem, cum in ea causa sit prior iste debitor, ut omnimodo ipse debeat suscipere actionem?

Pendente condicione ist die *a. restitutoria,* gedacht als fiktizische Klage, eigentlich überflüssig, weil die (aufschiebend) bedingte Interzession den Schuldner erst mit Eintritt der Bedingung befreit[99]. Bis dahin steht dem Gläubiger noch die *a. directa* zur Verfügung, die im vorliegenden Fall, anders als bei regulärer bedingter Novation, auch nicht durch eine *exceptio pacti conventi* oder *doli*[100] gehemmt sein kann: der verbotswidrigen Inter-

quidem priorem obligationem et hoc expresserint, quod secundam magis pro anterioribus elegerint.

[97] In Betracht kämen nach KRÜGER, Cod. noch der 18. und der 27. März 530.

[98] Anfechtung vertritt für die *i. i. r.* LEVY, Restitutio passim.

[99] Erst mit Bedingungseintritt wurde in klassischer Zeit die bedingte Novation wirksam, vgl. z. B. Paul. D. 12,6,60,1; Ulp. D. 46,2,14 pr.; 46,2,8,1; Gai. 3,179. Servius war noch der Ansicht, die alte Forderung würde schon bei Vornahme der Novation aufgehoben, Gaius a. a. O. Aus der Literatur EISELE, SZ 30 (1909) 118; KOSCHAKER, Festschr. Hanausek (1925) 118 f.; WESEL, Digestenexegese (1966) 72 f.

[100] Vgl. Gai. D. 2,14,30,2 *(exceptio pacti),* ferner, für die Novation unter denselben Parteien, Gai. 3,179, wo auch die *exceptio doli* erwogen wird. Zum Ganzen KOSCHAKER a. a. O. 120 f.; WESEL a. a. O. 76 f. (mit überzeugender Exegese auch von Jav. D. 12,1,36).

zession wegen. Eisele streicht auch *restitutoria*[101]. Aber die nicht weiter begründete Annahme eines so sinnentstellenden Texteingriffs befriedigt heute nicht mehr. Man könnte daran denken, *restitutoria* sei deswegen plausibel, weil durch eine fiktizische Formel die Beachtung der interzessorischen Novation ausgeschaltet und damit die Grundlage der *exceptio pacti* beseitigt würde. Es erscheint indessen wenig glaubhaft, daß die Tatsache der verbotswidrigen Interzession den Prätor zur Abfassung einer neuen, mit Fiktion versehenen Formel veranlaßt hat, um dadurch der *exceptio* den Boden zu entziehen. Gab es doch, naheliegender und einfacher zugleich, für den Prätor unmittelbar die Möglichkeit, die Verbotswidrigkeit der Interzession gegen die *exceptio pacti* ins Feld zu führen: indem er diese dem *prior debitor* überhaupt verweigerte oder mindestens durch eine dem Gläubiger gewährte *replicatio* unschädlich machte. Einer fiktizischen Klage, die doch auch nur die ursprüngliche Haftung des Schuldners verwirklichen konnte, bedurfte es nicht[102].

Vom Standpunkt judizialer Restitution aus läßt sich eine besondere Klage besser erklären. Regelmäßig greift, insoweit noch mit einer fiktizischen *a. restitutoria* vergleichbar, die Arbiträrklage dann ein, wenn die alte Forderung erloschen ist. Das würde im vorliegenden Fall den Bedingungseintritt voraussetzen. Indessen ist auch *pendente condicione* die Stellung des Gläubigers bereits beeinträchtigt, da die vielleicht eintretende Bedingung die Rechtsbeständigkeit der Forderung bedroht. Diesen Nachteil allein kann die fiktizische Klage allerdings nicht ausgleichen, weil sie von vornherein auf die Liquidation der Rechtsbeziehungen gerichtet ist[103]. Anders die Arbiträrklage. Im Unterschied zur fiktizischen Klage richtet sie sich auf ein von der alten Schuldklage verschiedenes Ziel: Wiederherstellung der Verbindlichkeit. Infolgedessen kann sie dazu dienen, das Interesse des Gläubigers zu befriedigen, alsbald und ohne den Bedingungseintritt abzuwarten eine Forderung in die Hand zu bekommen, die für den Fall des Bedingungseintritts den Auswirkungen der Interzession entzogen ist, in ihrem Bestand also der Forderung entspricht, wie sie der Gläubiger vor Abschluß der bedingten Interzession innegehabt hat und bei Bedingungseintritt ohne weiteres wieder beanspruchen kann. Praktisch läuft das auf eine Novation hinaus, deren Erfordernis, daß die neue Verbindlichkeit gegenüber der alten ein *novum* enthalte[104], gewahrt erscheint.

---

[101] „Eine ungeschickte Interpolation oder ein Glossem"; a. a. O.

[102] Entsprechende Einwände wären auch gegen eine *a. in factum* zu erheben.

[103] Die war wegen fehlender Fälligkeit der alten Forderung vielleicht auch gar nicht möglich. Vgl. oben S. 26.

[104] Gai. 3,177—179; Kaser, RP 1, 542.

Danach wäre gegen *restitutoria* sachlich nichts einzuwenden. Möglichen Bedenken formaler Art wird man mit dem Hinweis begegnen können, daß die Stellung *actio danda est restitutoria* das Besondere der *a. restitutoria* hervorhebt, die *etiam* („sogar"!) *pendente condicione* zu erteilen ist, in einem Zeitpunkt also, in dem die zu restituierende Forderung noch nicht erloschen ist und Restitution im üblichen Sinn nicht vorliegt. Mit Rücksicht auf das Beispiel der aufschiebend befristeten Interzession wäre *restitutoria* jedenfalls gedanklich zu ergänzen. In diesem Fall wird nämlich der Schuldner mit Abschluß der Interzession sofort frei[105], kommt für den Gläubiger als Klagemöglichkeit nur die *a. restitutoria* in Betracht. Daß das Beispiel der Befristung vielleicht nicht von Gaius stammt[106], beeinträchtigt das Argument nicht. Die Möglichkeit zu erklären, warum die befristete Interzession an die bedingte angehängt werden konnte: weil mit der *actio pendente condicione* in der Tat die *a. restitutoria* gemeint ist, verdient gegenüber der radikalen Kritik EISELES allemal den Vorzug[107].

2. Ulp. D. 16,1,8,8 (29 ad ed): Si convenerit cum debitore, ut expromissorem daret, et acceptum ei latum sit, deinde is dederit mulierem quae auxilio senatus consulti munita est, potest ei condici, quasi non dedisset: quid enim interest, non det an talem det? non erit igitur actio utilis necessaria, cum condictio competat.

a) Für CARRELLI[108] ist die Akzeptilation unter der Bedingung abgeschlossen worden, daß der Schuldner einen vollwertigen Expromissor („valido intercessore") stellt. Eine durch *SC Vellaeanum* geschützte *mulier* erfüllt natürlich diese Bedingung nicht. Deshalb entfalte die Akzeptilation keine Wirkungen. Der Gläubiger könne aus der ursprünglichen Forderung klagen und brauche die *actio utilis* (= *a. restitutoria*) nicht.

Damit identifiziert CARRELLI die im Text erwähnte *condictio* als die frühere Forderung und verknüpft sie mit der *a. utilis* zu dem Begriffspaar *a. directa* (Grundklage) — *a. utilis* (analoge Klage). Wäre das richtig, so enthielte fr. 8,8 ein Indiz für die fiktizische Natur der *a. restitutoria;* denn die

---

105 Ulp. D. 46,2,8,1; EISELE a. a. O.

106 So fehlt z. B. die Entsprechung für *pendente condicione . . . actio danda est.*

107 Nach der Begründung von fr. 13,2 (*cum in ea causa sit prior iste debitor, ut omnimodo ipse debeat suscipere actionem*) muß sich in jedem Fall der *prior debitor* (und nicht die Interzessionsschuldnerin) auf Klage einlassen. Diese Akzentuierung zwingt jedoch nicht zu der Annahme, daß die Klage wie gegen die *mulier* so auch gegen den *prior debitor* immer auf Erfüllung gerichtet wäre. Das Fehlen des Artikels im Lateinischen läßt die Deutung zu, daß in jedem Fall er, der Schuldner, sich auf eine Klage einlassen müßte, wenn das Schicksal der Bedingung abgewartet würde: Klage auf Erfüllung bei Bedingungsausfall, Klage auf Wiederherstellung der Verbindlichkeit bei Bedingungseintritt.

108 Intercessio 312 f.

a. utilis, insoweit verdient CARRELLI Zustimmung[109], geht auf die *a. restitutoria.*

Indessen kann sich die *condictio* schon deswegen nicht auf die ursprüngliche Forderung beziehen, weil diese spätestens durch die der Akzeptilation nachfolgende Interzession vernichtet worden ist. CARRELLI[110] umgeht dies mit der dem Text zuwider laufenden Annahme, der Gläubiger habe sich geweigert, die Interzession der *mulier* zu akzeptieren[111]. Auch in bezug auf die Akzeptilation beurteilt CARRELLI die tatbestandsmäßigen Voraussetzungen nicht überzeugend. Für eine bedingte Akzeptilation gibt fr. 8,8 nichts her[112]. Der Schuldner hat die Stellung eines Expromissors unbedingt versprochen. Daraufhin erläßt ihm der Gläubiger die Schuld[113]. Mit der Gestellung einer *mulier,* der das *SC Vellaeanum* zur Seite steht, erfüllt der Schuldner freilich sein Versprechen nicht. Dann steht er nicht anders da, als wenn er überhaupt keinen Expromissor gestellt hätte. In dem Fall könnte der Gläubiger die in der Akzeptilation liegende Zahlung vom Schuldner kondizieren *(condictio ob rem)*[114].

Die *condictio* in fr. 8,8 betrifft also einen von dem früheren Verpflichtungstatbestand unabhängigen Bereicherungstatbestand[115]. Mit Rücksicht darauf ist die *a. restitutoria* nicht erforderlich, nicht deswegen, weil der Gläubiger aus der alten Verbindlichkeit klagen kann.

Die Frage, warum Ulpian die *a. restitutoria* als *actio utilis* apostrophiert, läßt sich also in der von CARRELLI intendierten Richtung nicht mit der behaupteten Präzision beantworten. Für die Interpretation der *actio utilis* als fiktizischer Fassung der alten Schuldklage ist man vielmehr ganz auf die Autorität der traditionellen Lehre angewiesen. Darüber geht aber, wie es scheint, eine Feinheit des Textes verloren, die das Postulat prätorischer Restitution im Wege einer fiktizischen Klage zum mindesten problematisch macht.

---

109 Vgl. auch GRADENWITZ, Ungültigkeit 186.

110 A. a. O. 312 und N. 16.

111 Gegen CARRELLI vgl. noch GRADENWITZ a. a. O. 185; v. KOSCHEMBAHR-LYSKOWSKI, Condictio (1903) 2, 268; DAUBE, SZ 76 (1959) 166.

112 Bei Bedingung wäre übrigens die Akzeptilation von vornherein nichtig. Pap. D. 50,17,77; KUNKEL, RP 84; KASER, RP 1, 219; CARRELLI selbst: a. a. O. 313 N. 17

113 Ebenso die in Anm. 111 genannten Autoren.

114 Ulp. D. 12,4,4 (vgl. auch Pap. D. 19,5,9, unten S. 40 ff.); v. KOSCHEMBAHR-LYSKOWSKI a. a. O.; DAUBE a. a. O. Ulp. loc. cit. kommt nach DAUBE als ein von den Kompilatoren durch Verallgemeinerung von fr. 8,8 genommener einfacher Fall in Betracht. Damit stimmt aber, wie DAUBE selbst bemerkt, das zögernde *potest dici* nicht recht überein. Dazu noch unten S. 40 und Anm. 122.

115 GRADENWITZ, v. KOSCHEMBAHR-LYSKOWSKI, DAUBE; alle a. a. O. (Anm. 111).

Es fällt auf, daß *actio utilis* außer in fr. 8,8 sonst nicht mehr begegnet[116]. Die Lehre muß das für einen Zufall halten, da sie die *a. restitutoria* per definitionem als *actio utilis* begreift und deshalb die Verwendung des Begriffs, an welcher Stelle auch immer, nicht ungewöhnlich fände. Dagegen braucht aus der Sicht einer *in factum* konzipierten *a. restitutoria* (mit oder ohne Restitutionsklausel) *actio utilis* in fr. 8,8 durchaus nicht zufällig zu sein. Die römischen Juristen erörtern im Interzessionsrecht zwei Befreiungstatbestände. Einmal den Normaltatbestand: Befreiung des Schuldners aufgrund der Interzession zwischen dem Gläubiger und der *mulier;* zum anderen, wie vorliegend, eine Ausnahme: Befreiung durch eine der Interzession vorangegangene Akzeptilation zwischen dem Gläubiger und dem Schuldner. Diese beiden Tatbestände sowie das Verhältnis, in dem sie zur Restitution stehen, faßt Ulpian in dem benachbarten fr. 8,7 zusammen:

> Quotiens pro debitore intercesserit mulier, datur in eum pristina actio, etsi ille prius acceptilatione liberatus sit quam mulier intercesserit.

Die unterschiedlichen Befreiungstatbestände bedingen auch einen formelmäßigen Unterschied. Dieser Unterschied fiele allerdings im Rahmen fiktizischer Formelfassungen nicht so sehr ins Gewicht, da im einen wie im anderen Fall die *a. restitutoria* — weil in Anlehnung an die der alten Verbindlichkeit entsprechende Formel geschaffen — immer eine *a. utilis* wäre[117]. Anders verhält es sich bei einer *a. in factum,* der kein bereits vorhandenes Schema zugrunde liegt[118]. Setzt man dann die Klagformel, welche die Befreiung des Schuldners infolge Interzession zum Inhalt hat, als Grundformel an, so stellt im Verhältnis dazu die Formelfassung, die den Sonderfall vorheriger Akzeptilation zu berücksichtigen hätte, eine abgewandelte Formel dar: *a. utilis*[119].

So gesehen ergäbe sich für fr. 8,8 folgendes Bild: An sich ist bei vorausgegangener Akzeptilation die *a. restitutoria utilis* zuständig, so vor allem, wenn von den Parteien als Expromissor von vornherein eine Frau in Aussicht genommen worden ist und der Gläubiger mit dem Risiko einer verbotswidrigen Interzession rechnen muß. Geht aber, wie in fr. 8,8, das Versprechen des Schuldners schlicht dahin, einen Expromissor zu stellen, dann darf der Gläubiger mit einer unanfechtbaren *expromissio* rechnen. Wenn er

---

[116] Bereits von GRADENWITZ, Ungültigkeit 186 angemerkt.

[117] Mit zwei Fiktionen, wenn der Interzession eine Akzeptilation vorausgeht. Vgl. GRADENWITZ a. a. O. 185 f., der das aber „äußerst schleppend und unelegant" findet und in diesem Fall Personenumstellung oder *a.in factum* (!) erwägt.

[118] Vgl. dazu KASER, RZ 176; 252 f.

[119] Die Erscheinung einer *a.utilis* mit amtsrechtlicher Grundklage ist zwar nicht häufig, aber durch Paul. D. 9,3,6,3 belegt. HEUMANN-SECKEL, s. v. *utilis* Ziff. 5 a. Vgl. auch KASER, RZ 252.

in dieser Erwartung dem Schuldner die Schuld erläßt, alsdann aber enttäuscht wird, weil der Schuldner ihm als Expromissor eine unter das *SC Vellaeanum* fallende *mulier* stellt, sind die Voraussetzungen einer *condictio ob rem* gegeben. Im Ergebnis behält der Gläubiger seine Forderung. Sie braucht ihm nicht durch die *a. restitutoria utilis* wieder zurückgegeben zu werden[120].

b) Die Möglichkeit der *condictio* wird nicht seit jeher geltendes Recht gewesen sein. Daß die Akzeptilation einer (mittelbaren) Zahlung gleichsteht, wodurch die Anwendbarkeit der *condictio certae creditae pecuniae* gegeben ist, sprechen verschiedene Texte aus[121]. Es bleibt jedoch erkennbar, daß dies erst das Ergebnis einer geschichtlichen Entwicklung gewesen ist[122]. Gehörte zum Ausgangsfall der *condictio* eine *datio,* nämlich die Verschaffung quiritischen Eigentums an einer Geldsumme oder einer anderen körperlichen Sache, so erfüllte die Akzeptilation dieses Erfordernis nicht. Der strenge Grundsatz mußte sich erst auflockern, damit auch hier die *condictio* eingreifen konnte[123]. Bis dahin wäre dann auch in einem Fall wie fr. 8,8 die *a. restitutoria (utilis)* der gegebene Rechtsbehelf gewesen.

Parallel zu fr. 8,8 liegt insoweit das aufschlußreiche Fragment

> Pap. D. 19,5,9 (11 resp): Ob eam causam accepto liberatus, ut nomen Titii debitoris delegaret, si fidem contractus non impleat, incerti actione tenebitur. itaque iudicis officio non vetus obligatio restaurabitur, sed promissa praestabitur aut condemnatio sequetur.

Interessant ist die rechtliche Regelung, die Papinian im zweiten Satz[124] negativ dahin formuliert: *itaque iudicis officio non vetus obligatio restaura-*

---

[120] Gradenwitz (Ungültigkeit 185) hält in jedem Fall des Versprechens einer Interzession die Kondiktion für gegeben. Unter dieser Voraussetzung ließen sich die vorstehenden Überlegungen dahin aufrecht halten, daß Ulpian in fr. 8,8 auf die *a. utilis (restitutoria)* Bezug nimmt als auf ein durch die geschichtliche Entwicklung ganz und gar überholtes Gebilde. Zum geschichtlichen Faktor sofort im Text.

[121] Jav. D. 12,4,10; Afr. D. 39,6,24; Ulp. D. 12,4,4.

[122] Die Möglichkeit der *condictio* wird besonders betont. Dadurch erklärt sich auch in Ulp. loc. cit. das *potest dici.* Es besteht deshalb kein Anlaß, die Worte als formale Interpolation zu beanstanden; so aber Donatuti, St. Parmensi 1 (1951) 95; Bossowski, Ann. Pal. 13 (1927) 378.

[123] Kaser, RP 1, 496; Donatuti a. a. O. 94 ff. Es kann hier dahinstehen, ob man von Erweiterung des Anwendungsbereichs der *condictio* im Wege der Analogie (Donatuti) zu sprechen hat, oder von Fiktion der *datio* (so Schwarz, JURA 3 [1952] 300).

[124] Vom ersten Satz beanstandet Schwarz, Condictio (1952) 257 *ob eam causam.* Er vermutet für das Original *ita.* Die Gründe dieser Kritik liegen u. a. in der These, das klassische Recht unterscheide scharf zwischen *res* (Zweck) und *causa* (Grund). Wo deshalb, wie in fr. 9, *causa* im Sinne von *res* erscheine, sei es interpoliert; Schwarz a. a. O. 129 (128). — Schwarz' Prämisse darf für unsere Zwecke auf

bitur. Voci sieht in dem Passus eine Anspielung auf prätorische *i. i. r.*[125] Das heißt indessen ohne Grund komplizieren[126], wo eine annehmbare Interpretation auch der überlieferten Fassung in Frage kommt: Hier werden zwei Rechtsfolgen im Hinblick auf ihre unterschiedliche Zielsetzung angesprochen, von denen die eine, die nach Papinian durch die *a. incerti* verdrängt wird, eine *restauratio obligationis officio iudicis* zum Inhalt hat, also auf eine Arbiträrklage hinweist. Das braucht nicht beanstandet zu werden[127].

Das Ganze berührt sich vielmehr mit dem soeben Gesagten. Bevor die Akzeptilation als Grundlage für eine *condictio certa* in Betracht kam, mußte anderweitig für Rechtsschutz gesorgt werden. Der wird aber zunächst nicht in einer auf die Gegenleistung gerichteten *a. incerti* gelegen haben, wie sich

---

sich beruhen (kritisch Kaser, RP 1,499 N. 28). Sicherlich nicht zwingend ist es, daß *ob eam causam — ut* final gedeutet werden muß. *Ut* kann an dieser Stelle für im Spätlatein aufkommendes kausales *ut* (= *quia*) mit Konjunktiv stehen („wenn jemand deswegen, weil er seinen Schuldner Titius anweisen würde, befreit worden ist" etc.), vgl. Leumann-Hofmann-Szantyr, Lateinische Grammatik, Bd. 2, Syntax u. Stilistik (1965) 647 f. Die verschachtelte Ausdrucksweise überrascht bei Papinian nicht, der für seinen durch die gedrängte Fülle der Gedanken charakteristischen Stil berühmt ist; Kunkel, Röm Rechtsgesch.[5] (1967) 118. Er bewältigt damit in einem Nebensatz, was bei Ulpian in dem vergleichbaren Fall D. 12,4,4 zwei erfordert: *si quis accepto tulerit debitori suo, cum conveniret, ut expromissorem daret.* Entgegen Schwarz verrät also gerade *ob eam causam — ut* die Hand Papinians. Auch sachlich dürfte es nicht angemessen sein, fr. 9 dem Schema Leistung *(acceptilatio)* zum Zweck der Gegenleistung *(delegatio, intercessio)* einzuordnen. Das Anbieten der Akzeptilation als solcher bildet keinen selbständigen Beweggrund, die Gegenleistung zu erbringen, weil der Effekt der Akzeptilation, die Befreiung des Schuldners, im Zuge der Gegenleistung von selbst eintritt. Nicht zufällig wird bei Ulpian loc. cit. die *acceptilatio* wegen des (nicht weiter motivierten) Interzessionsversprechens erbracht, nicht zum Zweck der Vornahme der Interzession, etwa: *si quis accepto tulerit debitori suo, ut expromissorem daret.* Vgl. ferner Ulp. D. 16,1,8,8, wo das Interzessionsversprechen vorausgeschickt wird: *si convenerit cum debitore, ut expromissorem daret.* Auch deswegen ist Schwarz' Vermutung für fr. 9 nicht zu folgen, wonach Papinian geschrieben hätte: *ita accepto liberatus, ut nomen Titii debitoris delegaret.* Ulp. D. 12,4,3,3 und eod. 5,1, worauf Schwarz sich beruft, sind anders gelagert (*datio* eines Sklaven, der innerhalb eines bestimmten Zeitraums freigelassen werden soll).

[125] La dottr. rom. del contratto (1946) 271. Ebenso schon Carrelli, Intercessio 313 N. 17 (316).

[126] Voci hält den ganzen zweiten Satz für interpoliert, da eine *i. i. r.* nicht *officio iudicis* erteilt werde. Vgl. auch Carrelli a. a. O .

[127] Beseler, Beitr. 2,163 f., Voci a. a. O., Schwarz 128 f., de Francisci, Synallagma I (1913) 239 nehmen an, Papinian habe nicht von der *a. incerti*, sondern von der *condictio* gesprochen. Das paßt schlecht zu dem unverdächtigen zweiten Satz. Beseler will allerdings auch für den Richter der *condictio certae pecuniae* ein *officium iudicis* der in fr. 9 beschriebenen Art nicht ausschließen.

auch an fr. 9 zeigt[128]. Vielmehr scheint der dem enttäuschten Gläubiger zugebilligte Ausgleich ursprünglich durch eine Wiederherstellung der akzeptilierten Verbindlichkeit verwirklicht worden zu sein. Näheres läßt sich jenseits von fr. 9 freilich nur vermuten. Die moderne Lehre hält in den Fällen, in denen der Gegenstand einer Rückforderung nicht als *certum* formuliert werden konnte, *actiones in factum* für möglich[129]. Einer solchen *a. in factum* wäre dann gegebenenfalls auch eine Restitutionsklausel eingefügt worden.

Zurück zu fr. 8,8. So wie Ulpian wegen der *condictio* die *a. restitutoria* nicht für erforderlich hält, so Papinian wegen der *a. incerti* die *restauratio obligationis*. In beiden Fällen ist die Ähnlichkeit der Fall- und Problemkonstellation so groß, daß man versucht ist, die bei Papinian besser erkennbare Natur der negativ erwähnten Rechtsfolge auch der *a. restitutoria* zuzuschreiben. Zum mindesten gibt es zu denken, daß fr. 9 für einen Tatbestand, der im Interzessionsrecht ein so verwandtes Pendant hat, die Erörterung judizialer Restitution belegt.

3. Paul. D. 16,1,24,3 (lib sg de intercess fem): Si pro eo, qui temporali actione teneretur, mulier intercesserit, temporalis actio restituetur, sic tamen, ut ex praecedenti causa continua tempora numerarentur post restitutionem, quamvis statim atque intercessit mulier competierat.

Die Interpretation hängt an dem Bezugswort für den Schlußpassus *quamvis — fin.* CARRELLI erwägt das voraufgehende *restitutionem* nicht, sondern zieht als Subjekt zu *competierat* nur die *actio temporalis (restituta)* in Betracht. Da aber CARRELLI bei der Interzession für prätorische *i. i. r.* eintritt, kann seiner Meinung nach der Schluß nicht echt sein: Hätte der Gläubiger schon vom Augenblick der Interzession an die restituierte Klage, so würde das gegen eine *causae cognitio* und folglich gegen eine *i. i. r.* sprechen[130].

Die von CARRELLI empfundene Unstimmigkeit ließe sich beheben, wenn man *competierat* dem vorausgehenden *restitutionem* zuordnet und das Ganze als Gewährung prätorischer *i. i. r.* im Wege eines Dekrets auffaßt. Dann hätten, anders als für die herrschende Lehre, auch die *tempora post restitutionem* Sinn. Denn wenn der Prätor routinemäßig, ohne *causae cognitio* restituiert, so gibt es nach der *restitutio*, die sich dann in der *datio actionis* verkörpert, nicht mehr die Möglichkeit eines Fristablaufs: *datio actionis* heißt *litis contestatio*, Streiteinsetzung, heißt folglich Perpetuierung der

---

[128] Vgl. im übrigen die Darstellung bei KASER, RP 1,484 ff.

[129] Dazu KASER, RP 1,501 mit weit. Angab.

[130] CARRELLI, Intercessio 317 f. In seiner Textkritik sieht sich CARRELLI auch vom Standpunkt der herrschenden Meinung her bestätigt, der zufolge der Prätor allgemein, nicht *causa cognita* eingegriffen hat. Auch dann, meint CARRELLI, würde doch die Restitution der Klage einen wenn auch noch so geringen Zeitablauf nach Ab-

a. temporalis[131]. Nimmt man dagegen ein der *datio actionis* voraufgehendes Restitutionsdekret an, so bleibt, auch wenn die *datio actionis* im selben Verfahren, aber nicht im selben Termin stattfindet, immer noch Zeit für den Ablauf einer Klagefrist.

Von fr. 24,3 auf prätorische Restitution samt Dekret zu schließen, liegt jedoch bei unvoreingenommener Beurteilung wohl nicht näher als die Lösung, die sich von judizialer Restitution her anbietet. Materiellrechtlich gedeutet besagt *temporalis actio restituitur* dann, daß das zeitlich begrenzte Klagerecht wiederhergestellt wird, indem der Schuldner[132] eine entsprechende neue Verbindlichkeit eingeht. Auch und gerade dann läßt sich die Feststellung treffen: *sic tamen, ut ex praecedenti causa continua tempora numerarentur post restitutionem.*

Damit ist allerdings das eigentliche Problem der Stelle noch nicht berührt. In fr. 24,3 geht es m. E. nicht darum, ob die *actio* für die ganze ursprüngliche Zeitspanne wiederhergestellt werden soll oder nur für die im Augenblick der Interzession noch nicht abgelaufene[133]. Daß nur die Restzeit im Spiel ist, setzt Paulus voraus. Die Frage ist vielmehr, ab wann die restliche Zeit läuft: vom Augenblick der Interzession an, mit deren Abschluß dem Gläubiger die *a. restitutoria* gebührt[134]; oder aber erst von dem Zeitpunkt an, in dem das Klagerecht effektiv wiederhergestellt worden ist. Paulus entscheidet sich für die zweite Regelung[135].

Subjekt zu *competierat* wäre nach allem nicht eine *actio temporalis restituta,* sondern das im Kontext *competierat* voraufgehende *restitutionem,* verstanden als *arbiträre a. restitutoria. Restitutio* hätte hier die doppelte Bedeutung: Wiederherstellung wie auch das Recht, die Klage darauf[136].

---

schluß der Interzession bedingen, könnte also die Klage dem Gläubiger nicht schon von der Interzession an zustehen. Ob das zwingend ist, mag dahin stehen. Für die herrschende Meinung ist das Problem viel gravierender. Vgl. alsbald im Text.

[131] Vgl. z. B. Ulp. D. 12,2,9,3; Paul. D. 27,7,8,1; 40,12,24 pr.; Gai. D. 50,17,139 pr. Dazu Kaser, Restituere (1932) 4 f.; RZ 225 N. 10; ferner Amelotti, La Prescrizione (1958) 15 N. 32; 62 und N. 121.

[132] Zu denken ist an den *sponsor* oder *fidepromissor*, deren Haftung durch die *lex Furia* auf zwei Jahre beschränkt war. Gai. 3,121. Kaser, RP 1,554; Gradenwitz, SZ 34 (1913) 257.

[133] So aber Carrelli, Intercessio 317; auch Gradenwitz, Ungültigkeit 175.

[134] Dazu noch Paul. eod. 24,2.

[135] Unrichtig daher Gradenwitz und Carrelli, die fr. 24,3 mit Pomp. D. 4,4,50 in Verbindung bringen. Nur die Pomponius vorgelegte Frage bezieht sich darauf, ob das Klagerecht zeitlich in seinem ursprünglichen Umfang restituiert werden soll oder nur in dem Umfang, in dem es zur Zeit der *expromissio* des *minor* noch bestand.

[136] Zu *restitutio* als Klage im einzelnen unten S. 98 ff. Vorläufig siehe Paul. D.

Die lateinische Ausdrucksweise läßt sich auch im Deutschen wiedergeben: Die (restlichen) Zeiteinheiten werden erst ab Wiederherstellung der Verbindlichkeit durchgezählt, obwohl dem Gläubiger die Wiederherstellung zusteht, sobald interzediert worden ist.

4. a) In einer Reihe von Texten werden Fälle behandelt, in denen neben dem *prior debitor* noch Bürgen oder Mitbürgen stehen, auf die sich die Befreiungswirkung der Interzession erstreckt hat. Entsprechend weit gestaltet sich die Restitution. *Adversus utrumque* (scil. der Mitschuldner) *restituitur actio*, heißt es bei Afrikan, *et in fideiussores actionem restitui* bei Julian. Ganz allgemein formuliert Ulpian: *in omnes qui liberati sunt restituitur actio*[137].

Die traditionelle Lehre kann die Inanspruchnahme der Gesamtschuldner, der Bürgen (nebeneinander oder neben dem Hauptschuldner) nicht kumulativ verstehen. Das würde der Ausschlußwirkung widersprechen[138]. Klagen gegen Gesamtschuldner, gegen Hauptschuldner und deren Bürgen (jedenfalls bei Stipulationsbürgschaften) gelten als *actiones* über denselben Streitgegenstand (*eadem res*). Demgemäß ist mit der Litiskontestation über eine von ihnen jede weitere abgeschnitten[139]. Im *iudicium legitimum* wird der eingeklagte Anspruch ipso iure konsumiert, in den übrigen Fällen die Ausschlußwirkung mittels der *exceptio rei iudicatae vel in iudicium deductae* herbeigeführt. Mithin kann der Gläubiger immer nur einen Schuldner belangen. Dabei bleibt es auch, wenn die Schuldverhältnisse nur mehr auf der Ebene des prätorischen Rechts existieren, wenn dem Gläubiger lediglich fiktizische Klagen bzw., als Äquivalent für die erloschene Schuld, nichtarbiträre *actiones in factum* zur Verfügung stehen. Die Ausschlußwirkung würde, wenn nicht schon durch ipso iure-Konsumption, mit Hilfe der genannten *exceptio* erreicht werden[140].

Wendungen wie „gegen die Bürgen", „gegen alle, die befreit worden sind", haben deshalb für die Lehre nur unter der stillschweigenden Voraussetzung Sinn, daß dabei die Klagemöglichkeit alternativ und unter Berücksichtigung der Ausschlußwirkung gemeint ist.

Ob auf diese Weise die Schärfe unmittelbarer Aussage nicht zu kurz kommt, ist schon aus allgemeinen, eingangs angestellten Überlegungen zu bedenken[141]. Weil die Interzession nicht notwendig die Liquidation der

---

4,5,7,2: *nulli restitutioni locus est.* Mit *restitutio* ist kein prätorisches Verfahren, sondern das im Edikt verheißene *iudicium* gemeint. Vgl. Ulp. eod. 2,1.

[137] Afr. D. 16,1,20; Jul. eod. 14; Ulp. eod. 8,11.

[138] Zum folgenden Kaser, RP 1,550f.; 556; RZ 229 f.; Kunkel, RP 211; 215.

[139] Vgl. Jav. D. 45,2,2; Ulp.-Jul. D. 46,1,5 in fin.; PS 2,17,16; Ant. C. 8,40,5.

[140] Vgl. Kaser, RZ 230 N. 3.

[141] Oben S. 27.

(gesicherten) Forderung einleiten muß, kann bei verbotswidriger Interzession das Interesse des Gläubigers an Naturalrestitution nicht ausgeschlossen werden. Zudem hören wir gerade im Zusammenhang mit Bürgschaften von Julian ein Stichwort für judiziale Restitution: *integra causa pristina restituenda est.* Judiziale Restitution würde der Annahme kumulativer Restitution sachlich auch nicht entgegenstehen. Die nach der *a. restitutoria* bestehende Pflicht zur Wiederherstellung der Verbindlichkeit trifft die befreiten Schuldner unabhängig voneinander. Das Problem der *eadem res,* der Ausschlußwirkung, stellt sich hier nicht. Nur bei Verurteilung eines der mehreren Schuldner mußte prozessual dafür gesorgt gewesen sein, daß der Gläubiger die anderen nicht mehr in Anspruch nehmen konnte.

b) Die vorstehend herangezogenen Texte sind noch unter einem Gesichtspunkt zu würdigen, der gegen judiziale Restitution geltend gemacht werden könnte. Augenscheinlich lieben es die römischen Juristen, die Rechtsfolge *actio restituitur* mit einem gegen den Schuldner gerichteten Akzent zu versehen: *adversus reum, in debitorem, in fideiussores actio restituitur*[142].

Wegen der hier zugrunde liegenden Bedeutung von *adversus, in* (= gegen) mag für *restituere actionem* eine *dare actionem* analoge Interpretation in dem Maße geboten erscheinen, wie *dare actionem in aliquem* die Zuständigkeit des Prätors impliziert. Das Argument sticht aber nicht, weil uns auch *restituere obligationem in aliquem* überliefert ist[143]. Die durch *in, adversus* ausgedrückte Richtung gegen den Schuldner nötigt also nicht zur Aufgabe der Meinung, daß *restituere actionem* Wiederherstellung des Klagerechts bedeuten kann. Die eigentümliche Verknüpfung könnte vielmehr eine spezifische Bedeutung haben: *in debitorem restituitur actio (obligatio)* scheint in einer Art Breviloquenz auszusprechen, daß durch eine Klage gegen den Schuldner das Klagerecht wiederhergestellt wird. Von Ulpian fr. 8,14 h. t. hätten wir die Auflösung des Kürzels:

datur in te actio, quae ... restituit obligationem.

Die Formulierung läßt den Zusammenhang besser erkennen als das gleichwertige *in te restituitur obligatio,* das ebensogut möglich gewesen wäre.

In debitorem restituitur actio präjudiziert also so wenig wie *actio restituitur* die Form der Wiederherstellung des Klagerechts[144]. Die Restitution des alten Klagerechts kann bereits in der gegen den Schuldner erteilten (fiktizischen oder *in factum* konzipierten) Klage liegen, sie kann aber auch auf andere Weise durch Klage bewirkt werden: im Wege judizialer Resti-

142. Vgl. die in Anm. 137 angegebenen Stellen, ferner Paul. eod. 9. Zum nachstehend erörterten Problem bereits oben S. 30.

143 Ulp.-Jul. D. 16,1,8,2.

144 Oben S. 15 f.; 23 f.

tution. Es ist schon darauf hingewiesen worden, daß sich in Ulpians Kommentar zur Metusklage der Satz findet: *in reum non esse restituendam actionem*[145]. Daß das nicht auf unverständige Einfälschung prätorischer Restitution zurückgehen muß, wird noch zu zeigen sein[146].

5. Die folgende Erörterung von D. 16,1,8,11 knüpft an die im vorigen Punkt berührte Stelle Afr. fr. 20 h. t. (8 quaest) an:

Si pro uno reo intercessit mulier, adversus utrumque restituitur actio creditori.

Unter der Voraussetzung judizialer Restitution wäre neben der kumulativen Anwendung der *a. restitutoria,* die den an der Interzession unbeteiligten Gesamtschuldner mit Prozeß überzieht, die Restitution noch auf einem anderen Weg denkbar: Klage allein gegen den Gesamtschuldner, für den interzediert worden ist, der also nicht nur für sich selbst einzustehen hat, sondern auch dafür, daß sein Mitschuldner sich zur Neubegründung der Gesamtschuld bereit erklärt. Bei der Metusklage zum Beispiel können wir im Fall des Bürgen, der seine Befreiung erzwungen hat, eine Entwicklung erkennen, die von der alleinigen Haftung des Bürgen auch für die Wiederherstellung der Hauptschuld durch den Hauptschuldner zur zusätzlichen Haftung des an der Erpressung unbeteiligten Hauptschuldners führt[147].

Im Interzessionsrecht indes scheint die Klage gegen den an der Interzession unbeteiligten Mitschuldner altes Recht gewesen zu sein[148]. Dagegen könnte die Trennung zwischen den am Prozeß und an der Restitution beteiligten Personen in dem der Gesamtschuld entgegengesetzten Fall der Gesamtforderung eine Rolle gespielt haben:

Ulp. D. 16,1,8,11 (29 ad ed): Quamquam in omnes qui liberati sunt restituitur actio, non tamen omnibus restituitur. ut puta duo rei stipulandi fuerunt: apud alterum mulier intercessit: ei soli restituitur obligatio, apud quem intercessit.

Bei Gesamtschuld hat der Gläubiger die Restitution gegen alle befreiten Schuldner. Bei Gesamtforderung hat die Restitution dagegen nur der Gläubiger, mit dem die Interzession abgeschlossen worden ist, nicht der Mitgläubiger. Lehnt man mit Recht die allgemein mißbilligte Ansicht ab, die von fr. 8,11 auf eine Differenzierung der Interzessionswirkungen schließt, je

[145] D. 4,2,9,8. Oben S. 30.

[146] S. 212 ff. Nicht zutreffen dürfte deshalb auch das Argument, anstelle von *in debitorem restituitur actio* müßte es heißen *a debitore restituitur actio,* wenn *restituere actionem* die Wiederherstellung des Klagerechts im Wege der privatrechtlichen Wiederherstellung der Verbindlichkeit bedeutete. Für solche Kriterien prätorischer resp. judizialer Restitution zwar Beseler, Beitr. 1,74 und Schulz, Metus 243. Vgl. auch v. Lübtow 192. Dagegen indes schon Maier 126 f.

[147] Ulp. D. 4,2,9,8. Unten S. 212 ff.

[148] Vgl. Jul. h. t. 14. Gradenwitz, Ungültigkeit 176.

nachdem, ob es sich um Gesamtschuld (dann Befreiung aller Schuldner) oder Gesamtforderung (dann befreiende Wirkung nur gegenüber dem Interzessionsgläubiger) handelt[149], so ergibt sich auf der Grundlage prätorischer Restitution, daß der an der Interzession unbeteiligte Gesamtgläubiger bei der Restitution leer ausgeht[150].

Zur *a. restitutoria* als einer „Ergänzung der prätorischen Ungültigkeit zur zivilen" (GRADENWITZ) paßt die Benachteiligung nicht. Denn wäre die Interzession zivilrechtlich nichtig, so bestünde die Rechtsstellung eines jeden Gläubigers unverändert fort. GRADENWITZ behilft sich mit der Annahme, das Rechtsverhältnis werde hier in einer der Gültigkeit der Interzession möglichst nahekommenden Weise geregelt; in diesem Fall wäre der Interzessionsgläubiger allein Gläubiger[151]. Aber das ist eine Beschreibung, keine Erklärung. Weshalb kommt der Gedanke nur bei Gesamtforderung, das heißt z u g u n s t e n des Interzessionsgläubigers zum Zuge? Es ließe sich ebensogut bei Gesamtschuld argumentieren: Wäre die Interzession gültig, dann hätte der Gläubiger nur einen Schuldner; deshalb wird ihm auch nur gegen einen der alten Gesamtschuldner (der Regelung bei Gesamtforderung entsprechend gegen den, für den interzediert worden ist) Klage erteilt.

Man kann sich natürlich fragen, wie weit die Interessen des Mitgläubigers überhaupt noch Berücksichtigung verdienen, nachdem der Interzessionsgläubiger sich ihrer durch die Einlassung auf die Interzession entledigt hat. In diese Richtung tendiert BONIFACIO[152]. Die *exceptio SCti Vellaeani* füge letztlich nur dem Interzessionsgläubiger einen Nachteil zu, nicht dagegen den anderen Gläubigern; diese hätten mit der Interzession ihre Forderungen *iure civili* verloren und die Wirksamkeit oder Unwirksamkeit der von der *mulier* eingegangenen Verbindlichkeit sei ihnen gegenüber ohne Bedeutung.

BONIFACIOS Vorschlag würde einleuchten, hätte der Schuldner außerhalb seiner früheren Verbindlichkeit für den dem Gläubiger erwachsenen Nachteil geradezustehen. Da aber der Interzessionsgläubiger auf Restitution, auf

---

[149] So LANDUCCI, AG 19 (1877) 3 ff.; richtig CARRELLI, Intercessio 326; BONIFACIO, Novazione² (1959) 164.

[150] Ganz anders CARRELLI, Intercessio 327 f. *Ut puta* — fin. fällt der Auffassung zum Opfer, die ein *restituere obligationem* für ausgeschlossen hält. Vgl. oben S. 19. *Non tamen omnibus restituitur (actio)* will CARRELLI sodann losgelöst von einer Mehrheit von Gläubigern verstanden wissen. Es besagt seiner Ansicht nach, der Prätor behalte sich vor, solchen Gläubigern die Restitution der *actio* zu versagen, die sich einer Täuschung der *mulier* schuldig gemacht haben; CARRELLI a. a. O. 328. Dieses Ergebnis ist so anfechtbar, wie es die vorgenommenen Texteingriffe sind. Denn kann dem Gläubiger die *restitutio actionis* einmal verweigert werden, so stimmt der Vordersatz nicht mehr: *in omnes restituitur actio.*

[151] Ungültigkeit 179.

[152] A. a. O.

die frühere Schuld verwiesen wird, bleibt die Frage, warum davon nicht auch die übrigen Gläubiger profitieren dürfen oder sogar müssen, wenn anders von Restitution die Rede sein soll. Zur Berechtigung dieser Frage ließe sich aus dem Gedanken judizialer Restitution und den bisherigen Überlegungen folgendes sagen.

Mit der arbiträren *a. restitutoria,* mag sie auch nur dem Interzessionsgläubiger zustehen, ist die Zielsetzung vereinbar, daß die Gesamtforderung wiederhergestellt wird. Ja, *obligatio restituitur* als Wiederherstellung der Gesamtforderung ist nicht nur denkbar, sondern unter dem Aspekt der Restitution auch naheliegend. Daß *obligato* auf die Berechtigung des Interzessionsgläubigers reduziert verstanden wird, ist genau besehen nur eine Folge stillschweigend vorausgesetzter prätorischer Restitution. Dadurch aber wird der Interpretationsspielraum beschnitten. In der Verbindung *ei soli restituitur obligatio* scheint die Dativkonstruktion für die Gesamtforderung anzugeben, was bei der Gesamtschuld der Akkusativ *adversus, in debitorem restituitur obligatio* zum Ausdruck bringt[153]. So wie es dort darauf ankam: „gegen den Schuldner wird das Klagerecht wiederhergestellt", nämlich durch Klage gegen ihn, heißt es hier: „allein für ihn wird die Verbindlichkeit wiederhergestellt", d. h. allein durch Klage für ihn. Mit dieser Verdeutlichung wäre freilich nichts für eine Restitution zugunsten aller Gläubiger erreicht, fiele die Wiederherstellung der Verbindlichkeit mit der Erteilung einer fiktizischen Klage für den Interzessionsgläubiger zusammen. Judiziale Restitution dagegen erlaubt die Interpretation: allein der Interzessionsgläubiger hat eine Klage auf Wiederherstellung der Verbindlichkeit. Dieser prozessuale Gehalt von *ei soli* präjudiziert die *restitutio obligationis* nicht im Sinne einer Benachteiligung des Mitgläubigers.

Danach hätte Ulpian auf die Person des Interzessionsgläubigers nicht die Restitution beschränkt, sondern das Recht, Restitution zu verlangen. Als Erklärung wäre in Betracht zu ziehen, daß mit der Interzession die Forderung des Mitgläubigers zwar erloschen ist und diesem nur mehr Ansprüche gegen den Interzessionsgläubiger zustehen, soweit die Voraussetzungen dafür vorliegen (Innenverhältnis). Das Schicksal der *obligatio mulieris* steht außerhalb seiner Rechtssphäre und insoweit auch die damit verbundene Befugnis, auf den früheren Schuldner zurückzugreifen. Macht aber der Interzessionsgläubiger von dieser Befugnis Gebrauch, so geschieht das im Rahmen der alten Schuld, unter Einschluß des Mitgläubigers also[154]. Es

[153] Vgl. oben S. 45 f.

[154] Schon GRADENWITZ meinte: „Daß der Interzessionsgläubiger auch seinerseits nicht das Recht habe, Restitution der Klage auch seines Mitgläubigers zu erlangen, kann aus l. 8 § 11 cit. nicht mit absoluter Sicherheit gefolgert werden." Ungültigkeit 179 N. 1. Judiziale Restitution rückt den Gedanken in den Bereich einer vom Text her vertretbaren Interpretation.

leuchtet nicht recht ein, daß dessen Interesse am alten Schuldner (anstelle des Rückgriffs) keinesfalls berücksichtigt wurde.

Der vorstehend entwickelte Gedankengang könnte leichter akzeptiert werden, läge uns fr. 8,11 in der Fassung der Basiliken vor.

B. 26,7,39: Κατὰ πάντων τῶν ἐλευθερουμένων ἁρμόζει ἡ ἀποκαταστατικὴ ἀγωγή, οὐ μὴν δὲ πᾶσι τοῖς δανεισταῖς. ἐὰν γὰρ δύο ἐναγομένων ἐπερωτώντων ὄντων παρὰ τῷ ἑνὶ γυνὴ ἀντιφωνήσει, μόνος αὐτὸς ἔχει τὴν ἀποκαταστατικὴν ἀγωγήν.[155]

Obwohl für die Zeit des Anonymus die Form der Restitution vermutlich noch keine Frage war, mochte fr. 8,11 doch zu dem Mißverständnis Anlaß geben, als sei mit *ei soli restituitur obligatio* die Restitution der materiellen Forderung zugunsten nur des Interzessionsgläubigers gemeint. Dem hat der Anonymus vorgebeugt, indem er — das kompliziertere Gebilde der Vorlage vereinfachend — den prozessualen Gedanken herausgestellt hat: μόνος αὐτὸς ἔχει τὴν ἀποκαταστατικὴν ἀγωγήν.

IV. Die bisherige Untersuchung bedarf noch der Ergänzung auf seiten der sog. *a. institutoria*, die den Fall betrifft, daß sich die *mulier* von vornherein im Interesse eines Dritten verpflichtet hat, wofür dieser dem Gläubiger nun einstehen soll.

„Über die Fassung der *institutoria* wissen wir nichts", heißt es bei LENEL in der dritten Auflage des Edikts[156]. In der Vorauflage wird noch fiktizische Fassung für sehr wahrscheinlich gehalten[157]. Jetzt bleibt es bei den denkbaren Möglichkeiten: fiktizische Formulierung, solche mit Personenumstellung[158] und Formulierung *in factum*[159].

Der Zielsetzung dieser Arbeit käme eine *a. in factum* gelegen. Aber wie bei der *a. restitutoria* die *a. in factum* nicht lediglich als Äquivalent für die der erloschenen Forderung entsprechenden Klage in Betracht gezogen wurde, so soll auch in die Überlegung zur *a. institutoria* die Möglichkeit einer Arbiträrklage eingeschlossen werden. Die Quellen insgesamt sind spärlich,

---

[155] Hb. 3,139 = Sch. A 1302 (Übers. Hb.: *Adversus omnes qui liberantur competit restitutoria actio, nec vero omnibus creditoribus: nam si, cum duo rei stipulandi essent, apud unum mulier intercessit, is solus restitutoriam actionem habet).*

[156] 287.

[157] 279, nach dem Schema: *si Seia non intercessisset, tum si A^s A^s de N^o N^o incertum stipulatus esset, quidquid* rell.

[158] Dafür KELLER, Civilprocess[5] (1876) 146 N. 351 und vor allem BEKKER, Aktionen 2, 118.

[159] Das ist noch immer der Stand der Forschung PALAZZINI-FINETTI, BIDR 49/50 (1947) 172; MEDICUS (Anm. 12) 65.

aber vielleicht nicht ganz unergiebig, sobald die Interpretation nicht einseitig durch das Postulat prätorischer Restitution beeinflußt wird. Am schärfsten hat CARRELLI die traditionelle Auffassung verfochten und vom Standpunkt einer prätorischen *i. i. r.* im Interzessionsrecht[160] die *a. institutoria* als klassisches Gebilde überhaupt verworfen[161]. Die Lehre ist ihm darin zwar nicht gefolgt, hat aber von seinen Einwänden Entscheidendes nicht widerlegen können, weil sie gleichfalls von vorgefaßten Entscheidungen ausgeht.

1. Ulp. D. 16,1,8,14 (29 ad ed): Si, cum essem tibi contracturus[162], mulier intervenerit, ut cum ipsa potius contraham, videtur intercessisse: quo casu datur in te actio, quae instituit magis quam restituit obligationem, ut perinde obligeris eodem genere obligationis, quo mulier est obligata: verbi gratia si per stipulationem mulier, et tu quasi ex stipulatu convenieris.

a) Zu rekapitulieren ist das bereits mehrfach berührte *datur in te actio, quae restituit obligationem*. Wenn *restituere obligationem* die erneute Schuldbegründung durch Rechtsgeschäft meint, dann bezeichnet *actio, quae restituit* (= *a. restitutoria*) eine Arbiträrklage, die darauf gerichtet ist, daß sich der frühere Schuldner erneut verpflichtet.

Für die *actio quae instituit obligationem* ließe sich der Gedanke so abwandeln: Mit diesen Worten charakterisiert Ulpian eine Klage, die darauf gerichtet ist, daß der Beklagte eine Schuld begründet, die in seiner Person zuvor nicht bestanden hat.

Das wäre auch eine inhaltlich präzise Bestimmung der *a. institutoria*[163], um die sich die herkömmliche Lehre bisher vergeblich bemüht hat. Da sie die *institutio obligationis* auf die Verheißung bzw. Erteilung der *a. institutoria* selbst bezieht, bleibt sie bei Individualisierungsmerkmalen stehen, die keinen spezifischen Erkenntniswert haben: „L'*a. institutoria* è un azione costitutiva di debito. Onde la obbligazione sorge da una determinazione di diritto pretorio poichè il pretore propone l'*actio.*“[164] Das würde für eine fiktizische *a. restitutoria* ebenso gelten[165], wie es für jede prätorische Klage gilt. Mit

[160] Intercessio passim.

[161] Actio institutoria passim, vorstehend 66 f.; 68.

[162] *crediturus*, BORTOLUCCI, Actio quae instituit obligationem (1915) 12 f. Zustimmend LENEL, Edikt 287 N. 11.

[163] Daß es von der Klage heißt: *instituit magis quam restituit obligationem*, bedeutet kein hybrides Gebilde zwischen *institutio* und *restitutio obligationis*, wie CARRELLI a. a. O. 70 meint. Die Denkfigur *magis quam* dient dazu, von den in Bezug genommenen Begriffen den einen zu bejahen, den anderen zu vermeinen; hier also *institutio*, nicht *restitutio*. RAGGI, Restitutio 95 ff.; zustimmend KASER, Labeo 12 (1966) 244.

[164] BORTOLUCCI a. a. O. 31 im Anschluß an DERNBURG, Pandekten^7 (1903) 2, 229: die vom Prätor erteilte Klage sei „schuldbegründend“.

[165] Vgl. GRADENWITZ, Ungültigkeit 173, der die *a. restitutoria* und die *a. insti-*

Recht hat CARRELLI hier Kritik geübt[166]. Aber der unergiebige Begriff BORTOLUCCIS ist kein Argument gegen die Echtheit dieses Teils von fr. 8,14 und der *a. institutoria* überhaupt.

Der Anschluß *ut perinde obligeris eodem genere obligationis, quo mulier est obligata* hätte für unsere Zwecke in dem Maße Beweiskraft, wie er einer an prätorischer Restitution orientierten rigorosen Betrachtungsweise unannehmbar erscheinen muß: Die für den Dritten postulierte Gleichartigkeit des Haftungsgrundes kann streng genommen nicht bestehen, wenn die Restitution im Bereich des Honorarrechts verbleibt[167]. Nun gilt heute die Lehre für überholt, wonach die Klassiker eine amtsrechtliche Verbindlichkeit nicht als *obligatio* bezeichnet hätten[168]. Zu bedenken ist aber, daß Ulpian von *eodem genere obligationis* spricht, nicht etwa bloß von *eadem obligatione.* Unbeschadet also auch eines für Ulpian gültigen Obligationenbegriffs, der zivil- wie honorarrechtliche Verpflichtungstatbestände umfaßt, könnte deshalb seine Formulierung schärfere Interpretationskriterien zulassen: Die gleiche Art der Verbindlichkeit ist dann noch nicht gegeben, wenn es lediglich um den materiellrechtlichen Reflex einer stipulationsartigen Klage geht. Auf diese Weise beim Wort genommen, würde Ulpians Feststellung die Annahme judizialer Restitution bzw. „Institution" begünstigen.

Dazu noch ein Blick in die Basiliken zu fr. 8,14.

> B. 26,7,39: 'Εὰν μέλλων σοι συναλλάσσειν κατὰ ἀντιφώνησιν συναλλάξω γυναικὶ ὡς προϊσταμένῃ χάριν πραγματείας, μεταφέρεται εἰς σὲ ἡ κατὰ τῆς γυναικὸς συστᾶσα ἀγωγή[169].

Das die Rechtsfolge aussprechende Schlußstück erinnert an Gaius' 3,176 Beschreibung der Novationswirkung: *nam interventu novae personae nova nascitur obligatio et prima tollitur translata in posteriorem.* Möglicherweise hat sich die Verpflichtung des durch die Interzession begünstigten Dritten im Wege einer titulierten Novationsstipulation vollzogen, etwa nach dem

---

tutoria unter den Oberbegriff *actio quae instituit obligationem* stellt. Gegen ihn freilich, aber nicht überzeugender, BORTOLUCCI a. a. O. 30 f.

[166] Actio institutoria 70.

[167] „E una inutile, incongrua e contraddittoria spiegazione del conciso e per sè chiaro periodo che precede." BORTOLUCCI a. a. O. 13. Offensichtlich unhaltbar CARRELLI a. a. O. 77 f., der anstelle von *perinde* die Partikel *perinde ac* bzw. *atque* suggeriert und, indem er die Verwendung dieses Ausdrucks allein für das Verhältnis zwischen *a. directa* und fiktizischer *a. utilis* zuläßt, den Passus durch den Schluß auf eine *obligatio ficticia* zu verdächtigen sucht. Selbst *perinde atque* hat nicht notwendig etwas mit fiktizischer Formel zu tun. Vgl. Gai. D. 4,4,12.

[168] Vgl. oben S. 19.

[169] Hb. 3,139 f. = Sch. A 1302 f. (Übers. Hb.: *Si tecum contracturus per intercessionem contraxero cum muliere quasi negotiationi praeposita, actio adversus mulierem parta in te transfertur*).

Muster: *quod mihi Seia deberet, si senatus consulto locus non esset, dari spondes?*[170]

Gleichwohl mag der Schluß, die *a. institutoria* habe eine auf ihre Aufgabe zugeschnittene Arbiträrklausel enthalten, gewagt erscheinen. Damit wäre der Arbiträrklage eine nirgendwo sonst überlieferte Funktion zugeschrieben. Ungewöhnlich und einmalig ist aber zunächst und vor allem die Existenz der *a. institutoria* selbst, die Tatsache, daß die Darlehensaufnahme der *mulier* für jemand Dritten gegen diesen Dritten eine Klage begründet[171]. Warum soll in diesem Rahmen nicht auch eine „Naturalherstellung" erwogen worden sein? Eine maßgebliche Rolle konnte hier wiederum das Interesse des Gläubigers gespielt haben, seinen Kredit, anstatt ihn alsbald wieder einzuziehen, durch eine außer Streit stehende Forderung gegen den Dritten abzusichern. Das mußte um so mehr der Fall sein, wenn der Dritte z. Z. nicht liquide und seine Haftung deshalb nicht zu realisieren war[172]. Der Rest war eine Frage des Formelbaus, der den römischen Juristen im Hinblick auf eine entsprechende Arbiträrklausel keine Schwierigkeiten gemacht haben kann, wollten sie ein für die *a. restitutoria* praktiziertes *arbitrium iudicis* auch hier zur Geltung bringen[173].

---

170 Auf der Basis einer privatrechtlichen Verpflichtung des Dritten besteht im übrigen kein Anlaß, mit HEIMBACH (3, 140 N. d) anzunehmen, die Griechen hätten fr. 8,14 von der *a. institoria* verstanden (vgl. Pap. D. 14,3,19 pr.). Zu ἡ ἀγωγή im Sinne von Rechtsanspruch oben S. 31 Anm. 81. Ferner umschreibt ὡς προϊσταμένη χάριν πραγματείας interzessionsrechtlich korrekt (vgl. Paul. D. 16,1,1,2), daß die *mulier* im Interesse des Dritten handelt, ist also noch kein Indiz für die Vorstellung einer *a. institoria*, jetzt aber auch nicht mehr im Hinblick darauf auszulegen. — Im vorliegenden Zusammenhang bleibt noch folgendes festzustellen: Der Anfang von Ulp. D. 16,1,10: *hae actiones, quae in eos pro quibus mulier intercessit dantur*, den B. 26,7,41 (Hb. 3, 140 = Sch. A 1303) so wiedergeben: ἡ ἀποκαταστατική ἀγωγὴ καὶ ἡ κατὰ τοῦ π ρ ο σ τ ή σ α ν τ ο ς (ἀγωγή) wird von HEIMBACH ins Lateinische zurückübersetzt: *actio restitutoria et actio adversus i n s t i t o r e m.* Das Problem ist durch Sperren kenntlich gemacht. ʽΗ ἀγωγή bedeutet hier Klage, aber κατὰ τοῦ προστήσαντος ἀγωγή ist keine *actio adversus institorem.* Das ist wohl auch gar nicht HEIMBACHS Ansicht. *Institor* könnte ja nur die *mulier* sein. Damit stimmte einmal das genus masculinum nicht überein. Zweitens ist προστήσας Partizip zum (schwachen) Aorist 1 von προϊστάναι in der transitiven Bedeutung und meint denjenigen, der angestellt hat, also den Dritten, im Bild der *a. institoria* den Prinzipal, nicht den *institor. Actio adversus praeponentem* oder *adversus eum qui praeposuit* wäre richtig, aber ebenso wenig technisch im Sinne der *a. institoria* (vgl. dagegen HEIMBACH 3, 140 N. k) wie ὡς προϊσταμένη χάριν πραγματείας (vgl. oben).

171 Insoweit richtig CARRELLI, Actio institutoria 64 f.

172 Vgl. etwa den Fall Paul. D. 16,1,29 pr., unten S. 54 ff.

173 Vgl. KASERS Feststellung, daß die Formeln aus Klauseln zusammengesetzt seien, „die in gleicher oder ähnlicher Weise wiederkehren, die man aber undoktri-

b) Ein Wort für sich verlangt das Schlußbeispiel: *verbi gratia si per stipulationem mulier, et tu quasi ex stipulatu convenieris.*

Auf *quasi ex stipulatu* hat LENEL in der zweiten Auflage des Edikts seine Vermutung gestützt, die *a. institutoria* sei fiktizischer Natur. In der letzten Auflage[174] wird dagegen auch eine Formulierung *in factum* in den Kreis der Möglichkeiten einbezogen. Freilich ist LENEL gleichzeitig auf die Linie BORTOLUCCIS eingeschwenkt, der bereits von *ut perinde* an nur mehr die Hand der Kompilatoren am Werke sieht[175]. Das bedeutet aber noch soviel, daß LENEL immerhin für die nachklassische Zeit ein *quasi ex stipulatu* mit einer *a. in factum* für vereinbar halten würde.

Der durch den Zusatz *quasi* uneigentlich gebrauchte Ausdruck[176] *ex stipulatu* bezöge sich in diesem Fall also nicht auf eine analoge Klage. Einen Hinweis, wie er verstanden werden könnte, gibt

> Ulp. D. 11,7,8,1 (25 ad ed): Si locus religiosus pro puro venisse dicetur, praetor in factum actionem in eum dat ei ad quem ea res pertinet: quae actio et in heredem competit, cum quasi ex empto actionem contineat.

Quasi dient dem Juristen hier zur Bezugnahme auf die *a. empti* unter Ausklammerung des Formelwortlauts, der auf das zivile Leistenmüssen verweist; denn der Kauf des *locus religiosus* ist nichtig[177] und die in Frage stehende Klage (daher) eine *a. in factum. Cum quasi ex empto actionem contineat* zeigt anscheinend an, daß das Faktum des Kaufabschlusses den Klagegrund bildet[178].

Entsprechend gedeutet trüge *quasi ex stipulatu* der Tatsache Rechnung, daß der Klage gegen den Dritten in spezifischer Form eine Stipulation zugrunde liegt: nicht das *dare oportere* der *mulier* (Personenumstellung) noch ein fingiertes des Beklagten, sondern das Faktum der von der *mulier* eingegangenen Verbindlichkeit.

---

när nach den Sachbedürfnissen bisweilen abwandelt oder auswechselt. Soweit sie eine Typisierung erkennen lassen, ist sie die bloße Folge gleichliegender Bedürfnisse; nicht hat man umgekehrt etwa der Typenbildung zuliebe die Bedürfnisse einem Schema unterzuordnen versucht." RZ 238.

[174] Vgl. Edikt² 279; Edikt 287 N. 7.

[175] Actio quae instituit (Anm. 162) 13 ff.

[176] GEORGES s. v. *quasi* I B.

[177] LEVY, Privatstrafe (1915) 66; ARANGIO-RUIZ, Compravendita² (1954) 132. Zuletzt eingehend MEDICUS, Id quod interest (1962) 164 f. und N. 4.

[178] LEVY (a. a. O. N. 2) formuliert das dahin, die *a. in factum* habe die Funktion einer *a. ex empto* erfüllt. — Unseren Interpretationsvorschlag berührt nicht, daß *cum quasi* — fin. gelegentlich für unecht gehalten wird. Vgl. z. B. STEIN, Fault (1958) 68 und N. 1 mit weit. Angab. Für Echtheit außer Levy und ARANGIO-RUIZ wohl auch MEDICUS. Nicht überzeugend STEIN, der fr. 8,1 ganz aus dem Zusammenhang des Kaufrechts lösen will; a. a. O. 69 ff.

Muß nun angenommen werden, mit dem angegebenen Inhalt könne *quasi ex stipulatu* nur aus einer nachklassischen Feder geflossen sein? Zu dieser Annahme wären wir allein genötigt, dürften wir sicher sein, daß in klassischer Zeit die Wortverbindung *quasi ex stipulatu* zur festen Bedeutung einer analogen Klage erstarrt war. Aber gerade im Hinblick auf technische Termini der Römer ist Zurückhaltung geboten. Zuletzt hat KASER davor gewarnt, den Prozeß der Technisierung in der römischen Rechtssprache zu überschätzen. Den Klassikern sei eine größere Freiheit des Ausdrucks eigen gewesen, als die begrifflich-systematische Einstellung späterer und modernster Epochen glauben mache[179]. Fr. 8,14 könnte ein weiteres Beispiel für diese Feststellung sein, unbeschadet aller der Formulierungen, in denen *quasi* tatsächlich für die analoge Verwendung einer *formula vulgaris* steht[180].

2. Die vorstehend entwickelten Argumente werden zunächst für die Vermutung einer *a. in factum* ins Feld geführt. Ob der Schlußsatz mit einer Arbiträrklage vereinbar ist, ist eine weitere Frage. Isoliert genommen überwiegt der Eindruck, als ob *tu* auf Erfüllung einer stipulationsartigen Schuld verklagt wird. Berücksichtigt werden muß aber, daß sich gegen *tu* eine Klage richtet, *ut perinde obligeri(t) e o d e m g e n e r e obligationis quo mulier est obligata.* Insoweit wäre mit *quasi ex stipulatu* nicht mehr als der Klagegrund ausgesagt. Das Ziel der Klage bliebe dabei offen, die Annahme einer Arbiträrklausel möglich. Anhaltspunkte in dieser Richtung ergibt vielleicht die Analyse von

> Paul. D. 16,1,29 pr. (16 resp): Quidam voluit heredibus Lucii Titii mutuam pecuniam dare et cum eis contrahere: sed quoniam facultates eorum suspectas habuit, magis voluit uxori testatoris dare pecuniam et ab ea pignus accipere: mulier eandem pecuniam dedit heredibus et ab his pignus accepit: quaero, an intercessisse videatur et an pignora, quae ipsa accepit, teneantur creditori. Paulus respondit, si creditor, cum contrahere vellet cum heredibus Lucii Titii, evitatis his magis mulierem ream elegit, et in ipsius persona senatus consulto, quod de intercessionibus factum est, locum esse et pignora ab ea data non teneri. eas autem res, quas mulier ab his, pro quibus intercedebat, pignori accepit, creditori mulieris obligatas non esse. sed non sine ratione praetorem facturum, si non tantum in persona subducta muliere in principales debitores dederit actionem, sed etiam in res, quae mulieri obligatae sunt.

a) Im Mittelpunkt steht die Antwort des Paulus und daraus vor allem der Schluß: *sed non sine ratione* rell. Der Text der Florentina ist offensichtlich gestört. Das *in* nach *tantum* paßt zu der Lesart *persona* nicht. HALOAN-

[179] St. Biondi I (1965) 99 und passim.

[180] Z. B. Pomp. D. 6,1,70 *(quasi Publiciana actio)*; Ulp. D. 17,1,10,5 *(utilis actio quasi institoria)*; Paul. D. 38,5,13 *(quasi per Calvisianam vel Fabianam actionem).*

DER streicht es und zieht damit *persona* zu *subducta muliere*[181]. Jüngere Bologneser Handschriften und vorhaloandrische Ausgaben vermuten dagegen *in personam*[182].

Von den moderneren Interpreten gehen die älteren bald von der einen, bald von der anderen Version aus, ohne daß sie den Text inhaltlich in Frage stellen. GRADENWITZ[183] zum Beispiel folgt HALOANDER, für *in personam* entscheidet sich BEKKER[184]. Beiden Autoren zufolge stimmt Paulus dem Prätor zu, der dem Gläubiger nicht nur eine *actio (in personam)* gegen die *principales debitores* erteile, sondern ihm auch die Pfandklage der *mulier (actio in res)* zugestehe[185]. Bei BEKKER weist diese Interpretation allerdings einen Schönheitsfehler auf, weil die von ihm bevorzugte Konjektur den Gedanken nahelegt, *actio in personam* wie *actio in res* würden beide gegen die *principales debitores* gegeben. Daran möchte man beanstanden, daß die Richtung der *actio in res*, wenn es sich um die Pfandklage handelt, nach dem Pfandbesitz zu bestimmen, also durch *actio in res* allein genügend und zutreffender gekennzeichnet wäre. Mit der Emendation HALOANDERS ist diese Unstimmigkeit vermieden.

Über die dingliche Natur der *actio in res* herrscht auch in der heutigen Romanistik Einigkeit[186]. Daraus wird allerdings die Interpolation des Schlußsatzes gefolgert, da sich Paulus sonst widersprechen würde: während er im vorletzten Satz ein dingliches Recht des Gläubigers an den Sachen, die die Erben der *mulier* zum Pfand bestellt haben, verneine, lasse er im letzten den Prätor auf eben dieselben Pfänder dem Gläubiger die Pfandklage erteilen[187].

Es scheint indessen nicht der Gegensatz zeitlich verschiedener Rechtsauffassungen zu sein, der die schon von Antonius FABER[188] empfundene Problematik der Paulusstelle erklärt. Damit würde die Frage verdeckt, ob Paulus mit der *actio in res* überhaupt eine dingliche Klage meint. Schon der Plural *in res* klingt nicht ganz unverdächtig. Und der angebliche Widerspruch bereitet nicht weniger Kopfzerbrechen, wenn er nicht von Paulus, sondern von den Kompilatoren stammte.

---

[181] Mailänder Digestenausgabe, die bei der Gelegenheit notiert: locus est autem interpolatus et caute emendandus. Dazu das Folgende, insbes. Anm. 192.

[182] MOMMSEN, Dig. Ebenso der Codex Patavinus. MOMMSEN, Große Ausg.

[183] Ungültigkeit 187.

[184] Aktionen 2, 118 N. 28.

[185] A. a. O.

[186] BORTOLUCCI, L'actio quae instituit obligationem (1915) 20 f.; CARRELLI, Actio institutoria 87 N. 1; PALAZZINI-FINETTI, BIDR 49/50 (1947) 181 N. 50.

[187] Vgl. die Angaben in der vorigen Anmerkung.

[188] Coniect. XI 12 N. 6. Siehe auch Ind. Itp.

b) Für das Folgende soll die zur Diskussion gestellte Konzeption einer arbiträren *a. institutoria* vorerst als Arbeitshypothese angenommen werden. In dem Fall richtete sich die *a. institutoria* zunächst darauf, daß der Dritte die von der *mulier* zu seinen Gunsten eingegangene Verbindlichkeit übernimmt. Die Grundidee der *a. institutoria*, nämlich die Verpflichtung, dem *creditor mulieris* gegenüber geradezustehen, kann aber in ihrem Inhalt variiert werden. Hat der Dritte der *mulier* im Hinblick auf die Darlehensaufnahme Pfänder bestellt und will der Prätor diese Pfänder auch dem Gläubiger zukommen lassen, so nimmt er (neben der persönlichen Verpflichtung der *mulier*) die Pfandbestellung zugunsten der *mulier* in den Tatbestand der *a. institutoria* auf und erreicht durch die Arbiträrklausel, daß diese Sicherheiten jetzt auch dem Gläubiger der Frau eingeräumt werden.

Dieser zusätzliche Inhalt der *a. institutoria* ändert also an ihrer Rechtsnatur nichts. Sie bleibt eine *a. in personam*. Zwischen den beiden letzten Sätzen in fr. 29 pr. braucht danach kein Widerspruch zu bestehen. Ein dingliches Recht an den Sachen, die die *mulier* von den Erben zum Pfand erhalten hat, hat der Gläubiger zwar nicht. Wohl aber stellt ihm der Prätor eine Klage zur Verfügung, mit deren Hilfe er von den Erben die Bestellung dieser Sachen als Pfänder für sich verlangen kann: *etiam in res, quae mulieri obligatae sunt, in principales debitores dederit actionem*, d. h. auch in bezug auf die Sachen, die der *mulier* verhaftet sind, wird der Prätor Klage gegen die Erben erteilen.

Diese Interpretation fördert die dem Schlußsatz im Ganzen innewohnende Prägnanz zutage. Die Konjektur *in personam*[189] ist ein halber und zudem gefährlicher Schritt auf dem Weg der Textverbesserung. Sie besiegelt die Versuchung, die Entscheidung des Paulus in das Schema *a. in personam — a. in rem* zu zwängen. Es ist deshalb von größtem Wert, daß die beiden (wahrscheinlich) direkten Abkömmlinge des Codex Secundus, die vatikanische Handschrift und der Codex Parisinus, die beste Abschrift überhaupt, lesen: *in personas*[190]. Diese Lesart stellt nicht nur äußerlich die Symmetrie des Schlußsatzes her.

In personas ist bis in unsere Zeit aus verständlichen Gründen für die Textkonstitution unberücksichtigt geblieben. *In personas — in principales debitores dederit actionem* scheint, wenn *in* beide Male in der Bedeutung „gegen" verstanden wird, grammatisch anstößig, zum mindesten eine Tautologie, wenn man *in personas* nicht technisch im Gegensatz zu *in res* (dingliche Klage) auffassen will, was wiederum durch *in personam* viel treffender zum

---

[189] Oben S. 55.
[190] P und V^{a}.

Ausdruck gekommen wäre. Jetzt dagegen verdient *in personas* entschieden den Vorzug bei der Emendation: Der Prätor, sagt Paulus, tut recht, wenn er gegen die *principales debitores* nicht nur *in personas*, d. h. in bezug auf die Personen, auf persönliche Verpflichtungen Klage erteilt, sondern auch *in res, quae mulieri obligatae sunt*, d. h. in bezug auf die der *mulier* eingeräumten dinglichen Sicherheiten. Mit anderen Worten: Die Erben müssen sich dem Gläubiger nicht nur persönlich verpflichten, sondern ihm auch Pfänder bestellen. Die Bedenken, die bei BEKKERS Auslegung hinsichtlich einer *actio in res* gegen die *principales debitores* bestehen[191], sind unbegründet: auch *in res* geht die *actio* gegen die *principales debitores* und nur gegen sie.

Eine weitere Überlegung rundet das Vorstehende ab. Als Erklärung für die verdorbene Lesart der Florentina drängt sich ein einleuchtendes Versehen auf. Das *s* in *personas* konnte wegen des nachfolgenden *subducta* leicht einmal einem Schreiber entgehen und mag aus dem gleichen Grund auch von den Korrektoren nicht vermißt worden sein. Neben sachlichen Gründen spricht also auch der Gedanke an eine Haplographie dafür, in der Florentina *personas* zu emendieren, wenn nicht bereits aufgrund der Rezensio *personas* der Vorzug gebührt[192].

c) Nach allem ergibt sich eine Lösung unter der Voraussetzung, daß sich die Natur der *a. institutoria* als *a. in personam* nicht zu ändern braucht, wenn dingliche Rechte im Spiel sind. Was daraus für fr. 29 pr. folgt, ist mindestens dieses: eine fiktizische Fassung der Klage scheidet aus. Es bleibt die Frage: *a. in factum* mit oder ohne Arbiträrklausel? Die Antwort muß folgende Überlegungen berücksichtigen.

Liquidieren kann der Gläubiger bei den *principales debitores* nur einmal in Höhe des der *mulier* gewährten Darlehens. Ohne Arbiträrklausel haben die dann notwendigerweise alternativ aufzufassenden Klagen gegen die

---

[191] Oben S. 55.

[192] Die Frage ist schwierig, weil die für die Rezensio aufgestellten Regeln (statt aller SCHULZ, Einf. in das Studium der Digesten [1916] 12 ff. im Anschluß an KANTOROWICZ, SZ 30 [1909] 183 ff. und SZ 31 [1910] 14 ff.) hier nicht ausreichen. An sich müßte man davon ausgehen, daß *personas* für S nicht nachweisbar ist und die Grundlage für eine Abwägung F gegenüber überhaupt fehlt (SCHULZ 14). Wohl liest, was für das Vorhandensein von *personas* in S erste Voraussetzung wäre (SCHULZ 14), keine der Hss. PV wie F (L ist von MOMMSEN nicht mitverglichen worden, scheidet aber für Buch 16 ganz aus, vgl. MOMMSEN, Praef. XLVIII). Die Übereinstimmung von P und V hätte jedoch nichts zu besagen, weil die beiden Schreiber möglicherweise zusammengearbeitet haben (SCHULZ 10; 14). Hinzu kommt, daß U die Variante *personam* hat und die Lesart von S noch problematischer machen würde (SCHULZ 14). — Indessen beruhen die Regeln über die Rezensio auf Wahrscheinlichkeitserwägungen und müssen sich vom Einzelfall her Modifikationen

Erben *non tantum in personas — sed etiam in res* wenig Sinn, da für die Zwecke des Gläubigers eine auf die Verbindlichkeit der *mulier* abgestellte Klage gegen die Erben ausreichen würde. Eine weitere persönliche Klage wegen der dinglichen Berechtigung der *mulier,* die formelmäßig übrigens auch nur in Verbindung mit der von der *mulier* eingegangenen Schuld denkbar wäre, könnte dem Gläubiger weder einen Vorteil bringen, noch läßt sie anderweitig einen einleuchtenden Zweck erkennen. Bezieht man dagegen in die Interpretation eine Arbiträrklausel ein, so glättet sich das Verständnis von fr. 29 pr. Der Gläubiger kann von den Erben Schuldbegründung u n d dingliche Sicherheiten verlangen. Die auch sprachlich gedeckte Häufung der Klagemöglichkeiten hätte lediglich da ihre Grenze, wo eine der Klagen mit Kondemnation endet[193].

§ 5
Schlußfolgerungen

Der bisherigen Untersuchung war einerseits und vor allem daran gelegen, für *restituere actionem* als möglich und für das Interzessionsrecht einschlägig die Deutung zu erweisen: das Klagerecht wiederherstellen. Unter dieser

gefallen lassen. Im vorliegenden Fall hätten wir bis jetzt die Lesart von S offen zu lassen und anzunehmen, daß *personas* in P und V^a sowie *personam* in U auf mittelalterliche Konjekturen zurückgehen (Schulz 14). So wahrscheinlich das für U ist, so unwahrscheinlich ist es für P und V^a. Abgesehen von diesen beiden Hss. gehen die Konjekturen anscheinend alle in Richtung *personam* (neben den jüngeren Bologneser Hss. und U siehe auch V^b). Das ist verständlich, wenn die vorstehend entwickelte und für klassisch angesehene Konzeption der *a. institutoria* bereits den italienischen Juristen des 11. Jhdts. nicht mehr geläufig war. Denn nur auf dem Boden dieser Konzeption ist *in personas — in debitores dederit actionem* grammatisch nicht zu beanstanden (vgl. oben S. 56 f.). Wird aber *personas* keine Konjektur sein, dann spricht die größere Wahrscheinlichkeit dafür, daß S *personas* gelesen hat, als daß die beiden Schreiber von P und V^a entweder unabhängig voneinander oder sich gegenseitig beeinflussend die Vorlage (*persona*?) mechanisch (in Symmetrie zu *res*?) abgeändert haben. So gilt in unserem Fall umgekehrt zur Regel, daß die Übereinstimmung von P und V^a auf die Gestalt von S schließen läßt. *Personas* wäre danach, weil gegenüber der Florentina nach Form und Inhalt die bessere Variante, als aus dem Digestenauszug stammend und folglich als relativ besser beglaubigte Lesart anzusehen (Schulz 13). Das um so mehr, als für S aus den gleichen Gründen, die soeben für P und V^a angegeben wurden, die Konjektur *personas* ausscheiden muß.

[193] Die Textkonstitution *in personas,* an der in jedem Fall schwer vorbeizukommen ist, würde im übrigen dem Versuch entgegenstehen, das Problem von fr. 29 pr. über den Gegensatz *ius civile — ius praetorium* zu lösen: weil sonst angenommen werden müßte, gegen die *principales debitores* richte sich eine dingliche Klage wegen Pfänder, die sich aber möglicherweise noch im Besitz der *mulier* befinden.

Voraussetzung ist der Ausdruck *restituere actionem* nicht mehr ausschließlich Indiz für prätorische Restitution, sondern mit prätorischer wie mit judizialer Restitution vereinbar. Es stellt sich deshalb überall, wo er begegnet, erneut die Frage nach der dahinter stehenden Restitutionsweise.

Ob des weiteren der Versuch, für das Interzessionsrecht — die Praxis auch prätorischer Restitution zugegeben — judiziale Restitution glaubhaft zu machen, gelungen ist, mag in Einzelheiten anfechtbar scheinen. Die Möglichkeit judizialer Restitution wird man jedoch nicht nur abstrakt einräumen wollen. Das schwierige Geschäft der Interpretation ist vielleicht auch dadurch bedingt, daß den Römern bei einer Klage, die *actio restitutoria* heißt, (auch) der Gedanke judizialer Restitution selbstverständlich war.

An diesem Punkt soll die Kritik der traditionellen Vorstellung über die *i. i. r.* einsetzen, angefangen bei einem Text wie

> Gai. D. 4,4,27,2 (4 ad ed prov): Si minor annis viginti quinque sine causa debitori acceptum tulerit, non solum in ipsum, sed et in fideiussores et in pignora actio restitui debet. et si ex duobus reis alteri acceptum tulerit, in utrumque restituenda est actio.

Die Beweislage hinsichtlich judizialer Restitution ist freilich nicht günstiger als bei der Restitution interzessionsweise erloschener Forderungen. Aber die Restitution wegen Minderjährigkeit ist naturgemäß umfassender und erstreckt sich auch auf die Restitution dinglicher Rechte, vor allem auf die Rückgängigmachung von Eigentumsübertragungen. Hier hätte unter dem Gesichtspunkt judizialer Restitution *restituere actionem* den Sinn einer Wiederherstellung des Klagerechts im Wege der Rückübereignung. Darüber, so scheint es, lassen die Quellen mit mehr Aussicht auf Erfolg eine Untersuchung zu. Paulus zum Beispiel äußert sich einmal so:

> D. 4,4,24,4 (1 sent): Restitutio autem ita facienda est, ut unusquisque integrum ius suum recipiat. itaque si in vendendo fundo circumscriptus restituetur, iubeat praetor emptorem fundum cum fructibus reddere et pretium recipere ...

Die Stelle ist mindestens insoweit aufschlußreich, als sie das Schema in Frage stellt, das herkömmlicherweise für das Verhältnis von *i. i. r.* und judizialer Restitution aufgestellt wird: „Im ersten Fall handelte der Prätor selbst *(restituam)*, im zweiten wurde der Partei geboten zu handeln *(restituas)*.“[194] Offenbar gehört fr. 24,4 in die zweite Gruppe, ob es nun wirklich der Prätor gewesen ist, der hier den Restitutionsbefehl erläßt, oder nicht[195]. Denn allem Anschein nach erläutert Paulus den Kern der *i. i. r.*, nicht bloß die materiellen Folgen aus dem durch *i. i. r.* wiederhergestellten status quo ante[196],. wie es für das *iussum* in anderen Stellen angenommen werden

---

[194] Levy, Restitutio 362.
[195] Dazu unten S. 113 f.
[196] Vgl. dazu nochmals Levy a. a. O.

könnte[197]. *Restitutio* am Anfang gibt sich noch neutral, *integrum ius suum recipere* ist dagegen ein starkes Indiz. Hinzu kommt der exemplarische Charakter der Aussage. Vermutlich deckt sich fr. 24,4 nicht nur formal mit der parallelen Äußerung Ulpians über die Metusklage: *ex hoc edicto restitutio talis facienda est* (D. 4,2,9,7); läuft doch bei Paulus das *ius recipere*, die Restitution ausdrücklich über *reddere* und *recipere*, beides mit judizialer Restitution gut vereinbare Handlungen der Prozeßgegner.

Für die spezifische Problematik der Restitution bei Eigentumsübertragung kann auf das in der Einleitung Gesagte verwiesen werden[198]. Anders als bei der Restitution von Forderungen, wo judiziale Restitution zunächst als überflüssig und unnötig empfunden werden mochte, wird im Sachenrecht der Vorschlag judizialer Restitution eher mit Zustimmung rechnen dürfen.

---

[197] Unten S. 108 ff.
[198] Oben S. 5 ff.

ZWEITES KAPITEL

Die *in integrum restitutio* des minderjährigen Veräußerers

§ 6

In integrum restitutio und *actio in rem*

I. In den Mittelpunkt der Untersuchung gehört der einzige Text, der im Rahmen der Restitution des Minderjährigen ausdrücklich von einer *a. in rem* spricht, der aber zugleich die größten Schwierigkeiten bereitet, sobald es um eine befriedigende Gesamtinterpretation geht.

Ulp. D. 4,4,13,1 (11 ad ed): Interdum autem restitutio et in rem datur minori, id est adversus rei eius possessorem, licet cum eo non sit contractum. ut puta rem a minore emisti et alii vendidisti: potest desiderare interdum adversus possessorem restitui, ne rem suam perdat vel re sua careat, e t h o c v e l c o g n i t i o n e p r a e t o r i a v e l r e s c i s s a a l i e n a t i o n e d a t o i n r e m i u d i c i o.

Der hervorgehobene Passus, das Schlußstück des eigenen Kommentars Ulpians[1], bildet die crux interpretum der Stelle.

1. Die ältere Doktrin[2] sah in fr. 13,1 den hauptsächlichen Beleg für die Lehre von zwei verschiedenen Restitutionsverfahren: einerseits die Restitution *cognitione praetoria*, d. h. ein Restitutionsverfahren unter der alleinigen Regie des Prätors, ohne *iudicium;* andererseits die Restitution *rescissa alienatione dato in rem iudicio*, also prätorische *i. i. r.*[3]

2. Die neueren Auslegungen bewegen sich in anderen Bahnen. In einer ersten Kritik, von der er nie ganz abgerückt ist, hatte CARRELLI dem Text von *ut puta* an die Echtheit ganz abgesprochen[4]. Die erneute Beschäftigung mit der Stelle bewog ihn später[5], (auch) folgende Auslegung gelten zu lassen:

Zwei im Ganzen verschiedene und voneinander unabhängige Restitutions-

---

[1] Zum Fortgang der Stelle unten S. 66 ff.

[2] BURCHARDI 439 ff.; 432; SAVIGNY 7, 231 ff.; GIRARD, Manuel[8] (1929) 1130 N. 3.

[3] Zum textkritischen Problem dieser Auffassung unten S. 63 f.

[4] Actio Publiciana 36 ff.; Decretum 170 N. 1.

[5] Decretum 167 ff.

verfahren scheiden für CARRELLI unausgesprochen aus. Die Alternative *vel — vel* wird, gestützt auf *ne — careat,* in den Zeitpunkt nach Abschluß der *causae cognitio,* der prätorischen *i. i. r.* verlegt. Es geht für CARRELLI nur mehr um die praktischen Konsequenzen (effetti pratici) der *i. i. r.* Das heißt aber nicht, daß nun die Herausgabe der Sache entweder durch *iudicium in rem* oder durch ein besonderes Verfahren *cognitione praetoria* verwirklicht wird. Auch insoweit sollen nicht zwei Verfahren zur Auswahl stehen. Herausgabe der Sache *cognitione praetoria* bedeutet nach CARRELLI vielmehr, daß der Erwerber aufgrund der für ihn ungünstig verlaufenen *causae cognitio* die Sache freiwillig zurückgibt, ohne es auf einen Herausgabeprozeß im Wege der *actio in rem* ankommen zu lassen. CARRELLI hält also an der traditionellen Auslegung der *praetoria cognitio* fest und beläßt es dadurch auch für die Herausgabe der Sache bei einem einzigen Verfahren.

CARRELLIS Vorschlag hat jüngst wieder Zustimmung gefunden[6], seine Schwächen hat jedoch der Autor selbst nicht übersehen[7]. *Vel — vel* läßt sich syntaktisch sauber schwer auf das vorangehende *ne — careat* beziehen. Der unbefangene Leser möchte bei *potest — restitui* anknüpfen oder noch früher, bei dem einleitenden *interdum — minori.* Das würde allerdings die Existenz zweier verschiedener Restitutionsverfahren einschließen. Aber auch unter den sprachlichen und sachlichen Voraussetzungen CARRELLIS liegt der Gedanke an zwei verschiedene Rechtsbehelfe zwecks Herausgabe der Sache viel näher. Das von CARRELLI eingeführte Moment der freiwilligen Rückgabe stört den Eindruck einer in ihren beiden Inhalten gleichwertigen Aussage erheblich und ist eine bedenkliche Anreicherung vom Tatsächlichen her.

3. Für eine verfahrensrechtliche Alternative will IMPALLOMENI[8] *vel — vel* zurückgewinnen. Seine Auslegung basiert auf der bereits von LENEL geäußerten Vermutung, der Prätor habe die Untersuchung des Restitutionsgrundes auch dem Vindikationsrichter überlassen können[9]. In diesem Fall hängt der Erfolg der prätorischen Restitution von einem zusätzlichen, sonst dem Prätor vorbehaltenen Ausspruch des *iudex* ab. Darauf hebt IMPALLOMENI CARRELLI kritisierend ab: „Non si tratta quindi della restituzione di una cosa, ma della *restitutio in integrum* di un negozio; ed essa, stando al

---

[6] CERVENCA, Restitutio 23 f. und N. 54.

[7] Actio Publiciana a. a. O.; Decretum 170 N. 1.

[8] Studi sui mezzi di revoca degli atti fraud. (1958) 47 f.

[9] LENEL, Edikt 110 für die *i. i. r. propter metum.* Entgegen IMPALLOMENI a. a. O. 46 f. folgt das aber nicht aus Ulp. D. 4,2,9,7. Diese Stelle betrifft die Metusklage, nicht die reszissorische Vindikation. Vgl. LENEL 111.

testo, può essere pronunciata sia direttamente dal pretore, sia nellos stesso giudizio rescissorio *in rem.*"[10]

Für sich und unter systematischen Gesichtspunkten gesehen werden bei IMPALLOMENI einzelne Elemente der konventionellen Dogmatik sinnvoll miteinander verknüpft. Die Frage ist aber, ob das mit dem überlieferten Text vereinbar ist. CERVENCA[11] hat die „restituzione materiale della cosa" mit dem Hinweis auf *ne rem suam perdat* zu verteidigen gesucht. Das ist kein überzeugendes Argument; denn auch die Aufhebung der Rechtsveränderung geschieht nicht um ihrer selbst, sondern letztlich um der Rückgabe der Sache willen. Schwerer wiegt CERVENCAS Hinweis auf D. 21,2,39 pr., wo Julian in einem gleichgelagerten Fall von *fundus praetoria cognitione ablatus* spricht[12]. Hinzu kommen wieder sprachliche Einwände. Dem Instrumentalis *cognitione praetoria* entspricht auf der anderen Seite — verbunden mit dem Abl. absolutus *rescissa alienatione* — *dato in rem iudicio.* Hätten wir nun *restituere* in dem Passus *potest desiderare adversus possessorem restitui* im Sinne IMPALLOMENIS zu verstehen, nämlich als Aufhebung der Rechtsveränderung, nicht (auch) als Rückgabe der Sache, so würde *potest desiderare adversus possessorem restitui . . . rescissa alienatione dato in rem iudicio* bedeuten: (Der Minderjährige) kann die Aufhebung der Veräußerung verlangen im Wege eines *iudicium in rem,* nachdem die Veräußerung aufgehoben worden ist[13].

Diese Unebenheit ist schwer zu glätten und eigentlich nur (in Kongruenz zum alleinstehenden *praetoria cognitione*) durch Streichen von *rescissa alienatione* zu beseitigen. So wie der Satz überliefert ist, läßt sich der Gedanke der „restituzione di una cosa" allem Anschein nach nicht eliminieren.

4. Bei einem Vergleich der zu fr. 13,1 unternommenen Lösungsversuche schneidet die ältere Lehre noch am besten ab. Allerdings hat auch sie ihr textkritisches Problem. Aufgrund ihrer (und der heutigen) Vorstellung vom Zusammenspiel zwischen *i. i. r.* und *a. in rem* kann *cognitione praetoria* kein zureichendes Unterscheidungsmerkmal für ein rein prätorisches Verfahren sein. „Man muß", bemerkt SAVIGNY[14], „hinzudenken: *sola cognitione,* denn auch die in dem zweiten Fall erwähnte *rescissio alienationis* geschah stets in Folge einer prätorischen *cognitio.*" Befriedigend ist die gedankliche Ergän-

[10] A. a. O. 48.

[11] Restitutio 25 N. 55.

[12] Im einzelnen zu dieser Stelle unten S. 92 ff.

[13] So wäre der Abl. absolutus aufzulösen. Das *iudicium in rem* setzt die Unwirksamkeit der Veräußerung voraus, unbeschadet der Tatsache, daß die Unwirksamkeit durch eine der Vindikationsformel selbst einverleibte Fiktion vermittelt wird. Über die Bedeutung der Fiktion noch unten S. 121 f.

[14] 7,235 N. r.

zung nicht. Gleichwohl scheint SAVIGNY das Richtige getroffen zu haben, wenn er (mit dem unbefangenen Verständnis übereinstimmend) an zwei verschiedene Restitutionsverfahren denkt. Die Basiliken stützen diese Auffassung und liefern ein zusätzliches Argument gegen die neueren Auslegungen[15]. Nur braucht dabei entgegen SAVIGNY der Rahmen des Formularprozesses nicht verlassen zu werden. Rein sprachlich käme in Betracht, *dato in rem iudicio* sowohl auf *vel praetoria cognitione* als auch auf *vel rescissa alienatione* zu beziehen. Was die Doppelung des dinglichen Verfahrens jedoch sachlich bedeuten könnte, ist nicht recht ersichtlich; auch die Basiliken kennen sie offenbar nicht[16]. Näher liegt es nach den bisherigen Überlegungen, fr. 13,1 unter der Voraussetzung zu befragen, daß es zum Zweck der Restitution möglicherweise ein Verfahren mit *iudicium in personam* und ein solches mit *iudicium in rem* gegeben hat. Mit anderen Worten: Es fragt sich, ob nicht fr. 13,1 in spezifischer Weise eine Alternative zwischen judizialer und prätorischer Restitution zum Ausdruck bringt.

II. Der Versuch, die traditionelle Vorstellung über die *i. i. r.* von fr. 13,1 her zu korrigieren, kann sich zunächst an CARRELLI selbst halten. Zur überlieferten Fassung äußert sich CARRELLI einmal so:

„Posto che con l'espressione *cognitio praetoria* non può intendersi altro mezzo che la *r. i. i.*, la concessione della quale ... non poteva però essere considerata come un provvedimento di natura definitiva, posto che con essa il pretore non faceva altro che restituire l'azione, è chiaro che l'altra espressione *iudicium in rem rescissa alienatione* deve essere concepita come una azione nettamente a l d i f u o r i d e l l a *c o g n i t i o p r a e t o r i a*[17], in modo da doversi ammettere, almeno per questo caso una *a. utilis rescissa alienatione* edittale nettamente distinta dall' *a. utilis rescissa alienatione* decretale concessa *causa cognita* dal pretore col provvedimento di *r. i. i.*"[18]

Diese Bemerkungen CARRELLIS verdienen Zustimmung, insoweit sie sich auf ein von der *praetoria cognitio* losgelöstes Restitutionsverfahren mit *iudicium in rem* beziehen[19]. Damit ist, sprachlich einwandfrei, ein Ansatzpunkt gewonnen, von dem aus so argumentiert werden könnte:

Die dingliche Klage war keine Klage spezifisch des Restitutionsedikts, keine aus der *praetoria cognitio* fließende Klage, für die das Wort des Paulus (D. 4,4,24,5) galt: *Ex hoc edicto nulla propria actio vel cautio proficiscitur: totum enim hoc pendet ex praetoris cognitione.* Ausgeschlos-

---

[15] Vgl. B. 10,4,13. Einzelheiten unten S. 71 ff.
[16] Unten S. 71 ff.
[17] Hervorgehoben vom Verf.
[18] Actio Publiciana 36 f.
[19] Vgl. bereits SCHLOSSMANN, Zwang 102.

sen war damit nicht, daß der Prätor im Rahmen der *i. i. r.* auch eine *a. in rem* erteilte. Die generalklauselartige Fassung der Ediktsankündigung[20] mußte auch diesen Jurisdiktionsakt decken. Ferner hatte der Prätor auch bei Erteilung der *a. in rem* über die Formelgestaltung (Aufnahme der Fiktion, evtl. Ermächtigung an den *iudex*, den Restitutionsgrund zu prüfen) zu kognoszieren. Der Unterschied mochte aber darin gesehen werden: Bei der dinglichen Klage orientierte sich der Prätor an der im Edikt enthaltenen Formel der *rei vindicatio*. Sie bot sich für die Zwecke der Restitution als in wesentlichen Punkten vorgegeben an. Bei den Klagen dagegen, auf die der Ausspruch des Paulus gemünzt war, gestaltete der Prätor die (grundsätzlich neue) Formel ohne Anlehnung an ein im Edikt vorhandenes Schema aus freier Hand[21]. Hier hatte die *cognitio praetoris* ein ganz anderes Gewicht.

Einer solchen Trennung von *a. in rem* und *praetoria cognitio* stehen weder formal Bedenken entgegen noch sachlich andere als in der Autorität der traditionellen Lehre wurzelnde Gründe. Wenn Carrelli zur Restitution *praetoria cognitione* eine *a. in rem* hinzudenkt, so ist das gleichsam das Gegenstück zur Interpretation Savignys[22]. Savigny ergänzt zur dinglichen Klage die *praetoria cognitio*, Carrelli zur *praetoria cognitio* die *a. in rem.* Während das aber bei Savigny noch zwei Verfahrensmöglichkeiten ergibt, nährt es bei Carrelli nur mehr den Verdacht der Unechtheit: Im Ergebnis unterschieden sich die beiden Rechtsbehelfe nicht, weil auch die Restitution *praetoria cognitione* in eine *a. in rem* auslaufe[23].

Restitution *praetoria cognitione* als ein Verfahren ohne *iudicium in rem* bedeutet andererseits keinen Verzicht auf ein judiziales Verfahren. Wenn die vorgeschlagene Interpretation des dinglichen Verfahrens richtig ist, dann ist es schon von vornherein wahrscheinlicher, daß auch das spezifische Eingreifen des Prätors zu einem *iudicium* führte. Zudem spricht Ulpian D. 3,3, 39,6 im Zusammenhang mit der *cognitio de in integrum restitutione* von einer *actio*[24]. Und ebenso wahr bleibt das bereits berührte Pauluszitat:

> Ex hoc edicto nulla propria actio vel cautio proficiscitur: totum enim hoc pendet ex praetoris cognitione.

Infolgedessen ist als Klage, die keine dingliche Klage ist, die nicht proponiert ist und erst im Wege einer *cognitio praetoris* konzipiert und erteilt wird, eine persönliche Klage in Betracht zu ziehen, nach Sachlage eine *a. in*

---

[20] Ulp. D. 4,4,1,1 (11 ad ed): *Praetor edicit: ‚Quod cum minore quam viginti quinque annis natu gestum esse dicetur, uti quaeque res erit, animadvertam.‘*

[21] Zur Kognition und Jurisdiktionsgewalt des Prätors vgl. vorstehend Kaser, RZ 136; 252 f. Siehe außerdem unten S. 104 ff.

[22] Oben S. 63 f.

[23] Actio Publiciana 37.

[24] Näheres zur Stelle unten S. 88 ff.

factum, die den Erfordernissen des einzelnen Restitutionsfalles optimal angepaßt werden konnte. Ferner wäre zu berücksichtigen, daß das Verfahren *praetoria cognitione* nicht minder effektiv gewesen sein wird als die *a. in rem,* mit der die Chance der Naturalrestitution verbunden war. Die Annahme einer Restitutionsklausel ist auch unproblematisch; das klassische Recht kennt eine Reihe arbiträrer *iudicia in personam*[25].

Im übrigen könnte die von Paulus beleuchtete Abhängigkeit der *actio* von der *cognitio* des Prätors erklären, warum Ulpian kurzerhand von *restituere cognitione praetoria* spricht, obwohl auch hier ein *iudicium* im Spiel ist: Unter der Voraussetzung eines aus *causae cognitio* und *actio* zusammengesetzten Verfahrens erscheint dessen Benennung nach dem ersten und entscheidenden Glied ganz in Ordnung. Das räumt im Grunde auch CARRELLI ein, wie seine hypothetische Auslegung zeigt. Wenn er sich bei fr. 13,1 anders entscheidet und am Gedanken einer freiwilligen Rückgabe der Sache nach Abschluß der *causae cognitio* festhält, so liegt das einzig an dem für ihn unvermeidlichen Schluß auf eine *a. in rem.* Zudem hat man außerhalb des Blickfelds von fr. 13,1 keine Bedenken gehabt, eine Wendung wie *fundus praetoria cognitione ablatus* in Jul. D. 21,2,39 pr. dahin zu verstehen, das Grundstück sei dem Restitutionsgegner letztlich im Wege eines *iudicium* entzogen worden[26]. Wenn dabei auch wiederum an eine Vindikation gedacht ist, so mindert das doch den Wert, den die Annahme einer Klage für unsere Beweisführung hat, nicht[27].

III. Durch die Unterscheidung zwischen einer Restitution *praetoria cognitione* mit *iudicium in personam* und einem an der Vindikation ausgerichteten Restitutionsverfahren gewinnt fr. 13,1 auch noch nach einer anderen Richtung an Prägnanz.

1. Im Hinblick auf die Möglichkeit, Dritten gegenüber Restitution zu erlangen, sind in der überlieferten Fassung verschiedene Punkte von Interesse:

> Interdum autem restitutio et in rem datur minori, id est adversus rei eius possessorem, licet cum eo non sit contractum. ut puta rem a minore emisti et alii vendidisti: potest desiderare interdum adversus possessorem restitui, ne rem suam perdat vel re sua careat, et hoc vel cognitione praetoria vel rescissa alienatione dato in rem iudicio. Pomponius quoque libro vicensimo octavo scribit Labeonem existimasse, si minor viginti quinque annis fundum vendidit et

[25] Vgl. oben S. 25.

[26] HEUMANN-SECKEL, s. v. *auferre* Ziff. 2; ARANGIO-RUIZ, Compravendita² (1954) 324.

[27] Daß CARRELLI am Ende auch in D. 21,2,39 pr. eine freiwillige Herausgabe ausgedrückt sah, ist nur noch konsequent. Decretum 172 f. CARRELLI zustimmend CERVENCA, Restitutio 21.

tradidit, si emptor rursus eum alienavit, si quidem emptor sequens scit rem ita gestam, restitutionem adversus eum faciendam: si ignoravit et prior emptor solvendo esset, non esse faciendam: sin vero non esset solvendo, aequius esse minori succurri etiam adversus ignorantem, quamvis bona fide emptor est.

a) Wenn Ulpian einleitend von der *restitutio et in rem* spricht, so impliziert das den Gegenbegriff einer *restitutio in personam.* Damit ist aber nicht der Gegensatz zwischen dinglicher und persönlicher Klage gemeint. Offensichtlich geht es um ein und dasselbe Verfahren, das als Verfahren *in personam* die Richtung gegen den Kontrahenten des Minderjährigen, als Verfahren *in rem* die Richtung gegen einen Dritten anzeigt. Die traditionelle Doktrin identifiziert dieses Verfahren als Vorverfahren und lehrt eine gegen den Geschäftspartner des Minderjährigen gerichtete *i. i. r. in personam,* welche die Regel, und eine gegen Dritte gerichtete *i. i. r. in rem,* welche die Ausnahme sein soll[28].

Den klassischen Juristen scheint die *restitutio in rem* in der Tat nicht selbstverständlich gewesen zu sein, wie auch der Fortgang von fr. 13,1 zeigt; vermutlich hätte Ulpian die Autoritäten Labeo und Pomponius sonst nicht bemüht[29]. Eine Kontroverse unter den Klassikern leuchtet aber vom Standpunkt der modernen Lehre nicht ohne weiteres ein. Erforderlich und sinnvoll ist die *restitutio in rem* nur, wenn der Dritte nicht schon unter den Voraussetzungen der *restitutio in personam* belangt werden kann. Formell betrachtet ist das aber der Fall, wenn die *causae cognitio* gegen den ersten Käufer zur (fingierten) Aufhebung der *alienatio* und zu einer dinglichen Klage führt. Damit wäre dem Eigentumserwerb auch des Zweitkäufers die Grundlage entzogen und die Vindikation gegen ihn offen[30]. Daß mit dem Dritten nicht kontrahiert worden ist, kann kein Einwand sein, wenn Klagegrund das Eigentum ist.

Soweit man sich aber wegen fr. 13,1 entschließt, an dem Ausnahmecharakter der *restitutio in rem* festzuhalten[31] und den Römern wertende Kriterien zuzuschreiben, scheint das Problem der Haftung des Dritten von einem andern als dem traditionellen Standpunkt aus schärfer erfaßt. Sieht man nämlich den Rechtsschutz, den die *praetoria cognitio* nach sich zieht, nicht in einer Annulierung der ersten Veräußerung und folglich nicht

---

[28] Burchardi 417 ff.; Savigny 7,270 ff.; Cuq, Manuel[2] (1928) 834; Girard, Manuel[8] (1929) 1130 N. 1; v. Lübtow 194. Vgl. auch noch Schulz, Metus 224 und N. 3.

[29] Zu diesem Argument vgl. etwa Kaser, Zur Methodologie der römischen Rechtsquellenforschung (1972) 21 f.

[30] Diese Überlegung schon bei Burchardi 416 f. Vgl. auch Arangio-Ruiz a. a. O. 324; Impallomeni a. a. O. 22.

[31] Siehe die Zitate in Anm. 28. Anders Arangio-Ruiz a.a. O.

in einer Konstituierung der früheren dinglichen Rechtslage, sondern in einer auf den Tatbestand der nachteiligen Veräußerung gegründeten (arbiträren) *a. in personam*, dann zeigt sich die Notwendigkeit wie die Problematik der Restitution gegen den Zweitkäufer. Das Verfahren gegen den ersten Käufer bringt dem Minderjährigen nichts im Hinblick auf die Sache, die der zweite im Besitz hat. Das Verfahren gegen den zweiten aber ist bedenklich, weil der zweite nicht an der Veräußerung beteiligt war, aus der sich Restitutionsgrund und Klagerichtung ergeben. Von daher wäre die Rolle zu verstehen, welche die erste Veräußerung spielt, wäre das Besondere zu verstehen, daß sich die Restitution gegen jemand richtet, *licet cum eo non sit contractum*[32]. Das Problem der *restitutio in rem* ist, so gesehen, für die Klassiker nicht das Problem eines Vorverfahrens, sondern das Problem einer *a. in personam* gegen den Dritten, das schließlich zugunsten des Minderjährigen entschieden worden ist[33].

b) Die Annahme eines *iudicium restitutorium in personam* vereinfacht auch die Frage, auf welche Weise der Prätor dem Minderjährigen geholfen hat, solange die Restitution gegen den Dritten noch nicht rechtens war. Daß der Weiterverkauf den Minderjährigen nicht schutzlos gemacht haben wird, dürfte gewiß sein. Ebenso die Tatsache, daß ihm mit einer Vindikation gegen den der Sache ledigen ersten Käufer nicht gedient war. Das Labeozitat beleuchtet die Frage weniger hypothetisch: Wie sieht der Rechtsbehelf aus, auf den der Minderjährige gegenüber dem ersten Käufer implizit verwiesen wird, wenn dieser solvent und der zweite Käufer gutgläubig ist?

Hält man die differenzierende Regelung *si quidem — non esset solvendo* für echt[34], so müssen die Klassiker dem Minderjährigen ein besonderes, nicht-dingliches Verfahren zur Verfügung gestellt haben. Ist sie eingefälscht[35], dann hat die nachklassische Zeit mit einem solchen Verfahren operiert. PRINGSHEIM[36], der hier die Byzantiner am Werk sieht, setzt bei

---

[32] Der denkbare Einwand, *licet cum eo non sit contractum* gehe auch der Erwähnung der *a. in rem* voraus und müsse damit in Einklang gebracht werden, ist nicht zwingend. Die Möglichkeit des dinglichen Verfahrens läßt sich als Folge der Anwendbarkeit des Restitutionsedikts auf Dritte begreifen. Vgl. unten S. 222 ff.

[33] Formelmäßig gesehen wird der Prätor zu der nachteiligen ersten Veräußerung (an *Lucius Titius*) die zweite Veräußerung (an *Numerius Negidius*) in den Tatbestand der Klage aufgenommen haben.

[34] So die meisten der oben in Anm. 28 zitierten Autoren.

[35] So LENEL, Paling. 2, 476 N. 2; PRINGSHEIM, SZ 41 (1920) 253. Für diese Annahme spricht vor allem Jul. D. 21,2,39 pr. Danach lägen zwei gegenläufige Tendenzen vor: eine klassische, den Anwendungsbereich der *i. i. r.* auf den Dritten (schlechthin) erweiternde und eine nachklassische, den Anwendungsbereich wieder einschränkende.

[36] A. a. O.

seinen Bemerkungen über Subsidiarität und Insolvenz notwendigerweise die Haftung des ersten Käufers voraus, teilt jedoch über ihre Herkunft und Natur Näheres nicht mit.

Die überlieferten dogmatischen Vorstellungen versagen hier und lassen nur Vermutungen zu. Unter der Voraussetzung eines *iudicium restitutorium in personam* dagegen beantwortet sich die Frage von selbst. Die Haftung des ersten Käufers braucht keine andere zu sein als die regulär aus der *praetoria cognitio* fließende, weil diese unabhängig davon gegeben sein kann, ob der Kontrahent des Minderjährigen die Sache noch besitzt oder nicht.

2. Mit der Lösung, die hier für das Problem der *restitutio in rem* zur Diskussion gestellt wird, verbinden sich Überlegungen zum dinglichen Verfahren. Zwar sind die Quellen hinsichtlich der Minderjährigenrestitution selbst unergiebig, aber eine in den Grundzügen erkennbare Entwicklung bei der Restitution des gezwungenen Veräußerers würde, übertragen auf den Minderjährigen, folgende Feststellung erlauben:

Durch die Einbeziehung eines gutgläubigen Zweitkäufers[37] in den Anwendungsbereich der Restitution *praetoria cognitione* wächst diesem Verfahren Wirkung gegen jedermann zu. Die Stellung des Minderjährigen entspricht jetzt der eines dinglich Geschützten. Diese Lage mag dazu angeregt haben, entsprechend abgewandelt eine dingliche Klage selbst zu erwägen. Im Metusrecht begegnet die *a. in rem* scheints nicht zufällig zu einem Zeitpunkt, in dem die Frage erörtert und bejaht wird, ob die Metusklage auch gegen einen gutgläubigen Zweitkäufer erhoben werden kann[38]. Die *a. in rem* als derart abhängige und sekundäre Erscheinung würde dann auch erklären, warum die Quellen entgegen den Erwartungen moderner Autoren die dingliche Klage nicht mit dem Argument des *erga omnes* koppeln.

Wann sich der Minderjährigenschutz um die *a. in rem* erweitert hat, ist schwerer zu bestimmen. Außer fr. 13,1 gibt es keine ausdrücklichen Belege für das dingliche Verfahren. Im Metusrecht ist die *a. in rem* eine späte Erscheinung, weil sich die Anwendung der Metusklage auf den gutgläubigen Zweitkäufer erst gegen Ende des zweiten nachchristlichen Jahrhunderts durchzusetzen beginnt[39]. Das heißt umgekehrt aber nicht, daß wir die *a. in*

---

[37] Jedes Gutgläubigen? Vgl. oben S. 68 bei Anm. 34 und 35. Zu Paul. D. 4,4,14 und Gai. eod. 15, die sich an fr. 13,1 anschließen, PRINGSHEIM a. a. O.

[38] Ulp. D. 4,2,14,5 einerseits, eod. 9,6 andererseits. Eingehend unten S. 208 ff.; 222 ff.

[39] Unten S. 208 ff.

rem des Minderjährigen ohne weiteres auf die Zeit Labeos datieren können, nur weil schon Labeo die Haftung des Zweitkäufers befürwortet hat. Wenn für das Restitutionsedikt ein persönliches Restitutionsverfahren typisch ist, dann ist durch fr. 13,1 nur für Ulpian die Alternative sicher belegt. *Pomponius* — fin. könnte sich auf das persönliche Verfahren beziehen, wofür der Fall des insolventen gutgläubigen Zweitkäufers ein starkes Indiz ist. Ulpian wäre es dann um ein Argument für die Haftung des Dritten schlechthin gegangen. Vielleicht wird man ein mehr und mehr erstarrendes prätorisches Ermessen, eine inhaltlich von genormten Elementen durchsetzte *causae cognitio* als weitere Vorbedingungen einer dem Zweck der Restitution dienstbar gemachten Vindikation anzusehen haben. Das könnte besonders seit Hadrians Justizreform der Fall gewesen sein. Wenn Julian D. 21,2,39 pr. die *cognitio praetoria* auch deswegen betont, um der Verwechslung mit dem dinglichen Verfahren vorzubeugen[40], wäre das das früheste Indiz für eine *a. in rem* des minderjährigen Veräußerers.

Als zusätzliche, neben der Restitution *praetoria cognitione* bestehende Möglichkeit der Restitution entfallen gegen die *a. in rem* schließlich die Bedenken, die gegen sie als *iudicium restitutorium* par excellence geltend gemacht worden sind[41]. Das besondere Risiko der Eigentumsklage kann dem Restitutionsuchenden jetzt zugemutet werden. Dieser Weg ist nicht der einzige, der ihm offen steht[42].

IV. Die verfahrensmäßige Alternative, die hier der Erklärung von fr. 13,1 zugrunde gelegt wird, bewährt sich auch bei nachklassischen Texten, deren Interpretation vom traditionellen Standpunkt aus zum Teil nur unter der Annahme tiefgreifender sachlicher Unterschiede zwischen dem klassischen und dem nachklassischen Recht möglich erscheint. Schon an sich begegnen einem Fortleben der beiden Verfahren keine Bedenken. Wir können uns das persönliche Restitutionsverfahren unter den Bedingungen vorstellen, die bisher im Verhältnis von *causae cognitio* und *vindicatio utilis* für wirksam angesehen worden sind: Verschmelzung von *causae cognitio* und *actio* im einheitlichen Beamtenprozeß[43]. Auf das dingliche Ver-

---

[40] Unten S. 92 ff. (95).

[41] Oben S. 4 ff.

[42] Es könnte deshalb nicht ohne Bedeutung sein, daß unter den fiktizischen Klagen der Institutionen des Gaius (4,34 ff.) die reszissorische Vindikation fehlt. Man fragt sich, ob Gaius sie nicht aufgeführt hätte, wäre sie ein typisches *iudicium restitutorium* gewesen. Die Klage gegen den *capite deminutus* erwähnt er nämlich (4,38), obwohl er die *i. i. r.* wegen Statuswechsel als Institut so wenig erörtert wie die anderen Restitutionen.

fahren wirken sich die Veränderungen der nachklassischen Zeit so aus wie auf das klassische Aktionensystem überhaupt[44].

1. Für die Zeit Justinians wirft fr. 13,1 keine Probleme auf, ebensowenig für die des Anonymus.

B. 10,4,13: 'Εὰν ὁ ἀφῆλιξ πωλήσῃ πρᾶγμα καὶ ὁ λαβὼν ἑτέρῳ πωλήσῃ, ἁρμόζει τῷ νέῳ καὶ ῥεσκισορία ἰνρὲμ καὶ ἀποκατάστασις.[45]

Konventioneller Auffassung nach müßte sich im einheitlichen Prozeß der nachklassischen, namentlich justinianischen Zeit der Gehalt der *i. i. r.* in der dinglichen Klage erschöpfen. Was für eine Bedeutung könnte daneben eine ἀποκατάστασις noch gehabt haben, mit der allem Anschein nach auf die Restitution *praetoria cognitione* Bezug genommen ist? Bei CERVENCA[46] macht sich diese Fragestellung dadurch bemerkbar, daß er vor allem ein Mißverständnis glaubt feststellen zu können, insoweit nämlich in Verkehrung des Digestentextes (der für CERVENCA keine verfahrensmäßige Alternative enthält[47]) die ἀποκατάστασις nicht als „rimedio autonomo" erscheine, sondern als „effetto che è conseguente all' *actio rescissoria.*" Diese Kritik verträgt sich indessen schon schlecht mit dem juristischen Niveau, das dem Anonymus heute im allgemeinen zugeschrieben wird[48]. Sie sieht vor allem auch darüber hinweg, daß sich aus dem benachbarten zentralen Text B. 10,4,16 (D. 4,4,16 pr.) die ἀποκατάστασις durchaus und zweifelsfrei als „rimedio autonomo" ergibt[49]. Daß das in B. 10,4,13 anders sein soll, hat wohl allein seinen Grund in der Ablehnung einer verfahrensmäßigen Alternative. Dafür spricht indes schon bei isolierter Betrachtung die Basilikenstelle, daß dem Minderjährigen zwei Restitutionsmöglichkeiten zur Verfügung stehen: ein dingliches Verfahren und ein solches, das der Anonymus schlicht ἀποκατάστασις nennt. Wie dieses Verfahren im einzelnen aussieht, wird nicht gesagt, kann aber auch offen bleiben. Von Interesse ist die sprachlich

---

43 Statt aller KASER, RZ 471.

44 Dazu KASER a. a. O. 467 ff.

45 Hb. 1,509 = Sch. A 553 (Übers. Hb.: *Si minor rem vendiderit, et qui eam accepit alteri vendiderit, minori et actio in rem rescissoria et restitutio competit).*

46 Restitutio 23 N. 53.

47 CERVENCA a. a. O. Vgl. schon oben S. 62.

48 Über die juristischen Qualitäten des Anonymus SONTIS, Die Digestensumme des Anonymus (1937) 144 f.; WIEACKER, SZ 58 (1938) 387; 390.

49 Ἄλλης ὑπούσης ἀγωγῆς ἢ πολιτικῆς βοηθείας οὐ δίδοται ἀποκατάστασις ἐξτραορδιναρία (Sch. extraordinaria) γάρ ἐστιν ἡ τῆς ἀποκαταστάσεως βοήθεια. Hb. 1,509 = Sch. A. 553 (Übers. Hb.: *Si alia actio sit, vel civile auxilium, in integrum restitutio non datur: est enim restitutionis extraordinarium auxilium*).

eindeutige Entgegensetzung zur dinglichen Klage. Sie kann eigentlich nicht anders verstanden werden, als daß es sich bei der ἀποκατάστασις um ein nichtdingliches Verfahren handelt, um ein Verfahren *in personam*.

Diese Auslegung bedeutet nicht, auf Seiten des Anonymus ein Mißverständnis durch ein anderes zu ersetzen. Sie korrespondiert vielmehr mit der vorgeschlagenen Interpretation von fr. 13,1[50]. Dem Anonymus scheint das Verständnis der Vorlage überhaupt unproblematisch gewesen zu sein. Er hat nur weggelassen, was schon zu Justinians Zeiten obsolet gewesen war: die Kognition des Prätors[51]. Daß ihm sodann für die Restitution *praetoria cognitione* schlechthin ἀποκατάστασις in die Feder geflossen ist, könnte den sicheren Blick für den besonderen Zusammenhang des Rechtsbehelfs mit dem Restitutionsedikt verraten.

2. Aus der Zeit vor Justinian gehört in den vorstehenden Zusammenhang

> PS 1,7,4: Integri restitutio aut in rem competit aut in personam. in rem actio[52] competit, ut res ipsa qua de agitur revocetur; in personam aut quadrupli poena intra annum vel simpli post annum peti potest.

a) Anders als in der zugehörigen IP[53] ist in der Sentenz der zugrundeliegende Gedanke nur höchst mangelhaft zum Ausdruck gekommen.

Levy[54] rügt zunächst die im ersten Satz gegebene, allem Anschein nach generelle Regel. Seiner Vermutung nach hat die ursprüngliche Sentenz[55] an

---

[50] Cervenca (Restitutio 23 N. 53) bemängelt, daß die Basiliken anstelle des *vel* — *vel* der Vorlage καὶ — καὶ aufweisen. Der Unterschied dürfte nicht gravierend sein. Im Spätlatein steht *vel* — *vel* auch für et — et. Leumann-Hofmann-Szantyr, Lat. Grammatik Bd. 2 (1965) 502. Daher konnte es zu καὶ — καὶ kommen. Sowohl mit *et* — *et* wie mit καὶ — καὶ ist aber durchaus eine Alternative vereinbar, zumal hier, wo es um Berechtigungen geht. Der Schluß auf Kumulation ist nicht zwingend.

[51] Zu dieser, das justinianische Recht besser als die Digesten darstellenden Arbeitsweise des Anonymus Sontis a. a. O. 145.

[52] Über die Bezeichnung der *i. i. r.* als *actio* unten S. 98 ff.

[53] Vgl. alsbald im Text. Für die Überlieferung von PS und IP Haenel (ed.), Lex romana visigoth. (1849) 344 Ziff. h; Kaser-Schwarz (edd.), Die interpretatio zu den Paulussentenzen (1956) 59. Zum Alter der IP zuletzt Schellenberg, Die Interpretationen zu den Paulussentenzen, Abhdlg. d. Akad. d. Wissensch. Göttingen, Phil.-hist. Kl., 3. Folge, Nr. 64 (1965) 18 f.; ferner 39. Wie die PS ist auch die IP erst nachträglich ins Breviar aufgenommen worden, ist aber, wie die Interpretationen überhaupt, wahrscheinlich gleichfalls im 5. Jhdt. entstanden.

[54] Vulgarrecht I 223; vgl. auch Restitutio 395.

[55] Die überlieferte Sentenz ordnet Levy seiner Klassifizierung der Paulussentenzen gemäß (Vulgarisation of Roman Law in the early middle Ages, Mediaevalia et Humanistica 1 [1943] 26 = BIDR 55/56 [1951] 238 f. = Ges. Schriften I [1963]

die Diskussion angeknüpft, die im klassischen Recht über das Verhältnis von *a. rescissoria in rem* und Metusklage[56], über die Formel der Metusklage (Restitutionsbefehl und *condemnatio pecuniaria*) und über Ulpians *interdum autem restitutio et in rem datur minori*[57] geführt worden sei. Von allem hätten die Juristen der späteren Zeit nur noch die Existenz einer Alternative verstanden, und diese Alternative erscheine in entstellter Form im überlieferten Text[58].

Ob die Sentenz diesen Tadel verdient, wird schon fraglich, wenn wir für das klassische Recht nicht nur im Metusrecht, sondern auch bei der Restitution des minderjährigen Veräußerers die Möglichkeit verfahrensmäßiger Alternativen in Betracht zu ziehen haben. Die PS könnte an der nicht auf einen einzelnen Restitutionsgrund beschränkten Alternative zwischen einem persönlichen und einem dinglichen[59] Restitutionsverfahren orientiert sein. Das müßte jetzt für die Erklärung der PS berücksichtigt werden[60]. Ihre Problematik ist damit allerdings erst zum Teil angesprochen.

b) In seiner Allgemeinheit erweckt der erste Satz den Eindruck, als beziehe sich die Alternative nicht lediglich auf sachenrechtliche, vielmehr auf privatrechtliche Vorgänge schlechthin, also auch auf schuldrechtliche. Insoweit käme *restitutio in rem* einem revolutionären Bruch mit der klassischen Tradition gleich. So sieht es in der Tat Levy. Den Gehalt der PS bestimmt Levy anhand von IP und des zweiten Satzes der Sentenz dahin: „Unter gänzlicher Verschiebung des Sinnes der altberühmten Kategorien wird eine *restitutio* = *actio* als *in rem* bezeichnet, wenn das Petitum bezweckt, die *res* oder *causa*[61] tatsächlich in den früheren Stand zurückzubringen, also körperliche Sachen zurückzuübertragen, erlassene Forderungen wiederher-

---

232) dem Typ C zu: Entstehungszeit zwischen 400 und 450. Vulgarrecht I 222 N. 14.

[56] Ulp. D. 4,2,9,6. Vgl. schon oben S. 69 und vor allem unten S. 222 ff.

[57] D. 4,4, 13,1. Oben S. 61 ff.; 64 ff. — Nur in der Bedeutung „gegen Dritte" verstehen das *in rem* der PS Schulz, Metus 228 f.; Pringsheim, SZ 41 (1920) 253 mit N. 1.

[58] Vulgarrecht I a. a. O.

[59] Allein das meint *restitutio in rem* hier. Sonst könnte das *quadruplum* der Metusklage nicht auf die *a. in personam* beschränkt sein, wie dem Schluß der Sentenz zu entnehmen ist. Über Einwände gegen die Verläßlichkeit der Sentenz vgl. im folgenden. Der unvollkommene Text besagt nichts über die dahinter stehende Anschauung.

[60] Zur Frage, ob die Alternative möglicherweise über die beiden genannten Rechtsgebiete hinaus bestand, unten S. 77 Anm. 73.

[61] Über den Begriff sofort im Text.

zustellen, Rechtsgeschäfte wieder aufzuheben. Die Klage heißt dagegen *in personam,* wenn sie statt dessen Geldzahlung fordert."[62]

Diese Deutung der PS und ihrer IP befriedigt jedoch nicht. Wie es scheint, sind damit die Möglichkeiten der Auslegung noch nicht ausgeschöpft. Von der IP her läßt sich nämlich auch für die Sentenz ein Sachzusammenhang aufzeigen, der zum klassischen Recht in keinem so schroffen Gegensatz steht:

> Quoties de revocanda re vel causa integrae restitutionis beneficium petitur, aut in rem aut in personam agendum est, id est ut res ipsa, de qua agitur, quae sublata est, recipiatur. et cum in personam actio intendi coeperit, is qui rem indebite abstulisse convincitur, id quod sublatum est in quadruplum reformare debet, post annum vero in simplum.

Den Angelpunkt der Auslegung bildet der Doppelbegriff *res vel causa.* Levy deutet ihn als Ausfluß vulgarrechtlichen Denkens[63]. Mit *revocare res* hätten die westlichen Juristen die Rückforderung einer Sache bezeichnet. Dort aber, wo „nichts Körperliches zurückgegeben werden konnte, etwa weil eine Forderung in anfechtbarer Weise erlassen oder auf Grund des anfechtbaren Vertrags noch gar nichts geleistet war", sei von ihnen für die früher bestehende Lage, die wiederhergestellt werden sollte, der Ausdruck *causa* verwendet worden[64]. Einen quellenmäßigen Beweis sieht Levy bei Isidor, orig. 5,25,36; 37:

> Integri restitutio est causae vel rei reparatio. causa redintegratur, quae vi potestatis expleta non est. res redintegratur, quae vi potestatis ablata atque extorta est.

Es fällt indessen schwer, die von Levy angeführten Beispiele mit der *causa* des Isidor in Einklang zu bringen. So zum Beispiel ist die durch erzwungenen Erlaß untergegangene Forderung effektiv nicht erfüllt worden. Soll nun mit *causa redintegratur, quae vi potestatis expleta non est* gemeint sein, daß die Forderung, die infolge von Gewaltanwendung nicht erfüllt worden ist, wiederhergestellt wird? Damit würde ein sekundäres Moment anstelle des nächsten und entscheidenden Vorgangs in den Restitutionstatbestand aufgenommen: daß die Forderung infolge von Gewaltanwendung

---

[62] Levy, Restitutio 395; vgl. auch Vulgarrecht I 222; 224; SZ 76 (1959) 6. Die Auffassung findet allgemein Zustimmung. Kaser, RP 2, 43 und N. 17; RZ 467 f. und die unten S. 78 Anm. 78 zitierten Autoren.

[63] Restitutio 393. — Zu den Begriffen „Vulgarrecht", „Vulgarismus" neuestens Kaser, RE 9 A (1967) 1283 ff., Art. Vulgarrecht. Aus der Diskussion um die Berechtigung der Kategorie Vulgarrecht vgl. etwa Wieacker, St. Betti IV (1962) 509 ff. (bejahend), Pugliese, ASD 5/6 (1961—62) 94 ff. (verneinend). Zum allgemein anerkannten Stilphänomen Vulgarismus Wieacker, Vulgarismus und Klassizismus im Recht der Spätantike, Sitzungsber. d. Heidelberger Akad. d. Wissensch., Phil.-hist. Kl., 3. Abhdlg. (1955).

[64] A. a. O. 393 f.

erloschen ist. Man möchte gerade dem Nichtjuristen Isidor die naheliegende und unmittelbar einleuchtende Betrachtungsweise nicht absprechen. Ein anderes Beispiel wäre, daß sich jemand zwangsweise hat verpflichten müssen. Hier ist überhaupt nicht ersichtlich, wie der Begriff *causa, quae vi potestatis expleta non est* verstanden werden soll.

Weitere Einwände ergeben sich aus Unstimmigkeiten in LEVYS Auslegung der IP. Zum einen folgt aus der IP, daß die *a. in rem* auch bei der Wiederherstellung einer *causa* gegeben war. Hier muß *res* unkörperlich gemeint gewesen sein, wenn *causa* die von LEVY angegebene Bedeutung hatte. Stimmt das, dann waren aber spätere Juristen nicht genötigt, aufgrund einer „vulgarrechtlichen Denkweise" zwischen *res* und *causa* so zu unterscheiden, wie LEVY es darstellt. Man vermißt bei LEVY eine Erklärung dafür, daß bei der Unterscheidung zwischen *res* und *causa* bezüglich *res* das Element des Körperlichen bestimmend gewesen sein soll, bei der *a. in rem* dagegen das Element des Tatsächlichen schlechthin, so daß die *a. in rem* auch für die Wiederherstellung einer Forderung zuständig war[65].

Entsprechend problematisch ist auch die Interpretation der *a. in personam*. Der IP zufolge kann nicht nur mit der *a. in rem* auf Wiederherstellung der *causa* geklagt werden, sondern auch mit *a. in personam, ut res ipsa, de qua agitur, quae sublata est, recipiatur*[66]. Ob man nun *res* hier körperlich versteht oder allgemein als frühere tatsächliche Lage — zur *a. in personam* im Sinne LEVYS paßt das nicht, da diese auf Geldzahlung gerichtet sein soll.

c) Die mit diesen Überlegungen an die IP angelegten Maßstäbe sind nur scheinbar zu streng. Es muß nicht bei negativer Kritik bleiben. Eine Aufhellung von *res vel causa* ist von der Feststellung her möglich, daß Isidor orig. 5,25 den *res (de rebus)* widmet, und zwar, wie die Durchsicht ergibt, den *res corporales*. Fragt man, was *causa* in sachenrechtlicher Beziehung bedeuten kann und berücksichtigt man dabei *explere* bzw. das synonyme *implere*[67], so stößt man auf *causa usucapionis*. In den Digesten ist *causa usucapionis* ein geläufiger Begriff[68], nicht minder *implere usucapionem*[69]. *Causa,*

---

[65] Vgl. oben S. 73 f.

[66] Anders, aber mit dem Wortlaut der IP nicht vereinbar, LEVY, Vulgarrecht I 224: „The essential fact is that IP confirms the result we derived from PS: the *actio in personam* aimes at the payment of money, while by means of an *actio in rem 'res ipsa de qua agitur quae sublata est recipiatur'*."

[67] VIR II A.

[68] Jul. D. 41,3,33 pr. und § 3 (vgl. auch 6,2,11,4); Paul. D. 41,4,2,1; 50,16,35.

[69] Nerat. D. 41,3,40; Jul. D. 41,5,2 pr.; Ulp. D. 41,3,7; Paul. D. 4,6,30 pr.; 5,3,19,1; 41,2,1,14.

quae vi potestatis expleta non est könnte danach gut die wegen Einwirkung von Gewalt nicht vollendete Ersitzung meinen[70].

Diese Prämisse eröffnet für IP 1,7,4 ansprechende Perspektiven. *Quoties de revocanda re vel causa integrae restitutionis beneficium petitur:* Bei der *causa revocanda* geht es gleichsam um das Zurückholen der unterbrochenen Ersitzung. Der Kläger sucht nicht Restitution gegenüber Eigentumsverlust (das wäre *revocanda res*), sondern gegenüber nicht vollendetem Eigentumserwerb. Dazu paßt die Alternative *aut in rem aut in personam agendum est.* Die persönliche Klage birgt keine Probleme. Aber auch die dingliche ist jetzt vorstellbar. Wie bei der *revocatio rei* etwas weggedacht wird, nämlich der Eigentumsverlust des Klägers, so wird bei der *revocatio causae* etwas auf seiten des Klägers hinzugedacht: der Eigentumserwerb. Damit ist auch der Mangel behoben, der aus Levys Sicht dem Schlußstück des ersten Satzes, in das die vorangehenden Ausführungen einmünden, anhaftet, weil hier zusammenfassend nur mehr von *res* die Rede ist: *id est ut res ipsa, de qua agitur, quae sublata est, recipiatur.* Aber auch bei der *revocatio causae* wird zutreffend eine *res*, die entzogen worden war, zurückgefordert. Das findet jetzt seine Erklärung[71].

So ließe sich also für den Interpreten eine Vorstellung von dem Kontext,

---

[70] Isidor selbst spricht orig. 5,25,30 von Ersitzung. Über die Unterbrechung der Ersitzung bei gewaltsam erzwungenem Besitzverlust vgl. etwa Gai. D. 41,3,5; Tryph. D. 49,15,12,2.

[71] Die *reparatio causae* Isidors und die *revocatio causae* der IP reflektieren m. E. das Restitutionsedikt wegen Abwesenheit, insoweit dieses den Vermögensverlust *non utendo* schützt. Ulp. D. 4,6,1,1: Lenel, Edikt 120 f.; vgl. insbesondere noch Paul. D. eod. 27; Diocl. et Max. C. 8,50,18 (a. 294). Als die dingliche Klage kommt die *a. Publiciana rescissoria* in Betracht, von der es bei Paul. D. 44,7,35 pr. (1 ad ed praet) heißt: *sed cum rescissa usucapione redditur, anno finitur, quia contra ius civile datur.* Letzteres deswegen, weil die *Publiciana* hier gegen einen Beklagten durchdringt, der seit dem Besitzverlust des Klägers durch Usukapion ziviles Eigentum erworben hat (vgl. auch Amelotti, La prescrizione [1958] 34 N. 32 gegen Carrleli, Actio Publiciana 26; zu Unrecht verdächtigt auch v. Lübtow 166 N. 246 den Schlußpassus). Dem Beklagten wurde wohl die *exceptio iusti dominii* verweigert. Ein Anwendungsfall bei Pap. D. 17,1,57. Dazu Savigny 7, 188 und die meisterhafte Exegese ebend. 292 ff. Der in der Ersitzung Gestörte wurde freilich nicht gegenüber dem Eigentümer restituiert, der ihm während der Ersitzungszeit das Eigentum hätte abnehmen können. Pap. D. 4,6, (19) 20. Abzulehnen wohl die von Lenel 123 im Hinblick auf D. 44,7,35 pr. zur Diskussion gestellte These, die reszissorische Vindikation sei *Publiciana (rescissoria)* genannt worden. Gegenüber Dorotheus in B. 14,1,57 = D. 17,1,57 (Hb. 2,138 schol. 5 = Sch.B 792 schol. 4) ist Stephanus (Hb. a. a. O.; Sch. a. a. O. schol. 5) hinreichend dadurch erklärt, daß aus Beweisgründen auch der restitutionsberechtigte Eigentümer die *Publiciana rescissoria* der fiktizischen Eigentumsklage (vgl. I.4,6,5) vorziehen konnte. Zu diesem Problemkreis zuletzt Kiefner, SZ 81 (1964) 229 mit weit. Angab.

in den die PS gehört, sichtbar machen: Restitution in bezug auf sachenrechtliche Vorgänge[72]. Den Interpreten hat die Unzulänglichkeit der Vorlage nicht beirrt. Er ermöglicht dadurch dem modernen Betrachter Schlußfolgerungen, die aus der Sentenz allein nicht gezogen werden könnten[73].

d) Der Rest von IP 1,7,4 läßt sich mit alldem in Einklang bringen:

> et cum in personam actio intendi coeperit, is qui rem indebite abstulisse convincitur, id quod sublatum est in quadruplum reformare debet, post annum vero in simplum.

Indem der Interpret das *quadruplum* erwähnt, verfällt er LEVY zufolge in den gleichen Fehler wie der Verfasser der Sentenz, der die Restitutionsfälle übersehe, in denen das *quadruplum* nicht gerechtfertigt war[74]. Aber diese Beurteilung, die bei isolierter Betrachtung der Sentenz nahe liegt, berücksichtigt nicht ausreichend die Möglichkeiten, welche die IP im Gegensatz zur PS der Auslegung bietet. Schon äußerlich existiert im Vergleich zur Sentenz ein wesentlicher Unterschied. Die IP widmet dem *quadruplum*

---

[72] Eine Entsprechung findet die Auslegung von IP 1,7,4 in IP 1,7,1 f.: *integri restitutio dicitur, si quando res quaelibet aut causa, quae perierat, in priorem statum reparatur vel id, quod alicui sublatum est, reformatur.* LEVY (Restitutio 395) deutet *reformare* im Gegensatz zu *in priorem statum reparare* auf Geldersatz, sieht also in dem Passus ein Indiz für die von ihm behauptete Existenz einer Klage auf Wiederherstellung des früheren Zustandes *(a. in rem)* und einer Klage auf Geldzahlung *(a. in personam)*. Indessen verkennt LEVY selbst nicht, daß *reformare* auch „rückerstatten" heißt (vgl. auch CONRAT [COHN], Brev. Alaric. [1903] 24: „wiedergeben"). In dem Fall kann die durch *vel* angezeigte Unterscheidung nicht in einem Unterschied zwischen *in priorem statum reparare* und *reformare* liegen. Der Gehalt der IP läßt sich jetzt aber auch anders bestimmen: *res quaelibet aut causa* meint sachenrechtliche Vorgänge; *id quod sublatum est* das Übrige, das also, was LEVY unter *causa* subsumiert. Der Interpret ist wiederum genauer als seine Vorlage PS 1,7,1: *integri restitutio est redintegrandae rei vel causae actio.* Hier wie zuweilen auch beim Interpreten (vgl. den Fortgang von IP 1,7,1 f. und IP 1,7,3) wird aber der Vorrang dinglicher bzw. naturalwirtschaftlicher Verhältnisse in den Umständen der Zeit begründet sein, in dem Zusammenbruch der Geldwirtschaft, der sich im 4. und 5. Jhdt. vollzieht. Vgl. dazu LEVY, Vulgarrecht II 127; KASER, RP 2, 251 und N. 8 f. Den wirtschaftlichen Zerfall spiegeln die Interpretationen auch an anderen Stellen; SCHELLENBERG (Anm. 53) 67.

[73] Freilich scheinen auch in ihrer Einschränkung auf die Restitution von Sachen PS und IP noch zu allgemein formuliert. Daß bei der klassischen *i. i. r. maiorum* verfahrensrechtlich zwei Möglichkeiten existiert haben, möchte man im Hinblick auf PS IP 1,7,4 nicht ausschließen. Vgl. auch noch unten S. 95 Anm. 160. Dagegen hat es (wohl nicht nur) in klassischer Zeit bei der Restitution wegen *dolus* und *alienatio iudicii mutandi causa facta* wahrscheinlich nur ein persönliches Restitutionsverfahren (*a. de dolo* bzw. *a. in factum)* gegeben. Unten S. 241 ff.; 254 f.

[74] Vulgarrecht I 224: "Thus the author of the Interpretatio was not any wiser than the writer of the late PS when he nevertheless retained the *quadruplum* of his model." Vgl. auch Restitutio 395.

einen eigenen Satz, vermengt also nicht wie die PS diesen Gedanken mit der Alternative *a. in rem — a. in personam*, die allgemein bei Rückforderung der *res* besteht. Ferner wird der Voraussetzung für die Verurteilung auf das Vierfache besonders gedacht: *is qui rem*[75] *indebite abstulisse convincitur*. LEVY[76] ist zwar der Ansicht, *indebite* bezeichne die Restitutionsberechtigung an sich, umfasse also alle Restitutionsgründe, die IP 1,7,2 aufzählt: *timor, fraus, captivitas, absentia, error* und die *gesta minorum*. Das ist aber mit Rücksicht auf das *quadruplum* ganz unwahrscheinlich. *Indebite* wird hier vielmehr in dem Sinn gemeint sein, in dem erpresserisches oder einschüchterndes Handeln *(concussio)* gelegentlich als *indebite* gekennzeichnet ist[77].

Die Ausführungen des Interpreten wären also dadurch motiviert, daß im persönlichen Verfahren auf *revocatio* der *res* die *condemnatio in quadruplum* hervorsticht, wenn Zwang im Spiel ist. Das erwähnt und verständlicher gemacht zu haben, als es die Vorlage äußerlich erkennen läßt, gereicht ihm zur Ehre. Es bestätigt einmal mehr den positiven Eindruck, den wir heute vom Interpreten und seinem Werk im Vergleich zu ähnlichen Unternehmungen seiner Zeit haben[78] und zeugt für eine Kenntnis komplexer Zusammenhänge, die die bis zur Verstümmelung geschrumpfte Sentenz auch in diesem Punkt sachgerecht zu interpretieren weiß[79].

§ 7

Weitere Quellen zum Restitutionsverfahren mit *actio in personam*

I. 1. Daß dem minderjährigen Veräußerer im Rahmen der *i. i. r.* (auch)

[75] Auch das wieder ein Indiz für den Anwendungsbereich, den der Interpret vor Augen hat.

[76] Vulgarrecht I a. a. O.

[77] CT 11,7,1 (a. 315); vgl. ferner Lex Rom. Burgund. 8,4 in Verbindung mit 8,1. Auch SCHULZ, Metus 229 versteht *indebite* wie im Text.

[78] WIEACKER, IRMAE I 2 a § 46 (53 f.) und SCHELLENBERG (Anm. 53) 69 ff.; 81 ff.; 86 f., die im vorliegenden Punkt allerdings noch die Auffassung LEVYS teilen; SCHELLENBERG 84; WIEACKER, Vulgarismus u. Klassizismus (Anm. 63) 23 N. 50 (24); 37.

[79] Es ist hier nicht der Ort, LEVYS Bestimmung der Begriffe *a. in rem — a. in personam* für das Vulgarrecht im Ganzen zu überprüfen. Immerhin sei soviel angemerkt: PS und IP 1,7,4 sind LEVYS Hauptbelege. Was LEVY weiterhin an Kaiserrecht heranzieht (Vulgarrecht I 219 ff.; SZ 76 [1959] 6), vermag allein seine These nicht zu stützen. Für CT 4,11,2 (a. 349) läßt sich nicht ausschließen, daß mit *actio pecuniae postulatae* eine Spezies der *actio personalis* gemeint ist, nicht die *actio personalis* schlechthin. CT 12,11,1,1 (a. 314) haben die Kompilatoren wörtlich übernommen: CI 11,33,2,1 a. Die *actio personalis* war also mit ihrer klassizistischen Vorstellung von *a. in personam* vereinbar. Gleiches gilt für CT 4,14,1 (a. 424)

eine *a. in factum* zur Verfügung stand, könnte in Paul. D. 46,3,98 pr. — § 3 (15 quaest) zum Ausdruck gekommen sein:

Qui res suas obligavit, postea aliquam possessionem ex his pro filia sua dotem promittendo obligavit et solvit. si ea res a creditore evicta est, dicendum est maritum ex dotis promissione agere posse, ac si statuliberum remve sub condicione legatam dotis nomine pro filia pater solvisset: harum enim rerum solutio non potest nisi ex eventu liberare, scilicet quo casu certum erit remanere eas. § 1 Diversum respondetur in ea pecunia sive re, quam patronus post mortem liberti per Fabianam aufert: haec enim actio cum sit nova, partam liberationem non potest revocare. § 2 Huic applicatur minor viginti quinque annis, qui a creditore circumscriptus in rem ex causa debiti solutam restituitur. § 3 Rem autem castrensis peculii solventem patrem perinde accipere debemus, ac si alienam dedisset, quamvis possit residere apud eum, cui soluta est, prius mortuo intestato filio: sed tunc adquisita creditur, cum filius decesserit: et utique cuius fuerit, eventus declaret sitque et hoc ex his, quae post factis, in praeteritum quid fuerit, declarent.

Worauf es ankommt, ist die Verknüpfung der §§ 1 und 2. Zuvor muß jedoch versucht werden, den Zusammenhang der vier Paragraphen aufzuzeigen und die verschiedenen Tatbestände nach ihrer tatsächlichen und rechtlichen Tragweite hin zu klären. Die bisher vertretenen Meinungen sind äußerst kontrovers.

Zum Prinzipium

Im Prinzipium liegen die Dinge vergleichsweise einfach: Die Leistung der verpfändeten Grundstücke befreit den Schuldner *(pater)* erst, wenn sie dem Gläubiger *(maritus)* mit Sicherheit erhalten bleiben. Es verhält sich hier nicht anders, als wenn ein *statuliber* oder eine unter einer Bedingung vermachte Sache geleistet worden wäre.

Im übrigen sieht die überwiegende, bereits von ACCURSIUS[80] aufgestellte

= CI 7,39,3 pr. Daß *sicut in re speciali est* und die darauf bezüglichen *actiones* im Theodosianus etwas anderes bedeuten als die *in rem speciales actiones* bei Justinian, folgt aus dem Text allein nicht (vgl. z. B. auch ALBERTARIO, Studi 4,27; 113). Aber nur unter dieser Voraussetzung wäre die Konzeption der *actiones personales* im Sinne LEVYS (Vulgarrecht I 221; zustimmend AMELOTTI, La prescrizione [1958] 222 N. 21) jetzt noch möglich. (Vgl. zudem HAENELS Emendation: *rem speciales*, paläographisch nahegelegt durch *rem speciale* in drei Breviarabschriften). Die *actio in rem* in CT 13,6,6 (a. 372) schließlich entstammt einem Spezialgebiet *(praedia naviculariorum)* und kommt für eine Verallgemeinerung nicht in Betracht. So scheint es, daß die von LEVY selbst vorgenommene Ehrenrettung einiger Paulussentenzen (SDHI 31 [1965] 1 ff.) um ein wichtiges Beispiel vermehrt werden kann. Vgl. ferner PUGLIESE, ASD 5/6 (1961—62) 107 ff., der bei der Beurteilung nachklassischer Äußerungen generell Zurückhaltung empfiehlt, soweit man eine Divergenz zwischen klassischem und nachklassischem Recht glaubt erkennen zu können.

[80] Gl. *et solvit.* Siehe auch BARTOLUS ad h. l., Commentaria t. 6 (Venetiis 1615) fol. 91 vers.

Meinung die Leistung der verpfändeten Grundstücke[81] als *datio in solutum* an[82]. Diese Interpretation legt indes der Text keineswegs nahe. Daß der Ehemann im Anschluß an die Eviktion aus dem Dotalversprechen klagt, ist kein Indiz[83]; denn auch die Leistung der geschuldeten Sache befreit, wenn evinziert werden kann, den Schuldner nicht[84]. Nicht anders muß es im Prinzipium sein. Das ist schon vom Glossator DINUS[85] gesehen worden und im letzten Jahrhundert von RÖMER[86]. Die Basiliken[87] bestätigen diese Auffassung.

Zu § 1

Im Fall des § 1 bejaht Paulus Befreiung. Für das richtige Verständnis seiner Aussage ist entscheidend, wie die mit *diversum* ausgedrückte Anknüpfung an das Prinzipium näher bestimmt wird.

a) Eine Meinung deutet die eingetretene Befreiung dahin: Der Gläubiger der gegen den *libertus* gerichteten Forderung, deren Erfüllung tatbestandsmäßig ist im Sinne der *a. Fabiana*, könne im Gegensatz zum Gläubiger im Prinzipium nicht erneut aus dem einwandfreien Grundgeschäft vorgehen, nachdem ihn der Patron mit der *a. Fabiana* belangt hat[88].

Die Ausklammerung eines schon fraudulosen Grundgeschäfts, die von dieser Auslegung stillschweigend vorgenommen wird, beruht wohl auf der Annahme, der dem Text nach gebotene Vergleich mit dem Prinzipium sei nicht möglich, wenn schon die Forderung des Gläubigers mit einem Makel behaftet ist, weil dann ein Rückgriff des Gläubigers auf das Grundgeschäft von vornherein nicht diskutabel sein könnte.

---

[81] Auf dieses Beispiel kann sich die folgende Erörterung beschränken.

[82] KASER, RP 1, 533 N. 21; SOLAZZI, L'estinzione dell'obblig.[2] (1935) 1, 174 N. 1 und passim; DE FRANCISCI, L'evinzione della res dat. in solut. (1915) 4; SCHULZ, CRL 633 (629); LONGO, Dir. delle obblig. (1954) 1,76.

[83] So aber DE FRANCISCI a. a. O.; vgl. auch GLÜCK, Pandekten, Teil 20, 1. Abtlg. (1819) 194.

[84] Pomp. D. 46,3,20 für den Fall der Leistung einer verpfändeten Sache. Dazu KASER a. a. O. und N. 16 mit weit. Nachw.

[85] Gl. *et solvit* lit. a und BARTOLUS a. a. O.

[86] Die Leistung an Zahlungsstatt (1866) 49 f. N. 30. Vgl. ferner LEIST bei GLÜCK, Pandekten, Serie d. Bücher 37 u. 38, 5. Teil (1879) 556, der seiner Erörterung des Prinzipiums stillschweigend die Leistung des geschuldeten Gegenstandes zugrundelegt. Ebenso BUSSMANN, L'obligat. de délivr. du vend. (1933) 29. Auch RABEL, Haftg. d. Verk. (1902) 1, 116 scheint von einer *datio in solutum* nichts entdecken zu können. Gegen sie ausdrücklich DEBRAY, Mélanges Girard III (1912) 311 N. 3 in fin.

[87] B. 26,5,98 (Hb. 3,128 = Sch. 1287). Vgl. schon RÖMER a. a. O.

[88] Gl. *per Fabianam;* BARTOLUS a. a. O.; CUJAZ, in lib. 15 quaest. Paul., Op. 5 (Neapoli 1758) col. 1115; SOLAZZI, La revoca degli att. fraud.[3] (1945) 2, 93 N. 1.

Eine solche Restriktion vom Tatsächlichen her sieht man dem Text jedoch nicht an. Paulus spricht ganz allgemein. Auch bestehen andere Bedenken. Geht die *Fabiana* nur auf den Betrag, um den die Erfüllung von der geschuldeten Leistung zum Nachteil des Patrons abweicht[89], so behält der Gläubiger, was er bekommen sollte. Daß er dann nicht noch auf das Grundgeschäft zurückgreifen kann, versteht sich von selbst und wäre kein Gegensatz zum Prinzipium. Wenn dagegen der Patron die ganze Leistung an sich ziehen kann[90], fragt man sich, warum der Empfänger eines einwandfreien Leistungsversprechens leer ausgehen soll[91]. Daß § 1 nur gilt, wenn der Gläubiger von der *fraus liberti* weiß[92], ist eine weitere tatsächliche Unterstellung, für die der Text ebensowenig Anhalt bietet wie für die Einschränkung des *dolus liberti* auf die Erfüllung.

Diese Einschränkung liegt zwangsläufig auch der konträren, von LEIST vorgeschlagenen Auslegung zugrunde, die *diversum* rell. aus der Perspektive des Drittberechtigten verstanden wissen will: anders als dem Pfandgläubiger sei dem Patron der Zugriff auf den Gegenstand der Erfüllung überhaupt verwehrt[93]. Die Befreiung wirkt sich nach dieser Meinung also zugunsten des *creditor liberti* aus.

Überzeugender ist das nicht. Das Argument, die *a. Fabiana* sei „eine neue, erst mit dem *mortis tempus* entstehende Klage" und „ein Recht des Patrons auf diese Sache (existiere) zur Solutionszeit noch nicht"[94], trifft die benachteiligende Erfüllung so gut wie fraudulose Geschäfte überhaupt und würde für die *a. Fabiana* ihre Unanwendbarkeit schlechthin bedeuten[95]. Dieser Zwangslage entgeht man auch nicht dadurch, daß man mit DEBRAY durch Verdächtigung von *nova actio* die Aussage des § 1 in ihrer Allgemeinheit abzuschwächen und auf die fraudulose Erfüllung einzuschränken sucht[96]. Muß der Patron vor der fraudulosen Erfüllung kapitulieren, muß er vor jeder Erfüllung kapitulieren. Denn wird bereits das Grundgeschäft in Absicht der Benachteiligung vorgenommen, dann kann die Erfüllung schwerlich davon frei sein[97].

---

[89] Den Fall legt BARTOLUS a. a. O. zugrunde.

[90] In diesem Sinn CUJAZ a. a. O.; SOLAZZI, La revoca a. a. O.

[91] Auch SOLAZZI empfindet das Unbefriedigende dieser Regelung und verweist auf die entgegengesetzte Lösung beim *debitor fisci* (vgl. Marcian D. 49,14,18,10; Paul. eod. 18,20; Pap. eod. 18,21).

[92] So BARTOLUS a. a. O.

[93] LEIST (Anm. 86) a. a. O.; zustimmend DEBRAY (Anm. 86) a. a. O.

[94] LEIST a. a. O.

[95] Insoweit richtig DEBRAY a. a. O.

[96] A. a. O.

[97] Ein zusätzlicher Einwand besteht darin: Konsequent müßten LEIST und DEBRAY

b) Die aufgezeigten Unstimmigkeiten scheinen darauf zu beruhen, daß die Aussage des Prinzipiums, von der Paulus die des § 1 als *diversum* abhebt, nicht richtig getroffen ist. Wer im Prinzipium die Betonung darauf legt, daß der Gläubiger klagen kann, da der Schuldner durch Leistung verpfändeter und evinzierter Sachen nicht frei geworden ist, der wird den Gehalt von § 1, wo Paulus Befreiung annimmt, in dem Ausschluß *(diversum)* der Klagemöglichkeit erblicken, sei es trotz Rückforderung oder sei es, weil der Gläubiger die Leistung überhaupt behält[98].

Aber nicht in der Bejahung bzw. Verneinung der Klagemöglichkeit dürfte die Essenz der Erörterung des Paulus liegen, sondern vielmehr in einer dogmatisch-konstruktiven Fragestellung. *Harum enim rerum solutio non potest nisi ex eventu liberare, scilicet quo casu certum erit remanere eas:* In den Fällen des Prinzipiums befreit die Leistung den Schuldner nur, wenn sie dem Gläubiger endgültig verbleibt. Das Behaltendürfen der Leistung ist indessen kein ausreichendes Kriterium für die Antwort auf die Frage nach Befreiung. Dafür gibt Paulus in § 1 ein Beispiel: „Entgegengesetztes gilt in bezug auf Sachen und Gelder, die der Patron mittels der *a. Fabiana* an sich bringt." Hier tritt also Befreiung ein, obwohl der Gläubiger das Objekt der Erfüllung nicht behält. Das hängt, wie Paulus hinzufügt, mit der Natur der *a. Fabiana* als *nova actio* zusammen.

Die Überlegungen des für seine dogmatischen Neigungen bekannten Paulus[99] kreisen also darum, daß die Pfandberechtigung den Eintritt der Erfüllung hindert, die Rückforderungsmöglichkeit des Patrons dagegen nicht. Das gilt natürlich für den „Normalfall" des fraudulosen Grundgeschäfts so gut wie für den Fall der lediglich fraudulosen Erfüllung und besagt gar nichts über die Klagemöglichkeiten des *creditor liberti*. Ist das Grundgeschäft fraudulos, so wäre es dem Gläubiger auch bei einer eventuellen Verneinung der Liberation verwehrt, sich auf die noch bestehende Forderung zu berufen. Andererseits kann nicht ausgeschlossen werden, daß bei lediglich

---

ihre Auslegung von § 1 auf § 2 (*huic applicatur*, vgl. unten S. 83 ff.) ausdehnen und wie die Rückforderung des Patrons, so auch die des Minderjährigen ausschließen. Leist hat sich mit § 2 nicht befaßt. Debray dagegen vermeidet diese (anscheinend auch von ihm für indiskutabel angesehene) Schlußfolgerung, indem er die Bezugnahme auf § 1 sich darin erschöpfen läßt, daß der Gläubiger wegen der Befreiung nicht auf die Forderung zurückgreifen könne. Daß nach seiner Meinung der Gläubiger in § 1 das gar nicht braucht, weil er die Leistung behält, bleibt unberücksichtigt.

[98] Obwohl es genau genommen kein Gegensatz *(diversum)*, sondern eine logische Ergänzung zum Prinzipium wäre, wenn der Gläubiger klaglos gestellt würde, weil Befreiung eintritt.

[99] Vgl. Kunkel, Rechtsgeschichte[5] (1967) 119; Kaser, Rechtsgeschichte[2] (1967) 196.

frauduloser Erfüllung der Gläubiger wegen des durch Liberation eingetretenen Verlustes seiner Forderung Ausgleich verlangen durfte[100], der Regelung gemäß, die dem Gläubiger zum Beispiel die Rückgabe der von ihm erbrachten Gegenleistung sicherte[101].

Auf des Paulus Begründung für die in § 1 getroffene Entscheidung ist zusammenhängend noch zurückzukommen[102].

Zu § 2

Hier kehren Auslegungen wieder, die schon zu § 1 begegnet sind. Nach der einen Meinung soll der Gläubiger, der den Gegenstand einer dem Minderjährigen nachteiligen Erfüllung zurückgeben muß, wegen der eingetretenen Befreiung gehindert sein, auf die Forderung aus dem einwandfreien Grundgeschäft zurückzugreifen[103]. Ebenso wird der Versuch unternommen, die als unbefriedigend empfundene Regelung[104] durch die Unterstellung zu rechtfertigen, der Gläubiger habe dolos gehandelt[105]. Folgt man schließlich Debray[106], so erörtert Paulus in § 2 überhaupt keine *i. i. r.*, sondern einen Fall der *a. legis Plaetoriae.*

Gegen die letzte Auffassung spricht bereits der von Paulus verwendete Terminus *restituere*, der zur *lex Plaetoria* nicht paßt. Debray ist zuzugeben, daß *restituere* nicht notwendig und in der Minderzahl der Fälle eine *i. i. r.* anzeigt. Das ist aber noch kein Beweis für eine Verwendung des Terminus bei der *lex Plaetoria.* Noch weniger besagt fr. 98,2 allein etwas. Die *a. legis Plaetoriae* ist eine (populare) Strafklage[107]. Daß hier der Aspekt einer Restitution der Leistung im Spiel ist, von woher die Erörterung der Leistung motiviert sein könnte, verdient wenig Glauben. Im übrigen ist die Annahme von *dolus* keineswegs zwingend[108].

Die entscheidende Kritik hat indessen wieder tiefer anzusetzen. Auch die Auslegungen von § 2 gehen von der irrigen Vorstellung aus, die Befreiung besage irgendetwas zum Nachteil des Gläubigers. In Wirklichkeit formuliert

---

100 Vgl. oben S. 81 Anm. 91.

101 Siehe Ulp. D. 38, 5, 1, 12 f.

102 Unten S. 85 ff.

103 Vgl. Accursius, gl. *huic applicatur*; Bartolus (Anm. 80) a. a. O.; Cujaz (Anm. 88) a. a. O.

104 Accursius z. B. lehnt die Meinung einiger Zeitgenossen ab, die *huic applicatur* auf das Prinzipium beziehen wollen; wie Accursius auch Bartolus mit dem zutreffenden Einwand: *certe hoc non videtur de mente iurisconsulti. est enim violare litteram.*

105 Bartolus a. a. O.; ferner Accursius a. a. O.

106 (Anm. 86) 311 f.

107 Statt aller Kaser, RP 1, 239.

108 Zwar nehmen schon die Basiliken an, der Gläubiger habe dolos gehandelt

Paulus nur den Zusammenhang zwischen der restitutionsweise gewährten Rückforderung und der Liberation, indem er die zur *a. Fabiana* getroffene Feststellung auch auf die Restitution des Minderjährigen erstreckt: Die Restitutionsmöglichkeit, die Rückforderung der vom Minderjährigen erbrachten Leistung, hindert den Eintritt der Liberation sowie deren Fortbestand nicht. Das bezieht sich auf jedes nachteilige Geschäft. Was oben zur *a. Fabiana* gesagt wurde[109], gilt in vollem Umfang auch hier.

Dem steht der Wortlaut des § 2 nicht entgegen. Die Annahme, es handele sich um eine Benachteiligung des Minderjährigen bei der Erfüllung, rechtfertigt er nur scheinbar eher als § 1. Der sprachlichen Gepflogenheit gemäß müßte es sonst heißen: *circumscriptus in re ex causa debiti soluta*[110]. Das Argument einer *datio in solutum*[111], die dem Gläubiger den unbilligen Vorteil verschafft haben könnte, scheidet gleichfalls aus. *Res ex causa debiti soluta* bedeutet einfach die Leistung des geschuldeten Gegenstandes. Die Leistung bedarf der Erwähnung, denn nur wenn geleistet ist, taucht das Problem auf, das Paulus interessiert: in welchem Zusammenhang Rückgewähr der Leistung und Befreiung zueinander stehen. *In rem ex causa debiti solutam restituitur (minor)* ist tatbestandsmäßig das Äquivalent zu *ea pecunia sive res, quam patronus per Fabianam aufert.* Wie in § 1 ist dem Gläubiger auch in § 2 der Gegenstand der Erfüllung nicht sicher. Diese, das mögliche Schicksal der Leistung betreffende Feststellung, bildet für Paulus den Anknüpfungspunkt für seine Entscheidung der Liberationsfrage. Sie fällt, und das ist das Wichtige, bei der Restitution des Minderjährigen so aus wie bei dem Patron, dem die *a. Fabiana* zusteht. Bevor daraus Schlüsse gezogen werden, verlangt § 3 noch ein Wort.

Zu § 3

Wenn, sagt Paulus, der *pater* seiner Verpflichtung zur Leistung mit einer zum *peculium castrense* des Sohnes gehörenden Sache nachkommt, müssen wir das (im Hinblick auf die Befreiung) so ansehen, als ob er eine fremde Sache geleistet hätte. Die Befreiung bleibt (zunächst) aus.

Mit *quamvis — filio* spielt Paulus sodann auf die voraufgehenden Para-

---

(B.26,5,98; Hb. 3, 128 = Sch. A 1288). Es scheint aber, als habe bei den Nachfahren der *dolus liberti* in § 1 den *dolus creditoris* in § 2 assoziiert. Das fällt besonders bei Debray (313) auf. *Circumscriptus* bedeutet jedenfalls nicht notwendig dolose Übervorteilung. Das stellt Paulus selbst gelegentlich fest: D. 19,2,22,3. Zur Stelle und zum Paralleltext Ulp.-Pomp. D. 4,4,16,4 zuletzt Mayer-Maly, JURA 6 (1955) 128 und Locatio conductio (1956) 66; 130 N. 11 (mit weit. Angab.).

[109] Oben S. 82 f.

[110] Vgl. Ulp. D. 3,3,39,6; 4,3,7 pr.; Paul. D. 4,4,24,4; Jul. D. 21,2,39 pr.

[111] Bartolus (Anm. 80) a. a. O.; Cujaz (Anm. 88) a. a. O.; Savigny 7, 266.

graphen an. In den §§ 1 und 2 tritt Befreiung ein, wiewohl dem Gläubiger der Gegenstand der Erfüllung entzogen werden kann. Im Prinzipium dagegen hindert dies den Eintritt der Befreiung. Im Fall des § 3 ist gleichfalls ungewiß, ob der Gläubiger die empfangene Leistung behalten darf; (spätestens) beim Tode des Vaters könnte der Sohn sie zurückverlangen. Allerdings besteht im Unterschied zu den vorangegangenen Fällen hier noch die Möglichkeit eines besonderen Geschehensablaufs, der den Gläubiger endgültig in den Genuß der empfangenen Leistung versetzen würde: testamentloses Vorversterben des am Leistungsgegenstand Berechtigten. Diese Möglichkeit reicht indes zur Befreiung des *pater* nicht aus. „Obgleich die Sache beim Empfänger bleiben kann, wenn der Haussohn vorher (scil. vor dem Vater) ohne Testament gestorben ist" — deswegen wird der *pater* nicht schon frei. Erst der Tod des *filius* befreit ihn bzw. läßt den Gläubiger die Sache erwerben[112].

2. a) Die Frage, warum auf Rückgabe gerichtete Gegenrechte sich auf den Solutionsvorgang unterschiedlich auswirken, weist auf die zeitlich unterschiedliche Formierung dieser Rechte hin. Im Zeitpunkt der Erfüllungsleistung ist die (durch Verpfändung begründete) *a. hypothecaria* bereits existent. Die aus dem Mitgiftversprechen geleistete Sache ist deshalb von vornherein mit einem Pfandrecht belastet, das durch die Veräußerung nicht beeinträchtigt werden kann und den Liberationseffekt vereitelt.

Dagegen entsteht die *a. Fabiana* zeitlich nach Abschluß des fraudulosen Geschäfts, um dessen Erfüllung es geht, setzt also Erfüllung und Liberation geradezu voraus. Des Paulus Bemerkung, die *a. Fabiana* sei eine *nova actio*, wird wohl am ehesten so, im Hinblick auf die formelle Natur der Klage, verstanden. Wie wir wissen, besitzt die *a. Fabiana* eine *in factum* konzipierte (arbiträre) *formula in personam*[113]. Grundlage der Klage ist die

---

[112] Vgl. auch Betti, St. Albertario II (1953) 450. Insofern entspricht § 3 dem Prinzipium, und das mag den anscheinend unechten Schluß *et utique* — fin. attrahiert haben. Beseler, SZ 50 (1930) 45; La Rosa, I peculii spec. in dir. rom. (1953) 137 N. 10. Beseler tut § 3 allerdings schon ab *quamvis* als „unklares Gestotter" ab. La Rosa a. a. O. 137 streicht *cui soluta* und bezieht *quamvis* — *eum* sowie *sed creditur* auf den *pater*. Das zerstört den Zusammenhang mit dem Kontext völlig. Es trifft nicht zu, daß der ursprüngliche Text eine spezifische Aussage darüber habe machen wollen, in welchem Zeitpunkt der *pater* bei Vorversterben des testamentlosen Haussohnes die *res castrensis* erwerbe. Darüber gibt § 3 nur indirekt Auskunft. Unmittelbar geht es um den Zeitpunkt des Erwerbs der Sache durch den Gläubiger. Nicht überzeugend auch La Rosas Verdächtigung von *cui soluta est*. Die Verwendung des Wortes *solvere* hängt, wie das Prinzipium zeigt, nicht von einer wirksamen Solution ab, sondern kann sich auf die Anzeige beschränken, daß eine Leistung erbracht wurde.

[113] Paul. D. 22,1,38 pr. und 4; Fr. de form. Fab. § 1; Lenel, Edikt 352 und

Tatsache des fraudulosen Geschäfts[114]. Mit der *a. Fabiana* greift der Prätor zeitlich nicht hinter die fraudulose Veräußerung zurück, lehnt er seinen Rechtsschutz nicht — durch Negation der Rechtsveränderung[115] — an die vor der Veräußerung bestehende Rechtsposition des *libertus* an. Er knüpft ihn vielmehr an die Rechtslage, wie sie nach der Veräußerung wirksam besteht.

Baut die *a. Fabiana* auf dem Eintritt der Befreiung auf, so bleibt doch noch die Frage nach dem Bestand der Liberation: *partam liberationem non potest revocare*. Die *a. Fabiana* kann die einmal eingetretene Befreiung nicht beseitigen. Das Mißverständnis, damit werde die Anwendbarkeit der *Fabiana* verneint, ist oben[116] bereits zur Sprache gekommen. Ein anderes Mißverständnis könnte dahin bestehen, daß die Durchführung der *a. Fabiana* die Wirksamkeit des fraudulosen Geschäfts beseitige und folglich auch die Liberation. Die Durchführung der *Fabiana* zwingt indessen nicht, dogmatisch von einer Vernichtung des Geschäfts bzw. seiner Rechtsfolgen zu sprechen. Auch die Quellen gebieten diese Betrachtungsweise nicht. Wenn sie in bezug auf das Geschäft des *libertus* von *revocare*[117], *rescindere*[118], *discedere (recedere)*[119] sprechen, so sind das alles Termini, die eine feste Bedeutung nicht haben[120]. Sie können deshalb ohne weiteres zur Bezeichnung der Aufhebungsform dienen, die mit der Natur der *a. Fabiana* am besten harmoniert: Aufgehoben wird das Geschäft dadurch, daß es auf der Basis einer vom Prätor gewährten persönlichen Klage der Rückabwicklung unterworfen wird. Eine solche Rückabwicklung vernichtet das Geschäft dogmatisch gesehen nicht, sondern leitet dessen Rechtswirkungen sukzessionsartig auf den Kläger über (zurück)[121]. Ein schönes Beispiel dafür scheint Ulp.-Jul. D. 37,14,16 pr. (10 ad leg Iul et Pap):

> ... alienatio quidem vires habebit, verumtamen per Fabianam et Calvisianam actionem revocabuntur ea quae per fraudem sunt alienata.

Anstelle von *revocare alienationem, rescindere venditionem* finden sich überhaupt weit häufiger diese oder ähnliche Worte: *revocare res quae*

N. 13.

[114] Fr. de form. Fab. a. a. O.; Lenel, Edikt 352; Kaser, Restituere als Prozeßgegenstand (1932) 35.

[115] Vgl. noch Lenel, Edikt 352 N. 13.

[116] S. 82.

[117] Ulp. D. 38,5,1,1; weitere Belege unten Anm. 122.

[118] Ulp. eod. 1,12.

[119] Ulp. eod. 1 §§ 12,13,16.

[120] Allgemein dazu Kaser, RP 1, 214; zuletzt St. Biondi I (1965) 133.

[121] Die *a. Fabiana* enthält eine Restitutionsklausel. Fr. de form. Fab. § 1; Paul. D. 38,5,5,1. Lenel, Edikt 352 und N. 15.

alienatae sunt[122]. Die Richtung der Aufhebung auf die veräußerten Gegenstände kommt dem Gedanken einer schuldrechtlichen Rückabwicklung besonders entgegen[123].

b) Damit sind die Voraussetzungen für eine Würdigung der thematisch entscheidenden Verknüpfung zwischen den §§ 1 und 2 geklärt. Die Worte des Paulus zur *a. Fabiana* assoziieren für die Restitution des *minor* gleichfalls eine *nova actio*[124]. Daß der gleiche Terminus auch auf eine Übereinstimmung in der Sache deutet, liegt nahe, wenn man die traditionelle Lehre dabei unberücksichtigt läßt. Die *nova actio* des Minderjährigen wäre danach

---

[122] Ulp. D. 38,5,1 §§ 3,6,27; eod. 3,3; eod. 4 pr.; Paul. eod. 11; 13. Neben *revocare* begegnet auch *avocare* (Scaev. D. 22,3,6) und, wie in fr. 98,1, *auferre.*

[123] Im übrigen gilt hier, was WINDSCHEID-KIPP 1, 585 allgemein zum Unterschied zwischen prätorischer und judizialer Restitution bemerken. Diese ist nicht dadurch charakterisiert, „daß der Tatsache, auf welcher der bisher dagewesene Zustand beruht, ihre wirkende Kraft entzogen wird, sondern dadurch, daß das von ihr Gewirkte durch die Erzeugung einer anderen rechtlichen Wirkung verdrängt wird." Dieselbe Unterscheidung kehrt wieder im Verhältnis von Anfechtung (nach BGB) und obligatorischem Rückgewähranspruch. In den Motiven zum BGB heißt es zur Willenserklärung, die durch Drohung oder Betrug hervorgerufen ist, es sei „im praktischen Ergebnisse der Regel nach gleich, ob die Erklärung in Kraft bleibt, aber das gesamte Interesse, daß sie ihre Kraft nicht verliert, ersetzt werden muß, oder ob die Erklärung auf den vom Bedrohten bz. Betrogenen kundgegebenen Willen hin ihrer Kraft unmittelbar entkleidet wird". MUGDAN, Materialien z. BGB, Bd. I (1899) 465 (= Motive I 205). In den engeren Zusammenhang gehört KUNKELS Bemerkung zur honorarrechtlichen Anfechtbarkeit im Fall vorsätzlicher Gläubigerbenachteiligung: „Hier führte die Anfechtung nicht zur Vernichtung des angegriffenen Geschäfts, sondern lediglich zur Entstehung eines Rückgabeanspruchs gegen den bereicherten Dritten *(revocatio).*" RP 104 N. 7. (Vgl. auch noch MITTEIS, RP 245 mit N. 32, dem freilich nicht zu folgen ist, insoweit er einen festen Bedeutungsunterschied zwischen *rescindere* und *revocare* annimmt). Es ist deshalb verfänglich, *revocare* bei der Gläubigeranfechtung die Bedeutung „Widerruf" zu geben (HEUMANN-SECKEL h. v. Ziff. 3) oder von Annullierung der Leistung zu sprechen (KASER, Restituere 37). Im Sinne von Vernichtung versteht den Terminus *revocare* durchgängig auch SCHMIDT, Pflichtteilsrecht d. Patrons (1868) 116 ff. (vgl. bes. 116 N. 63). Die italienische Romanistik gebraucht regelmäßig die Wendung „revoca degli atti di alienazione." (ARANGIO-RUIZ, Ist.[14] [1960] 547 N. 1). Das läßt sich wie oben im Text verstehen. Vgl. auch die azione revocatoria in Art. 2901 c. c., eine Klage, die die Wirksamkeit des angegriffenen Geschäfts nicht berührt. (LAPORTA-TAMBURRINO, Codice civile commentato [1963] 3, 5640 u. 5641). — Für eine Parallele aus dem geltenden deutschen Recht wäre auf das Konkursrecht zu verweisen. Die Konkursanfechtung macht die angefochtenen Rechtshandlungen nicht unwirksam, sondern unterwirft sie einem Anspruch auf Rückgewähr. JAEGER-LENT, Konkursordnung[8] (1958) Vorbem. zu §§ 29—42 KO Ziff. VI; Anm. 2 zu § 29.

[124] So auch CUJAZ (Anm. 88) a. a. O.

wie die *a. Fabiana* eine *in factum* konzipierte *a. in personam*, möglicherweise mit Restitutionsklausel, will man den Schluß so weit ziehen.

CUJAZ zögert freilich nicht, als *nova actio* die Vindikation anzusprechen[125]. Die Lehre wird ihm darin folgen mögen, sie muß sich aber fragen lassen, ob damit nicht zu einfach aus der Not eine Tugend gemacht wird. *Haec actio partam liberationem non potest revocare* klingt für eine Vindikation problematisch, auch wenn man in Rechnung stellt, daß die prätorische Restitution die angegriffene Veräußerung nicht mit zivilrechtlicher Wirkung aus der Welt schaffen kann[126]. Aber sie stellt das Klagerecht des status quo ante mittels einer der Klagformel einverleibten Klausel wieder her, durch die für die Dauer des Prozesses die Veräußerung und damit auch die Liberation als unterblieben fingiert werden. Insoweit ist die *revocatio liberationis* nachgerade Bedingung der Vindikation. Die Pointierung mag anfechtbar sein. Doch paßt der Satz des Paulus auf eine dingliche Klage nicht so fugenlos wie auf eine *a. in factum*.

II. Indizien für eine arbiträre *a. in personam* sind möglicherweise auch in Ulp.-Pomp. D. 3,3,39,6 (9 ad ed) enthalten:

> Est et casus, quo quis eiusdem actionis nomine et de rato caveat et iudicatum solvi. ut puta postulata est cognitio de in integrum restitutione, cum minor circumscriptus in venditione diceretur: alterius procurator existit: debet cavere hic procurator et ratam rem dominum habiturum, ne forte dominus reversus velit quid petere, item iudicatum solvi, ut si quid forte propter hanc restitutionem in integrum praestari adulescenti debeat, hoc praestetur. et haec ita Pomponius libro vicensimo quinto ad edictum scribit.

1. Das Nebeneinander von *cognitio* und *actio* hat verschiedentlich Kritik ausgelöst. Stein des Anstoßes ist der Eindruck, in der überlieferten Fassung bezeichne Ulpian die *cognitio* als *actio*. Denn es sieht wegen *postulata est cognitio* so aus, als werde die Frage der beiden Kautionen im Rahmen der Kognition des Prätors erörtert. Dieser bei einem Autor wie Ulpian für indiskutabel angesehenen Verwischung der Begriffe begegnet man, indem man entweder *cognitio* oder *actio* aus dem Text zu entfernen sucht.

CARRELLI[127] geht in der Annahme von Texteingriffen am weitesten. In erster Linie würde er *ut puta — praestetur* streichen, und zwar einmal wegen einer Inkongruenz zum ersten Satz[128], zum anderen deswegen, weil für ein Verfahren vor dem Prätor allenfalls *cautiones utiles* in Betracht kämen. Soweit CARRELLI hilfsweise die Echtheit des ganzen Textes erwägt,

---

[125] A. a. O.

[126] Vgl. dazu noch unten S. 121 f.

[127] Decretum 173 ff.

[128] Der CARRELLI zufolge seinen Sitz bei den *bonae fidei iudicia* des Schemas *alterum alteri dare facere oportet ex fide bona* hat.

vermutet er eine Lücke, in welcher Ulpian die *i. i. r.* als erteilt angenommen und vom *iudicium restitutorium* gesprochen habe. Erst dadurch wäre für CARRELLI die Verwendung der beiden Kautionen bei der Restitution annehmbar gemacht[129].

Im Gegensatz zu CARRELLI sieht BERETTA[130] fr. 39,6 ganz unter dem Gesichtspunkt eines Verfahrens vor dem Prätor und tendiert infolgedessen dahin, *eiusdem nomine actionis* zu verdächtigen[131].

Diesen beiden Auslegungen steht die zuletzt von CERVENCA gegebene Interpretation gegenüber, die fr. 39,6 formal nicht antastet, gleichwohl aber der zeitlichen Abfolge *causae cognitio* — *iudicium restitutorium* einpassen und damit die Möglichkeit schaffen will, die Kautionen für das *iudicium* zu verstehen[132].

Meines Erachtens trifft CERVENCA im Ergebnis das Richtige. Der Eindruck, in der überlieferten Fassung werde die *cognitio actio* genannt, trügt. *Postulata est cognitio* bedeutet keineswegs eine Fixierung des Kautionenproblems auf die *causae cognitio*. Welche Interpretationsbreite hier möglich ist, läßt Ulpian andernorts besser erkennen:

> D. 4,4,22 (11 ad ed): In integrum vero restitutione postulata adversus aditionem a minore factam, si quid legatis expensum est, vel pretia eorum qui ad libertatem aditione eius pervenerunt, a minore refundenda non sunt. quemadmodum per contrarium cum minor restituitur ad adeundam hereditatem, quae antea gesta erant per curatorem bonorum decreto praetoris ad distrahenda bona secundum iuris formam constitutum, rata esse habenda Calpurnio Flacco Severus et Antoninus rescripserunt.

Obwohl mit *in integrum restitutione postulata* gleichfalls noch nichts über den Erfolg der *postulatio* verlautet, wendet sich Ulpian sofort der eigentlichen Frage zu, deren Relevanz durch die Erteilung der Restitution bedingt ist. *Cum minor restituitur* im zweiten Satz macht vollends deutlich, wie *in integrum restitutione postulata* bewertet werden kann: eine lediglich die Tatsache der Restitution indizierende Wendung, ohne eigene Problemstellung. Entsprechend können wir bei fr. 39,6 verfahren und ungeachtet *postulata est cognitio de in integrum restitutione* davon ausgehen, daß Ulpian die Kautionen ihrer gewöhnlichen Bestimmung nach für ein *iudicium* erörtert, so wie es im ersten Satz unmißverständlich zum Ausdruck kommt.

Daß für das Verständnis von fr. 39,6 solche Umwege nötig sind, hängt

---

[129] A. a. O. 175 f.

[130] RISG 2 (1948) 379 N. 63 (384).

[131] Für ein rein prätorisches Verfahren auch NICOSIA, SZ 75 (1958) 273. Mit dieser Auslegung verbindet sich bei beiden Autoren die These, der Spruch des Prätors habe in spätklassischer Zeit eine Angleichung an das Judikat erfahren. Kritik dazu im folgenden und unten S. 115 ff.

[132] Restitutio 51 f.

mit der traditionellen Vorstellung über die *i. i. r.* zusammen. Verwirklicht sich, wie vor allem die ältere Lehre will, die *i. i. r.* in einem besonderen Aufhebungsdekret, von dem das weitere Verfahren, die Erteilung und Durchführung des *iudicium restitutorium*, begrifflich scharf zu trennen ist, so kann es natürlich schwer gelingen, bei dem sprachlichen Befund: *postulata est cognitio de in integrum restitutione* über die Hürde des Restitutionsdekrets hinweg die Kautionen auf den zweiten bzw. dritten Verfahrensabschnitt zu beziehen. Wer wie CERVENCA der Meinung ist, daß die *i. i. r.* normalerweise durch die Erteilung des *iudicium restitutorium* vermittelt wurde, vermag *cognitio de in integrum restitutione* immerhin schon als „premessa all' instaurazione di questo *iudicium*" zu interpretieren und das Problem der beiden Kautionen im Sinne ihrer regulären Anwendung zu lösen[133]. Wahrscheinlich liegen die Dinge aber noch einfacher.

Hinsichtlich der Kautionen würde *postulata est cognitio de in integrum restitutione* der Interpretation dann keine Schwierigkeiten machen, wenn unter *in integrum restitutio* (auch) das *iudicium restitutorium* zu verstehen wäre, wenn, mit anderen Worten, die *i. i. r.* ihren Namen auch der dem Minderjährigen *causa cognita* erteilten *actio* liehe. Dann läge der von CARRELLI in fr. 39,6 vermißte Bezug auf das *iudicium* offen zutage. Für diese Annahme spricht in der Tat viel. Sie wird nahegelegt durch eine mit der hier entwickelten Auffassung von *i. i. r.* verbundene Kritik sowohl des selbständigen Restitutionsdekrets wie der allgemein für römisch angesehenen festen Terminologie[134].

2. Die Frage, warum der Prokurator des Beklagten neben der üblichen *cautio iudicatum solvi* auch die sonst dem Prokurator des Klägers obliegende *cautio de rato* versprechen muß[135], könnte einmal von der gewöhnlichen Funktion der *cautio de rato* her beantwortet werden. Die Rolle des Klägers ergibt sich für den Beklagten im Hinblick auf die Rückforderung seiner im Vollzug des angegriffenen Geschäfts erbrachten Gegenleistung. Der Prokurator in fr. 39,6 hätte danach deswegen die *cautio de rato* zu leisten gehabt, weil er im *iudicium restitutorium* die Berücksichtigung des dem Minderjährigen gezahlten Kaufpreises verlangte[136].

---

[133] CERVENCA, Restitutio 51.

[134] Unten S. 95 ff.

[135] Allgemein zu den beiden Kautionen KASER, RZ 209 ff., im besonderen Zusammenhang mit der Prokuratur 158 f.

[136] Zur Frage der Berücksichtigung der Gegenleistung im *iudicium restitutorium* vgl. CARRELLI, Decretum 174; 175 f.; 178 N. 2. Entschieden für die Kaufpreisrückgabe im *iudicium restitutorium* LEVY, Restitutio 367; SOLAZZI, La revoca degli atti fraudol.[3] (1945) 1,25 N. 4 in fin. Vgl. auch KASER, Labeo 12 (1966) 238. Siehe dagegen unten S. 108 ff.

Zweifel, ob diese Deutung der *cautio de rato* das Richtige trifft, ergeben sich wegen einer anderen Interpretationsmöglichkeit, die der überlieferten Fassung des Textes noch zusätzlich etwas abgewinnt.

Tritt der *procurator* des Beklagten in einem *iudicium in rem* auf, so wird ihm außer der *cautio iudicatum solvi* die *cautio de rato* dafür abverlangt, daß der Beklagte die *pronuntiatio* gegen sich gelten läßt[137]. Es kommt hier von selbst und unabhängig von einem Recht des Beklagten auf Rückgabe einer Gegenleistung zur Kumulierung der beiden Kautionen. Entsprechendes darf für eine arbiträre *a. in personam* hinsichtlich der Handlungen angenommen werden, die der prokuratorische Prozeßvertreter dem Restitutionsbefehl gemäß vornimmt. Beide Male ist die *cautio de rato* für den Fall geboten, daß der Beklagte den Gegenstand, der dem Kläger vom Prozeßvertreter übergeben wurde, wieder zurückverlangt[138].

Anhaltspunkte für eine solche Sachlage in fr. 39,6 liefert der Passus *ne forte dominus reversus velit quid petere*, und zwar insbesondere dann, wenn *petere* für eine *a. in rem* spricht. Dann läßt sich das mögliche Begehren des zurückgekehrten *dominus* ungezwungen auf sein Eigentum an dem Gegenstand beziehen, den er rechtswirksam vom Minderjährigen erworben hatte. Im übrigen wäre die Aussage *eiusdem nomine actionis* schärfer gefaßt.

Zu entscheiden bliebe danach die Frage der Rechtsnatur der in fr. 39,6 angesprochenen *actio*. Die traditionelle Lehre wird nur eine *a. in rem* in Betracht ziehen und ein Indiz dafür in dem Singulären finden, das in den Worten *est et causus* liegt: bei der *a. in rem* ausnahmsweise *cautio de rato* des Beklagten[139]. Der Gedanke des Außergewöhnlichen tritt indessen viel schärfer hervor, wenn man bei dem *casus* an eine arbiträre *a. in personam* denkt. Das Erfordernis der *cautio de rato* auf seiten des dinglich Beklagten ist eine Eigentümlichkeit der *actiones in rem* überhaupt, kennzeichnend also für eine ganze Gattung von Klagen. Bei den *actiones in personam* dagegen, wo der entgegengesetzte Grundsatz gilt, ist die Pflicht des Beklagten zur *cautio de rato* ganz und gar Ausnahme, entsprechend der Sonderstellung, die eine *a. in personam* mit Restitutionsklausel einnimmt.

Quellenmäßig kann sich diese Überlegung auch an der justinianischen Anordnung der Ulpianfragmente orientieren. Ausweislich fr. 39,6 besteht gerade bei der *i. i. r.* das Besondere der doppelten Kautionspflicht. Seltsam wäre es nun, hätte für Ulpian und nach ihm für die Kompilatoren diese

---

[137] Ulpian D. 3,3,40,2, abgedruckt unten S. 92. Kaser, RZ 158 N. 51. Die Quelle spricht vom *defensor*. Für den *procurator* wird aber nichts anderes gegolten haben. Vgl. auch Kaser a. a. O.

[138] Vgl. Ulpian loc. cit.

[139] So Kaser a. a. O. zu Ulpian loc. cit.

Besonderheit der *i. i. r.* aufgrund der dinglichen Natur der dazugehörigen *actio* vorgelegen. Denn auf die *a. in rem* kommt Ulpian im gleichen Buch des Ediktskommentars, aus dem fr. 39,6 stammt, gesondert zu sprechen, und die Kompilatoren haben diesen Abschnitt fast unmittelbar auf fr. 39,6 folgen lassen:

Ulp. D. 3,3,40,2 (9 ad ed): Sed et is, qui quasi defensor in rem actione convenitur, praeter solitam satisdationem iudicatum solvi etiam de rato debet cavere. quid enim si in hoc iudicio rem meam esse pronuntietur, reversus ille, cuius defensor extiterat, velit fundum vindicare: nonne ratum non videbitur habere quod iudicatum est? rel.[140]

Ulpian erörtert hier eigens und, wie es den Anschein hat, generell die Frage nach der *cautio de rato* des dinglich Beklagten. Deshalb drängt sich die Annahme auf, daß fr. 39,6 gegenüber fr. 40,2 eigenständige Bedeutung hatte und im Originalkommentar die Erörterung von fr. 40,2 weder vorwegnahm noch sie wiederholte[141]. Diese eigenständige Bedeutung könnte in dem Problem einer arbiträren *a. in personam* gelegen habe. Möglicherweise ist die Tatsache, daß Ulpian undifferenziert von *actio* spricht, bereits ein Hinweis darauf, daß fr. 39,6 vor dem Hintergrund persönlicher Klagen gesehen werden muß[142].

Das Ergebnis läßt sich vielleicht abrunden. Ulpian kennt das dingliche Restitutionsverfahren[143]. Da aber im Vindikationsprozeß der Prozeßvertreter des Beklagten die *cautio de rato* in jedem Fall zu leisten hat, mußte in fr. 39,6 unmißverständlich klargestellt werden, daß das persönliche Restitutionsverfahren gemeint war. Möglicherweise ist das durch *postulata est cognitio de in integrum restitutione* geschehen, eingedenk der für dieses Verfahren typischen *praetoria cognitio*[144]. Der Passus wäre als weder ein Pleonasmus[145] noch vorsorglich gemeint, weil nicht jede *causae cognitio* in eine *i. i. r.* mündet[146].

III. Das Verfahren des Restitutionsedikts als Verfahren *in personam* spiegelt möglicherweise auch

Jul. D. 21,2,39 pr. (57 dig): Minor viginti quinque annis fundum vendidit Titio, eum Titius Seio: minor se in ea venditione circumscriptum dicit et inpetrat cognitionem non tantum adversus Titium, sed etiam adversus Seium: Seius

---

[140] Der Schluß der Stelle statuiert eine Ausnahme bei Prozeßvertretung durch den *cognitor*.

[141] Nach LENEL, Pal. Nr. 336 schloß fr. 40 an fr. 39,7 an.

[142] Nach HEUMANN-SECKEL bezeichnet *actio* im engsten Sinn die *a. in personam* im Gegensatz zur *a. in rem*: h. v. in fin.

[143] Oben S. 61.

[144] Oben S. 64 ff.

[145] So CARRELLI, Decretum 175 N. 4.

[146] So CERVENCA, Restitutio 48 N. 117.

postulabat apud praetorem utilem sibi de evictione stipulationem in Titium dari: ego dandam putabam. respondi: iustam rem Seius postulat: nam si ei fundus praetoria cognitione ablatus fuerit, aequum erit per eundem praetorem et evictionem restitui.

Zum Zweck der Gedankenführung macht es keinen Unterschied, ob man die Stelle für die Entwehrungshaftung in Anspruch nimmt, die an die Manzipation anknüpft[147], oder sie in der vorliegenden Fassung für klassisch hält[148]. Die entscheidende Frage bleibt gleich: Warum beantragt *Seius*, nach Meinung des Anfragenden und des Julian zu recht, gegen *Titius* eine *a. utilis auctoritatis* bzw. eine *utilis stipulatio*[149]?

Die Antwort fällt meistens alternativ aus: Entweder, weil wegen Ablaufs der Ersitzungsfrist die reguläre Gewährleistung für *Seius* nicht mehr in Frage kam oder weil ihm das Grundstück in einem andern als dem die Entwehrungshaftung normalerweise auslösenden Verfahren abgestritten wurde[150]. Von diesen beiden Lösungen scheint die erste ihre Existenz vor allem dem Umstand zu verdanken, daß man die zweite für nicht ganz überzeugend hält. Denn für sich betrachtet spricht gegen den Gedanken der abgelaufenen Ersitzungsfrist, daß darin eine Unterstellung liegt, die im Text keinen Anhalt findet. Dieser Einwand wiegt um so schwerer, als jetzt die Möglichkeit besteht, die Wahrscheinlichkeit der zweiten Lösung zu erhöhen.

Man könnte daran denken, daß *Seius* eine *a. utilis* deswegen braucht, weil die gegen ihn erhobene Klage nicht die normale *rei vindicatio* gewesen ist, sondern eine *vindicatio utilis*. Das meinen ARANGIO-RUIZ und BESELER[151]. Unbestimmter, aber deswegen von besonderem Interesse ist dagegen die Bemerkung LENELS, als *a. utilis* sei die *a. auctoritatis* erforderlich, „weil die manzipierte Sache im konkreten Fall nicht *iure civili* abgestritten war, d. h. nicht gerade das Recht abgestritten war, das durch die Manzipation garantiert war"[152]. Allem Anschein nach versteht LENEL *iure civili* nicht prozessual und als Gegensatz zum Verfahren *iure praetorio*. Denn gegen *Seius* würde

---

[147] Für die heute sog. (vgl. PS 2,17,3) *a. auctoritatis* also. Vgl. GIRARD, Mélanges 2,255 f.; 256 N. 1; LENEL, Edikt 544 f.; BESELER, SZ 52 (1932) 45 N. 1; ARANGIO-RUIZ, La compravendita[2] (1954) 324 f.; SOLAZZI, SDHI 6 (1940) 342. Allgemein zur *a. auctoritatis* KASER, RP 1,116 und 462 mit weit. Angab. Die Klassizität einer *a. auctoritatis* wird neuestens bestritten von SARGENTI, Studi Betti IV (1962) 19 ff. (69 f.).

[148] So KARLOWA, RG 2,406 N. 2 in fin. JÖRS, RE 5,534 läßt die Frage offen.

[149] Der Einfachheit halber ist im folgenden nur mehr von der *a. auctoritatis* die Rede.

[150] LENEL, Edikt 545; ARANGIO-RUIZ a. a. O. 324. Nur für die zweite Möglichkeit KARLOWA a. a. O.

[151] A. a. O. Vgl. auch GIRARD a. a. O. 256.

[152] A. a. O.

auch in einem Verfahren mit reszissorischer Vindikation ein Ausspruch über das Eigentum ergehen, über das Recht, das durch die Manzipation garantiert war. Gestützt wird diese Überlegung durch den von LENEL herangezogenen Beleg

Ulp. D. 19,1,35 (70 ad ed): Si quis fundum emerit, quasi per eum fundum eundi agendi ius non esset, et interdicto de itinere actuque victus sit, ex empto habebit actionem: licet enim stipulatio de evictione non committatur, quia non est de iure servitutis in rem actione pronuntiatum, tamen dicendum est ex empto actionem competere.[153]

An was für ein Verfahren ist dann aber in fr. 39 pr. gedacht, wenn es für die direkte Eviktionshaftung genügt, daß die Sache mit einer dinglichen Klage abgestritten worden ist, ohne Unterschied, ob mit *actio vulgaris* oder *actio utilis*[154]? An ein rein prätorisches, vom Eigentum als Klagegrund losgelöstes Verfahren, wie es SAVIGNY und BURCHARDI für die *restitutio praetoria cognitione* in D. 4,4,13,1 vertreten haben[155]? Der Blick von *fundus praetoria cognitione ablatus* in fr. 39 pr. auf die Restitutionsalternative *vel cognitione praetoria vel rescissa alienatione dato in rem iudicio* in fr. 13,1 legt jetzt einen anderen Gedanken nahe: daß der Schlüssel zu fr. 39 pr. im Umkreis einer *a. in personam* liegen könnte[156]. Es sei auch daran erinnert, daß der Schluß von *fundus praetoria cognitione ablatus* auf ein Verfahren mit *iudicium* als unproblematisch angesehen werden darf[157]. Daran und an die Überlegung zu fr. 13,1 knüpft sich deshalb die Folgerung: Für *Seius* kam nur eine *a. utilis auctoritatis* in Betracht, weil er das Grundstück in einem Restitutionsverfahren verloren hatte, für das formelmäßig eine *a. in personam* kennzeichnend war.

Damit wären auch die Bedenken ausgeräumt, die BESELER gegen fr. 39 pr. erhoben hat[158]. *Inpetrat cognitionem* in Verbindung mit einem *minor circumscriptus* stellt hinreichend klar, worum es geht: Restitution. Die Richtung des Antrages gegen den Erstkäufer *Titius*, obwohl dieser die Sache

---

[153] Zur Stelle etwa MACKINTOSH, The roman law of sale² (1907) 204 f.; GIRARD a. a. O. 255 N. 4.

[154] Für die dingliche Klage allgemein Pomp. D. 18,1,66 pr.; Paul. D. 21,2,35. Vgl. KASER, RP 1,39 und 462; KUNKEL, RP 230.

[155] Oben S. 61.

[156] Zu fr. 13,1 oben S. 64 ff.

[157] Vgl. HEUMANN-SECKEL, s. v. *auferre* Ziff. 2 und ARANGIO-RUIZ a. a. O. 324, die verständlicherweise ein *iudicium in rem* subintelligieren. Vgl. schon oben S. 66. Der Vorschlag, der Passus bedeute freiwillige Rückgabe im Anschluß an die *causae cognitio* (CARRELLI, Decretum 172 f.; CERVENCA, Restitutio 21) überzeugt so wenig wie der entsprechende zu fr. 13,1. Siehe oben S. 62.

[158] SZ 52 (1932) 45 N. 1; vgl. ferner ARANGIO-RUIZ a. a. O. 324 N. 1; CARRELLI, Decretum 171 N. 4.

an *Seius* weiterverkauft hat, ist bei einem Verfahren *in personam* nicht ungewöhnlich. Ungewöhnlich und deshalb hervorgehoben ist vielmehr die Richtung gegen *Seius*, den am Geschäft mit dem Minderjährigen Unbeteiligten. Was BESELER als „ungeschickte und törichte Randbemerkung" glaubt bezeichnen zu müssen, stellt sich als sinnvoll heraus[159]. Sein Vorschlag, *inpetrat cognitionem — adversus Seium* zu ersetzen durch *utili petitoria formula adversus Seium accepta fundum ab eo evicit*, würde fr. 39 pr. völlig entstellen.

Die *praetoria cognitio*, die Julian zweimal erwähnt, wäre nach allem ein Indiz dafür, daß dem *Seius* das Grundstück durch eine *a. in personam* entzogen wurde. Wenn Julian die *cognitio* ferner auch deswegen betont hat, weil sich das Problem der *a. utilis auctoritatis* im dinglichen Restitutionsverfahren nicht stellte, ergäbe fr. 39 pr. für die Existenz des dinglichen Verfahrens einen Terminus post quem[160].

§ 8

Konsequenzen für die Terminologie (Technizität) und den Verfahrensablauf

I. Für die Zwecke der vorliegenden Untersuchung wird *i. i. r.* in einer allgemeinen, durch prätorische Restitution nicht präjudizierten Bedeutung gebraucht[161]. Die Annahme, daß *i. i. r.* in diesem Sinn eine *in factum* konzipierte arbiträre *a. in personam* sein kann, verbindet sich mit einer Kritik der festen Terminologie, die den klassischen Juristen heute zugeschrieben wird.

1. Eine Eigentümlichkeit, die nach traditioneller Lehre für den klassischen *ordo iudiciorum* gilt, ist die Entgegensetzung von *i. i. r.* und *actio, iudicium restitutorium*. Der Ausdruck *i. i. r.* soll auf das Verfahren vor dem Prätor beschränkt gewesen sein, und nach extremer, älterer Meinung bezeichnet *i. i. r.* ein eigenes Restitutionsdekret. Heute besteht man für den Regelfall nicht mehr auf einem besonderen Dekret. Man hält aber an der begrifflichen Identifizierung der *i. i. r.* als spezifische Tätigkeit des Prätors dadurch fest, daß man die *i. i. r.* in das Verfahren verlegt, das zur *datio actionis* führt. Es heißt dann, die *i. i. r.* werde implizit erteilt, durch Erteilung des *iudicium*

[159] Vgl. oben S. 66 f.

[160] Vgl. oben S. 70. — Im Zusammenhang mit der *i. i. r. maiorum* ist bei Pap. D. 21,2,66,1 noch eine *actio utilis evictionis* überliefert. Die Möglichkeit, diese Stelle wie fr. 39 pr. auszulegen, ist nicht von der Hand zu weisen. Vgl. auch oben S. 77 Anm. 73.

[161] Oben S. 9.

restitutorium. Dessen begriffliche Abgrenzung ist auch auf diese Weise möglich[162].

Die inneren Bedingungen dieser Lehre sind eingangs schon berührt worden[163]. Als spezifisches Verfahren kann die *i. i. r.* aufgefaßt werden, wenn man das als den Inhalt der *i. i. r.* begreift, was dem Prätor zu statuieren überhaupt möglich gewesen wäre: Rückgängigmachung (Negierung) der Rechtsveränderung. Hatte das klassische Recht inhaltlich ein solches Bild von der *i. i. r.*, dann leuchtet die Vorstellung ein, es habe den Terminus für die als abgeschlossenen und selbständigen Vorgang sich darstellende Tätigkeit des Prätors vorbehalten und dieser das *iudicium restitutorium* gegenübergestellt.

Die Beschränkung von *i. i. r.* auf die Beseitigung von Rechtsveränderungen ist a priori nicht einzusehen, sie ist aber eine mögliche und verlockende Antwort auf eine Quellenlage, der zufolge *i. i. r.* und *a. in rem* nebeneinander auftreten. Will man mit Recht die *causa cognita* ergehende *i. i. r.* mit der *a. in rem* nicht identifizieren, glaubt man sich aber zu der Annahme gezwungen, daß beide Institute in besonderer Weise einander zugeordnet sind, dann ergibt sich das Ineinandergreifen am einfachsten in der angegebenen Weise: *i. i. r.* ist der Rechtsbehelf, mittels dessen der Prätor — förmlich oder nicht — die frühere Rechtslage dekretiert; mit der *a. in rem* werden daraus in einem selbständigen weiteren Verfahren die praktischen Konsequenzen gezogen *(iudicium restitutorium).*

2. Die Suggestion fester Termini verblaßt, wenn zum Restitutionsedikt ein judiziales Verfahren gehören kann, das nicht einmal mehr implizit eine Rechtsänderung durch den Prätor zur Voraussetzung hat.

Ein *causa cognita* erteiltes arbiträres *iudicium in personam,* das den rechtlichen wie tatsächlichen Belangen der Restitution gleichermaßen dient, nimmt dem Verfahren vor dem Prätor, der *causae cognitio,* die Bedeutung, die die geläufige terminologische Abgrenzung so anziehend macht. Mit dem Abschluß der *causae cognitio* ist keine Wiederherstellung des rechtlichen Status quo ante verbunden, die nach einer besonderen Bezeichnung drängen könnte. Ebensowenig sind *iure actionis restitutoriae* nur mehr Folgerungen zu ziehen. Rechtlich wie tatsächlich vollzieht sich die Wiederherstellung des früheren Zustands im *iudicium restitutorium*[164].

---

[162] Vgl. bereits oben S. 4.

[163] S. 3 f.

[164] Damit soll, das sei noch einmal betont, nicht ausgeschlossen werden, daß der um Restitution angegangene Prätor auch mit einer dinglichen Klage operierte. Dazu schon oben S. 64 f. Dort aber auch zu der spezifischen Bedeutung der *causae cognitio,* die diese für das persönliche Restitutionsverfahren hat.

a) Schon Texte wie Paul. D. 4,4,24,4 und Julian D. 4,4,41 sprechen gegen eine Lehre, nach welcher *i. i. r.* und befohlene Restitution auseinanderzuhalten sind: In den genannten Stellen läßt sich *i. i. r.* zwanglos als befohlene Restitution verstehen[165]. *I. i. r.* im Sinne judizialer Restitution bezeugt auch ein formal so untadeliger Text wie Ulp.-Jul. D. 21,1,23,7 (1 ad ed aed curul):

Iulianus ait iudicium redhibitoriae actionis utrumque, id est venditorem et emptorem, quodammodo in integrum restituere debere.

Wohl gebraucht, wie LEVY mit Recht bemerkt[166], Julian *in integrum restituere* nur gleichnishaft; denn ein Restitutionsedikt steht nicht zur Debatte. Allein der Vergleich könnte nicht gerade als gelungen angesehen werden, wenn *in integrum restituere* eigentlich eine spezifische Tätigkeit des Prätors war. Dagegen ist Julians Blick zur *i. i. r.* nicht zu tadeln, wenn judiziale Restitution wie bei der *a. redhibitoria* so auch im Verfahren der Restitutionsedikte eine Rolle spielte. Die judiziale Restitution bildete dann das tertium comparationis zweier Rechtsbehelfe, von denen der eine technisch keine *i. i. r.* war; daher das *quodammodo*[167].

Im gleichen Sinn wie auf fr. 23,7 kann auf Stellen verwiesen werden, in denen judiziale oder vertragliche Restitution schlechthin *in integrum resti-*

[165] Vgl. oben S. 59 und unten S. 113 f.; 114 f.

[166] Restitutio 361. Vgl. ferner IMPALLOMENI, L'editto degli edili curuli (1955) 154 f.; KASER, RZ 330 N. 2 mit weit. Lit.

[167] Zur judizialen Restitution bei der *redhibitio* statt aller LENEL, Edikt 559 f. Sie ergibt sich in bezug auf die Kaufsache aus der besonderen Gestaltung dieses Rechtsbehelfs. Der Käufer ist zur Rückgabe berechtigt, nicht verpflichtet. Nur er kann auf Wandlung klagen. Die Rückgabe ist aber Voraussetzung für den Erfolg der Klage. Ulp. D. 21,1,29 pr. — Neuestens vertritt WESEL für die *redhibitio* einen durch die Rückgabe der Sache ausgelösten dinglichen Rückfall des Eigentums ex tunc in den Fällen, in denen der Kauf nur zu bonitarischem Eigentum geführt hatte. SZ 85 (1968) 94 ff. (141 ff.). Soweit WESEL sich dafür auf Stellen wie fr. 23,7 (und Paul. D. 21,1,60) beruft (155 f.), argumentiert er ohne Begründung von einer selbst die traditionelle Konzeption noch transzendierenden Auffassung der *i. i. r.* her. Vgl. oben S. 3 Anm. 12. Ohne überzeugende Begründung bleibt auch die These, die *redhibitio* habe zwar nicht das altzivile Formalgeschäft der Manzipation, wohl aber die zivilrechtliche *emptio-venditio* in vollem Umfang und mit Rückwirkung dort aufheben können, wo der Kauf nur amtsrechtliche Folgen hatte (146; 155). Eine ganz andere Frage etwa ist es, ob im Wege der *redhibitio* die Parteien so gestellt wurden, *ac si neque emptio neque venditio intercessisset* (Paul. loc. cit.). Eine solche Formulierung besagt über die Rechtswirkungen der *redhibitio* noch nichts und ist ohne weiteres mit einer nichtdinglichen Auffassung vereinbar. Im übrigen scheint es, daß WESEL die römischen Termini im Bereich der Unwirksamkeit, die eine feste Bedeutung nicht haben (vgl. oben S. 85 f.; unten S. 119 ff.; zu großzügig (a. a. O. 105; 156; 159; 165 f. u. ö.), in seinem Sinne verwendet. Auch gibt es nach WESEL selbst direkte Belege für einen dinglichen Rückfall nicht.

tuere genannt werden. Sie sind bislang fast ausnahmslos verdächtigt worden, wie mir scheint, zu Unrecht[168].

b) Über die Bedeutung judizialer Restitution hinaus sind für *in integrum restituere* noch weitere Inhalte ins Auge zu fassen. So zum Beispiel heißen in Scaev. D. 4,4,47,1 die minderjährigen Verkäufer *in integrum restituti*, obwohl sich aus dem Zusammenhang ergibt, daß der Verkauf noch nicht rückgängig gemacht ist. Der Sprachgebrauch ließe sich aus der Verwendung des Ausdrucks *i. i. r.* zur Bezeichnung auch des *iudicium restitutorium*, der *actio* erklären. Derjenige, der die Einsetzung des *iudicium restitutorium* erreichte oder ihrer sicher war[169], mochte deshalb schon *in integrum restitutus* genannt werden.

Man braucht eine so radikale Abkehr vom bisher Anerkannten quellenmäßig nicht zu fürchten. Je selbstverständlicher den Klassikern auch diese Wortbedeutung von *i. i. r.* gewesen ist, um so weniger wird von ihnen eine ausdrückliche Erklärung erwartet werden dürfen. Schon an sich könnten wir Postulation und Erteilung der *i. i. r.* ohne weiteres für das *iudicium restitutorium* verstehen, wo es in Betracht käme. Es sind aber auch genügend Texte vorhanden, die spezifisch auf die *i. i. r.* als *actio* hinweisen. Sie lassen sich nun nicht mehr unbesehen verdächtigen, weil wir mit dem Restitutionsedikt eine bestimmte Aktivität des Prätors verbinden müßten, für welche allein der Ausdruck *i. i. r.* angemessen erscheint.

c) Die Durchsicht der Rechtsbehelfe, die das vierte Buch der Digesten unter die *i. i. restitutiones* zählt, ergibt zum Beispiel: auch die *a. quod metus causa* findet hier ihren Platz. Der Einwand, die justinianische Kompilation verdecke den klassischen Rechtszustand, will sagen, bringe die nachklassische Einschmelzung der *i. i. r.* wegen *metus* in die Metusklage zum Ausdruck, dürfte nicht stichhaltig sein. Auch für die klassische Zeit läßt sich die *i. i. r.* wegen *metus* als Metusklage verstehen[170].

Es bleibt letztlich bei einer „gewissen Vermutung" (159), deren Fundierung m. E. nicht überzeugt.

[168] Paul. D. 21,1,60; Jav. D. 38,2,35; Nerat. D. 2,14,58. Vgl. Ind. Itp., zuletzt Levy, Restitutio 361 und 423; Cervenca, Restitutio 161 N. 77. Vorsichtiger dagegen Raggi, Restitutio 264 f. und N. 26. Zur Nerazstelle auch Knütel, Contrarius consensus (1968) 47, der es sich freilich etwas leicht macht, wenn er unter Berufung auf Raggi meint, die Klassiker hätten *i. i. r.* auch untechnisch gebraucht. — Natürlich kann *in integrum* auch einmal nachträglich hinzugefügt worden sein, wie das möglicherweise in Ulp. D. 4,2,9,7 der Fall ist. Eine Verwechslung von prätorischer und judizialer Restitution (so die herrschende Meinung) muß das aber nicht bedeuten. Vgl. unten S. 137 f.

[169] Siehe noch Gai. D. 3,3,46,3.

[170] Unten S. 123 ff. Eine andere Frage ist, ob der Terminus *i. i. r.* seit je auch für die Metusklage verwendet worden ist. Vgl. dazu unten S. 244 ff.

Weiterhin zeigt sich bei der *i. i. r.* durchgängig die Verwendung eines Vokabulars, das ebenso gut zu einer *actio* paßt: *i. i. r. postulatur*[171], *datur*[172], *denegatur*[173], *competit*[174], *cessat*[175]. Geradezu von einem *causam in integrum restitutionis agere* spricht der Kaiser in C. 2,43,2 (a. 226)[176] und C. 2,48,1 (a. 231)[177]. Zwingend ist der Schluß auf eine *actio* auch in Paul. D. 4,4,24 pr., wo von *cedere auxilium in integrum restitutionis* die Rede ist[178]. Die Herkunft dieser Stelle aus den Sentenzen macht die wichtige Stelle Ulp. D. 4,4,16 pr. (11 ad ed) wett:

> In causae cognitione etiam hoc versabitur, num forte alia actio possit competere citra in integrum restitutionem. nam si communi auxilio et mero iure munitus sit, non debet ei tribui extraordinarium auxilium: rel.

Beselers Einwände gegen den überlieferten Text überzeugen nicht mehr. Formal ist nichts zu beanstanden. Doch die *i. i. r.* ist für Beseler keine *actio*. Deshalb fallen *alia* (Beseler vermutet *aliqua*) und *citra — restitutionem*[179]. Zurückhaltender urteilt Lauria, der für das Ende der klassischen Zeit einen gewissen Zusammenhang zwischen *i. i. r.* und *actio* feststellen möchte, als Ausdruck neuer, von der *cognitio extra ordinem* her eindringender Tendenzen[180]. Aber dieser Zusammenhang von *i. i. r.* und *actio* verdichtet sich, fr. 16 pr. beim Wort genommen, schon für den Formularprozeß zur Identität. Das scheint jetzt diskutabel.

---

[171] Ulp. D. 3,3,39,6; 4,4,22.

[172] Ulp. D. 4,1,6; 4,4,13,1; Gai. D. eod. 15; Ulp. D. eod. 18,5; Pomp. D. eod. 50. Neben *dare restitutionem* ist noch *praestare restitutionem* zu erwähnen, das vornehmlich Gaius gebraucht: D. 4,4,25,1; eod. 27 pr. *Praestare actionem* im Sinne von *dare actionem* findet sich bei Paul. D. 4,2,21,6; Pap. D. 28,6,40; Pomp. D. 44,7,7. Vgl. Schulz, Metus 239 und N. 2 und v. Mayr, SZ 42 (1921) 216 N. 5, der noch weitere Stellen hinzufügt, die aber nicht stichhaltig sind; Schulz a. a. O. In den angeführten Gaiusstellen kann *restitutio* auch aus einem anderen Grund eigentlich nur *actio* bedeuten. Restituiert wird der Minderjährige, nicht der *procurator* oder der *pater*; wohl aber kann diesen Personen die an sich dem Minderjährigen zustehen *restitutio* (vgl. fr. 25,1) erteilt werden, wenn diese eine *actio* ist.

[173] Tryph. D. 4,4,37,1; Scaev. D. eod. 47 pr.

[174] Ulp. D. 4,4,16 pr. Die Auffassung, *competere* hätten die klassischen Juristen nur für zivile Klagen verwendet (so Krüger, SZ 16 [1895] 1 ff.), wird heute nicht mehr vertreten. Vinci, Ann. Cat. 2 (1948) 365 ff.; Kaser, RZ 251 N. 15; Amelotti, La prescriz. (1958) 43 N. 64; Cervenca, St. Biondi I (1965) 613.

[175] Ulp. D. 4,4,3,1. § 4; eod. 11,5; Tryph. D. eod. 37,1.

[176] Verdächtigt von Levy, Restitutio 423.

[177] Verdächtigt von Carrelli, Decretum 208 N. 1.

[178] Verdächtigt wiederum von Levy a. a. O.

[179] Beitr. 1,77; 2,37. Ähnlich Carrelli, Beneficium 31 f.

[180] St. Bonfante II (1930) 522 f. und N. 254. Zustimmend Cervenca, St. Biondi I (1965) 622; vgl. auch Restitutio 193. Zur methodischen Bedeutung der *cognitio extra ordinem* für die heutige Lehre unten S. 105 ff.

Entsprechend wären die Vorbehalte gegenüber PS 1,7,1 abzubauen, wo die *i. i. r.* als *actio* definiert wird:

Integri restitutio est redintegrandae rei vel causae[181] actio.

Weil die folgenden §§ 2 und 3:

Integri restitutionem praetor tribuit ex his causis, quae per metum dolum et status permutationem et iustum errorem et absentiam necessariam et infirmitatem aetatis gesta esse dicuntur. § 3 Integri restitutio plus quam semel non est decernenda: ideoque causa cognita decernitur,

mit der traditionellen Konzeption der klassischen *i. i. r.* in Einklang gebracht werden können, weist Levy sie dem Sentenzenverfasser zu, dem „die *i. i. r.* noch ein von der *actio* verschiedenes Institut (war)"[182]. Dagegen soll der Satz des § 1 dem Sentenzenverfasser nicht minder fremd gewesen sein wie Paulus[183].

Demgegenüber beschränkt sich jetzt die Kritik an der Gleichsetzung *i. i. r.* = *actio* allenfalls darauf, daß unter *i. i. r.* auch noch anderer restitutionsweise gewährter Schutz fallen mußte als allein das *iudicium restitutorium*. Aber die Sentenz versteht sich offenbar nicht so allgemein, wie es den Anschein hat. Wenn unsere Interpretation richtig ist, bezieht sie sich lediglich auf sachenrechtliche Vorgänge[184].

Im übrigen sind die §§ 2 und 3 mit § 1 vereinbar. Ja, § 3 könnte nun seine Erklärung gerade in dem Vorgang finden, den Levy[185], der unter *integri restitutio* unausgesprochen das spezielle Restitutionsdekret versteht und deshalb gegen die Einschränkung der prätorischen Aktivität Bedenken hat, hier ausschließt: Prozeßkonsumption durch *litis contestatio*. Mit § 1 paßt das gut zusammen[186]. Damit vereinfacht sich schließlich auch das Verhältnis zwischen PS 1,7,3 und der zu ihr gehörigen IP:

Ut in integrum res vel causa redeat, non nisi semel a iudice potest cognita causa praestari.

Die PS wäre nicht, wie Levy[187] annimmt, bereits der Niederschlag einer an dem in der Kognition herrschenden Prinzip der Rechtskraft orientierten „überlegte(n) Umformung der ursprünglichen Sentenz". PS 1,7,3 und IP illustrierten vielmehr unmittelbar den Übergang von der Ausschlußwirkung

---

[181] Zum Begriff *causa* oben S. 73 ff.

[182] Restitutio 382.

[183] Levy a. a. O.

[184] Vgl. oben S. 73 ff.

[185] Restitutio 383.

[186] Vgl. schon Lauria a. a. O. 521 bei N. 242.

[187] A. a. O. 384.

im Formularprozeß, die an die *litis contestatio* geknüpft ist, zu derjenigen im Kognitionsverfahren, die vom Urteil ausgeht[188].

d) Die hier vertretene breite Verwendung von *i. i. r.* und *i. i. restituere* korrespondiert im übrigen mit der heute wachsenden Erkenntnis, daß die klassische Rechtssprache auf weite Strecken hin ohne technische Termini ausgekommen ist. Zuletzt hat sich KASER ausführlich dazu geäußert[189]. *I. i. r.* weist allerdings auch er in Übereinstimmung mit der herrschenden Meinung eine feste Bedeutung zu[190]. LAURIA[191], der im Anschluß an BEKKER[192] für einen untechnischen Gebrauch von *i. i. r.* eingetreten ist, scheint damit allein geblieben zu sein, wohl deswegen, weil man sich dem Schluß auf eine technische Bedeutung schwer entziehen kann, wenn nicht gleichzeitig die Maßgeblichkeit der prätorischen Restitution für die *i. i. r.* „im engeren Sinn" BEKKERS angezweifelt wird.

II. An die terminologische Frage schließt eine andere gleichsam von selbst an: die Frage nach dem besonderen Restitutionsdekret[193].

Wie die Würdigung der römischen Terminologie sind auch die Vorstellungen über das Restitutionsdekret maßgeblich durch das traditionelle Verständnis von *i. i. r.* bestimmt. Wenn die Eigentumsübertragung in ihre rechtliche und faktische Komponente zerlegt und die Rückgängigmachung der Rechtsveränderung einem selbständigen Verfahren zugewiesen wird, für das eine spezifische Tätigkeit des Prätors charakteristisch ist, dann bleibt das Restitutionsdekret konstruktiv immer eine Versuchung. Für die ältere und streng dogmatisch ausgerichtete Romanistik steht es außer Diskussion. Dagegen nimmt die neuere Forschung darauf Rücksicht, daß *decretum* im (wahrscheinlichen) Zusammenhang mit einem *iudicium* nur einmal bezeugt ist (Scaev. D. 4,4,47,1). Sie hält deshalb an der Notwendigkeit des Dekrets nicht mehr fest, sondern zieht als regulär gehandhabtes Verfahren auch die Erteilung der *i. i. r.* im Wege der *datio actionis* in Betracht[194].

Die vorliegende Untersuchung führt im Ergebnis in die Nähe der vermittelnden Meinung. Ist die *postulatio restitutionis*, die *cognitio de in integrum restitutione* (auch) richtig interpretiert als *postulatio actionis*, als

---

188 Allgemein dazu KASER, RZ 222 ff.; 292; 396; 503 f.

189 St. Biondi I (1965) 97 ff.

190 A. a. O. 128.

191 A. a. O. 514 und 516.

192 Aktionen 2,76. Vgl. noch unten S. 123 Anm. 4.

193 Sie wird, dem Thema der Untersuchung entsprechend, nur für die *i. i. r.* gestellt, die zu einem *iudicium* führt. Da liegt aber auch das Problem. KASER, RZ RZ 332 N. 22. Vgl. ferner die Darstellung bei CERVENCA, Restitutio 25 ff.

194 Siehe oben S. 95 f.

cognitio de actione, dann hat ein besonderes Dekret von vornherein wenig für sich. Dann konzentrieren sich die Überlegungen von selbst auf das Dekret über die Erteilung der *actio*[195], das sich allerdings von dem gewöhnlichen durch die voraufgehende *causae cognitio* unterscheidet, also ein *decretum* im spezifischen Sinn ist[196]. Damit soll nicht ausgeschlossen werden, daß der Prätor je nach Bedarf und Zweckmäßigkeit auch ein besonderes Restitutionsdekret erlassen hat, dort etwa, wo es nicht um die Erteilung von Aktionen ging oder wo mehrere Aktionen notwendig wurden, weil der Vorteil aus dem aufzuhebenden Geschäft teilweise einem Dritten zugeflossen war. Grundsätzliche Bedenken aber sind in jedem Fall gegenüber einem Restitutionsdekret anzumelden, wie es sich die ältere Lehre vorgestellt hat. Den je gewünschten Effekt einer (rückwirkenden) Vernichtung des angegriffenen Geschäfts hätte der Prätor bei seiner Rechtshilfe im einzelnen technisch doch stets besonders herstellen müssen. Er brauchte ihn nicht eigens zu dekretieren. Ein Dekret allgemeinen Inhalts genügte.

Ob allerdings Scaev. D. 4,4,47,1 (1 resp) als Beleg für ein solches Restitutionsdekret gelten darf, scheint fraglich zu sein:

> Curator adulescentium praedia communia sibi et his, quorum curam administrabat, vendidit: quaero, si decreto praetoris adulescentes in integrum restituti fuerint, an eatenus venditio rescindenda sit, quatenus adulescentium pro parte fundus communis fuit? respondi eatenus rescindi, nisi si emptor a toto contractu velit discedi, quod partem empturus non esset[197].

Für die Meinung, die ein spezifisches Aufhebungsdekret verficht, ist der Fall eine Anomalie. Mit dem Dekret müßte eigentlich der Umfang der Aufhebung feststehen. In das Dekret, von dem Scaevola berichtet, ist diese Frage offensichtlich nicht einbezogen worden[198]. Die vermittelnde Auffassung vermerkt ein besonderes Restitutionsdekret allgemeinen Inhalts in einem Fall, wo sie auch Erteilung der *i. i. r.* vermittels des *iudicium restitutorium* nicht ausschließen würde[199]. Übereinstimmend wird also angenommen, daß in fr. 47,1 ein selbständiges, vom Dekret über die Erteilung des *iudicium restitutorium* verschiedenes Dekret vorliegt und daß sich die

---

[195] Über das klageerteilende Dekret KASER, RZ 219.

[196] „ein Klagerecht *causa cognita* erteilen", HEUMANN-SEKEL s. v. *decernere* Ziff. c. mit Nachweisen.

[197] GRADENWITZ, Interpolationen in den Pandekten (1887) 200 verdächtigt *eatenus rescindi — non esset.* Dagegen SOLAZZI, BIDR 23 (1911) 133; BIONDI, Ann. Pal. 12 (1929) 393 f. Vgl. ferner CARRELLI a. a. O. N. 1. Von der Echtheit des Passus geht auch KASER, Labeo 12 (1966) 237 f. aus.

[198] Das räumt auch CARRELLI, Decretum 155 ein. Andererseits aber spricht er von „decretum di rescissione" (Actio Publiciana 21). Vgl. noch CERVENCA, Restitutio 31 und LAURIA, St. Bonfante II (1930) 520.

[199] LAURIA, CERVENCA, KASER, alle a. a. O.

Kontroverse über den Umfang der Restitution auf die Formelredaktion bezieht[200]. Das ist konsequent. Denn da nach beiden Meinungen das *iudicium restitutorium* ein *iudicium in rem* ist, wäre bei seiner Erteilung der Umfang der Restitution geklärt.

Es bleibt die Frage nach dem Anlaß für das Dekret. KASERS Vermutungen gehen dahin, die Antragsteller hätten mit einer freiwilligen Erfüllung gerechnet; erst als sie ausblieb, weil Streit über den Umfang der Restitution entstand, sei es zur Einsetzung des *iudicium restitutorium* gekommen[201]. Der Gedanke einer gütlichen Einigung ist aber problematisch, weil eine Sachverhaltsergänzung dieser Art keinen Anhalt im Text hat. Hinzu kommt folgendes.

Es ist bereits davon die Rede gewesen, daß der Restitutionsuchende *in integrum restitutus* genannt werden kann, wenn ihm Klage erteilt worden ist: unter der Voraussetzung nämlich, daß die Klage selbst *i. i. r.* heißt[202]. Nimmt man weiter an, daß diese Klage eine arbiträre *a. in factum* ist, dann läßt sich das Dekret in fr. 47,1 auch als Dekret über die *datio actionis* verstehen. Praktisch relevant wird der Umfang der Restitution im Ablauf des gesamten Verfahrens vor allem dort, wo sich die Restitution ihrem Prinzip nach verwirklicht. Der Ort liegt bei prätorischer Restitution *in iure*, vor dem Prätor, der die Formel der *a. in rem* nach dem Ausmaß der Restitution redigiert; bei judizialer Restitution im *iudicium, apud iudicem*, der den Beklagten zur Rückübereignung anhält. Mit Rücksicht darauf wäre der Streit in fr. 47,1 vor dem *iudex* denkbar, unbeschadet der Möglichkeit, daß auch bei judizialer Restitution die Frage nach dem Umfang der Restitution vor dem Prätor und mit Auswirkung für die Formel aufgeworfen werden konnte. Mit anderen Worten: Klagen die Minderjährigen mit *a. in rem* auf ihre Anteile, so realisieren sie nur die (fiktiv) vorweggenommene Restitution. Klagen sie dagegen mit arbiträrer *a. in personam,* dann steht die Restitution erst für das *iudicium* an, so daß der Umfang der Restitution noch vor dem *iudex* zur Sprache kommen kann[203].

III. Mit den Überlegungen zum Dekret wäre für *i. i. r.* ein umfassendes Verfahren gewonnen, das von dem Verfahren *in iure (causae cognitio)* über die Erteilung der *actio* bis zum Verfahren *apud iudicem* reicht. Das entspricht im Prinzip dem *ordo iudiciorum,* nur ist die Erteilung des *iudicium*

---

200 Ausdrücklich CARRELLI, Decretum 155 f. Im gleichen Sinn wohl auch CERVENCA, Restitutio 30 und 31 f.; KASER a. a. O.

201 KASER, Labeo 12 (1966) 237 f.

202 Oben S. 98 f.

203 Über die mögliche Beteiligung von Personen, die nicht Prozeßsubjekte sind, an der Restitution, oben S. 46 ff.

keine Routineangelegenheit (eine Musterformel ist nicht proponiert), sondern einer qualifizierten Entscheidung des Magistrats vorbehalten. Daher könnte die Eigenschaft der *i. i. r.* als *auxilium extraordinarium* rühren[204].

Die Aufgabe, die dem Magistrat bei der Erteilung der *i. i. r.* zufällt, verlangt noch ein besonderes Wort. Nach der herrschenden Meinung ist die Prüfung des Restitutionsgrundes regelmäßig Sache des Prätors gewesen[205]. Daß sich an die *causae cognitio* gleichwohl noch ein Streitverfahren anschließen konnte, ergibt sich aus der zugrundegelegten dinglichen Natur des *iudicium restitutorium.* Um die Frage, ob der Minderjährige Eigentümer war, kümmerte sich der Prätor nicht. Spielte diese Frage aber auch *apud iudicem* keine Rolle, weil das *iudicium restitutorium* eine persönliche *a. in factum* war, so müßte unter der genannten Voraussetzung für die Formel der *a. in factum* ein unstreitiger Tatbestand angenommen werden[206].

Daß die Beweisführung über den Restitutionsgrund vor dem Prätor stattgefunden hat, ist jedoch quellenmäßig keineswegs gesichert. Infolgedessen konnte zum Beispiel eine zuletzt von WENGER[207] vertretene Lehre Fuß fassen, die mit einem eigens der Untersuchung des Restitutionsgrundes gewidmeten *iudicium* (dem sog. *iudicium rescindens*) operierte, auf welches erst das *iudicium restitutorium* folgen sollte. Wohl mit Recht ist diese systematisierende Betrachtungsweise heute aufgegeben. Geblieben ist dagegen der zuletzt von LENEL[208] geäußerte Gedanke, daß der Prätor dem *iudex* des *iudicium restitutorium* die Untersuchung des Restitutionsgrundes überlassen konnte. Ganz allgemein hat KASER auf die „praktisch begrenzten Möglichkeiten einer Beweisführung" vor dem Prätor hingewiesen und zu erwägen gegeben, daß die Klassiker je nach Lage des Falles verfahren sein mochten[209].

In die vorstehenden Überlegungen lassen sich diese Erwägungen gut einbeziehen. Sie kommen der Annahme entgegen, der Prätor habe seine *causae cognitio* grundsätzlich darauf beschränkt, aus dem ihm vorgetragenen Sachverhalt den Tatbestand, der seiner Meinung nach eine Restitution rechtfertigen konnte, zu „formulieren" und zur richterlichen Prüfung zu stellen[210]. Geschah diese Redaktion der Formel zunächst zum Zweck der

---

[204] Ulp. D. 4,4,16 pr.

[205] KASER, RZ 331; CARRELLI, Decretum 188 ff.

[206] Mittels einer *demonstratio* mit *quod*? Zu dieser Erscheinung statt aller KASER, RZ 240 f.

[207] 236.

[208] Edikt 110, für die *i. i. r.* wegen *metus.* Zustimmend KASER, RZ 332.

[209] A. a. O. und N. 26.

[210] Dabei hätte auch ein Vorbehalt des Prätors wirksam werden können, die *i. i. r.* nach seinem Ermessen zu verweigern. Zu dieser Befugnis KASER, RZ 136 f.

außergerichtlichen *editio actionis,* so war übrigens die Anwesenheit des Restitutionsgegners nicht unbedingt erforderlich. Damit wäre auch der Eindruck erklärt, den die Lektüre einschlägiger Texte vermittelt: die Anwesenheit des Gegners bei der *causae cognitio* scheint erst mit der Zeit obligatorisch geworden zu sein[211]. Bei der Prüfung des Restitutionsgrunds durch den Prätor selbst hätte wohl nie auf die Anwesenheit des Gegners verzichtet werden können. LAURIA a. a. O. weist auf das Problem hin. Gewöhnlich behilft man sich deshalb damit, daß man die Quellen im Sinne einer seit je obligatorischen Ladung des Restitutionsgegners interpretiert[212].

Schließlich sei noch einmal auf Paul. D. 4,4,24,5 hingewiesen:

> Ex hoc edicto nulla propria actio vel cautio proficiscitur: totum enim hoc pendet ex praetoris cognitione.

Die besondere Abhängigkeit der *actio* von der *causae cognitio* läßt sich als gesteigerte Form der regulären, auf der Zweiteilung des Verfahrens beruhenden prätorischen Jurisdiktion verstehen.

IV. Eine methodengeschichtliche Bemerkung zur *i. i. r.* außerhalb des Formularprozesses rundet das Vorstehende ab.

Ihren für das Formularverfahren aufgestellten Begriffen entsprechend formuliert die traditionelle Lehre die Frage der *i. i. r.* in der spätklassischen Kognition und im ungeteilten Beamtenprozeß der nachklassischen Zeit als Frage nach einer spezifischen Annäherung und Verschmelzung von *i. i. r.* und *actio*[213]. Das ist terminologisch ungenau, wenn bereits das klassische *iudicium restitutorium* den Namen *i. i. r.* führt. Es ist sachlich nicht korrekt, wenn und soweit die restitutorische *causae cognitio* kein autonomes Verfahren ist. Richtig ist die Verschmelzung von *causae cognitio* und *iudicium restitutorium.* Aber darin unterliegt von unserem Standpunkt aus das

---

Ob sie dem Prätor bei der *i. i. r.* zustand, ist umstritten. KASER neigt dazu, die Frage zu bejahen; Labeo 12 (1966) 237 gegen CERVENCA, Restitutio 8 ff.; RAGGI, Restitutio 68 ff.

[211] Vgl. Ulp. D. 4,4,13 pr. in fin.; 5,1,2,3 in fin.; C. 5,71,1,1 (a. 212); 2,33,1 (a. 233). Dazu LAURIA, St. Bonfante II (1930) 521. — Zur *editio actionis* siehe nur KASER, RZ 162.

[212] BURCHARDI 423; SAVIGNY 7, 231; CUQ, Manuel² (1928) 834; GIRARD, Manuel⁸ (1929) 1130; KASER, RZ 331. Abweichend nennt CARRELLI (Decretum 181 ff.) die Notwendigkeit der Anwesenheit eine „necessità piuttosto equitativa che giuridica". Zustimmend CERVENCA, Restitutio 89. Daß die obligatorische Anwesenheit des Restitutionsgegners kein Anzeichen für die Umwandlung der *i. i. r.* in eine *actio* ist (so aber LAURIA a. a. O. und N. 241; CERVENCA a. a. O. 89 ff.), ergibt sich nach allem von selbst.

[213] LEVY, Restitutio 374; 381; 422 und passim; CERVENCA, Restitutio 88; 99; 114; 124; 127; 179 und öfter; KASER, Labeo 12 (1966) 239 ff.; RZ 391; 471. Vgl. schon LAURIA, St. Bonfante II (1930) 520 ff.

Restitutionsverfahren derselben Veränderung, die für den Übergang vom Formularprozeß zum Beamtenprozeß typisch ist: Vereinigung von Verfahren *in iure* und Verfahren *apud iudicem* in der Hand eines beamteten Richters.

Der Vorgang läßt sich vielleicht durch Ulp. D. 4,4,20,1 (11 ad ed):

Si quis tamen maior viginti quinque annis intra [tempus restitutionis statutum] contestatus postea destiterit, nihil ei proficit ad in integrum restitutionem contestatio, ut est saepissime rescriptum,

und Diocl. C. 2,21,6 (a. 294) belegen:

Si intra aetatem, cui succurri solet, in integrum restitutionis lis inchoata est nec ei a te renuntiatum est, mors eius, contra quem haec fuerat implorata, fraudi tibi esse non potest.

Für den spätklassischen Juristen geht es um die rechtzeitige Betreibung der *causae cognitio* mittels *contestatio*, der einseitigen und beweislosen Erklärung des Antragstellers[214], die nicht weniger gut zur prätorischen *causae cognitio* paßt wie zum Kognitionsprozeß[215]. *Ad in integrum restitutionem contestatio* muß auch nicht den Sinn einer Genitivkonstruktion haben, wodurch die *contestatio* zum Bestandteil eines Verfahrensabschnitts *i. i. r.* erhoben würde[216]. *(Nihil ei) proficit ad in integrum restitutionem contestatio* kann etwa die Bedeutung zukommen wie bei Ulpian D. 2,14,7,6 *pactio ... ad actionem proficit.* Ganz im Gegensatz dazu spricht der Kaiser nur mehr von dem rechtzeitig eingeleiteten Restitutionsprozeß: *in integrum restitutionis lis inchoata est.*

Wo uns aus den nachklassischen Quellen die *i. i. r.* als *actio* entgegentritt, scheint deshalb der Schluß auf eine besondere Entwicklung der *i. i. r.* im Gegensatz zu den *actiones* nicht mehr gerechtfertigt. Und umgekehrt können wir für das klassische Recht mit *i. i. r.* von vorherein den Begriff *actio* verbinden, soweit sachlich eine *actio* gemeint sein kann.

Wenn ferner die nachklassischen Quellen *i. i. r., in integrum restituere* und die sprachliche Neuerung *integri restitutio* auch zur Bezeichnung der materiellen Wiederherstellung des früheren Zustands verwenden[217], ist das gleichfalls kein Grund mehr für die Annahme eines spezifischen Wandels, der sich mit dem Rechtsinstitut *i. i. r.* vollzogen hätte[218]. Die Nachklassiker

---

214 Levy, Restitutio 375 N. 66; 411 N. 209.

215 Der *cognitio extra ordinem* wird fr. 20,1 zugewiesen von Levy a. a. O.; Cervenca, Restitutio 84 f.; St. Biondi I (1965) 619 f.; Kaser, Labeo 12 (1966) 239 RZ 391 N. 74.

216 So aber Cervenca a. a. O.

217 Belege bei Levy, Restitutio 396 ff.; Cervenca, Restitutio 154 ff.; 158 ff.; Raggi, Restitutio 250 ff.

218 Vgl. die soeben genannten Autoren a. a. O.; ferner Kaser, Labeo 12 (1966)

stimmen mit der klassischen Tradition offenbar viel genauer überein, als man bisher geglaubt hat. Ihr im Osten wie im Westen gleicher Sprachgebrauch braucht deshalb auch nicht das bemerkenswerte Zeichen parallel verlaufener Veränderungen der *i. i. r.* in beiden Reichshälften zu sein[219]. Die gemeinsamen Anschauungen der Spätzeit erklären sich einfacher aus dem gemeinsamen klassischen Erbe.

Beachtung verdient schließlich der Stand der modernen romanistischen Forschung, soweit diese die *i. i. r.* außerhalb des Formularverfahrens, in ihrer Sprache also: den Prozeß der Umwandlung der *i. i. r.* in eine *actio*, schon beschrieben hat.

Von CARRELLI und LAURIA bis LEVY, CERVENCA und RAGGI zeichnet sich eine klare Tendenz ab, den Zeitpunkt des Verschmelzungsprozesses immer früher anzusetzen[220]. Bei CARRELLI liegt das Schwergewicht noch auf dem justinianischen Recht[221]. LEVY sieht ab Diokletian die *i. i. r.* einschneidenden Veränderungen unterworfen[222]. Auf den Spuren LAURIAS[223] sind schließlich RAGGI[224] und vor allem CERVENCA[225] zu der Auffassung gekommen, die Angleichung von *i. i. r.* und *actio* habe sich schon im spätklassischen Kognitionsprozeß angebahnt.

Die Ergebnisse CERVENCAS und RAGGIS entsprechen einer methodischen Haltung, die der radikalen Textkritik entsagt und daher gezwungen ist, bisher für verfälscht angesehene Texte in die Untersuchungen zum klassischen Recht einzubeziehen. Bei unverändert beibehaltener Konzeption der *i. i. r.* des Formularverfahrens erzeugt das Unstimmigkeiten, die sich aber anscheinend einleuchtend über die *cognitio extra ordinem* korrigieren lassen. Das Ventil des Kognitionsprozesses entlastet jedoch einseitig und vorschnell. Mit der aus einer texterhaltenden Einstellung geborenen Notwendigkeit, *i. i. r.* als *actio* bis in die klassische Zeit zurückzudatieren, dürfte vielmehr die Wirklichkeit bereits des ordentlichen Verfahrens korrespondieren: auch im Formularprozeß kann die *i. i. r.* eine *actio* sein. Die Lösung liegt in einer Revision des bisher für verbindlich angesehenen Begriffs der *i. i. r.*

241.

[219] CERVENCA, Restitutio 161; St. Biondi I (1965) 629. Vgl. bereits LEVY, Restitutio 423 und SZ 76 (1959) 12 f.

[220] Darauf macht auch SARGENTI aufmerksam. BIDR 69 (1966) 1 f. (SA).

[221] Decretum 197 ff.; 207 f.

[222] Restitutio 375 ff.

[223] St. Bonfante II (1930) 521 f.

[224] Restitutio 82 ff.

[225] Restitutio 4; 83 ff. Zum Vorstehenden ferner noch KASER, RZ 391.

§ 9

Die Durchführung der Restitution, insbesondere die Stellung des Restitutionsgegners

I. Bei Gelegenheit der Interpretation von Ulp. D. 3,3,39,6 war am Rande vom Kaufpreis die Rede, den der Minderjährige an den Käufer zurückgeben muß[226]. Die Frage der Kaufpreisrückgabe stellt sich zwar ganz unabhängig von der Rechtsnatur des *iudicium restitutorium*, ihre Erörterung paßt aber vielleicht nicht nur der Vollständigkeit halber in den Gang der Untersuchung, weil damit im Komplex der Restitution auch die Interessen des Restitutionsgegners zur Sprache kommen. Auch läßt sich an diese Frage gut das für die *i. i. r.* noch nicht erörterte Problem anknüpfen, wie die Aufhebung der Veräußerung dogmatisch zu denken ist.

1. Für das *iudicium restitutorium* als Ort für die Rückgabe der Gegenleistung hat sich vor allem Levy ausgesprochen[227]. Der Beklagte habe zwecks Erstattung des Kaufpreises die Aufnahme einer *exc. doli* in die Formel des *iudicium restitutorium* erreichen können. Bestätigt sieht sich Levy durch Jul. D. 4,4,41 (45 dig):

> Si iudex circumvento in venditione adulescenti iussit fundum restitui eumque pretium emptori reddere, et hic nolit uti hac in integrum restitutione paenitentia acta, exceptionem utilem adversus petentem pretium quasi ex causa iudicati adulescens habere poterit, quia unicuique licet contemnere haec, quae pro se introducta sunt. nec queri poterit venditor, si restitutus fuerit in eam causam, in qua se ipse constituit et quam mutare non potuisset, si minor auxilium praetoris non implorasset.

Mit dem regulären Machanismus der *exc. doli* ist der an beide Parteien ergehende Restitutionsbefehl jedoch schlecht in Einklang zu bringen[228]. Erkennt der Minderjährige das Gegenrecht des Beklagten an, so muß er vor *litis contestatio* an ihn zahlen, um der *exceptio* zu entgehen. Der Restitutionsbefehl kann sich dann auf die Rückgabe des *fundus* beschränken. Das gleiche gilt für den Fall, daß der *minor* das Gegenrecht glaubt widerlegen zu können. Dann wird in der Klageerhebung regelmäßig kein *dolus* zu finden sein. Die Klage muß deshalb ohne Rücksicht auf das mit der *exc. doli* geltend gemachte Recht des Beklagten zugesprochen werden.

Man könnte daran denken, fr. 41 für eine das starre Schema der Exzeptionen mildernde Lösung in Anspruch zu nehmen, wie sie den klassischen

---

[226] Oben S. 90.

[227] Restitutio 367 f. Zustimmend Cervenca, Restitutio 40 N. 102.

[228] Zum folgenden allgemein Kaser, RZ 194 f., mit Rücksicht auf fr. 41 Carrelli, Decretum 151 und 178 N. 2.

Arbiträrklagen zugeschrieben wird, bei denen der Richter im Anschluß an die Feststellung des Klagerechts ein Gegenrecht des Beklagten habe prüfen und gegebenenfalls die Weiterverfolgung des klägerischen Anspruchs davon habe abhängig machen können, daß der Kläger auf den Gegenanspruch zahlte[229]. An einer solchen Regelung, für die im übrigen auch bei den Arbiträrklagen unmittelbare Belege fehlen[230], gefällt aber nicht, daß sie gleichfalls auf eine Vorleistung des Minderjährigen hinausläuft, nicht anders als im Falle der weniger flexiblen Steuerung durch *exc. doli*. Die traditionelle Lehre mag das nicht stören. Für sie erschöpft sich die *i. i. r.* in dem rechtsändernden Verfahren vor dem Prätor, und es klingt von daher ganz plausibel, daß der Minderjährige ein (Vindikations-)Kläger wie jeder andere ist, von dem der Beklagte mittels *exc. doli* vorprozessuale Aufwendungen, hier: den Kaufpreis für die Sache, zurückfordern kann[231]. Demgegenüber sei nochmals an die Problematik eines Rechtsinstituts namens *i. i. r.* erinnert, das in seinen Begriff das *iudicium restitutorium*, die Wiederherstellung der tatsächlichen Lage, nicht aufnimmt[232]. Erst recht muß der Zwang zur Vorleistung befremden, wenn die *i. i. r.* das *iudicium restitutorium* selbst und eine *a. in personam* ist. Schon rechtlich geht es dann von vornherein auch um die materielle Rückgabe der verkauften Sache. Die praktische Durchführung durfte dahinter nicht zurückstehen, wenn der Minderjährigenschutz nicht ausgehöhlt werden sollte.

Ein Indiz für den Vorrang der Minderjährigeninteressen könnte darin gefunden werden, daß in verschiedenen Texten die Rückgabe des Kaufgegenstands v o r der Preisrückgabe erwähnt wird. Das ist in fr. 41 cit. der Fall, das ergibt sich aus Paulus D. 4,4,24,4, Scaevola D. 4,4,47,1 und Modestin D. 26,7,32,4[233]. Vielleicht hat sich das Ganze so abgespielt, daß der den Restitutionsgrund bejahende *iudex* des *iudicium restitutorium*, formell irgendwie ermächtigt, die Rückgabe des Kaufgegenstandes zur Voraussetzung eines Ausspruchs über die Rückzahlung des Kaufpreises gemacht hat, so wie (unter umgekehrten Vorzeichen) bei der Wandlung, wo der Erfolg der Klage des Käufers auf den Kaufpreis von der vorherigen Rückgabe der gekauften Sache abhing[234]. Das Interesse des Restitutionsgegners an der Rückzahlung des Kaufpreises könnte aber im Streitfall auch

---

229 Kaser a. a. O.

230 Kaser a. a. O. 195 N. 36.

231 Levy, Restitutio 367 N. 41 i. Verb. mit SZ 36 (1915) 57 f.

232 Oben S. 5.

233 Zu den drei letztgenannten Stellen noch im folgenden.

234 Ulp. D. 21,1,29 pr.

noch auf andere Weise verwirklicht worden sein als im Prozeß auf Rückgabe der Sache. In Betracht kommt ein eigenes *iudicium*.

2. In seine Untersuchung des antiken Lösungsrechts hat FELGENTRAEGER[235] römisch-rechtliche Texte, vorwiegend Konstitutionen, einbezogen, in denen die *i. i. r.* des Veräußerers mit der Erstattung des Kaufpreises kombiniert ist. Die stereotype und nach FELGENTRAEGER formal anstößige Art, in der das geschieht, legt den Schluß nahe, daß es sich hier um nachklassische Einarbeitung handeln könnte[236]. Die traditionelle Lehre würde diesen Befund so deuten können: Im klassischen Recht ist die Rückgabe der Gegenleistung nicht im Rahmen der *i. i. r.*, des prätorischen Vorverfahrens berücksichtigt worden, sondern im anschließenden *iudicium restitutorium*[237]; infolgedessen hat die nachklassische Verschmelzung von *i. i. r.* und *actio* zwangsläufig zur Einfälschung der Kaufpreisrückgabe in die Texte geführt, die sich ursprünglich auf die *i. i. r.*, das Vorverfahren, bezogen haben.

Eine andere Bewertung der Beobachtungen FELGENTRAEGERS ergibt sich von dem Standpunkt aus, daß in den einschlägigen Texten *i. i. r.* bereits für das klassische Recht als *iudicium restitutorium* verstanden werden kann. Dann läßt sich aus den vermuteten Veränderungen für das klassische Recht folgern, daß zum Zweck der Kaufpreisrückgabe mit der Möglichkeit eines besonderen *iudicium* gerechnet werden darf[238]. Als einleuchtendes Motiv für eine Bearbeitung der Texte ergäbe sich die durch Just. C. 7,45,14 (a. 529)

---

[235] Antikes Lösungsrecht (1933) 101 ff.

[236] Vgl. z. B. die Reskripte Gordians C. 2,19,3 (a. 238); eod. 4 (a. 239); eod. 5 (a. 239). FELGENTRAEGER a. a. O. 106 ff. Zustimmend KASER, SZ 54 (1934) 439 mit N. 1; SOLAZZI, La revoca etc.[3] (1945) 1, 25 N. 4; LEVY, Restitutio 367 N. 39.

[237] Ausdrücklich LEVY, SOLAZZI a. a. O.; implizit KASER, Labeo 12 (1966) 228. Zwingend ist das allerdings nicht. Daß die Rückgabe des Kaufpreises in die Texte eingefälscht ist, die man für das Vorverfahren in Anspruch nimmt, besagt noch nicht, daß die Rückgabe des Kaufpreises im *iudicium restitutorium* berücksichtigt wurde. Sie könnte auch einem eigenen *iudicium* vorbehalten gewesen sein. Zur vermutlichen Auffassung FELGENTRAEGERS vgl. die folgende Anm. 238.

[238] Man muß sich fragen, ob dahin nicht auch FELGENTRAEGER tendiert, unbeschadet seiner Übereinstimmung mit der traditionellen Lehre im übrigen. Vgl. z. B. die Darstellung a. a. O. 104, insbesondere dort, wo FELGENTRAEGER im Hinblick auf den Formularprozeß von den „sich nach erlangter *i. i. r.* vollziehenden Auseinandersetzungen" spricht. Ähnlich a. a. O. 117 zu PS IP 1,9,7: „Gegen Rückzahlung des Kaufpreises bekommt der *minor* sein *praedium* zurück. Von der Konstruktion der Ansprüche und ihrer prozessualen Durchführung ist keine Spur mehr vorhanden ..." (Hervorhebungen alle vom Verf.). Unmittelbar beweiskräftig ist wohl, daß FELGENTRAEGER D. 4,4,41 überhaupt für interpoliert hält: a. a. O. 104 mit N. 14. Das läßt LEVY außer acht und ist auch von den übrigen Autoren, die sich mit der Stelle befaßt haben (vgl. im folgenden), nicht berücksichtigt worden.

bekräftigte prozeßökonomische Tendenz, gegenseitige Ansprüche der Parteien in e i n e m Verfahren zu erledigen[239].

Ob man aus FELGENTRAEGERS Untersuchung so weitreichende Schlüsse ziehen kann, erscheint freilich angesichts der heutigen Zurückhaltung bei der Annahme nachklassischer inhaltlicher Texteingriffe nicht unproblematisch. Immerhin mag der Gedanke an einigen Digestenstellen überprüft werden, zunächst an Mod. D. 26,7,32,4 (6 resp):

Interposito curatore adulescens fundum Titio vendidit: postea adgnita fraude in integrum restitutus in possessionem induci iussus est: quaero, an, cum ex hac venditione melior factus non est neque in rem suam quicquam versum probetur, pretium emptori restituere non debeat. Modestinus respondit pretium fundi ab adulescente venumdati, si rationibus eius non profuit nec quicquam de eo a iudicante de in integrum restitutione statutum est, emptorem frustra postulare.

Vor dem Hintergrund des Formularprozesses stellt sich das *iussum* als richterliches dar[240]. Das erweckt den mißlichen Eindruck, als ob die Frage der Bereicherungshaftung des Mündels erstmals zwischen Restitutionsbefehl und Judikat, also vor dem *iudex* zur Sprache kommt. Indessen spricht nichts gegen die Annahme, daß die Anfrage einem neuen Verfahren gilt. In Ulp. D. 3,3,40,2 zum Beispiel zeigt die *pronuntiatio* das Ende des (Vindikations-) Prozesses an. Ebenso mag Modestin einem unmißverständlichen Sprachgebrauch folgen, wenn er mit dem richterlichen Restitutionsbefehl, für den nach der bisherigen Untersuchung auch ein *iudicium restitutorium in personam* in Betracht gezogen werden darf, das Verfahren auf Rückgabe des *fundus* abschließen läßt[241].

Nec quicquam — statutum est ginge auf Kosten der nachklassischen Hand, die den Richterbeamten im Prozeß auf Rückgabe des *fundus* auch über die Erstattung des Kaufpreises entscheiden läßt. Außer auf die holperige Anhäufung von Präpositionen und die bequeme Wiederholung von *quicquam* wäre noch auf das Ungewöhnliche hinzuweisen, daß der Passus *si rationibus — statutum est*, bezogen auf den mit der Sache befaßten Richter, ein Gutachten impliziert, das zur Nachprüfung einer richterlichen Entscheidung erbeten wurde.

Analog fr. 32,4 verhält es sich mit Scaev. D. 4,4,47,1 (1 resp), zweite Texthälfte:

Curator adulescentium praedia communia sibi et his, quorum curam admini-

---

239 Dazu FELGENTRAEGER a. a. O. 104; allgemein KASER, RZ 478 und N. 26.

240 Anders anscheinend FELGENTRAEGER a. a. O. 104. Vgl. indessen oben S. 104 f. Der Prätor wird nicht selbst Beweis erhoben haben. Auszuschließen ist natürlich nicht, daß die Stelle aus der Kognition stammt.

241 Zur Frage einer *pronuntiatio* bei arbiträren *actiones in personam* vgl. KASER, RZ 259 A. 22.

strabat, vendidit: quaero, si decreto praetoris adulescentes in integrum restituti fuerint, an eatenus venditio rescindenda sit, quatenus adulescentium pro parte fundus communis fuit? respondi eatenus rescindi, nisi si emptor a toto contractu velit discedi, quod partem empturus non esset. item quaero: emptor utrum a Seio et Sempronio pupillis pretium cum usuris recipere deberet an vero ab herede curatoris? respondi heredes quidem curatoris teneri, verum in Seium et Sempronium pro parte, qua eorum fundus fuit, actiones dandas: utique si ad eos accepta pecunia pro eadem parte pervenisset.

Wie Modestin bringt Scaevola die Erstattung des Kaufpreises gesondert zur Sprache, wie Modestin im Anschluß an die Erörterung der Restitution des Grundstücks. Schlagend könnte sein: *in Seium et Sempronium actiones dandas*[242]. Selbst wenn man das Besondere des Falles berücksichtigt, daß der Kurator verkauft hat, so ist doch nicht einzusehen, warum deswegen im Prozeß der Mündel auf Rückgabe des Grundstücks die Frage des Kaufpreises ausgespart blieb, wenn für die Rückzahlung anteilmäßig auch die Mündel in Betracht kamen.

3. Der bei Modestin und Scaevola beobachtete Aufbau ihrer Responsen schält sich auch für das Julianfragment heraus, sobald man sich entschließt, *eumque pretium emptori reddere* zu streichen. Ein Verdachtsmoment formaler Art könnte einmal *eumque* sein, weil es nicht, wie man im Leseduktus geneigt wäre anzunehmen, das unmittelbar voraufgehende *fundus* aufnimmt, sondern das weiter entfernt stehende *adulescenti*. Die Unebenheit rührt daher, daß der von *iussit* abhängige a. c. i. bezüglich *pretium* aktivisch formuliert worden ist *(pretium reddere)* und deswegen ein Subjekt *(eum)* erforderlich gemacht hat. So zu verfahren mag als Brücke zu dem nachfolgenden *et hic nolit* gedacht gewesen sein, als dessen Subjekt wiederum nicht der *emptor*, sondern der *adulescens* gemeint ist. Diese Absicht würde sprachlich noch weniger zum Ausdruck gekommen sein, wenn der ungeschickte Wechsel des genus verbi vermieden und etwa *pretiumque emptori reddi* geschrieben worden wäre[243].

So gesehen ergibt fr. 41: Mit dem richterlichen Restitutionsbefehl vermerkt Julian das Ende der Klage auf Rückgabe des Grundstücks. Gegen die anschließende Klage des Käufers auf Rückzahlung des Kaufpreises kann sich der Minderjährige mit einer *exc. utilis* zur Wehr setzen, wenn er sich inzwischen eines anderen besonnen hat und auf die *i. i. r.* verzichten will[244].

---

[242] Unechtheitsvermutungen für die zweite Texthälfte allerdings bei Solazzi, BIDR 23 (1911) 13 4f.; Biondi, Ann. Pal. 12 (1929) 393 f.

[243] Auch Felgentraeger hat, worauf bereits hingewiesen wurde, in fr. 41 die nachklassische „Behandlung aller Ansprüche im gleichen Verfahren" ausgedrückt gesehen. Felgentraeger a. a. O. 104 mit N. 14.

[244] Zur Klage des Käufers und zur *exceptio* des Minderjährigen unten S. 115 ff. und S. 118 f.

Diese Auslegung von fr. 41 könnte eine überraschende Stütze durch Paul. D. 4,4,24,4 (1 sent) erfahren:

Restitutio autem ita facienda est, ut unusquisque integrum ius suum recipiat. itaque si in vendendo fundo circumscriptus restituetur, iubeat praetor emptorem fundum cum fructibus reddere et pretium recipere rel.[245]

Gegen ein *iussum praetoris* bestehen die wiederholt geäußerten Bedenken. Im Zeitpunkt der Erteilung der *i. i. r.*, der *actio*, liegen die Voraussetzungen für ein solches *iussum* noch nicht vor[246]. Gegen ein *iussum praetoris* hat sich mit Entschiedenheit auch LEVY ausgesprochen[247]. Er hat — freilich nicht im Zusammenhang mit fr. 24,4 und anscheinend deswegen seinen Kritikern[248] verborgen — zudem einen überzeugenden Grund ersichtlich gemacht, der die Substitution von *iudex* durch *praetor* zu erklären vermag, die an sich im Gegensatz steht zu der, wie allgemein angenommen wird, nachklassischen Tendenz, *praetor* durch *iudex* zu ersetzen[249]: Eine Konstitution von 369 (CT 6,4,16) hat dem seiner früheren Funktionen verlustig gegangenen Prätor eine Reihe neuer Aufgaben zugewiesen, neben anderen die Jurisdiktion über die *i. i. r.*[250]. Dadurch kann *praetor* gut in den Paulustext gelangt sein[251].

Von Interesse ist die eigentümliche Gestalt des *iussum*. Es richtet sich nur an den Käufer, den Restitutionsgegner: *iubeat ... emptorem fundum cum fructibus reddere et pretium recipere.* CERVENCA unterscheidet das *iussum praetoris* hier, das sich lediglich an den Restitutionsgegner, den potentiellen Beklagten, wende und das an beide Parteien gerichtete *iussum iudicis* in D. 4,4,41[252]. In sich überzeugend ist das nicht. Warum soll der Prätor nicht schon in seinem *iussum* die Belange des Restitutionsgegners in gleicher Weise berücksichtigen, wie es der *iudex* aufgrund der von ihm — dem Prätor —

[245] Der Rest der Stelle, der starkem Interpolationsverdacht unterliegt (vgl. Ind. Itp. und FELGENTRAGER a. a. O. 116 f.), ist für das Vorstehende nicht von Belang. Unerheblich auch, daß die Herkunft der Stelle aus den Sentenzen im allgemeinen angezweifelt wird. Vgl. dazu noch unten A. 251.

[246] Oben S. 104 f.

[247] Restitutio 368.

[248] NICOSIA, SZ 75 (1958) 273 N. 64 in fin. (274); CERVENCA, Restitutio 35.

[249] Vgl. GUARNERI-CITATI, Indice (1927) 50; St. Riccobono I (1936) 726; Festschrift Koschaker I (1939) 140; ferner die in der vorigen Anm. genannten Autoren a. a. O.

[250] Siehe LEVY, Restitutio 379 f.; 385 f.

[251] Vor allem dann, wenn er, wie die *inscriptio* ausweist, aus den Sentenzen stammt. Die Zweifel daran (CUJAZ, MOMMSEN, LENEL, LEVY) werden neuerdings anscheinend nicht mehr geteilt. Vgl. CERVENCA, Restitutio 32; KASER, Labeo 12 (1966) 238.

[252] Restitutio 39 ff. Zustimmend KASER a. a. O. 237.

verfaßten Formel im *iudicium* zu tun imstande ist? Bedarf es im Hinblick auf die Formelredaktion der Initiative des Beklagten, so ist diese doch nur dann erfolgreich, wenn sie die Billigung des Prätors erhält. Mir scheint vielmehr, daß das *iussum* in fr. 24,4 gerade in seiner Einseitigkeit das klassische *iussum iudicis* im Prozeß gegen den Restitutionsgegner wiedergeben könnte. Es reflektiert die Restitution des Kaufpreises insoweit, als dem Käufer die Rücknahme aufgegeben wird. Er muß das Kaufobjekt zurückgeben und den Kaufpreis zurücknehmen. Von einer Rückzahlungspflicht des Minderjährigen ist in diesem Stadium nicht die Rede. Sie entsteht erst mit Rückgabe des Kaufgegenstands, falls diese nicht von der Rückzahlung des Preises begleitet ist[253]. Daß Rückgabe und Rückzahlung nicht voneinander abhängig gemacht sind, paßt gut in das Bild, das uns der Minderjährigenschutz anderwärts bietet[254].

II. 1. Die Auslegung von Jul. D. 4,4,41 bedarf noch in verschiedener Hinsicht der Ergänzung. Wie für Paulus in D. 4,4,24,4[255] drängt sich auch für Julian eine Verwendung des Begriffs *i. i. r.* auf, der dem herkömmlich

---

[253] Gegen diese Möglichkeit sprechen der allgemeinen Aussage wegen weder die Feststellung eingangs von fr. 24,4 noch ein Text wie Sever. C. 2,47,1 (s. a.): *Qui restituitur in integrum, sicut in damno morari non debet, ita nec in lucro: et ideo quidquid ad eum pervenit vel ex emptione vel ex venditione vel ex alio contractu, hoc debet restituere.*

[254] Zu denken wäre z. B. an den Pupill, der aus einem gegenseitigen Vertrag zwar berechtigt, aber nicht verpflichtet wird. I. 1,21 pr. — Nicht sachgemäß scheint mir, wenn Atkinson (RIDA 7 [1960] 248 f.; 259 ff.) fr. 24,4 (und die *i. i. r.* überhaupt) unmittelbar mit der Leidener Augustus-Inschrift (Nr. 59 der 1958 von Pleket publizierten griechischen Inschriften im Rijkmuseum van Oudheden zu Leiden) in Verbindung bringt. In der dort u. a. überlieferten, von dem Prokonsul der Provinz Asia Vinicius an die Gemeindebeamten von Kyme gerichteten Epistula des Inhalts, daß ein von einem gewissen Lysias (vermutlich im Wege der πρᾶσις ἐπὶ λύσει, vgl. Kunkel, Studi Betti II [1962] 614 f.) erworbener Tempel des Liber Pater gegen Rücknahme des Kaufpreises wieder dem Kult zugeführt werden soll, finden sich folgende Zeilen: ... *v(os) v(olo) c(urare) sei ea ita sunt, utei Lusias quod [est] positum pretium fano recipiat et restituat deo fa[num]* ... Die den Kymäern nach Prüfung des Sachverhalts aufgetragene Rückabwicklung des Geschäfts, die nach der Inschrift im Zusammenhang steht mit einem Erlaß der Konsuln Augustus und Agrippa aus dem Jahre 27 v. Chr. (vgl. den ersten Teil; dazu Kunkel 595 ff.), paßt zu keiner der überlieferten *i. i. restitutiones,* schon gar nicht, wenn man dabei an prätorische Restitution denkt (vgl. auch Kunkel 616 N. 53 in fin.). Vergleichbar wäre sie dem Gedanken nach mit judizialer Restitution, ohne freilich — mangels einer förmlichen Anspielung — für unsere These über die *i. i. r.* irgendwie Beweiswert zu haben. Zu berücksichtigen ist auch der mögliche Einfluß nichtrömischen Provinzialrechts auf die Rückabwicklung.

[255] Oben S. 113 f.

gelehrten nicht entspricht. Wenn in Julians Darstellung auf den Restitutionsbefehl der Passus folgt: *et hic nolit uti hac in integrum restitutione*, liegt es sprachlich und sachlich am nächsten, *in integrum restitutio* auf die materielle Rückabwicklung zu beziehen; von ihr will der Minderjährige keinen Gebrauch machen. Gegen diese Deutung bestehen von unserem Standpunkt aus keine Bedenken[256]. Sie ist auch sonst sachlich in Ordnung[257], ohne daß freilich aus ihr allein Folgerungen für das thema probandum gezogen werden könnten. Im Zusammenhang der Untersuchung insgesamt hat jedoch ein Argument gegen die angeblich technische Verwendung von *i. i. r.* seinen besonderen Stellenwert.

2. Ein weiterer Punkt betrifft die Interpretation von *quasi ex causa iudicati*. Die oben[258] vorgeschlagene Bereinigung des Textes könnte sich für das Verständnis dieser Worte als förderlich erweisen.

Darüber herrscht heute Einigkeit, daß *quasi ex causa iudicati* zu *petentem pretium* gehört, also auf den Klagegrund des Käufers geht. Syntaktisch wäre allerdings *exceptionem utilem quasi ex causa iudicati* nicht auszuschließen[259], zumal, wenn man glaubt, *utilis* und *quasi* gehörten zusammen. Der Eindruck ist für CARRELLI entscheidend[260]. Indessen ist der Sinn einer solchen *exceptio* nicht erkennbar[261]. *Quasi ex causa iudicati* muß mit dem Begehren des Käufers zusammenhängen. Die modernen Untersuchungen verfahren zumeist so, daß sie *quasi ex causa iudicati* mit dem an den Minderjährigen ergangenen *iussum*, den Kaufpreis zurückzugeben, in Verbindung bringen. Eine allseits anerkannte Auslegung ist damit aber nicht verbunden.

LEVY und KASER halten sich an die justinianische Quelle, die ein gegen den Minderjährigen gerichtetes *iussum*, aber anscheinend keine Verurteilung des Minderjährigen erkennen läßt. Danach klagt der Käufer „mit einer *actio quasi ex iudicato* (gestützt auf die im Reszissorium zu seinen Gunsten ergangene *pronuntiatio*)“[262]. Auch CERVENCA tendiert zu einer texterhalten-

---

[256] Vgl. oben S. 96 ff.

[257] Siehe das *mancipationibus uti* in Gai. 2,25.

[258] S. 112.

[259] NICOSIA, SZ 75 (1958) 267 und CERVENCA, Restitutio 37 N. 98 berücksichtigen m. E. nicht genügend die Elastizität des lateinischen Satzbaus.

[260] Decretum 150; 174 N. 2.

[261] Dem auf Rückgabe des Kaufpreises (nach CARRELLI mit *condictio*) klagenden Käufer die Rechtskraft des prätorischen *iussum* (CARRELLI ersetzt *iudex* durch *praetor*) entgegenzuhalten, mit dem das Begehren des Käufers doch übereinstimmt, erscheint so wenig sinnvoll wie eine *exc. rei iudicatae*, die gegen den Judikatskläger mit Rücksicht auf das Erkenntnisverfahren erteilt würde. Vgl. ferner NICOSIA a. a. O.; BERETTA, RISG 2 (1948) 373 N. 63 (384).

[262] KASER, Labeo 12 (1966) 238. Nach LEVY ist es der Restitutionsbefehl; Restitutio 367 f.

den Interpretation[263], erwägt aber die *actio quasi ex causa iudicati* für einen Käufer, „il quale, pur essendo uscito assolto dal *iudicium rescissorium* ... avrebbe ugualmente preteso da quest' ultimo (scil. vom Minderjährigen) che venisse attuata la rescissione della vendita[264], e, pertanto, lo avrebbe convenuto chiedendo la restituzione del prezzo versato"[265]. BERETTA[266] und ihm folgend NICOSIA[267] ersetzen dagegen *iudex* durch *praetor* und fassen ein dem Judikat angenähertes bzw. angeglichenes *iussum praetoris* ins Auge: „... sulla pronuncia del pretore si fonda una pretesa analoga a quella che potrebbe sorgere *ex iudicato*."[268] Soweit CERVENCA eine solche Interpolation in Betracht zieht, will er *quasi ex causa iudicati* gleichwohl nicht auf das *iussum praetoris* zurückführen, sondern in dem Sinn verstehen, „che il compratore ... agisce c o m e se fosse intervenuto un *iudicatum*, mentre, in realtà, nessun *iudicatum* è stato emanato"[269].

Gegen jeden dieser Auslegungsversuche scheint mir zu sprechen: der Prätor hätte sich zunächst die Mühe eines ungewöhnlichen Rechtsbehelfs gemacht, ihn aber umgehend mit einer *exceptio* wieder aus dem Weg geräumt. Das ist unbefriedigend. Ob man an die *pronuntiatio* oder an das *iussum iudicis* als Grundlage der *a. quasi ex iudicato* denkt, an die Fiktion eines verurteilenden Judikats oder an eine Analogie zwischen Judikat und *iussum praetoris* — in allen Fällen hätte anstelle der besonderen, durch *exceptio* doch wieder entschärften Klage eine Verweigerung des Rechtsschutzes von vornherein näher liegen müssen[270]; kam es doch scheints allein auf die Sinnesänderung des *minor* an. An einem *iussum praetoris* ist zusätzlich die Interpolationsannahme problematisch: Nicht jeder *iudex* der justinianischen Quelle ist ursprünglich ein *praetor* gewesen. Auch wird Ulp. D. 3,3,39,6 als Beleg für ein dem Judikat angeglichenes *iussum praetoris* ausscheiden müssen. Im übrigen führt die Ansicht NICOSIAS und BERETTAS konsequent

---

[263] Restitutio 39 ff.

[264] Die nach CERVENCA (a. a. O. 32 N. 80) als Folge eines kondemnierenden Urteils eintritt. Zum Aufhebungseffekt der *i. i. r.* alsbald S. 119 ff.

[265] Restitutio 41 N. 104.

[266] A. a. O.

[267] A. a. O. 273 f.

[268] NICOSIA a. a. O. 274.

[269] Restitutio 39. Hervorhebung von C. Der Prätor hätte in diesem Fall eine fiktizische Klage erteilt; a. a. O. 39 N. 101.

[270] Vielleicht muß man sich auch fragen, warum der *iudex*, der doch zum Restitutionsbefehl gegen den Minderjährigen ermächtigt gewesen sein muß, auf Antrag des Gegners nicht einfach kondemnieren konnte, wodurch dann das normale Vollstreckungsverfahren offenstand.

zu der Annahme einer gegen den *minor* gerichteten *a. iudicati utilis*[271], ein Ergebnis, das im Hinblick auf mögliche Litiskreszenz allenfalls dann annehmbar wäre, wenn wir von einer solchen Klage auch zugunsten des Minderjährigen wüßten. Das Schweigen der Quellen darüber scheint beredt. CERVENCAS Vorschläge schließlich beruhen auf der anfechtbaren Vorstellung, die „sentenza finale di condanna" führe die Nichtigkeit der Veräußerung herbei[272].

Es wäre gleichwohl voreilig, wollte man den Knäuel der Meinungen mit dem Blick auf die Ausgangsposition entwirren, die allen gemeinsam ist. Nimmt *quasi ex causa iudicati* den zugunsten des Käufers ergangenen (richterlichen oder prätorischen) Restitutionsbefehl wieder auf, so scheint es nur folgerichtig, den für *eumque pretium emptori reddere* ausgesprochenen Interpolationsverdacht[273] auf *quasi ex causa iudicati auszudehnen*. Demnach hätte durch die Hereinnahme der Erstattung des Kaufpreises in das *iussum* — veranlaßt durch die neue Regelung, die gegenseitigen Ansprüche der Parteien in einem Prozeß zu erledigen — *petentem pretium* seine ursprüngliche Bedeutung als selbständiges Gegenverfahren eingebüßt und hätte sich zum Vollstreckungsverfahren gewandelt, da in nachklassischer Zeit dem Restitutionsbefehl die Bedeutung eines Sachurteils zuwächst[274]. Das und vielleicht noch der Gedanke, nach einem das *pretium* zusprechenden Judikat lasse sich von *petere pretium* nur mehr im uneigentlichen Sinn sprechen[275], könnten den Zusatz *quasi ex causa iudicati* veranlaßt haben.

Es sieht indessen so aus, als ließe sich *quasi ex causa iudicati* auch ohne Beanstandungen und für das klassische Recht ein Sinn abgewinnen.

Wenn es stimmt, daß sich die Rückabwicklung des Kaufs in zwei verschiedenen Prozessen abspielen mochte, dann könnte die Klage des Käufers (Restitutionsgegners) so ausgesehen haben: eine *a. in factum* gegründet auf den Tatbestand der Rückgabe des Kaufobjekts. Wir hätten eine der *a. redhibitoria* vergleichbare Situation[276], mit dem bezeichnenden Unterschied freilich, daß die Rückgabe in der Regel nicht aus freien Stücken und nicht

---

[271] Vgl. auch CERVENCA, Restitutio 37 f.; 49 f. Anderer Ansicht LA ROSA, L'actio iudicati (1963) 115 N. 148.

[272] Dazu unten S. 119 ff.

[273] Oben S. 112.

[274] Ulp. D. 6,1,68 itp.; KASER, RZ 499 und N. 41; 514 N. 25; LENEL, Edikt 557; MAIER 114.

[275] Darauf legt z. B. CARRELLI Wert; Decretum 177 f.

[276] Ulp. D. 21,1,31,17. 18: *In factum actio competit ad pretium reciperandum, si mancipium redhibitum fuerit...* (18) *Illud plane haec actio exigit, ut sit redhibitus: ceterum nisi fuerit redhibitus, deficit ista actio.*

aus einem Rechtsgrund erfolgt, der dem Käufer zur Seite steht. Die Rückgabe muß vielmehr normalerweise mittels Prozeß gegen ihn durchgesetzt werden. Daran könnte Julian in casu für die Klage auf Rückzahlung angeknüpft haben. Im Regelfall, wenn der Käufer restituiert und restituieren kann, tritt freilich das — freisprechende[277] — Judikat hinter die Restitution zurück. Es signalisiert aus prozessualer Sicht, worauf es für die Klage auf Rückzahlung materiell ankommt: daß restituiert worden ist. Im Fall von fr. 41 ist es indessen wegen der Weigerung des Minderjährigen nicht zur Restitution gekommen. Gleichwohl wird der Käufer freigesprochen worden sein[278]. Die Bereitschaft zur Rückgabe mußte ihn so stellen, wie wenn er zurückgegeben hätte. Die Klage auf Rückzahlung ließ sich danach nicht auf die Rückgabe des *fundus* stützen, wohl aber knapp und prägnant, wie es auch der Regelfall erlaubt hätte: auf das freisprechende Judikat, insofern dieses Ausdruck der vollzogenen Restitution sein konnte. Nicht möglich war es zu sagen, der Käufer klage *ex causa iudicati*. Der Terminus hatte eine feste Bedeutung und bezog sich auf die Vollstreckungsklage des siegreichen Klägers. Andererseits wird man *quasi* nicht haben beschränken müssen auf seine Funktion, Analogie anzuzeigen. Es mochte hier vielmehr diesem uneigentlichen Gebrauch von *causa iudicati* Ausdruck geben: eine *a. in factum*, deren Grundlage in spezifischer Weise mit einem Judikat verknüpft war[279].

Es scheint als wäre dieser Lösungsvorschlag den oben [280] gegen die bisherigen Auslegungsversuche erhobenen Bedenken nicht ausgesetzt. Die Klage auf den Kaufpreis *quasi ex causa iudicati* ist letztlich weder formal noch materiell etwas Besonderes. Deswegen berücksichtigt der Prätor die Verteidigungsmöglichkeit des *minor* auch ganz regulär mittels *exceptio*.

3. Diese *exceptio*, Julian zufolge eine *exc. utilis*, soll noch kurz gestreift werden. Sie schützt den Minderjährigen vor der Verurteilung zur Rückzahlung des Kaufpreises. Welche Art von *exceptio* Julian meint, ist in der Literatur umstritten. In Betracht kämen eine ad hoc konzipierte oder eine abgeleitete, also eine *exc. utilis* im technischen Sinn. Wenig Beifall hat NICOSIAS Versuch gefunden, die *exceptio* als *exc. utilis legis Plaetoriae* zu

---

[277] Vgl. Gaius 4,114; 163; KASER, RZ 260; ferner MAIER 137.

[278] Für ein den Restitutionsgegner freisprechendes Judikat NICOSIA, SZ 75 (1958) 269 f.; CERVENCA, Restitutio 41 N. 104; KASER, Labeo 12 (1966) 238. Anderer Meinung LEVY, Restitutio 368.

[279] Im Verlauf der Untersuchung ist schon einmal eine derartige Verwendung von *quasi* zur Diskussion gestellt worden. Auch Ulpians *convenire quasi ex stipulatu* in D. 16,1,8,14 könnte eine auf den Tatbestand einer Stipulation abgefaßte *a. in factum* meinen, keine analoge Klage. Oben S. 53 f.

[280] S. 116.

identifizieren[281]. KASER[282] denkt an eine der *exc. doli* nahestehende *exc. utilis*. Aber ein *dolus* des Käufers, dessen Bereitschaft zur Rückgabe des *fundus* man unterstellen muß, ist schlecht einzusehen.

Für eine mögliche Erklärung liefert zunächst der Text selbst einen Anhaltspunkt. Im letzten Satz von fr. 41 wird der Restitutionsgegner, der ursprüngliche Käufer, *venditor* genannt. Das gilt gemeinhin als Textverderbnis[283], obwohl alle Handschriften einwandfrei *venditor* überliefern. Ferner nennt Ulpian D. 27,9,3,3 die judiziale Restitution eines Grundstücks *alienatio*, und nach Pomponius D. 40,7,29,1 soll der Ausdruck *emptio* im Sprachgebrauch der Zwölf Tafeln jede *alienatio* bezeichnet haben. Im Hinblick darauf mag der Versuch erlaubt sein, *venditor* einen Sinn abzugewinnen:

Die Restitution des *fundus* konnte auch analog dem Kauf betrachtet werden, die Klage des Restitutionsgegners auf Erstattung des Kaufpreises also in Analogie zur Kaufpreisklage des Verkäufers und das Recht des Minderjährigen, wegen des Verzichts auf die Restitution die Rückzahlung des Kaufpreises abzulehnen, in Analogie zum Recht des Käufers, die Zahlung des Kaufpreises zu verweigern. Ein solches Recht ergibt sich für den regulären Käufer bei Mangelhaftigkeit der gekauften Sache und ist formell durch die *exc. redhibitionis* berücksichtigt[284]. Dem Minderjährigen könnte eine *exceptio* analog dazu erteilt worden sein, weil er wie der Käufer einer mangelhaften Sache die (Rück-)Zahlung des Kaufpreises verweigern und die *restitutio-alienatio* ablehnen durfte.

III. D. 4,4,41 gibt abschließend Gelegenheit, die Frage aufzugreifen, wie es sich mit der *i. i. r.* in bezug auf die rechtliche Existenz der ihr unterliegenden Veräußerung verhält.

Es ist verschiedentlich betont worden, daß der Prätor das mit der *i. i. r.* angegriffene Geschäft nicht mit Wirkung für das Zivilrecht aus der Welt schaffen kann[285]. Indem aber die Lehre die *i. i. r.* als spezifische Entschei-

---

[281] NICOSIA, SZ 75 (1958) 251 ff.; dagegen KASER, Labeo 12 (1966) 238; CERVENAC, Restitutio 43 ff.

[282] A. a. O.

[283] CUJAZ, MOMMSEN, KRÜGER ad h. l. Vgl. noch NICOSIA a. a. O. 265 N. 37. In der Sache ist zweifellos derjenige gemeint, an den der Minderjährige das Grundstück veräußert hatte.

[284] Ulp. D. 21,1,59; Paul. eod. 60. Ihre Fassung ist nicht überliefert. „Die Möglichkeit der Redhibition dürfte in der Wendung *in ea causa esse, ut redhibeatur (redhibere debeat)* ausgedrückt gewesen sein.“ LENEL, Edikt 505 im Hinblick auf Ulpian loc. cit. War die Redhibition dem *iudicium* vorausgegangen, gab es eine *exceptio in factum*. Alf. D. 44,1,14; LENEL 505 N. 2. Ebenso mag der Fall geregelt gewesen sein, in dem der Käufer bereits die Annahme der Sache abgelehnt hate.

[285] Vgl. oben S. 3.

dung des Prätors begreift, der die frühere Rechtslage vor seinem Forum wiederherstellt, verwendet sie für die Wirkung der *i. i. r.* auf das angegriffene Geschäft Ausdrücke wie nullità[286], rescissione[287], Unwirksamkeit[288], Vernichtung[289]. Das quellenmäßige *rescindere* scheint solcher Terminologie entgegenzukommen.

Auf eine *i. i. r.* mit arbiträrer *a. in personam* paßt dieser Sprachgebrauch nicht. *Rescindere venditionem*, das die römischen Juristen regelmäßig verwenden, entspricht dann auch nicht auf der Ebene des prätorischen Rechts modernen Begriffen wie Aufhebung, Anfechtung oder Nichtigkeit des Kaufs, soweit mit ihnen dogmatisch die Vernichtung der Rechtsfolgen eines Geschäftstatbestands gemeint ist. Wie wir *rescindere* verstehen können, ist im Zusammenhang mit der *a. Fabiana*[290] schon dargelegt worden. Die Veräußerung unterliegt auf der Basis einer besonderen persönlichen Klage der Rückabwicklung, wodurch die ursprünglich eingetretene Rechtsfolge nicht als solche negiert wird[291]. Es läßt sich hier von Aufhebung oder Anfechtung (schlechter Nichtigkeit) nur insoweit sprechen, als durch Setzung einer neuen Rechtsfolge die Wirkungen des Geschäfts überholt und auf den Restitutionsberechtigten zurückgeleitet werden[292]. Die Wortbedeutung von *rescindere* verträgt sich damit. Es ist bekannt, daß *rescindere* und entsprechende Termini der Römer eine feste Bedeutung nicht haben[293].

Quellenmäßig gesellt sich zu den für die *a. Fabiana* gesammelten Argumenten aus D. 4,4 noch fr. 49 (Ulp. 35 ad ed):

> Si res pupillaris vel adulescentis distracta fuerit, quam lex distrahi non prohibet, venditio quidem valet, verumtamen si grande damnum pupilli vel adulescentis versatur, etiamsi collusio non intercessit, distractio per in integrum restitutionem revocatur.

Venditio quidem valet — verumtamen distractio per in integrum restitutionem revocatur dürfte auf der gleichen Ebene liegen wie *alienatio quidem*

---

[286] Arangio-Ruiz, Ist.[14] (1960) 143.

[287] So durchgängig die italienische Literatur.

[288] Kaser a. a. O.; Kunkel, RP 103 f.

[289] Kunkel a. a. O. 104 N. 7.

[290] Oben S. 85ff.

[291] Vgl. nochmals Paul. D. 46,3,98,1. 2: *(actio Fabiana) partam liberationem non potest revocare.* (2) *Huic applicatur minor viginti quinque annis, qui ... restituitur.* Oben S. 85 ff.; 87 f.

[292] Ein Beispiel aus dem geltenden deutschen Recht ist die Konkursanfechtung. Damit ist keine Anfechtung im Sinne des BGB gemeint (rückwirkende Vernichtung des angefochtenen Geschäfts), sondern ein (auf Gesetz beruhender) schuldrechtlicher Anspruch auf Rückabwicklung. Vgl. schon oben S. 87 Anm. 123 in fin.

[293] Statt aller Kaser, RP 1,214; zuletzt St. Biondi I (1965) 133.

vires habebit, verumtamen per Favianam ... revocabuntur ea quae per fraudem alienata sunt[294]. Es besagt gleichfalls nicht, die *venditio* werde durch die *i. i. r.* in dem denkbaren dogmatischen Sinn vernichtet. Vielmehr muß der Käufer die gekaufte Sache zurückgeben, weil er einem persönlichen Anspruch auf Rückgabe unterliegt. In diesem Sinn wird die *distractio* aufgehoben. Bezeichnend ist dabei der Gebrauch von *revocare,* das bei der *a. Fabiana* die Regel ist. Es kommt auch bei der *i. i. r.* in der Verwendung vor, die dem hier vermuteten Zusammenhang noch mehr entgegenkommt: *per in integrum restitutionem revocanda res est* (Ulp. D. 4,4,40,1).

Wegen der spezifisch auf den Prozeß zugeschnittenen Machtbefugnisse des Prätors könnte im übrigen auch für das dingliche Verfahren angenommen werden: Effektiv aufgehoben wird die Veräußerung durch die Rückgabe der Sache, obwohl die Tatsache der dinglichen Klage auf eine voraufgegangene Vernichtung zu verweisen scheint. Sieht man indessen den Kern des dinglichen Verfahrens darin, daß im Prozeß die angegriffene Rechtsveränderung als Folge der in die Formel aufgenommenen Fiktion unberücksichtigt bleibt, dann haben wir es primär mit einem prozessualen Kunstgriff zu tun, der lediglich im Reflexweg erlaubt, materiellrechtlich von (prätorischer) Nichtigkeit zu sprechen. Maßgeblich ist der konkrete Prozeß und die in ihm vorgenommene Rückgabe der Sache. Der solcherart prozessual verwirklichte Schutz könnte ergänzt gewesen sein durch eine *exceptio* für den Fall, daß der Restitutionsgegner darauf verfiel, die zurückgegebene Sache wieder zu vindizieren. Notwendig wird die *exceptio* aber nur während der Ersitzungszeit gewesen sein, wenn nicht überhaupt die materielle Restitution auch hier zu einer Rückübereignung geführt hatte[295].

Auch aus diesem Grund scheint es problematisch, beim dinglichen Verfahren unabhängig von dem Tatbestand der Rückgabe die Frage nach der Aufhebung zu stellen, etwa für den Zeitpunkt der Litiskontestation[296] oder gar der Verurteilung des Restitutionsgegners[297]. Angenommen werden darf, daß der Restitutionsgegner, der sich lieber verurteilen ließ als zu restituie-

---

[294] Ulp. D. 37,14,16 pr. Oben S. 86.

[295] Allgemein zu dieser Möglichkeit im Vindikationsprozeß Levy, Konk. II 169 mit weit. Angab.

[296] Beretta, RISG 2 (1948) 379 N. 63 (380).

[297] Cervenca, Restitutio 32 N. 80. Vgl. dagegen Levy, Konk. II 165 N. 10 für die Metusklage: „Ergeht das Urteil auf das Vierfache, so keine *rescissio* mehr: Ware und Kaufpreis bleiben, wo sie sind." Das wird indirekt bestätigt durch Ulp. D. 4,2,14,9: Der Klage aus erpreßter Stipulation steht allenfalls eine *exceptio* entgegen, obwohl die gegen den Gläubiger auf Akzeptilation (= Aufhebung) gerichtete Metusklage mit Verurteilung geendet hat. Die zugrunde liegende Regelung wird für das dingliche Verfahren ebenso anzunehmen sein wie für das persönliche schlechthin.

ren, gleichwohl Dritten gegenüber nicht ohne den vollen dinglichen Schutz gewesen ist. Es hat deshalb wenig Sinn, im Verhältnis zum Restitutionsberechtigten von Aufhebung zu sprechen. Vielmehr zeigt sich gerade hier, wie relativ, nämlich prozeßbezogen, der Begriff prätorische Nichtigkeit, wenn man ihn materiellrechtlich wendet, doch wieder aufgefaßt werden muß.

DRITTES KAPITEL

Die *in integrum restitutio* des gezwungenen Veräußerers

§ 10

Identität von *in integrum restitutio* und Metusklage

I. Im Metusrecht stehen wir vor einer ebenso schwierigen wie reizvollen Aufgabe. Dabei ist die Ausgangslage zunächst günstiger als bei der *i. i. r. minorum.* Das Restitutionsverfahren mit arbiträrem *iudicium in personam,* dessen Möglichkeit dort erst zur Diskussion gestellt werden mußte, liegt in der Metusklage von Anfang an vor[1]. Unübersehbar und unbestritten ist auch die verfahrensrechtliche Alternative zwischen der Metusklage und einem dinglichen Verfahren[2]. Es stellt sich also im Gang der Untersuchung gleichsam von selbst die Frage, welches der beiden Verfahren in den engeren Zusammenhang des Edikts gehört, dessen Wortlaut in D. 4,2,1 — *Quod metus causa gestum erit, ratum non habebo* — überliefert ist und das nachstehend kurzweg Restitutions- oder Metusedikt genannt wird.

Was die Aufgabe erschwert, ist die *poena quadrupli*[3] der Metusklage. Die Metusklage als *i. i. r.* identifizieren und das heißt: als den regulären, aus dem Restitutionsedikt fließenden Rechtsbehelf wegen *metus,* wird bei einer Lehre mit größter Zurückhaltung rechnen müssen, die in der pönaler Elemente baren Aufhebung des erzwungenen Geschäfts im Wege prätorischer Restitution eine nur zu natürliche Erscheinung erblicken mag. Zudem könnte das Unternehmen durch ähnliche in der Vergangenheit liegende und ohne Anerkennung gebliebene Versuche von vornherein aussichtslos erscheinen[4].

---

[1] Von den modernen Autoren bestreitet nur Biondi der klassischen Metusklage eine Restitutionsklausel. Einzelheiten unten S. 238.

[2] Ulp. D. 4,2,9,4; eod. 9,6; Gord. C. 2,19,3. Unten S. 134 ff.

[3] Ulp. D. 4,2,14,1.

[4] Savignys Kritik (7,91 f.; 191 f.) dürfte auch heute noch maßgebend sein, nur war nach Savigny die Einführung der Metusklage nicht mit einem besonderen Klageedikt verbunden (vgl. alsbald im Text), sondern beruhte gleichfalls auf dem Metusedikt, ohne daß freilich (insoweit stimmt Savigny mit der modernen Lehre wieder überein) dabei der Name *i. i. r.* auf die Metusklage übertragen worden wäre; der soll für prätorische *i. i. r.* reserviert geblieben sein. Immerhin hat in der Zeit

Das Neue ist jedoch, daß die Metusklage als *i. i. r.* keine fragwürdige Erscheinung sein muß, wenn judiziale Restitution auch für die *i. i. r. minorum* und für die *i. i. r.* überhaupt in Betracht gezogen werden darf. Die judiziale Restitution der Metusklage erscheint dann in einem anderen Licht.

II. 1. Folgt man der modernen Lehre, so kannte das klassische Recht neben der *exceptio metus* zwei offensive Rechtsbehelfe wegen *metus*: eine im überlieferten Edikt verheißene (prätorische) *i. i. r.* und eine Strafklage, die Metusklage, deren ediktale Grundlage in einem uns nicht erhaltenen Ediktssatz vermutet wird[5].

Zugegebenermaßen stimmt dieses Bild mit den Quellen nicht überein[6]. Die justinianische Überlieferung erweckt vielmehr den Eindruck, als seien *i. i. r.* und Metusklage identisch[7]. Der Befund soll sich indessen aus einer tiefgreifenden Veränderung des klassischen Rechts erklären, die in nachklassischer Zeit zu einer Verschmelzung von *i. i. r.* und Metusklage geführt habe und der auch das Klageedikt zum Opfer gefallen sei.

Vor allem SCHULZ hat den Verschmelzungsgedanken formuliert und ihm zu allgemeiner Anerkennung verholfen[8]. SCHULZ zufolge haben sich zwei

---

nach SAVIGNIY z. B. BEKKER die Unterscheidung zwischen *i. i. r.* im engeren und weiteren Sinn für quellenmäßig erklärt und neben der prätorischen *i. i .r.* wegen *metus* auch die Metusklage als eine im Metusedikt gegründete *i. i. r.* angesprochen (Aktionen 2,76; 82). Ferner ist von SCHLOSSMANN u. a. für die erzwungene Eigentumsübertragung prätorische *i. i. r.* überhaupt verneint worden (Zwang 94 ff.; 100 ff.). Für SCHLOSSMANN gibt es neben der Metusklage (der *i. i .r.* im weiteren Sinn BEKKERS) nur *actiones utiles*. Im Ergebnis kommt SCHLOSSMANN der hier vertretenen Auffassung am nächsten. Vgl. unten S. 225 f.

[5] Vgl. z. B. die Darstellungen bei LENEL, Edikt 110 ff.; SCHULZ, Metus 216 ff.; KUNKEL, RP 261 f.; KASER, RP 1,212 f.; ARANGIO-RUIZ, Ist.[14] (1960) 105 f.; MAYER-MALY, RE 9 A (1961) 329 ff. s. v. *vis*. Die Vermutung eines besonderen Klageedikts ist unter den Neueren erstmals von RUDORFF aufgestellt worden; Ed. perp. (1869) 56. Rekonstruktionsversuche u. a. bei LENEL, Festgabe Sohm (1914) 209 N. 2 (abgedruckt unten Anm. 14) und in Anlehnung an ihn bei HARTKAMP 196. Vgl. ferner die bei KASER, RP 1,212 N. 23 angegebene Literatur. — Zur Frage der Wirksamkeit des erzwungenen Rechtsgeschäfts statt aller neuestens eingehend und mit interessanten Überlegungen zu einer Kontroverse unter den Klassikern HARTKAMP 73—184.

[6] SCHULZ, Metus 230 und N. 2; v. LÜBTOW 215; 218.

[7] Besonders kennzeichnend dafür ist die Behandlung des Rechtsgebietes durch die Glosse; vgl. SCHLIEMANN, Die Lehre vom Zwang (1861) 179 ff. sowie unten S. 256.

[8] Metus 228 ff.; CRL 604 f. Von Verschmelzung spricht schon BIONDI, Actiones arbitr. (1913) 37; 72. Vgl. ferner SEGRÉ, Mélanges Girard II (1912) 572 N. 1. Unabhängig von SCHULZ hat v. LÜBTOW 218 ff. die gleiche These entwickelt. Siehe ferner KUNKEL, RP 263 und N. 12; KASER, RP 2,60 und N. 44. Im Ergebnis ähnlich

Faktoren maßgeblich ausgewirkt. Erstens die, wie er meint, nachklassische Umwandlung der *i. i .r.* in eine einfache Klage auf Rückgabe des Erpreßten und zweitens gewisse Modifikationen innerhalb der Metusklage. Für die Kompilatoren sei die *a. quod metus causa* keine reine Strafklage auf das Vierfache gewesen, sondern eine Klage auf Restitution des Erpreßten nebst einer Buße auf das Dreifache des entzogenen Vermögenswertes. „Dann war aber natürlich, wenn man zunächst lediglich das Verhältnis zwischen Gezwungenem und Erpresser ins Auge faßte, die schlichte Klage auf Rückstellung des Erpreßten, die ‚*actio in rem*‘ der nachklassischen Lehre, schon in der *actio metus causa* enthalten, und erschien also entbehrlich. So gelangten die Kompilatoren zu folgender Lehre: Gegenüber dem erzwungenen Rechtsgeschäft hat der Gezwungene in der Regel ausschließlich die *actio metus causa*; diese Klage ist, entsprechend der nachklassischen Auffassung, die *in integrum restitutio*, auf die der Gezwungene Anspruch hat.“[9]

2. Vor aller Einzelkritik stimmt die Verschmelzungsthese deswegen nachdenklich: die Kompilatoren hätten in den Mittelpunkt ihres Rechtsbehelfs wegen *metus* die Metusklage gestellt, gleichwohl das die Klage verheißende Edikt nicht in das neue Recht aufgenommen.

In der Logik der Gedankenführung von SCHULZ liegt das nicht. Denn schien aus der Sicht der Kompilatoren die ursprünglich eigenständige *i. i. r.* von der Metusklage aufgesogen, dann hätte es ungleich näher liegen müssen, der neu geordneten sedes materiae auch das Klageedikt voranzustellen und nicht das für die *i. i. r.* bestimmte, deren Spuren es ja zu tilgen galt. Gründe für das umgekehrte, ungewöhnliche Vorgehen der Kompilatoren werden von SCHULZ nicht angegeben. Es findet sich zu dem seit RUDORFF vermuteten Klageedikt allein die knappe Notiz: „Die Kompilatoren haben das zweite Edikt gestrichen.“[10]

---

wie SCHULZ auch HARTKAMP 59 ff. (66): Die Kompilatoren haben die *i. i. r.* aus den Quellen entfernt und den gesamten Titel auf die Metusklage bezogen. Vgl. dazu noch unten S. 126 Anm. 14.

[9] Metus 230; vgl. auch 228; 229; ferner v. LÜBTOW a. a. O., der indessen den Verschmelzungsprozeß den byzantinischen Rechtsgelehrten der vorjustinianischen Zeit zuschreibt. Eine Folge dieser Entwicklung war nach SCHULZ a. a. O. 240 (vgl. bereits BESELER, Beitr. 1,72; 4,259 N. 1) die Wirkung der Metusklage gegen den Dritterwerber, die der klassischen *i. i. r.*, nicht aber der klassischen Metusklage eigen gewesen sein soll. Unter dem Beifall der herrschenden Lehre hat dagegen MAIER 110 ff. zu zeigen gesucht, daß die Metusklage schon in klassischer Zeit auf Dritte Anwendung gefunden hat. Entschieden für die Drittwirkung schon der klassischen Metusklage jetzt auch HARTKAMP 201—216. Einzelheiten unten §§ 10; 12 (S. 176 ff.; 199 ff.).

[10] Metus 231; vgl. auch v. LÜBTOW 221.

Zu bedenken ist außerdem, was aus der Sicht von SCHULZ die Streichung des Klageedikts für die Kompilatoren bedeutet hat. Da das Metusedikt seiner Formulierung nach *(quod metus causa gestum erit)* in klassischer Zeit nur auf erzwungene Rechtsgeschäfte anwendbar gewesen sei, nunmehr aber erzwungene Handlungen schlechthin *(quod metus causa factum)*, also auch tatsächliche Handlungen habe erfassen sollen, hätten die Kompilatoren zur Absicherung ihres erweiterten Verständnisses von *gestum* in den klassischen Kommentar zu *metus causa gestum* Ausführungen über *metus causa factum* eingeschoben, die der Erläuterung des Klageedikts entnommen waren[11]. Die Zahl der dadurch bedingten Interpolationen hielt SCHULZ für so beträchtlich, daß er an eine neue Palingenesie des Metusrechts dachte[12] — ein Plan, der indessen nicht ausgeführt worden ist; SCHULZ hat den angekündigten Schluß seiner Metusabhandlung nie geschrieben[13]. Bei kritischer Einstellung seiner These gegenüber will das nicht bedeutungslos scheinen. Zum Ausdruck gekommen ist eine mögliche Sinnesänderung SCHULZ' allerdings nicht, wie die Darstellung im CRL zeigt. Wir haben also weiter zu fragen: Darf selbst dann, wenn ein nach klassischem Recht auf Rechtsgeschäfte beschränktes *gestum* das Problem gewesen wäre, angenommen werden, es sei von den Kompilatoren ignoriert worden, mit wieviel weniger Aufwand sich ihr Vorhaben hätte verwirklichen lassen? Die Auswechslung von *gestum* durch *factum* würde genügt haben, wenn sie schon — aus unerfindlichen Gründen — nicht das allgemein gefaßte Klageedikt selbst verwenden wollten[14].

---

[11] Metus 230; 231.

[12] Metus 230.

[13] Vgl. Metus 261 und die Bibliographie CRL 609.

[14] Vgl. auch MAIER 110. MAIERS Meinung nach schloß das ediktale *gestum* an sich auch tatsächliche Handlungen ein (dazu unten S. 127 ff.). Aber selbst wenn die von SCHULZ den Kompilatoren zugeschriebene Notwendigkeit, die klassischen Texte zu verändern, nicht bestand, bleibt doch die Frage, warum sie das Restitutionsedikt dem Klageedikt vorgezogen haben (bei der *i. i. r.* wegen *dolus* wäre genau umgekehrt verfahren worden, vgl. sofort im Text). Ihr Bestreben, „unpraktisch und unverständlich gewordene Formen zu beseitigen" (MAIER a. a. O.), erklärt das jedenfalls nicht; denn das Klageedikt wäre bei LENELS Rekonstruktion: *quod metus causa factum erit neque restituetur, de eo in quadruplum iudicium dabo* nicht unverständlicher gewesen als das Metusedikt. Allenfalls hätte also das Nebeneinander der beiden Edikte unpraktisch erscheinen können, hätte aus praktischen Gründen aber das Klageedikt den Vorzug verdient gehabt. Dies ist auch gegen HARTKAMP a. a. O. einzuwenden, der eine systematische Ersetzung von *gerere* durch *facere* seitens der Kompilatoren gleichfalls ablehnt, weil für diese anders als für die Klassiker ein Bedeutungsunterschied zwischen *gerere* und *facere* nicht mehr bestanden habe. Warum haben die Kompilatoren das Klageedikt unterdrückt, zumal sie auch nach HARTKAMP mindestens in einem Fall (dazu unten S. 130 f.) Veränderungen vorgenommen haben, um hervorzuheben, daß das Metusedikt nunmehr

Folgt man ferner der Meinung Levys und Kasers, so hat es in klassischer Zeit neben der *a. de dolo* noch eine *i. i. r.* wegen *dolus* gegeben[15]. Im justinianischen Recht soll die klassische *i. i. r.* nun gleichfalls in der *a. de dolo* aufgegangen sein[16]. In allernächster Nähe zum Metusrecht hätten also die Kompilatoren nicht nur sorgfältig alle Spuren der klassischen *i. i. r.* verwischt, sondern auch nicht gezögert, an die Spitze ihrer *i. .i r.* wegen *dolus* das Edikt über die *a. de dolo* zu setzen (Ulp. D. 4,3,1,1). Schulz selbst trifft dieser Einwand freilich nicht, denn seiner Meinung nach verhieß das Edikt keine *i. i. r. propter dolum*[17].

3. Schon diese ersten Vorbehalte gegenüber dem angeblichen Verschmelzungsprozeß rühren an den Kern der modernen Lehre.

Wir begegnen hier in aller Schärfe den Auswirkungen, die mit der Fixierung der *i. i. r.* auf prätorische Restitution verbunden sind: Die *i. i. r.* setzt ein Rechtsgeschäft voraus, bloß tatsächliche Handlungen sind von ihr ausgeschlossen[18]. Im Metusrecht soll das schon der Sprachgebrauch des Edikts anzeigen: Mit *metus causa gestum* bezeichnet der Prätor das erpreßte Rechtsgeschäft, mit *metus causa factum* des (rekonstruierten) Klageedikts dagegen sowohl rechtsgeschäftliche wie tatsächliche Handlungen[19].

Den allgemein vorausgesetzten Bedeutungsunterschied zwischen *gestum* und *factum* hat indessen bereits Maier kritisiert[20]. Maier gibt zu bedenken, daß ein vom Prätor bewußt formulierter Gegensatz bei den Juristen nicht unbeachtet geblieben wäre. Im Metusrecht ist aber kein Fragment erhalten, in dem sich ein solcher Gegensatz ausgedrückt findet, und daß alle einschlägigen Fragmente den Kompilatoren zum Opfer gefallen sind, ist in der Tat äußerst unwahrscheinlich[21]. Maiers Hinweis freilich, daß Ulpian zum Beispiel bei der Erläuterung des Edikts *Quae fraudationis causa gesta erunt* (D. 42,8,1 pr.) wiederholt und anscheinend ganz selbstverständlich *factum est, facere* verwendet, hat für das Metusrecht nur Beweiswert, sofern es um

---

auch tatsächliche Handlungen erfasse? Soweit ich sehe, ist bei Hartkamp diese Frage nicht gestellt.

[15] Levy, Restitutio 410 f.; Kaser, RP 1,214.

[16] Kaser, RP 2,61 mit weit. Angab.

[17] Metus 237 N. 5; CRL 608. Wie Schulz auch v. Lübtow 87 f. Zur Frage selbst siehe noch unten S. 241 ff.

[18] Vgl. oben S. 1 ff.

[19] Schulz, Metus 221; CRL 603; v. Lübtow 130; vgl. auch Kunkel, RP 261 und N. 5; Kaser, RP 1,213 und N. 17.

[20] Maier 94 f.

[21] Das vor allem deswegen, weil, wie man allgemein annimmt, Ulpians Erläuterung des Klageedikts gleich mit der Restitutionsklausel begann: D. 4,2,9,7. Lenel, Edikt 111. Vgl. aber auch Kreller, SZ 53 (1933) 577 N. 3.

faktische Gläubigerbenachteiligung geht[22]; denn daß *facere* rechtsgeschäftliches Handeln einschließt, wird von der herrschenden Meinung nicht bestritten. Für die Bedeutungsbreite von *gestum* zum Tatsächlichen hin beruft sich MAIER aber mit Recht auf Gai. D. 50,16,58 pr., ein Text, der nur bei vordergründiger Betrachtung das Gegenteil zu besagen scheint, weil Gaius hier eine im uneigentlichen Sinn (καταχρηστικῶς) mögliche promiscue Verwendung von *gesta* und *facta* feststellt, obwohl ein feiner Unterschied (*suptilis differentia*) zwischen beiden bestehe. Dieser feine Unterschied kann sich jedoch schwerlich auf die weitreichende Abgrenzung beziehen, die traditionell für das Metusrecht gelehrt wird und mit Notwendigkeit zur Annahme von zwei scharf voneinander zu trennenden Rechtsbehelfen führt. Wahrscheinlicher ist, daß Gaius im originalen Kontext auf einen spezifisch bedingten Unterschied hingewiesen hat, ganz jenseits also einer im allgemeinen möglichen synonymen Verwendung von *gerere* und *facere*[23].

MAIER ist mit seiner Kritik allein geblieben, und das vor allem wohl deswegen, weil er unbeschadet seiner eigenen, eigenwilligen Auffassung des Metusedikts durchaus der traditionellen Vorstellung von *i. i. r.* verpflichtet ist. Wenn nicht aus dem Begriff *gerere*, so folgt doch für MAIER die Unanwendbarkeit des Restitutionsedikts auf tatsächliche Handlungen aus den Schranken der prätorischen Restitution selbst, womit wieder die Beschränkung auf die Rückgängigmachung von Rechtsveränderungen gemeint ist[24]. Bleibt dieser Standpunkt unangefochten und folgt man MAIERS Deutung von *metus causa gerere*[25] nicht, dann kann man sich dem Gedanken schwer entziehen, *gestum* sei nicht ohne Grund für die Formulierung des Edikts ge-

---

[22] Das könnte in Ulp. D. 42,8,3,2 der Fall sein. Vgl. im übrigen Ulp. eod. 1,2; 3 pr. und 2; 6,8 und 9. Auch KASER hält D. 42,8,1 pr. ff. für umfassender. RP 1,200 N. 4.

[23] LENEL, Pal. 1,232 N. 3 verweist bei Gaius loc. cit. auf Ulp. D. 42,7,2,1: *Quaeque per eum eosve* (scil. *curatores bonorum*), *qui ita creatus creative essent, acta facta gestaque sunt, rata habebuntur.* Hier mochte das Nebeneinander von *facta* und *gesta* zu subtilen Unterscheidungen anregen, die außerhalb des besonderen Edikts gegenstandslos waren. Die Isolierung und Verallgemeinerung des Gaiustextes durch die Kompilatoren könnte darin begründet gewesen sein, daß sie für die den Klassikern selbstverständliche freie Handhabung von *gerere* und *facere* keinen besseren Text fanden, der das ausdrücklich sagte; denn interessiert waren die Kompilatoren sicherlich an dem synonymen Gebrauch. Nicht annehmbar erscheint mir, daß die *suptilis differentia* wenn nicht von Gaius, so doch von den Kompilatoren auf den ediktalen Sprachgebrauch schlechthin und dazu noch im Sinne einer Abgrenzung zwischen rechtsgeschäftlichen und tatsächlichen Handlungen verstanden, wiewohl nicht mehr akzeptiert worden ist. So indes HARTKAMP 54; 60. Vgl. dagegen auch unten S. 129.

[24] MAIER 95.

[25] Handeln, um Furcht zu erregen. Im einzelnen unten S. 140 ff.

wählt worden und jedenfalls im Sinne des Edikts, also technisch, für rechtsgeschäftliche Handlungen zu verstehen. Hinzu kommt, daß das umfassendere *metus causa factum* des postulierten Klageedikts insoweit ansprechend als Ergänzung des *metus causa gestum* gedacht werden kann[26].

Ohne Rücksicht auf das Dogma, daß *i. i. r.* stets prätorische Restitution besage, kann man dagegen vom Ansatzpunkt MAIERS her freier argumentieren. Für judiziale Restitution spielt der Unterschied zwischen rechtlichen und tatsächlichen Veränderungen keine Rolle, ist die Einschränkung von *gerere* auf rechtsgeschäftliche Handlungen durch nichts geboten und das Schweigen der Quellen darüber nur selbstverständlich. *Gerere* wächst gleichsam von selbst ein umfassender Anwendungsbereich zu, seiner anerkannt allgemeinen Bedeutung gemäß[27], die nur im Hinblick auf die geläufige dogmatische Konzeption eingeengt wird. Denn daß im Edikt *gestum* immer nur das Rechtsgeschäft sein kann, behauptet auch die moderne Lehre nicht[28].

4. Von hier aus schwinden die Bedenken dagegen, daß Ulpian die Anwendung des Metusedikts ohne weiteres auch dort in Betracht zieht, wo es um erzwungene tatsächliche Handlungen geht. Im Fall von D. 4,2,9,2 *(aedificii depositio)* mochte SCHULZ' Interpolationsbehauptung[29] noch auf Zustimmung stoßen[30]. Daß Ulpian aber fr. 9 pr. h. t., wo gewaltsamer Besitzverlust und zwangsweise Duldung der Errichtung eines Gebäudes den stofflichen Rahmen bilden, nicht im überlieferten Zusammenhang geschrieben habe[31], hat schon auf dem Boden der herkömmlichen Lehre Kritik ausgelöst. In fr. 9 pr. befaßt sich Ulpian noch mit der Erläuterung des Begriffs *metus*. Darauf ist er allem Anschein nach nicht mehr zurückgekommen, weder, wie nach der Lehre an sich zu erwarten wäre, bei der Erörterung des Klageedikts, die angeblich in fr. 9,7 h. t. beginnt, noch im Kommentar zur Metusformel. Das hat MAIER richtig gesehen[32].

MAIERS eigene Erklärung hilft allerdings nicht weiter: Ulpian habe, da es sich um den beiden Edikten gemeinsamen Begriff *metus* handelte, ein zur

---

[26] Vgl. KUNKELS Kritik an MAIER, RP 261 N. 5.

[27] Statt aller KASER, RP 1,200.

[28] Vgl. KASER, RP 1,200 N. 4. Eine Spur zu kategorisch HARTKAMP 53, weil auch er einräumt, daß *gestum* ausnahmsweise (nur) in erster Linie auf Rechtsgeschäfte bezogen sein kann. Das soll für das Metusedikt gerne zugegeben werden. Im Vordergrund stehen auch hier zweifellos Rechtsgeschäfte, lediglich nicht ausschließlich. Vgl. auch MAIER 94.

[29] Metus 234.

[30] MAIER 109. Zur Stelle noch unten S. 152 ff.

[31] So SCHULZ, a. a. O. 235 f. Zustimmend neuerdings MAYER-MALY, RE 9 A (1961) 332 s. v. *vis*.

[32] MAIER a. a. O.

Erläuterung besonders geeignetes Beispiel bringen können, auch wenn es zum zweiten Edikt gehörte[33]. Daran ist zu bemängeln, daß in fr. 9 pr. die Frage, welcher *metus* tatbestandsmäßig sei, eingebettet ist in die Frage: *an huic edicto locus sit?* bzw. in die Antwort: *huic edicto locum facere (esse).* Im überlieferten Zusammenhang kann damit nur das Metusedikt gemeint sein. Ist deshalb der Standort von fr. 9 pr. echt, so läßt sich für das Metusedikt die Restitution rein tatsächlicher Veränderungen und damit die Möglichkeit judizialer Restitution nicht ausschließen[34].

Ein anderes Beispiel findet sich in Paul. D. 4,2,21,1 f. (11 ad ed):

> Quod metus causa gestum erit, nullo tempore praetor ratum habebit. § 2 Qui possessionem non sui fundi tradidit, non quanti fundus, sed quanti possessio est, eius quadruplum vel simplum cum fructibus consequetur: aestimatur enim quod restitui oportet, id est quod abest: abest autem nuda possessio cum suis fructibus. quod et Pomponius.

In § 2 handelt es sich um bloße Besitzübertragung. Die *i. i. r.* kann nach moderner Lehre in diesem Fall keine Anwendung finden. Nach v. Lübtow[35] muß der Satz ursprünglich im Kommentar zur Metusklage gestanden haben, was wohl heißen soll, daß der überlieferte Zusammenhang mit § 1 nachklassischer Herkunft ist. Vom traditionellen Standpunkt aus wäre das vertretbar, wenn Paulus sich in § 1 angeschickt hätte, in die grundlegende Kommentierung einzelner Ediktsworte einzutreten; dann wäre das Beispiel erzwungener Besitzübertragung ein Fremdkörper[36]. Offensichtlich geht es Paulus aber in § 1 allein um das Spezialproblem der Verjährung, wie überhaupt das ganze fr. 21 Einzelfragen gewidmet scheint[37]. Deshalb wäre gegen die überlieferte Stellung von § 2 nur einzuwenden, daß Paulus, der soeben noch ausdrücklich vom Metusedikt gehandelt hat, unvermittelt zu einem Fall übergeht, der zum Klageedikt gehört. Ausgeschlossen ist das nicht. Wahrscheinlicher dürfte indessen sein, daß der Übergang zum Ästimationsproblem keinen Übergang zu einem Rechtsbehelf bedeutet, der von dem des § 1 verschieden ist. Das Metusedikt hätte demnach auch für tat-

[33] 109 N. 4.

[34] Die Kritik an Maier gilt ebenso für Hartkamp 61, der sich zwar auch für Echtheit des überlieferten Zusammenhangs ausspricht, das damit gegebene Problem aber gleichfalls nicht zur Sprache bringt, sondern mit der knappen Bemerkung zudeckt: „Freilich war auf die im Text genannten Beispiele nur die *actio q. m. c.* und nicht die *i. i. r.* anwendbar, und Ulpian (bzw. Pomponius) wird nicht versäumt haben, darauf hinzuweisen."

[35] v. Lübtow 179.

[36] Dieser Ansicht ist Hartkamp 62 f. Nach Hartkamp a. a. O. und 66 beweist die Stellung von fr. 21,2, daß den Kompilatoren hier daran gelegen war, durch Umstellung ihre weite Auffassung von *gestum* zu betonen.

[37] Vgl. auch v. Lübtow a. a. O.

sächliche Handlungen gegolten, was, wie gesagt, auf der Grundlage judizialer Restitution auch unproblematisch ist.

5. Die bisher angeführten Argumente für judiziale Restitution im Rahmen der *i. i. r.* wegen *metus* kreuzen sich mit den Ergebnissen des vorigen Kapitels. Allem Anschein nach stimmt auch für das Metusedikt die geläufige Annahme prätorischer Restitution nicht. Entsprechend wäre die Metusklage als *i. i. r.* (oder vorsichtiger zunächst: auch als *i. i. r.*) anzusehen und ein besonderes Klageedikt abzulehnen.

III. Die These stützt sich zunächst auf einige Texte, die unmittelbar beweiskräftig sein könnten.

1. Ulp. D. 4,2,9,3 (11 ad ed): Sed quod praetor ait ratum se non habiturum, quatenus accipiendum est videamus. et quidem aut imperfecta res est, licet metus intervenerit, ut puta stipulationem numeratio non est secuta, aut perfecta, si post stipulationem et numeratio facta est aut per metum accepto debitor liberatus est vel quid simile contigerit quod negotium perficeret. et Pomponius scribit in negotiis quidem perfectis et exceptionem interdum et actionem competere, in imperfectis autem solam exceptionem. sed ex facto scio, cum Campani metu cuidam illato extorsissent cautionem pollicitationis, rescriptum esse ab imperatore nostro posse eum a praetore in integrum restitutionem postulare, et praetorem me adsidente interlocutum esse, ut sive actione vellet adversus Campanos experiri, esse propositam, sive exceptione, adversus petentes non deesse exceptionem. ex qua constitutione colligitur, ut, sive perfecta sive imperfecta res sit, et actio et exceptio detur.

Ulpians Auseinandersetzung mit Pomponius bekommt nur Sinn, wenn sich die ganze Stelle auf die Metusklage bezieht. Denn da bei erzwungener Stipulation eine fiktizische Klage nicht denkbar ist[38], kommt für die *actio proposita* des Ulpian nur die Metusklage in Betracht[39]. Handelt der Text aber von der Metusklage, dann steckt deren Verheißung im *ratum non habebo* des Restitutionsedikts[40].

---

[38] v. Lübtow 119; Alvaro d'Ors, SZ 74 (1957) 93 N. 52 (94); anders anscheinend Gradenwitz, Ungültigkeit 49 N. 1. — Abzulehnen schon hier Alvaro d'Ors, soweit er die Unanwendbarkeit der fiktizischen Klage bei erpreßter Stipulation daraus folgert, daß diese kein *gestum* im Sinne des Restitutionsedikts gewesen sei. Offensichtlich ist für Pomponius die (anwendbare) *exceptio metus* gleichfalls Ausfluß der Schutzverheißung dieses Edikts, mag die Musterformel seit Hadrian auch an anderer Stelle (bei den Exzeptionen) proponiert gewesen sein. Vgl. Rudorff, Zeitschr. f. gesch. Rechtsw. 12 (1845) 151 f. und die Fassung der *exceptio metus* bei Ulp. D. 37,15,7,2, die an dem ursprünglichen Wortlaut des Metusedikts orientiert ist: *exceptio vis metusve causa*. Im übrigen deckt sich das *metus causa factum* der *exceptio* (Ulp. D. 44,4,4,33) mit dem *metus causa gestum* des Edikts; unten S. 168 ff. Zur Problematik der von Alvaro d'Ors herangezogenen Stelle Ulp. D. 50,16,19 noch Benöhr, Das sog. Synallagma etc. (1965) 10 ff. Siehe auch Ulp. D. 4,4,7 pr. sowie 42,8,1,2.

[39] v. Lübtow a. a. O. und 223; Maier 113.

[40] Schmidt 4 N. 5 (5 f.); Spaltenstein, Wiedereinsetzung (1873) 140 f.

Daß das klassische Recht sein könnte, hält die moderne Lehre für ausgeschlossen. An den einleitenden Worten Ulpians gibt es freilich nichts zu deuten. Hier beginnt der Kommentar zu den Ediktsworten *ratum non habebo*. In den gleichen Zusammenhang gehört das Pomponiuszitat. Andererseits betrifft das Beispiel aus der Praxis ebenso einwandfrei die Metusklage. Scheut man daher zurück, Restitutionsedikt und Metusklage miteinander zu verknüpfen, dann bleibt anscheinend nur das Verdikt: Ulpian am Anfang und Pomponius meinen prätorische, Ulpian am Ende meint judiziale Restitution, eine Verquickung disparater Begriffe, die unmöglich aus der Feder des Spätklassikers geflossen sein kann[41].

Kunkel a. a. O. vermutet in fr. 9,3 Reste einer Abgrenzung der prätorischen Rechtsbehelfe wegen *metus*, aus denen jedoch die *i. i. r.* gestrichen sei. Konkreter und sogleich anfechtbarer führt v. Lübtow[42] den Meinungsgegensatz zwischen Pomponius und Ulpian auf eine Umgestaltung der klassischen Texte durch vorjustinianische Byzantiner zurück, denen damit teils Unkenntnis, teils eine „gute Dosis Raffiniertheit" zugeschrieben werden: Sie hätten die Entscheidung des Pomponius, der in Wirklichkeit nur die Anwendung der fiktizischen Klage bei erpreßter Stipulation verneint habe, irrtümlich auf die Metusklage bezogen, wodurch für sie der Eindruck entstand, als habe Pomponius die Metusklage abgelehnt. Gegen diese Ansicht des vermeintlichen Außenseiters Pomponius sei von ihnen *sed ex facto* rel. ausgespielt worden, das ursprünglich in Ulpians Kommentar zur Metusklage gestanden habe[43].

Wie gewagt diese These schon zu Blütezeiten der Interpolationenforschung empfunden wurde, zeigt Maiers Kritik an v. Lübtow[44]. Maier wendet sich aber gegen die Zerstückelung des Textes überhaupt. Insofern könnte es den Anschein haben, als sei der Versuch aussichtslos, der herrschenden Lehre über fr. 9,3 das Wasser abzugraben, v. Lübtow im einzelnen zu widerlegen oder andere Autoren gegen ihn auszuspielen[45]. Wer indessen

---

[41] Beseler, Beitr. 1,73; v. Lübtow 119 mit weit. Angab.; ferner Kunkel, RP 262 N. 8; zuletzt Hartkamp 281; 282. Soweit Hartkamp (282 N. 20) freilich Anstoß nimmt an *ut* mit A. c. I., sei an die Möglichkeit ungewöhnlicher *ut*-Konstruktionen im Spätlatein erinnert. Leumann-Hofmann-Szantyr, Lateinische Grammatik 2 (1965) 639; 643; 645.

[42] 224.

[43] v. Lübtow 224 f. (219 f.) im Anschluß an Beseler a. a. O.

[44] Maier 113 N. 4.

[45] Schulz z. B. hält die Einschmelzung der *i. i. r.* in die Metusklage für ein in Kenntnis des klassischen Rechts durchgeführtes Unternehmen, nach Schulz der Kompilatoren selbst. Metus 219 f. Vgl. aber auch die Darstellung bei v. Lübtow 218 ff.

wie MAIER mit sicherem Gespür die Zerschneidung der Stelle tadelt, tadelt letzten Endes die traditionelle Lehre selbst; denn eine überzeugende Erklärung der überlieferten Fassung ist von dieser Seite aus nicht ersichtlich[46]. Auf eine Stellungnahme SCHULZ' wäre man gespannt gewesen. Aber SCHULZ hat sich nicht geäußert, überraschenderweise nicht, wenn man sieht, wieviel an Überlegung v. LÜBTOW fr. 9,3 geopfert hat. So schlägt das Pendel zurück. Alle Schwierigkeiten und Unstimmigkeiten kehren sich nicht nur gegen die Verschmelzungstheorie, sondern gegen die konventionelle Behandlung des Rechtsgebiets überhaupt, die im klasssischen Recht *i. i. r.* wegen *metus* und Metusklage durchaus auseinanderhalten will. Fr. 9,3 selbst ist beredt genug. Das kaiserliche Reskript spricht von *i. i. r.*, und nach dem überlieferten Zusammenhang kann damit nur die Metuklage gemeint sein[47]. Man wird auch füglich bezweifeln dürfen, daß Pomponius die logische Unmöglichkeit einer fiktizischen Klage bei erzwungener Stipulation zu betonen Anlaß genommen hätte. Die Lehre muß aber auf dieser Auslegung bestehen[48], weil anders auch die erste Texthälfte und gar die entscheidenden Ediktsworte selbst für die traditionell verstandene *i. i. r.* nicht mehr zu halten wären.

Es bleibt noch der Einwand zu prüfen, den v. LÜBTOW im Anschluß an GRADENWITZ geltend gemacht hat: wie Pomponius bei erpreßter Stipulation allein die *exceptio metus* habe zulassen können, nicht dagegen die Metusklage, die bereits Labeo geläufig und auch Ulpian selbstverständlich war[49]. Entgegen dem Eindruck, den die Lektüre v. LÜBTOWS vermittelt, ist das für GRADENWITZ kein Rätsel. GRADENWITZ nimmt an, die *exceptio metus* sei jünger als die Metusklage[50], und nach Einführung der *exceptio* habe sich wegen ihrer größeren Einfachheit und praktischen Brauchbarkeit gut die Meinung bilden können, die Metusklage sei bei erzwungener Stipu-

---

[46] Bezeichnend MAIER 113, der für den mutmaßlichen Gehalt von fr. 9,3 auf SCHMIDT und SPALTENSTEIN (oben Anm. 40) verweist, die damit verbundenen Konsequenzen aber auf sich beruhen läßt. Vgl. auch HARTKAMP 282. HARTKAMP zufolge hat Ulpian lediglich (prätorische) *i. i. r.* erörtert. Worin dann der Meinungsgegensatz zu Pomponius bestanden hat, bleibt bei HARTKAMP aber offen.

[47] Richtig bemerkt schon von SCHMIDT 4 N. 5 (6 f.). Auch MAIER (113 N. 4) hindert dieser Umstand, die zweite Texthälfte für versetzt anzusehen. Vgl. jedoch die vorige Anm. BESELER und v. LÜBTOW nehmen an der Terminologie des Kaisers keinen Anstoß.

[48] Vgl. nochmals HARTKAMP 282.

[49] v. LÜBTOW 224; GRADENWITZ, Ungültigkeit 48. Vgl. Ulp.-Lab. fr. 14,9 h. t.; Ulp. fr. 9,7 h. t.

[50] Daß Cassius sie noch nicht gekannt habe (vgl. Ulp. D. 44,4,4,33), wird man freilich nicht sagen können. Anders KASER, RP 1,213 N. 25; MAYER-MALY, RE 9 A (1961) 331 s. v. *vis*. Vgl. dagegen unten S. 172 ff.

lation überflüssig[51]. Es scheint, die Möglichkeit einer solchen Meinung muß ganz unabhängig von der Altersfrage eingeräumt werden[52].

2. Auf die Metusklage als *i. i. r.* weisen mittelbar Quellenstellen hin, die der geläufigen Vorstellung vom klassischen Recht nicht entsprechen. Es handelt sich um Texte zur *a. in rem.* Die *a. in rem* ist im herkömmlichen Verständnis der Prüfstein für „wahre *i. i. r.*", um ein Wort SAVIGNYS einmal umzukehren. Aus den Quellen läßt sich diese zentrale Funktion der *a. in rem* überzeugend aber nicht belegen, nicht einmal ansatzweise. Die Quellen sprechen vielmehr dafür, die *a. in rem* als einen zusätzlichen Rechtsbehelf anzusehen, der möglicherweise außerhalb der *i. i. r.* steht, innerhalb jedenfalls nicht an erster Stelle. Die Alternative erinnert an diejenige, die uns im Minderjährigenrecht begegnet ist[53]. Es fällt schwer zu glauben, die Kompilatoren, denen immer wieder Unstimmigkeiten unterliefen, seien im Metusrecht so gewissenhaft und konsequent zu Werke gegangen, den klassischen Rechtszustand zu verwischen.

a) Ein erster Text ist

> Ulp. D. 4,2,9,4 (11 ad ed): Volenti autem datur et in rem actio et in personam rescissa acceptilatione vel alia liberatione[54].

So wie Ulpian die *a. in rem* (wie auch die *a. in personam*)[55] hier, im Kommentar zum Restitutionsedikt, einführt, erscheint sie nicht als normale Restitutionshilfe, sondern als eine darüber hinaus gegebene Möglichkeit für den, der von ihr Gebrauch machen will. LENEL suchte diesen Eindruck zu zerstreuen, indem er Ulpians Äußerung darauf zurückführte, daß im Metusedikt keine reszissorische *a. in rem* proponiert gewesen sei. Fr. 9,4 enthielte

---

[51] GRADENWITZ a. a. O. 49.

[52] Nicht zwingend deshalb HARTKAMP 281, wo unter Hinweis auf fr. 14,9 cit. bemerkt wird, „auch Pomponius hätte die Möglichkeit, mit der *actio q. m. c.* Erlaß zu fordern, nicht verneint."

[53] Oben S. 61 ff.; 64 ff.

[54] Im allgemeinen wird für das Original *mancipatione* oder *alienatione* statt *vel alia liberatione* vermutet. Vgl. etwa BESELER, Beitr. 1,73; LEVY, Konk. II 164 N. 7; v. LÜBTOW 125. Weitere Angaben bei STURM, Festgabe von Lübtow (1970) 392. Siehe auch HARTKAMP 177 N. 1. Für den minderjährigen Veräußerer überliefert Ulp. D. 4,4,13,1 *rescissa alienatione.* Mit LEVY a. a. O. 164 wäre bei der *a. in rem* an die fiktizische *rei vindicatio* zu denken. Im justinianischen Recht war die erzwungene Eigentumsübertragung nichtig, nicht dagegen die Akzeptilation. SCHULZ, Metus 174 f.; 199 f. Vgl. aber auch HARTKAMP 177 ff. — Eine Interpretation, die den überlieferten Text nicht antastet, sucht STURM a. a. O. 398 ff. glaubhaft zu machen: Ulpian habe an Fälle gedacht, in denen durch Erlaß einer Forderung auch dingliche Rechte erloschen, so daß *rescissa acceptilatione* nicht nur persönliche, sondern auch dingliche reszissorische Klagen erwuchsen. Der interessante Gedanke beeinträchtigt die nachstehende Beweisführung nicht.

[55] Zu ihr noch unten S. 157 f.; 215 mit Anm. 395.

danach die rein interpretative Feststellung, daß dem Restituierten, wenn er wollte (besser freilich: wenn es notwendig war), Klage erteilt wurde[56].

Wie wenig diese Lösung LENEL selbst zufrieden gestellt hat, möchte man daraus schließen, daß er, vielleicht auf den Interpolationsverdacht von SCHULZ hin, fr. 9,4 als Argument gegen eine Formelproponierung fallen gelassen hat[57]. SCHULZ seinerseits[58] will den Text einesteils aus dem kompilatorischen Verschmelzungsprozeß heraus erklären. *I. i. r.* im Sinne des justinianischen Rechts sei die Metusklage gewesen, gleichwohl hätten es die Kompilatoren in einigen Ausnahmefällen, zum Beispiel bei erzwungenem Erlaßvertrag, für praktischer gehalten, neben der Metusklage die Reszission des erzwungenen Geschäfts nach klassischem Muster zuzulassen. Da ferner im justinianischen Recht die erzwungene Übereignung nichtig gewesen sei, habe neben der Metusklage die Vindikation schlechthin gewährt werden können. „Man hat längst gesehen", resümiert SCHULZ, „daß diese Stelle so keinesfalls von Ulpian geschrieben worden und wahrscheinlich ganz Kompilatorenarbeit ist"[59].

Wertvoll ist an diesen Überlegungen, daß auch für SCHULZ die *a. in rem* in der justinianischen Überlieferung ein besonderes, nicht das reguläre mit dem Restitutionsedikt zu verbindende Rechtsinstitut ist; das ist vielmehr die Metusklage. Entgegen SCHULZ muß aber daran gezweifelt werden, daß dies nicht bereits klassisches Recht ist, sondern Werk der Kompilatoren, die den Namen *i. i. r.* auf die Metusklage übertragen und damit die Voraussetzung geschaffen hätten, dieser *i. i. r.* die *a. in rem*, ehedem Indiz für *i. i. r.*, nunmehr entgegenzusetzen. Die Annahme einer derart komplizierten und völligen Verdrehung des klassischen Rechtszustands liegt uns heute methodisch ferner als SCHULZ und seiner Zeit, die sich im Hinblick auf das Odium möglicher Textverderbnis, das den Quellen nun einmal anhaftet, leichter taten, plausible dogmatische Konzeptionen für das klassische Recht und gegen die justinianische Überlieferung durchzusetzen[60].

---

[56] LENEL, Edikt[2] 109 N. 3. Auf die gleiche Weise wollte LENEL die im folgenden behandelten Stellen fr. 9,6 h. t. und C. 2,19,3 erklären.

[57] Edikt 110 N. 10.

[58] Metus 237 f.

[59] A. a. O.; vgl. ferner 199 f.; 230.

[60] Gegenüber dem Vorrang, der für die Metusklage zu bestehen scheint, ist die Frage sekundär, ob auch die Vindikation in die Verheißung des Restitutionsedikts eingeschlossen war oder eine selbständige, an das Vindikationsedikt angelehnte Restitutionsmöglichkeit. Vgl. auch unten S. 138; 226. Die zweite Möglichkeit ist ohne weiteres denkbar, wenn dem *iudex* die Prüfung des Restitutionsgrundes überlassen werden konnte. Dafür LENEL, Edikt 110. Vgl. schon oben S. 104 f. Von dem positiven Ausgang dieser Prüfung hing die Wirkung der Fiktionsklausel ab, die also, wie die Klage selbst, gleichfalls routinemäßig erteilt werden konnte.

b) Mit fr. 9,4 korrespondiert das benachbarte

fr. 9,6 h. t.: Licet tamen in rem actionem dandam existimemus, quia res in bonis est eius, qui vim passus est rel.

Die Stelle wird noch eingehend behandelt werden[61]. Vorstehend kommt es auf den Passus *in rem actionem dandam existimemus* an. Das klingt der modernen Lehre aus dem Munde Ulpians unannehmbar. Wenn gerade das Metusedikt prätorische Restitution verheißt, muß man bei der *a. in rem* an die durch *i. i. r.* vermittelte denken. Wie konnte die dingliche Klage dann je Meinungssache gewesen sein?! Ein stärkeres Indiz für die Verfälschung des Textes scheint es nicht zu geben[62].

Doch gerade seiner Stärke wegen ist das Argument verdächtig; denn maßgebend scheint hier nicht die Quelle, sondern die Lehre. Unvoreingenommen ließe sich zu fr. 9,6 feststellen, daß im Metusrecht erst um die Zeit Ulpians die Erteilung einer dinglichen Klage erwogen wurde. Wieder wäre dem Metusedikt primär nicht die dingliche Klage zuzuordnen, sondern die Metusklage. Wir werden unten[63] die Frage stellen, ob die Möglichkeit der *a. in rem* eine Folge der absoluten Wirkung der Metusklage, ihrer Anwendung auf gutgläubige Dritterwerber sein könnte, die um die Zeit Ulpians und durch ihn selbst zur Anerkennung gelangte.

c) Das in spätklassischer Zeit Neuartige der *a. in rem* belegt auch ein Reskript Gordians:

C. 2,19,3 (a. 238): Si vi vel metu fundum avus tuus distrahere coactus est, etiamsi maxime emptor eum alii vendidit, si tamen tu avo tuo heres extitisti, ut tibi reddito a te pretio restituatur, postquam placuit in rem quoque dari actionem secundum formam perpetui edicti adito praeside provinciae poteris postulare, si modo qui secundo loco comparavit longae possessionis praescriptione non fuerit munitus.

Auf die reszissorische *a. in rem* bezogen sperrt sich *postquam placuit in rem quoque dari actionem* dem herkömmlichen Verständnis von *i. i. r.* und *a. in rem.* Entweder, weil „die Wirkung gegen Dritte seit Jahrhunderten feststehen" mußte[64] oder triftiger noch, weil es nie eine Zeit gegeben haben kann, „in der die Klassiker die Wiederherstellung einer *actio in rem* schlechthin, auch gegen den Erpresser abgelehnt haben sollten"[65]. Die überlieferte Fassung läßt in der Tat nur den Schluß zu, daß die *a. in rem* noch

[61] Unten S. 222 ff.

[62] Vgl. Beseler, Beitr. 1,73; Schulz, Metus 200.

[63] S. 225 ff.

[64] Maier 146 f., der deshalb die Stelle auf die Metusklage beziehen will. Vgl. dagegen noch im folgenden.

[65] Schulz, Metus 253 f. Ebenso v. Lübtow 205. Schulz denkt sich das Reskript ursprünglich von prätorischen Vorverfahren handelnd. Siehe dazu oben S. 67.

nicht lange eine unbestrittene Restitutionsmöglichkeit gewesen war, als die Anfrage an den Kaiser erging[66].

Das alles paßt gut zu Ulpians *in rem actionem dandam existimemus.* Zu erhärten bliebe, daß die *in rem actio* des Reskripts wirklich auf die dingliche Klage geht und nicht auf die Formulierung der Metusklage *in rem.* Erstens ist, wie es scheint, die Metusklage von jeher *in rem* gefaßt gewesen und praktiziert worden[67]. Zweitens fallen von unserem Standpunkt aus alle Einwände dagegen weg, die am Schluß des Reskripts erwähnte *longae possessionis praescriptio* als Indiz für den dinglichen Charakter der zuvor erwähnten *in rem actio* voll auszuschöpfen. Die *longi temporis praescriptio*[68] greift nicht bei persönlichen Klagen ein[69]. Daran im Hinblick auf fr. 19,3 zu zweifeln, wozu Maier neigt[70], besteht kein Anlaß mehr, wenn an der *a. in rem* als später Erscheinung nicht gezweifelt zu werden braucht. Es versteht sich dann auch das Fehlen jeglicher Befristung der *in rem actio,* was vom Standpunkt der traditionell verstandenen *i. i. r.* ebenfalls Bedenken erwecken könnte[71]. Paul. D. 4,2,21,1: *quod metus causa gestum erit, nullo tempore praetor ratum habebit*, bezogen auf die Metusklage, erklärt, warum auch die alternativ gewährte *in rem actio* unbefristet sein konnte.

d) In entfernterem Zusammenhang mit den drei letzten Texten steht

Ulp. D. 4,2,9,7 (11 ad ed): Ex hoc edicto restitutio talis facienda est, id est in integrum rel.

---

[66] Zwischen *postquam placuit in rem quoque dari actionem* und *secundum formam perpetui edicti ... postulare* besteht auch kein Widerspruch, wie Carrelli (Actio Publiciana 33) meint. Wie bereits angedeutet, ist die seit alters im Edikt proponierte *a. in rem* dem gezwungenen Veräußerer vermutlich erst im Verlauf einer späteren Entwicklung gewährt worden. Vgl. soeben im Text und unten S. 222 ff. Insoweit das Reskript erkennen läßt, daß die *in rem actio* als solche (siehe auch Schulz im Text) jüngeren Datums ist, wäre es unbefriedigend, die aus *placuit* zu entnehmende Kontroverse auf die Frage zu beschränken, ob die — gegen den Erpresser unproblematische — *a. in rem* gegen Dritte gehen sollte. Dies gegen Hartkamp 238, dessen Kritik an Maier im übrigen zuzustimmen ist.

[67] Vgl. unten S. 177 ff.

[68] Zur schwankenden Terminologie D. Nörr, Die Entstehung der longi temporis praescriptio (1969) 108.

[69] Pap. Fragm. Vat. 7, Carac. C. 2,18,8 (a. 218), anscheinend gegen abweichende Vorstellungen in der Provinz gerichtet. Vgl. auch Nörr a. a. O. 73; 81; 103. Ferner noch Partsch, Longi temporis praescriptio (1906) 137 mit weiteren Belegen aus diokletianischer Zeit (zum Reskript Gordians 157).

[70] 146 f.

[71] Im Hinblick etwa auf die einjährige Verjährung der *vindicatio rescissa usucapione* in D. 44,7,35 pr. Vgl. Maier 147. Zum nachstehend angeführten Pauluszitat auch Bekker, Aktionen 2,83. Siehe ferner noch Hartkamp 238.

Im überlieferten Kontext zielt *ex hoc edicto* auf das Restitutionsedikt, in dessen Kommentierung fr. 9,7 eingebettet erscheint. Das kann die Lehre nicht akzeptieren, weil es, wie der Fortgang der Stelle zeigt, hier um judiziale Restitution geht. *Ex hoc edicto* soll sich vielmehr ursprünglich auf das Klageedikt bezogen haben, sollte dann aber in der Absicht der Kompilatoren, die das Klageedikt strichen, den Anschein erwecken, als sei damit das Metusedikt gemeint[72].

Eine solche, von den Kompilatoren ins Werk gesetzte Irreführung des „unbefangenen Digestenlesers" (SCHULZ) stößt auf ebensoviel Skepsis wie die „Raffiniertheit" ihrer älteren Kollegen, die v. LÜBTOW in fr. 9,3 h. t. zu erkennen glaubt[73]. In fr. 9,7 kommentiert Ulpian unbestritten eine Restitutionsklausel, (nach herrschender Meinung die der Musterformel und) unmittelbar im Anschluß an die bis dahin erörterten Teile des Metusedikts. Das reimt sich zusammen, wenn zum Metusedikt eine Musterformel der Metusklage proponiert war. Der Tatbestand der Klage, der mit dem des Edikts identisch war, brauchte dann nicht eigens kommentiert zu werden. Ulpian konnte sofort auf die Restitutionsklausel zu sprechen kommen.

Hört man daneben noch eine besondere Betonung aus *ex h o c edicto* heraus, so könnte diese im Verhältnis zum vorangehenden § 6, der die Konkurrenz von *a. in rem* und Metusklage zum Gegenstand hat, begründet sein. Mit *hoc edictum* wäre das Metusedikt dem Vindikationsedikt entgegengesetzt. Wie weit das die *a. in rem* als ein Restitutionsverfahren ausweist, das ediktstechnisch nicht vom Metusedikt, sondern vom Vindikationsedikt her legitimiert war, braucht indessen hier nicht entschieden zu werden[74].

3. Aus den Kontroversen des älteren Seneca gehört hierher abschließend

Contr. 9,3 (26), 9: An si in re vis et necessitas est, ita tantum rescindantur quae per vim et necessitatem gesta sunt, si vis et necessitas a paciscente adhibita est. Nihil, inquit, refert mea an tu cogaris, si non a me cogeris; meam culpam esse oportet, ut mea poena sit.

Excerp. contr. 4,8: Non mea, inquit, sed aliena vis fuit. Aeque dignus est poena qui ipse vim adhibet et qui ab alio admota ad lucrum suum utitur.

Uns interessiert hier nicht, ob die Disputationen als Indiz für *i. i. r.* gegen Dritte gewertet werden können[75]. Was sie im vorstehenden Zusammenhang

---

[72] SCHULZ, Metus 231; vgl. auch v. LÜBTOW 221.

[73] Oben S. 132.

[74] Siehe aber unten S. 226.

[75] Dafür SCHULZ, Metus 224 f.; dagegen MAIER 110. Zum Problem unten S. 207 f.

bemerkenswert macht, ist die Tatsache, daß sie, wie andere noch deutlicher[76], auf das Metusedikt Bezug nehmen. Das ist allgemein anerkannt[77] und wird auch durch das Severenreskript in Cons. 1,6 gestützt[78].

Um so mehr fällt die Verwendung des Wortes *poena* auf. SCHULZ meint dazu: „*Poena* ist laienhaft gebraucht, wie die Überschrift zeigt, von der *i. i. r.*"[79] Allein diese Antwort befriedigt nur den, der mit SCHULZ die traditionell verstandene *i. i. r.* „zu unserm Bestand an sicherem Wissen" zählt[80]. Von einem kritischen Standpunkt aus liegt eine andere Beurteilung von *poena* näher. Dann assoziiert *poena* das *quadruplum* der Metusklage[81] und läßt im Zusammenhang darauf schließen, daß der durch das Metusedikt verheißene Rechtsbehelf die Metusklage ist.

Ein willkommenes Ergebnis zur Seite wäre die Ehrenrettung Senecas, der sonst die spezifische Aufhebung eines Rechtsgeschäfts durch den Prätor mit dem Begriff *poena* verbunden hätte. Das gäbe wiederum Anlaß zu überlegen, ob er nicht ungeachtet der äußerlichen Übereinstimmung etwas ganz anderes im Sinn gehabt habe als das Metusedikt. Die juristische Ausbeute der zitierten Sätze insgesamt stünde dann unter schweren Vorbehalten.

IV. Die Kritik an der konventionellen Unterscheidung zwischen Metusedikt und Metusklage soll im folgenden mit Überlegungen zum Inhalt des Ediktswortlauts und zur Entwicklungsgeschichte der Metusklage fortgesetzt werden. Das Ziel ist, die Metusklage von der herkömmlich gelehrten Deliktsgrundlage abzulösen und so die Vorstellung annehmbarer zu machen, daß wir es bei der Metusklage mit der klassischen *i. i. r.* wegen *metus* zu tun haben. Es erleichtert das Vorhaben, wenn man sich ein für allemal die Effektivität der judizialen Restitution vor Augen hält[82]. Die Metusklage ist prätorischer *i. i. r.* nicht nur überlegen, weil sie die Restitution tatsächlicher

---

[76] Excerpt. contr. 4,8 praef.: *per vim metumque gesta irrita sint*; contr. 9,3 (26) praef.: *per vim metumque gesta ne sint rata*; excerpt. contr. 9,3 praef.: *per vim metumque gesta non sint rata.*

[77] SCHULZ, a. a. O.; MAIER 105 N. 5; 153 N. 4; LANFRANCHI, Il diritto nei retori romani (1938) 158; 163 f.; ferner BONNER, Roman Declamation (1949) 114; HARTKAMP 263 und N. 79.

[78] *Ea, quae per vim et metum gesta sunt, etiam citra principale auxilium irrita esse debere iam pridem constitutum est.* (a. 196). Dazu noch SCHULZ, Metus 206 f. Über die bei Seneca und im Reskript sich findende Umschreibung des ediktalen *metus causa* durch *per metum* unten S. 144 f., über die Alternative *per vim gesta* Ulp. D. 4,2,1 und unten S. 192 ff.

[79] Metus 225 N. 2. Ohne Stellungnahme HARTKAMP a. a. O.

[80] Vgl. Metus 221 N. 4.

[81] Vgl. Ulp. D. 4,2,14,1.

[82] Dazu einleitend S. 5 ff.

Handlungen einschließt. Auch im rechtsgeschäftlichen Bereich überflügelt sie in der Regel prätorische Restitution, so daß kein Geringerer als LEVY das Wort von der „neben der Metusklage an sich schon problematische(n) *in integrum restitutio*" prägen konnte[83].

Wenn bei der Untersuchung streckenweise rechtsgeschäftliche Handlungen im Vordergrund stehen, so geschieht das aus Gründen der Darstellung und deswegen, weil allem Anschein nach auch das Interesse der römischen Juristen vor allem auf Rechtsgeschäfte gerichtet ist. Die Anwendbarkeit des Metusedikts auf tatsächliche Handlungen soll an geeigneter Stelle erörtert werden.

Hilfreich für das Folgende ist die Einteilung nach den Fallgruppen A (*Titius* erzwingt von *Seius* Übereignung an sich), B (der von *Titius* ausgehende Zwang führt zur Übereignung von *Seius* an *Sempronius*) und C (Weiterveräußerung der von *Seius* zwangsweise an *Titius* oder *Sempronius* übereigneten Sache an *Maevius*)[84].

§ 11

Der tatbestandsmäßige Aufbau des Metusedikts (Ulp. D. 4,2,1)

I. 1. Die Worte *Quod metus causa gestum erit*, mit denen der Prätor die Voraussetzungen seines Eingreifens umschreibt, haben in neuerer Zeit ganz unterschiedliche Auslegungen erfahren.

Ein Vergleich mit modernen Gesetzen, etwa dem deutschen BGB, zeigt beispielsweise folgende Behandlung des zwangsweise zustande gekommenen Vertrags: Das Gesetz verleiht demjenigen, der zur Abgabe seiner Willenserklärung (widerrechtlich) durch Drohung bestimmt worden ist, die Befugnis, die Erklärung mit der Wirkung anzufechten, daß sie als von Anfang an nichtig anzusehen ist[85]. Die Rechtsordnung setzt bei der Handlung des Gezwungenen an, um den unter Zwang eingegangenen Vertrag aus der Welt zu schaffen.

Wer diese Regelung vor Augen hat, kann das Metusedikt — zumal, wenn es angeblich nur für erzwungene Rechtsveränderungen gilt — in einem

[83] Konk. II 169 N. 5. Vgl. auch Restitutio 410, wo von dem „beschwerlichen Behelf der *i. i. r.*" die Rede ist. Die Metusklage fällt allein bei erzwungenem Erbschaftsantritt aus. Siehe unten S. 154 ff.

[84] Die Einteilung empfiehlt sich auch bei der Frage, wem der gezwungene Veräußerer die *exceptio metus* entgegenhalten kann. Unten S. 170 ff. Sie ist, entsprechend abgewandelt, ferner bei schuldrechtlichen Vorgängen von Nutzen. Unten S. 215 ff.

[85] § 123 in Verb. mit § 142 BGB.

naheliegenden Sinn interpretieren. *Metus causa gestum* wäre dann die Handlung des Gezwungenen und so zu verstehen: was aus Furcht vorgenommen worden ist[86].

2. Diese Auslegung von *metus causa gestum* (und entsprechend *metus causa factum*) scheint so einleuchtend, daß sie weder einer Begründung noch vorsorglich einer Absicherung bedarf. Sie ist indessen von MAIER radikal in Frage gestellt worden. MAIER nimmt daran Anstoß, daß in traditioneller Sicht der Metusklage eine Deliktsklage ihren offiziellen Namen *a. quod metus causa (factum est)*[87] nicht von der Tat des Delinquenten erhalten hat, sondern vom Seelenzustand des Opfers — eine für MAIER beispiellose Ausnahme[88]. Eine solche Ausnahme liegt indes nach MAIER auch gar nicht vor; denn die wahre Bedeutung von *metus causa facere* ist diese:

Metus meine nicht die Furcht, die man empfindet, sondern die Furcht, die man einflößt, Furchterregung; *causa* sei nicht kausal, sondern final aufzufassen; *factum* bezeichne die rechtswidrige Tat und *metus causa factum* demnach „die zum Zweck der Furchterregung vorgenommene erpresserische Handlung"[89].

Mit einer gewissen Berechtigung überträgt MAIER diese Auslegung von *metus causa factum* sodann auf das *metus causa gestum* des Restitutionsedikts. Auch hier hätte also *metus causa* finalen Sinn, wäre *gerere* die Zwangshandlung des Erpressers, würde *metus causa gestum* bedeuten: handeln, um Furcht zu erregen[90].

3. Zu dem Ergebnis hat bereits KUNKEL festgestellt, die vom Prätor in Aussicht gestellte Nichtanerkennung *(ratum non habebo)* könne sich doch nur auf das erpreßte Rechtsgeschäft beziehen und nicht auf die erpresserische Handlung[91]. Unter den Händen MAIERS zerfällt in der Tat das Edikt. Es

---

[86] Vgl. etwa GRADENWITZ, Ungültigkeit 10; 50 f.; SCHULZ, Metus 220; 227; 242. Entsprechend rekonstruiert LENEL, Edikt 112 die Metusformel: *Si paret metus causa* $A^m A^m$ *fundum q. d. a.* $N^o N^o$ *mancipio dedisse* rel. Neuere Darstellungen sprechen etwas neutraler von „Rechtshandlungen, die auf Zwang beruhen" (KUNKEL, RP 261) oder von „auf Gewalt oder Drohung beruhenden Rechtsgeschäften" (KASER, RP 1,213). Die Deutung von *metus causa gestum* als „erpreßtes Rechtsgeschäft" (KUNKEL a. a. O. N. 5; KASER a. a. O. N. 17) zeigt indessen, daß die Blickrichtung vom Gezwungenen her nicht aufgegeben ist. Siehe auch HARTKAMP 55 und passim.

[87] Vgl. *actio metus causa* in Ulp. D. 4,2,12,2; eod. 14,15; Paul. eod. 21,6. Die Klassizität des Ausdrucks wird aber allgemein angezweifelt. SCHULZ, Metus 261 N. 4; v. LÜBTOW 168 f.; KASER, RP 1,213 N. 20.

[88] MAIER 95.

[89] Vgl. MAIER 96 ff.; 99 f. (Zitat).

[90] MAIER 103 und folgende.

[91] RP 261 N. 5. Zustimmend KASER, RP 1,213 N. 17.

spräche nämlich nur mehr von der furchterregenden Handlung, nicht aber von den (Rechts-)Veränderungen, die zusammen mit der furchterregenden Handlung den Tatbestand der Erpressung ausmachen. Gleiches würde für das Klageedikt gelten, hat es je und in der Form existiert, wie LENEL es rekonstruiert[92].

An diesem Einwand gegen die finale Auffassung von *metus causa* scheitert MAIERS Beweisführung in den verschiedenen Phasen.

a) So zum Beispiel bemängelt SCHULZ aus seiner Sicht eine Formulierung wie *restituere quod metus causa factum est*[93]. „Restituiert wird nicht *quod metus causa factum est*, sondern was durch das *metus causa factum* an den Beklagten gelangt ist."[94] MAIER weist mit Genugtuung auf diese Schwierigkeit bei SCHULZ hin[95]. Dazu besteht aber wenig Anlaß; denn MAIERS Auslegung führt zu einem Ergebnis, das gewiß unannehmbar ist: Restitution der furchterregenden Handlung ergibt schlechterdings keinen Sinn. Daß er das gemeint habe, würde MAIER vermutlich unter Berufung auf seine eigenen Worte zurückweisen. *Restituere quod metus causa factum est* soll nämlich besagen: die Folgen der rechtswidrigen Tat beseitigen[96]. Dagegen wäre nichts einzuwenden[97]. Nur fragt sich, wie das bei MAIERS Deutung von *metus causa factum* sprachlich zusammenkommt. Denn darin ist *factum* nicht die Folge der rechtswidrigen Tat, der furchterregenden Handlung, sondern die furchterregende Handlung selbst. *Restituere* hat nicht das Objekt, das MAIER voraussetzt.

Über den Bruch, der hier vorliegt, hat MAIER anscheinend deswegen hinweggesehen, weil er sich (u. a.) im Hinblick auf die Interdikte auf sicherem Boden wähnte, wo *restituere quod factum est* eine geläufige Wendung ist und *factum* die Handlung bezeichnet, die den Interdiktskläger materiell beeinträchtigt hat. So etwa zieht MAIER wiederholt[98] das Interdikt *Quod vi aut clam* zum Vergleich heran:

> Ulp. D. 43,24,1 pr. (71 ad ed): Praetor ait: ‚Quod vi aut clam factum est, qua de re agitur, id cum experiendi potestas est, restituas.'

Der genaue Vergleich spricht indessen gegen MAIER. *Vi* und besonders schlagend *clam* sind Modalitäten des *factum*, das den Restitutionstatbestand verwirklicht. Infolgedessen vermag der Prätor an das *quod vi aut clam*

---

[92] Siehe oben S. 126 Anm. 14.
[93] Vgl. Ulp. D. 4,2,9,8.
[94] Metus 242 im Anschluß an EISELE, SZ 30 (1909) 106.
[95] 100 f.
[96] 102.
[97] Siehe unten S. 158.
[98] 101; 120; 153.

factum est sein *restituas* anzuknüpfen. Ganz anders liegt der Fall eines final verstandenen *metus causa factum.* Damit wäre erst eine furchterregende Handlung formuliert, keine der Restitution fähige. Es ist deshalb auch eine äußerliche, der unterschiedlichen Struktur des Interdiktstatbestands nicht Rechnung tragende Betrachtung, wenn MAIER für finales *metus causa* darauf verweist, das ediktale *clam facere* werde zuweilen mit *celandi mei (tui, servi vel procuratoris) causa facere* umschrieben[99].

b) Daß MAIER die Konsequenzen eines finalen *metus causa* nicht genügend berücksichtigt hat, erklärt weitere Unstimmigkeiten. Es überrascht zum Beispiel, daß MAIER die von Ulpian in D. 4,2,1 mitgeteilte ursprüngliche Ediktsfassung

quod vi metusve causa gestum erit

für seine These in Anspruch nimmt[100]. *Vi gestum* ließe sich zum *vi factum* des Interdikts *Quod vi* in Parallele setzen. Dasselbe ist für *metus causa* aber nicht durch finales *causa* zu erreichen. Aus MAIERS Sicht stellt das alte Edikt einen untauglichen Versuch dar, zwei ungleichartige Tatbestände zu einer Sinneinheit zu verbinden. In Wahrheit besteht diese Sinneinheit nur bei kausaler Auslegung von *metus causa gestum,* mag *vi gestum,* was MAIER allein gelten lassen würde, modal[101] oder, was ebensogut möglich wäre, gleichfalls kausal verwendet worden sein[102].

Zugeben muß MAIER auch, daß in einigen Stellen *metus causa* zweifellos kausalen Sinn hat; denn das zugehörige verbum bezeichnet ein Handeln des Gezwungenen[103]. MAIER erklärt das so: Wie die Juristen nebeneinander *promittere (tradere) und stipulari (accipere) per vim* sagen, „könnten sie

[99] 105 N. 3. Vgl. Ulp. D. 43,24,5,5; § 6. Daß MAIER im Ganzen den Unterschied zu den Interdikten verkennt, kritisiert auch HARTKAMP 57.

[100] 105. — Zu fr. 1 im einzelnen unten S. 192 ff.

[101] In welchem Fall *gestum* die vorteilbringende (Erwerbs-)Handlung des Zwingenden bezeichnen würde. Dazu unten S. 196.

[102] Wie Paul. D. 22,1,38,6 zeigt: *vi metusve causa tradere.* MAIERS Versuch (107 f.), die seinen Zielen zuwiderlaufende Stelle zu entschärfen und das (wohl) originale *mancipio dare* (LENEL, Dig.) gegen *mancipio accepisse* auszuwechseln, scheitert schon darn, daß *metus causa mancipio accipere* bei finaler Auslegung von *metus causa* keinen annehmbaren Sinn ergibt. Vgl. alsbald im Text. Kausal verwendet ist *vi* auch in Ulp. D. 37,15,7,2: *exceptio vis metusve causa,* wenn *causa* Präposition des Grundes ist. So gut also *vi* kausal verwendet werden konnte — die vom Edikt intendierte Bedeutung ist damit nicht präjudiziert. Wahrscheinlich war *vi* hier modal gemeint; indessen nicht darauf, sondern auf die in der Modalität liegende Kausalität scheint es letzten Endes angekommen zu sein. Vgl. unten S. 197 f. und besonders S. 220 ff.; 231 f.

[103] Ulp. D. 4,2,9,5; Ulp. (Pap.) D. 13,7,22,1 und die in der vorigen Anm. erwähnte Paulusstelle *(metus causa tradere)*; ferner Pap. D. 29,2,85 *(metus causa adire hereditatem).*

auch *metus causa* je nach dem Zusammenhang in verschiedenen unter sich korrelaten Bedeutungen gebraucht haben"[104].

Daß hier ein Trugschluß vorliegt, zeigt schon der aussichtslose Versuch, zum Beispiel *metus causa stipulari,* final verstanden, einen Sinn abzugewinnen. Und wenn für das neutrale *metus causa gerere (facere)* die finale Auslegung nicht von vornherein ausscheidet, so doch dann, wenn man die von MAIER nicht ausgeschlossene kausale Bedeutung von *metus causa gestum* berücksichtigt. *Metus causa gestum,* final und auf den Zwingenden gedeutet, und *metus causa gestum,* kausal und vom Gezwungenen gesagt, sind unter sich nicht korrelat. Das erste bedeutet eine furchterregende, das zweite eine auf Furcht(-erregung) beruhende Handlung.

Die unterschiedliche Sachlage erklärt sich daraus, daß allein die Doppeldeutigkeit der adverbialen Bestimmung *per vim* die Bezeichnung korrelater Verhältnisse zuläßt. *Per vim* kann modal gemeint sein, zum Beispiel *per vim stipulatus est.* Es weist dann das Subjekt als Zwingenden aus, ohne daß der Stipulationstatbestand verloren geht. *Per vim* kann aber auch in einer lockeren Beziehung zum Verb stehen und kausal verwendet sein. Deshalb eignet sich *per vim* auch als adverbiale Bestimmung, wenn der Stipulationstatbestand vom Gezwungenen her formuliert wird: *per vim promittere.* Bei *metus causa* dagegen ist der Wechsel von kausaler zu finaler Auffassung keineswegs nur eine Veränderung der Perspektive eines sich gleichbleibenden Sachverhalts.

c) Nicht zuletzt erinnert MAIER selbst daran, daß Seneca und das in Cons. 1,6 überlieferte Severenreskript das Metusedikt mit *per vim metumque* wiedergeben[105]. Vom Standpunkt MAIERS aus geht diese Umschreibung mit dem Verlust von finalem *metus causa* einher. MAIER äußert sich dazu nicht. Das Problem scheint rein sprachlicher Natur zu sein. Wie MAIER anhand des Thesaurus feststellt, findet sich *metus causa* in der nichtjuristischen Literatur nicht[106]. In den Juristenschriften begegnet es vornehmlich im Anschluß an den Ediktswortlaut, im übrigen wird es oft umschrieben. Einen Grund für diese Zurückhaltung im Gebrauch von *metus causa* läßt sich nach MAIER schwer angeben. Anscheinend sei der Terminus „als hart und ungewöhnlich empfunden" und deshalb durch „bequemere Wendungen" ersetzt worden[107].

Im Ergebnis ist dieser Schluß sicherlich richtig. Aber auch das sprachliche Problem führt bei näherem Zusehen zu einem Argument gegen MAIER.

---

[104] MAIER 98 f. Vgl. Ulp. D. 4,2,9,7; eod. 14,9.
[105] 105 N. 5. Vgl. oben S. 139 Anm. 76 und 78.
[106] Siehe aber HARTKAMP 59 N. 39.
[107] MAIER 97; 108.

Was hätte aus MAIERS Sicht die Juristen an *metus causa* stören können, wenn nicht die finale Konstruktion? Das wiederum wäre nicht verständlich, denn finales *causa* ist gängiges Latein ihrer Zeit[108]. Anstoß scheinen sie in der Tat an etwas anderem zu nehmen: am Gebrauch des Ablativs *causa* als Präposition des Grundes. Die in der klassischen und nachklassischen Literatur bestehende Abneigung gegen die kausale Verwendung der Präposition *causa*[109] dürfte die Ursache sein, warum auch die Juristen *metus causa* meiden und lieber andere Wendungen benutzen. Der Übergang von *metus causa* auf *per metum* ist also ein wichtiges Indiz für die kausale Konstruktion von *metus causa* sowie dafür, daß *per metum* kausal gemeint ist.

4. Die ausführlichere Auseinandersetzung mit MAIERS These ist nicht nur deswegen notwendig gewesen, weil seine Vorstellungen in Teilbereichen des Metusrechts noch heute auf Zustimmung stoßen[110]. Die Kritik verfolgt auch ein methodisches Ziel.

MAIERS treibende Kraft ist die Überzeugung, im Zentrum der Metusklage wie des Rechtsschutzes wegen *metus* überhaupt stehe das Delikt der Erpressung. Seiner wiederholten Berufung auf das Interdikt *Quod vi aut clam* nach zu urteilen, möchte man meinen, es sei MAIER darum gegangen, *metus causa gestum (factum)* in ein modales *metu gestum (factum)* umzudeuten. Zu *metu gestum* würde *ratum non habebo* passen. Ebenso ein Restitutionsbefehl. Andererseits sieht auch MAIER, daß finales *metus causa gestum* nur die spezifisch erpresserische Handlung sein kann. Finale Auslegung von *metus causa gestum* ergibt in der Tat kein modales *metu gestum.* MAIERS These läßt einen Ediktstorso zurück.

So verwickelt wie die Dinge im Metusrecht liegen, erweckt MAIERS Vorgehen Bedenken. Das Metusrecht gibt zu viele Rätsel auf, als daß eine deliktische Grundlage wie Erpressung der Erforschung des Rechtsgebiets als gesicherte Prämisse vorangestellt werden könnte. Der Ediktswortlaut ist neutral. Der Erkenntniswert der von den Juristen gebildeten Erpressungsfälle ist fraglich, wenn sie auch andere Metusfälle geschildert haben — was zu untersuchen wäre. Natürlich ist das *quadruplum* der Metusklage ein schwerwiegendes Indiz. Aber die Metusklage besitzt als einzige quadruplatorische Klage eine Restitutionsklausel und ebenso exzeptionell ist, daß die Verurteilung keine Infamie nach sich zieht. Ungewöhnlich für eine Klage

---

108 Das verkennt auch MAIER (97) nicht.

109 LEUMANN-HOFMANN-SZANTYR, Lat. Gramm. 2 (1965) 133.

110 KUNKEL, RP 261 N. 5 für die *exc. metus.* Ebenso KASER, RP 1,213 N. 19. KASER möchte auch in bezug auf die Metusklage finale Konstruktion nicht ausschließen. Für „zweifellos finale Bedeutung" bei der *exceptio* neuestens HARTKAMP 58.

auf das Vierfache ist ferner ihre Wirkung gegen Dritte. Man wird deshalb besser so verfahren, daß man sich zunächst grundsätzlich auf das beschränkt, was die Quellen an Detailerkenntnissen hergeben und erst hernach die Frage stellt, was es mit der Grundlage der Metusklage auf sich haben kann.

Von dieser Einstellung her finden sich auch bei MAIER weiterführende Gedanken. Der aktive Sinn von *metus* = Furchterregung und vor allem die Annahme, *gerere* müsse auf das Handeln des (zwingenden) Erwerbers bezogen werden, sind wertvolle Ansatzpunkte bei dem Versuch, der mit *metus causa* vermutlich intendierten Bedeutung auf die Spur zu kommen.

II. 1. Die Unmöglichkeit, *quod metus causa gestum* final auszulegen, bedeutet keine Rückkehr zum herkömmlichen „was aus Furcht vorgenommen worden ist" und zu der damit vorgegebenen Auslegung von *gestum* als (Veräußerungs-)Handlung des Gezwungenen[111].

a) So oft „aus Furcht" die anschauliche Wiedergabe für *metus causa* ist, weil die Quelle den konkreten Fall aus der Perspektive des Gezwungenen bildet[112], so muß damit doch nicht gesagt sein, daß dieser Standpunkt auch der bei der Ediktsformulierung maßgebliche gewesen ist[113]. Ein solcher Schluß wäre wegen der im Kommentar bestehenden Freiheit der Darstellung nicht überzeugend, wie sich am Beispiel der *formula Octaviana* zeigen läßt, eines Rechtsbehelfs wegen *vis aut metus*, von dem Cicero in den Verrinen berichtet. Daß dort, wo vor dem Hintergrund des konkreten Falles Cicero sich um die Wiedergabe des amtlichen Wortlauts bemüht, der Akzent auf der Handlung des beklagten Erwerbers (!) liegt, schließt nicht aus, daß an anderer Stelle derselbe Sachverhalt aus der Perspektive der klagenden Gegenseite geschildert wird[114]. Zudem sind zur *exc. metus causa* Texte überliefert, in denen sich *metus causa* zweifellos nicht auf die Handlung des Gezwungenen beziehen kann[115], die aber gleichwohl nicht verdächtigt werden müssen, wenn jetzt auch der Ausweg einer ausnahmsweise finalen Auslegung versperrt scheint. Eines läßt sich nämlich a priori einsichtig machen. Die Übersetzung „aus Furcht" berücksichtigt bereits ein spezifisches

---

[111] Anders kurzum HARTKAMP 55. Mit Ablehnung der finalen Bedeutung steht fest, „daß *metus causa* in diesem ersten Edikt nur die kausale Bedeutung ‚aus Furcht' haben kann". Vgl. dagegen im folgenden.

[112] Siehe die Zitate in Anm. 103.

[113] Das übersieht HARTKAMP a. a. O.

[114] Cicero, in Verr. II 3,152: ... *ut* ... *iudicium daret* (scil. der Statthalter) *in Apronium, QUOD PER VIM AUT METUM ABSTULISSET* ... § 153: ... *et aratores vi et metu coactos Apronio multo plus quam debuerint dedisse* ... Über die besondere Bedeutung der *formula Octaviana* für unser Thema unten S. 158 ff.

[115] Siehe im einzelnen unten S. 168 ff.

Moment, das allein der Handlung des Gezwungenen eigen ist: er steht unter Zwang. Davon abgesehen ist die Furcht ursächlich für die (Veräußerungs-) Handlung des Gezwungenen wie für die (Erwerbs-)Handlung seines Partners. Ohne Furcht käme weder die eine noch die andere zustande. Daß also *metus causa* am besten subjektiv-kausal „aus Furcht" dort wiedergegeben wird, wo der Gezwungene als Handelnder geschildert wird, schließt nicht aus, daß andernorts *metus causa* objektiv-kausal „aufgrund von Furcht" zu übersetzen ist, weil das zugehörige Verb keine Handlung des Gezwungenen bezeichnet. *Metus causa* für sich genommen erscheint neutral.

Neutral ist aber auch das ediktale *metus causa gestum.* Wegen seiner allgemeinen Bedeutung sagt *gerere* allein nichts darüber aus, wie *metus causa* gedacht ist. Mit *metus causa gestum* könnte die „aus Furcht" vorgenommene (Veräußerungs-)Handlung des Gezwungenen gemeint sein, ebensogut aber auch die „aufgrund von Furcht" vorgenommene (Erwerbs-) Handlung des andern Teils. Für *per metum gestum* schiene das weniger fraglich. War es allerdings dem Edikt jenseits der Erpressung auch um einen streng objektiv-kausalen Bezug zu tun, so verdiente die Formulierung *metus causa* den Vorzug, weil damit anders als bei *per metum* die Gefahr einer modalen und damit einschränkenden Interpretation vermieden wurde[116].

Erleichtert wird die auf den Erwerber bezogene Auslegung des ediktalen *metus causa gestum* dadurch, daß man im Anschluß an Maier[117] *metus* den aktiven Sinn unterlegt: Furchterregung oder aber, wie es gemeinhin üblich ist, bei *metus* einfach von Zwang spricht[118]. Daß die erzwungene Eigentumsveräußerung auf der anderen Seite zu einem „auf Zwang beruhenden" Eigentumserwerb führt, verletzt auch das Sprachgefühl nicht so, wie es „aufgrund von Furcht" vielleicht tun könnte. Abstützen läß sich diese Wendung von *metus* ins Aktive, von außen Herantretende etwa durch Ulpian, der *metus* als *instans vel futurum periculum* apostrophiert (D. 4,2,1).

Der Zusammenhang, in dem das geschieht[119], ist zusätzlich von Interesse. Ulpian teilt u. a. den ursprünglichen Wortlaut des Edikts mit: *quod vi metusve causa gestum.* Das ist vorstehend deswegen von Belang, weil *vi gestum,* naheliegend (wenn auch nicht notwendig nur) modal interpretiert und folglich vom Erwerber gesagt, ein weiteres Argument für die hier ins Auge gefaßte Auslegung wäre. Denn *gerere* konnte nur einheitlich bezogen

---

[116] Dazu unten S. 188 ff.; 192 ff.

[117] 97 f.

[118] Schulz, Metus passim; Kunkel, RP 261; Kaser, RP 1,213. Ähnlich die italienische Literatur: violenza. Statt aller Arangio-Ruiz, Ist.[14] (1960) 105.

[119] Einzelheiten unten S. 192 ff.

werden[120]. Außerdem sei, worauf auch MAIER[121] schon aufmerksam gemacht hat, daran erinnert, daß bei den Formalgeschäften des Zivilrechts, an die Prätor und Juristen hauptsächlich denken mochten, als Handelnder der Erwerber im Vordergrund steht.

b) Die vorgeschlagene Deutung von *metus causa gestum* hat den Vorteil, daß Edikt und Klage tatbestandsmäßig auf das abgestellt sind, was erlangt ist und zurückgegeben werden muß — eine Normierung, die im Hinblick auf die Art der Restitution für die Metusklage in jedem Fall sehr plausibel scheint und der von MAIER mit Recht angestrebten Bezeichnung der Klage nach der Handlung des Beklagten entgegenkommt. Man muß sich einerseits fragen, ob nicht die Vorstellung über die Metusklage zu sehr vom herkömmlichen Verständnis des Metusedikts beeinflußt ist, dem ja ein ganz anderes Restitutionsprinzip zugrunde gelegt wird; isoliert betrachtet wäre bei einer schuldrechtlichen Klage auf Rückgewähr der auf die (Erwerbs-)Handlung des Beklagten abgestellte Tatbestand an sich das Naheliegende, Normale. Andererseits ist die konventionelle Auffassung des Metusedikts vielleicht einer zu modernen, abstrakt-analytischen Betrachtungsweise verpflichtet, für die das Ergebnis der erzwungenen Handlung und der freiwilligen des andern Teils hinter die einseitige Beeinträchtigung des Willens zurücktritt.

Bei allem wird natürlich nicht übersehen, daß *gestum,* zumal als rechtsgeschäftlicher Akt, in der Regel das Ergebnis der zusammenwirkenden Handlungen des Gezwungenen so gut wie des andern Teils ist. Der Aspekt der (Erwerbs-)Handlung kann daher keine gegenständliche Isolierung meinen, sondern nur eine Akzentuierung, eine Gewichtsverteilung, die jenseits der strengen Interpretation des Ediktswortlauts in der Regel umgekehrt werden konnte. Bei der Aufbereitung des Anschauungsmaterials zum Beispiel hatten die Juristen, wie gesagt, freie Hand. Unter diesem Vorbehalt will das Folgende verstanden werden.

2. a) MAIER nimmt *gerere* nicht nur im Metusedikt für die Handlung des Erwerbers in Anspruch[122]. Ob das richtig ist, mag dahingestellt sein. Eigenständigkeit des Metusedikts darf man voraussetzen. Bei diesem bringt sich MAIER freilich wieder um die Früchte seiner Bemühungen, weil im Zuge der finalen Auslegung von *metus causa* die Erwerbshandlung aus dem

---

[120] Ebenso MAIER 105. Gegen modales *vi gestum* spricht nicht die Paraphrase *per vim* (Seneca, Severenreskript) und die entsprechenden Formulierungen der Juristen, die rein kausal verstanden werden können (müssen). Aus dem Erpressungstatbestand *vi gestum* ist rechtserheblich nur die kausale Verknüpfung von Zwang und *gestum.* Deswegen konnte *vi* später gestrichen werden. Siehe unten S. 197 f.

[121] 104.

[122] 104 f.

Ediktstatbestand herausfällt und nur mehr eine furchterregende Handlung übrig bleibt.

Besonders nachteilig berührt das die Interpretation der wichtigen Stelle

Ulp. D. 4,2,9,1 (11 ad ed): Animadvertendum autem, quod praetor hoc edicto generaliter et in rem loquitur nec adicit a quo gestum. rel.

Die komplexen Ziele, die Ulpian mit dem ersten Satz verfolgt und anschließend näher erläutert, können hier beiseite bleiben[123]. Uns geht es zunächst darum, aus der zweiten Satzhälfte ein Argument für unsere Auffassung des ediktalen *gestum* zu gewinnen.

Wer unter *gestum* die Handlung des Gezwungenen versteht, kann mit *a quo gestum* nichts anfangen. Für gewöhnlich wird der Nachsatz zur Anwendbarkeit des Edikts auf Dritte gestellt (wohl wegen des voraufgehenden *in rem loquitur*, gleichsam als dessen Erläuterung)[124] und dann deswegen beanstandet, weil daraus, daß der Prätor sich über die Person des Gezwungenen nicht äußert, natürlich nichts für die Wirkung des Edikts gegen Dritte folgt[125]. SCHULZ und v. LÜBTOW wollen diese Unstimmigkeit durch die Annahme ausräumen, Ulpian habe *cum quo* geschrieben. Das gäbe aus ihrer Sicht den Sinn, den man dem Passus abverlangen muß, soll mit ihm etwas über den Anwendungsbereich des Edikts ausgesagt sein: Der Prätor fügt nicht hinzu, mit wem das Rechtsgeschäft abgeschlossen wurde — mit dem Zwingenden oder einem Dritten, wie gedanklich zu ergänzen wäre[126].

Unerörtert bleibt bei beiden Autoren, wie das sinnentstellende *a quo* in den Text geraten sein könnte. Das führt auch MAIER gegen sie ins Feld[127]. MAIERS Kritik stützt sich aber vornehmlich darauf, daß die vorliegende Fassung für seine These unmittelbar beweiskräftig sei: von wem die furchterregende Handlung vorgenommen wurde, sage das Edikt nicht[128].

MAIERS Auslegung paßt indes nur scheinbar besser zu den folgenden Sätzen des Fragments. Auch daß sie dem ersten Satz eine Aussage über die Anwendbarkeit des Edikts auf Dritte nimmt, sei vorerst nur am Rande vermerkt[129]. Wie MAIER die Worte Ulpians, der „endlich ganz klar" rede[130],

---

[123] Vgl. unten S. 176 ff.; 184 ff.

[124] Statt aller HARTKAMP, 63; 65.

[125] v. LÜBTOW 197. Ähnliche Kritik an Ulpian schon bei SCHMIDT 14 N. 13: Eine nähere Bestimmung des Gezwungenen würde an der Wirkung gegen Dritte nichts geändert haben.

[126] SCHULZ, Metus 245; v. LÜBTOW 198.

[127] 106.

[128] A. a. O. und 111.

[129] Näheres unten S. 176 ff.

[130] MAIER 106.

für sich verwerten möchte, scheitert nunmehr daran, daß *gestum* nicht als die furchterregende Handlung gedeutet werden kann. Wohl meint *gestum*, den Fall A unterlegt[131], eine Handlung des Zwingenden; aber nicht die Zwangsanwendung, sondern die (Erwerbs-)Handlung.

So kommt Ulpians Äußerung ins Lot. Gleichgültig ist für die Anwendung des Edikts, von wem die (Erwerbs-)Handlung vorgenommen wurde. Ob freilich (mit dem Prätor) gedanklich zu ergänzen ist: vom Zwingenden oder einem Dritten[132], scheint zweifelhaft. Ein auf den Zwingenden gestellter Zusatz hätte den Tatbestand eindeutig auf Erpressung zugeschnitten, was durch (modales) *quod vi gestum erit* einfacher erreicht werden konnte. M. E. spricht Ulpian hier nicht speziell die Wirkung des Edikts gegen Dritte an, sondern seine Anwendbarkeit generell. Für die Passivlegitimation nämlich ist eine Qualifikation des Beklagten, etwa die Stellung als Magistrat, nicht erforderlich. Das Edikt richtet sich sowohl gegen Beamte[133] wie Private. Darin sehen wir die Bedeutung des Nachsatzes *nec adicit a quo gestum*. In jedem Fall aber sind diese Worte im Kommentar unmittelbar zum ediktalen *gestum* ein wertvolles Indiz für die hier verfochtene Blickrichtung des Edikts[134].

Für weniger schlüssig als fr. 9,1 mag ein Pauluszitat gehalten werden:

> fr. 8 pr. h. t. (11 ad ed): Isti quidem et in legem Iuliam incidunt, quod pro conperto stupro acceperunt. praetor tamen etiam ut restituant intervenire debet: nam et gestum est malo more, et praetor non respicit, an adulter sit qui dedit, sed hoc solum, quod hic accepit metu mortis illato.

Wie oben bemerkt wurde[135], besagt die Gestaltung des einzelnen Falles im Ediktskommentar an sich nichts darüber, von welcher Seite aus das Edikt selbst den Metustatbestand ins Auge faßt. Diese Beschränkung darf ausnahmsweise durchbrochen werden, wo in der Darstellung ausdrücklich auf

---

[131] Siehe die Falleinteilung oben S. 140.

[132] So HARTKAMP 65.

[133] Ulp. D. 4,2,3,1.

[134] Trotz seiner Auffassung, das ediktale *metus causa* bedeute „aus Furcht" und *gestum* dementsprechend die Handlung des Gezwungenen, kommt HARTKAMP 64 für Ulp. loc. cit. ebenfalls zu dem Ergebnis, hier beziehe sich *gestum* auf die Gegenpartei. So zutreffend HARTKAMPS Feststellung ist (und worauf schon MAIER aufmerksam gemacht hat), daß *gerere* auf die Erwerbshandlung gehen kann — der Gedanke läßt sich nicht auf die Ulpianstelle beschränken. Eindeutiger als Ulpian es tut, konnte auf das ediktale *gestum* nicht Bezug genommen werden: *nec adicit* (scil. der Prätor) *a quo gestum*. Die Formulierung des Edikts ist Gegenstand des Kommentars, nicht ein beliebiger Beispielsfall. Man muß sich deshalb entscheiden. SCHULZ und v. LÜBTOW hatten vermutlich ihre Gründe, warum ihnen fr. 9,1 in der überlieferten Fassung nicht annehmbar schien. Zum Fortgang der Stelle unten S. 184 ff.

[135] S. 146 ff.

das Edikt Bezug genommen wird. So scheint es auch im Fall von fr. 8 pr. zu liegen, in dem Paulus zur Begründung der Entscheidung das ediktale *gestum* heranzieht und auf den für den Prätor maßgeblichen Gesichtspunkt verweist. Die Strafwürdigkeit des Gezwungenen beeinträchtigt die Anwendbarkeit des Edikts nicht, weil es allein auf die *datio metus causa* ankommt. Aber nicht das betont Paulus, sondern das Korrelat. Darauf sieht der Prätor, *quod hic accepit metu mortis illato.* Die Irrelevanz der Strafwürdigkeit des Gezwungenen wird durch Rekurs auf die offizielle Lesart am einfachsten dargetan. Beziehungsvoll erscheint ferner die Abfolge von *malo more gestum* und *accepit.*

b) Unterstrichen wird die vorgeschlagene Deutung des Edikts durch die bereits[136] postulierte Anwendbarkeit auch auf tatsächliche Handlungen. So wenig wie *gerere* scheint die Rechtsfolge *ratum non habebo* dem entgegenzustehen. Man darf der traditionellen Lehre unterstellen, daß sie *ratum habere* hier einen technischen Sinn unterlegen möchte: genehmigen, gelten (gültig sein) lassen[137]. Dann paßte *ratum non habebo* nur zum erzwungenen Rechtsgeschäft. Aber die allgemeinere, auch für tatsächliche Handlungen taugliche Bedeutung von *ratum habere*, die sich etwa im Interdiktenrecht findet[138], kann für das Metusedikt nicht zwingend ausgeschlossen werden: *ratum habere* im Sinne von „billigen" *(comprobare)*[139]. *Ratum habere* läßt schwerlich den Schluß allein auf Rechtsgeschäfte zu, weil das Edikt sich seiner vornehmlich bei Rechtsgeschäften bedient und es deshalb im Munde des Prätors anders klingt, als wenn es von Privatpersonen gesagt wird[140]. Daß der Prätor und damit die Rechtsordnung auch tatsächliche Handlungen förmlich billigen oder mißbilligen konnte, müßte eingeräumt werden, selbst wenn das Metusedikt das einzige Beispiel dafür wäre. Denn die Annahme, der Prätor sei bei der Regelung eines spezifischen Lebenssachverhalts, der rechtsgeschäftliche wie tatsächliche Handlungen aufweisen konnte, an eine bestimmte Wortwahl gebunden gewesen, setzt eine so entwickelte Technizität der Termini voraus, wie sie uns heute für die Römer immer weniger wahrscheinlich dünkt[141]. Zudem zeigt eine andere, unverdächtige Ediktsstelle, in der *ratum habere* sich ausdrücklich auf *facta* bezieht, mit welchem Spiel-

---

[136] S. 129 ff.

[137] Zu den beiden letzten Ausdrücken vgl. KUNKEL, RP 261 und N. 5.

[138] Ulp. D. 43,8,2,43; 43,16,3,10. § 11; 43,24,13,6.

[139] Vgl. noch Ulp. D. 46,8,12,1.

[140] Vgl. dagegen HARTKAMP 55 N. 17, eine für mein Gefühl unzutreffende Systematisierung, die nicht zuletzt mit D. 42,7,2,1 kollidiert. Unten Anm. 142.

[141] Statt aller wieder KASER, Studi Biondi I (1965) 97 ff. Vgl. auch SAVIGNYS Ansicht über das mögliche Verhältnis von Metusedikt und Metusklage, oben S. 124 Anm. 4 und unten S. 237.

raum wir hier zu rechnen haben[142]. Wie deshalb die auf Zwang beruhende rechtsgeschäftliche (Erwerbs-)Handlung mochte der Prätor auch eine durch Zwang ermöglichte tatsächliche Handlung des Beklagten (zum Beispiel Bauen auf fremden Grund und Boden) mit den Worten *ratum non habebo* mißbilligt haben.

c) Von hier aus kommt Ulpians Kommentar zum Wort *gestum* ungeschmälert zur Entfaltung und vermittelt einen für das Thema interessanten Befund. Allem Anschein nach macht es den römischen Juristen keine Schwierigkeiten, unter *gestum* eine (Erwerbs-)Handlung des Zwingenden zu subsumieren, der keine (Veräußerungs-)Handlung des Gezwungenen gegenübersteht. So mag es sich erklären, daß die zwangsweise geduldete Errichtung eines Gebäudes ohne weiteres den stofflichen Hintergrund für die Erläuterung des Begriffs *metus* abgeben kann (Labeo bei Ulp. D. 4,2,9 pr. in fin.)[143]. Dort hingegen, wo es an einer (Erwerbs-)Handlung fehlt und nur eine rechtsgeschäftliche oder tatsächliche Handlung des Gezwungenen vorliegt, scheint es problematisch, ob das Tatbestandsmerkmal *gestum* verwirklicht ist:

> Ulp. h. t. 9,2: Idem Pomponius scribit quosdam bene putare etiam servi manumissionem vel aedificii depositionem, quam quis coactus fecit, ad restitutionem huius edicti porrigendam esse.

Daß *vel aedificii depositionem* nicht klassisch sein könne, wird allgemein angenommen; denn das klassische Edikt soll auf tatsächliche Handlungen keine Anwendung gefunden haben[144]. Für Mitteis a. a. O. sind die Worte freilich zu albern, als daß er sie (als Interpolation oder Glossem) einem wissenschaftlichen Bearbeiter oder Leser zutrauen möchte. Mitteis nimmt eine aus *aedificii dedicationem* entstandene Textverderbnis an, macht jedoch selbst auf das Gewagte seines Konjekturvorschlags aufmerksam.

Schulz geht einen Schritt weiter. Für Schulz beweist fr. 9,2 die Einschmelzung der klassischen *i. i. r.* in die Metusklage. Die Kompilatoren hätten das ursprünglich im Klageedikt beheimatete Beispiel einer tatsächlichen Handlung hierher versetzt, um ihr Verständnis des Restitutionsedikts (im Sinne der Metusklage) abzusichern[145]. Schulz meint ferner, die *depositio aedificii* sei (aus dem Kreis der *metus causa facta*) das Gegenstück zu der Freilassung (aus dem Kreis der *metus causa gesta*). Denn „wie die

---

[142] Ulp. D. 42,7,2,1 (65 ad ed): *Quaeque per eum eosve, qui ita creatus creative essent, acta facta gestaque sunt, rata habebuntur* ... Zur Stelle auch oben S. 128 Anm. 23.

[143] Zur Stelle schon oben S. 129.

[144] Beseler, Beitr. 1,72; 4,122; Mitteis, Festschrift Wach (1917) 14 (SA); Schulz, Metus 189; 235; ferner Maier 109 und jetzt Hartkamp 136.

[145] Metus a. a. O.

Freilassung das Eigentum vernichtet, ohne es zu übertragen, so auch die Zerstörung des Hauses"[146]. Was man weiter wissen möchte, ist aber mit dieser Bemerkung noch nicht gesagt. Auch wenn SCHULZ mit seiner Verschmelzungstheorie recht hätte, stellte sich doch die Frage: Warum bestanden Zweifel, ob die Freilassung ein *gestum* war? Und ebenso für die *depositio aedificii*, gehörte sie in den Kommentar zum Klageedikt: Was machte dieses *factum* problematisch? Eine erzwungene Handlung lag beide Male vor, und die Überlegung, der Fall der *manumissio* sei vielleicht wegen des *favor libertatis* problematisch gewesen, hilft für die *aedificii depositio* nicht weiter, weist man den Interpolationsverdacht zurück[147].

Nach LENELS Vermutung geht es in fr. 9,2 noch um die Interpretation von *(metus causa) gestum*[148], und wenn wir dem Text folgen, dann hat es unter den Klassikern eine Kontroverse gegeben. Deren Ursache könnte darin bestanden haben, daß das Edikt bei *gestum* auf die Seite des vorteilziehenden Passivlegitimierten blickte. Eine solche Handlung lag weder im einen noch im andern Fall vor. Der Handlung des Gezwungenen, die auf seiner Seite zu einem Verlust geführt hatte, entsprach auf der Gegenseite keine Erwerbshandlung. Allerdings hatte der *manumissus* gleichwohl etwas erworben, nämlich die Freiheit, und hier mochten die *quidam* mit einer entsprechenden Anwendung des Edikts angesetzt haben. (Die Überwindung des *favor libertatis* wird dabei keine so große Rolle gespielt haben, nachdem bereits Labeo *dolus* für schwerwiegend genug gehalten hatte, um ihn als Angriffsmittel *adversus libertatem* zu billigen[149]). Ähnlich läßt sich auch der Fall der *aedificii depositio quam quis coactus fecit* denken. Der Zwingende wird damit seine materiellen oder immateriellen Ziele erreicht haben, eine persönliche Befriedigung, die er durch die Wiederherstellung des Gebäudes gleichsam zurückgeben mußte.

In diesem Sinn wäre SCHULZ' Bemerkung von dem Verlust des Eigentums ohne Übertragung zuzustimmen, die Korrektur eingeschlossen, daß der Standort von *vel aedificii depositionem* durchaus klassisch sein kann[150].

---

[146] Metus 235.

[147] Das zu SCHULZ 189. Siehe auch die folgende Anm. 150.

[148] Pal. 2,461 N. 3.

[149] Ulp. D. 4,3,7 pr. Einzelheiten unten S. 250 ff.

[150] Bei Identität von Metusklage und *i. i. r. propter metum* schon im klassischen Recht stellt sich die Frage, ob die erzwungene Freilassung überhaupt wirksam war, zunächst nicht. Anders als für prätorische Restitution fehlt es für die judiziale auch im Fall der Unwirksamkeit nicht an einem Gegenstand der Restitution: Rückschaffung des Sklaven in den Besitz des *dominus* (Aufgabe der tatsächlichen Gewalt als erzwungene Handlung). Vgl. auch SCHULZ, Metus 189 N. 4. Zur Frage der erzwungenen Freilassung allgemein SCHULZ 185 ff.; SANFILIPPO 76 ff., vorstehend 83; neuestens HARTKAMP 136 ff. SANFILIPPO unterscheidet zwischen wirk-

d) Das soeben erörterte Problem mochte sich den römischen Juristen vielleicht nicht nur dann gestellt haben, wenn, wie im Fall der erzwungenen *manumissio*, einer schon förmlich nachteiligen Rechtshandlung des Gezwungenen keine Erwerbshandlung des Beklagten gegenüberstand. Dieselbe Wirkung konnte auch ein aufgezwungener Rechts e r w e r b haben: der erzwungene Erbschaftsantritt, soweit er wirksam und Rechtsschutz geboten war[151].

---

samer ziviler Freilassung und unwirksamer prätorischer. Fr. 9,2 ist allerdings von unserem Standpunkt aus kein zwingender Beleg mehr für die Wirksamkeit der zivilen Freilassung, weil mit seiner unbestrittenen Zugehörigkeit zum Metusedikt keine prätorische Restitution vorausgesetzt ist. Vgl. dagegen Sanfilippo 81 f. Ebensowenig muß die aus fr. 9,2 ersichtliche Diskussion die Anerkennung der zivilen Wirksamkeit zur Voraussetzung gehabt haben. Wenn die Diskussion um das Wort *gestum* ging, blieb auch bei nichtiger Freilassung der Verlust der tatsächlichen Gewalt (vgl. oben) zu würdigen übrig (anders als bei der Frage nach prätorischer Restitution, auf die Schulz 189 abhebt). Man könnte deshalb geneigt sein, die Entscheidungen, die dem minderjährigen Freilasser Restitution versagen (Ulp. D. 4,4,9,6; 4,3,7 pr.), so mit fr. 9,2 in Beziehung zu setzen: dort wirksame Freilassung, deren Rückgängigmachung am *favor libertatis* scheitert, hier unwirksame Freilassung, deren faktische Folgen beseitigt werden. Nimmt man dagegen wohl richtiger die Wirksamkeit der (zivilen) Freilassung auch bei Zwang an, so muß man, ganz gleich, was man unter *i. i. r.* versteht, den Gegensatz in den Entscheidungen Ulpians doch nicht mit einem Eingriff der Kompilatoren erklären. Vgl. dagegen Schulz 189; Sanfilippo 82 f.; auch Hartkamp 137. Ulpian kann aus einem inneren Grund differenziert haben. Anders als bei der *circumscriptio minoris* mochte ihm bei *metus* die Zurückhaltung (des Prätors) der zivilen *libertas* gegenüber unangemessen scheinen. Vgl. schon Maier 50 N. 5. Unwahrscheinlich ist m. E. auch die Annahme, Ulpian könnte aus formellen Gründen (prätorische Restitution einerseits, judiziale andererseits) unterschiedlich entschieden haben. In dieser Richtung Hartkamp (137; 144)? Eine solche Beschränkung praktischer römischer Rechtskunst ist schon an sich wenig glaubhaft. Ferner ist unserer Auffassung nach *i. i. r.* kein technischer Ausdruck, der prätorische Restitution anzeigt und in dieser Bedeutung für alle Restitutionsgründe gültig ist, möglicherweise aber ein solcher, der u. a. speziell den Restitutionsbehelf des Minderjährigen bezeichnet. Vgl. oben S. 90 und vor allem unten S. 244 ff. Die kategorische Feststellung Ulp. loc. cit. darf danach nicht über den Kontext der Minderjährigenrestitution hinaus verallgemeinert werden. Siehe im einzelnen noch unten S. 250 ff.

[151] Die Meinungen sind geteilt. Überwiegend wird angenommen, die förmliche *cretio* (auf sie werden bezogen Paul. D. 4,2,21,5; Pap. D. 29,2,85) sei wirksam, die formlose *pro herede gestio* (darauf wird bezogen Ulp. D. 29,2,6,7) sei unwirksam gewesen. Kaser, RP 1,597 NN. 6 und 15; Biondi, Dir. ered. rom. (1954) 175 f.; v. Lübtow 16, alle mit weit. Lit. Nach Schulz, Metus 178 ff.; 239 war auch der formlose Antritt gültig. Ebenso Sanfilippo 45 ff.; 128 ff. Eine eingehende Untersuchung findet sich jetzt bei Hartkamp 84—124. Nach Hartkamps interessanter These verläuft die Trennungslinie nicht über den Gegensatz förmliches — formloses Geschäft, sondern danach, wie sich (vor allem) die Spätklassiker zur *coactus volui*-Regel gestellt haben, deren klassischen Gehalt Hartkamp darzulegen sucht.

Interessanterweise hören wir nichts davon, daß dem Erben wider Willen die Metusklage zur Verfügung stand. Erteilt wurde ihm vielmehr die *facultas* oder *potestas abstinendi*, in einem Fall derart, daß das Fehlen der Metusklage nicht zufällig scheint[152]. v. LÜBTOW gibt zu bedenken, daß die Metusklage rein logisch wohl möglich, praktisch jedoch unzweckmäßig gewesen sei: der Zwingende habe die Erbenstellung nicht wieder rückgängig machen können[153]. Das ist sicherlich richtig, doch war Restitution materiell dadurch zu erreichen, daß der Täter die den Erben treffenden Nachteile ausglich, insbesondere die Erblasserschulden bezahlte. Wie weit kann man mit v. LÜBTOW argumentieren, ohne an die Rechtsnatur der Metusklage, wie sie gemeinhin verstanden wird, zu rühren? Eine Deliktsklage, von der wegen Schwierigkeiten bei der Restitution der Delinquent verschont bleibt — das läßt eher an lückenhafte Überlieferung denken[154], wenn man es nicht vorzieht, v. LÜBTOWS Meinung in ihrer Konsequenz als willkommenen, wenn auch unfreiwilligen Beitrag zu einer Kritik an der traditionell verstandenen Metusklage zu begrüßen. Daß die von v. LÜBTOW angeführten praktischen Gründe eine Rolle gespielt haben, muß aber dennoch bezweifelt werden, weil sie nämlich, im umgekehrten Fall der erzwungenen Erbschaftsausschlagung gleichfalls geltend gemacht[155], nicht durchschlagen. Für diesen Fall ist die Metusklage bezeugt. Paulus erörtert beide Fälle in dem bereits angedeuteten Zusammenhang:

D. 4,2,21 §§ 5.6 (11 ad ed): Si metu coactus adii hereditatem, puto me heredem effici, quia quamvis si liberum esset noluissem, tamen coactus volui: sed per praetorem restituendus sum, ut abstinendi mihi potestas tribuatur. § 6 Si coactus hereditatem repudiem, duplici via praetor mihi succurrit aut utiles actiones quasi heredi dando aut actionem metus causa praestando, ut quam viam ego elegerim, haec mihi pateat[156].

Die Nachdrücklichkeit, mit der in § 6 das Nebeneinander der beiden Rechtsbehelfe betont wird, berechtigt zu der Annahme, daß im Fall von § 5 dieses Nebeneinander nicht gegeben ist, die Metusklage nicht in Betracht kommt. Das ist auch der Eindruck von SCHULZ und v. LÜBTOW, ein Eindruck freilich, der beiden Autoren zufolge für das klassische Recht nicht zutreffen

---

[152] Paulus loc. cit.

[153] v. LÜBTOW 17, im Anschluß an SCHLOSSMANN, Zwang 96 ff. Vgl. auch SCHULZ, Metus 238.

[154] SCHULZ, Metus 239 (schlüssig). Vgl. ferner SANFILIPPO 49.

[155] v. LÜBTOW 18. Vgl. wiederum SCHULZ, Metus 238.

[156] Zur vermutlich von der *cretio* handelnden ursprünglichen Fassung des § 5 etwa SANFILIPPO 45 ff.; v. LÜBTOW 14 f. Zur Gültigkeit der zwungenen Erbschaftsausschlagung ebenfalls SANFILIPPO 58 ff.; ferner BIONDI (oben Anm. 151) 297; SCHULZ, Metus 239. Gegen die Wirksamkeit der Erbschaftsausschlagung v. LÜBTOW 17 f. Vgl. zu den ganzen Fragen jetzt auch HARTKAMP 84 ff.; 148 ff.

kann. v. Lübtow hält aus den mitgeteilten Gründen § 5 für echt und folgerichtig die Metusklage in § 6 für interpoliert[157]. Schulz' Stellungnahme ist differenzierter. Für Schulz entspricht der Inhalt des § 6 klassischem Recht, geht aber doch auf das Konto der Kompilatoren, die auf diese Weise ihre Ablehnung der nach klassischem Recht auch im Fall von § 5 an sich möglichen Metusklage zum Ausdruck gebracht hätten[158]. Hinter dieser überraschenden Deutung der justinianischen Quelle steht die Verschmelzungsthese, die auch hier wesentliche Begründungen schuldig bleibt. Nach Schulz haben die Kompilatoren fr. 21,1—4 entgegen dem Original auf die Metusklage bezogen, haben aber andererseits die praktische Überlegenheit von *ius abstinendi* und *actiones utiles* in den §§ 5 und 6 erkannt und konservieren wollen[159]. Warum fügten sie dann in § 6 die unpraktische Metusklage hinzu, von der Paulus nicht gesprochen haben soll? Hier wird m. E. ein Begründungsnotstand erkennbar. Schulz zufolge handelte Paulus in fr. 21 ausschließlich von prätorischer Restitution[160]. Die Metusklage in § 6 konnte deshalb nur von den Kompilatoren stammen, auch um den Preis, daß dies der Annahme zuwiderlief, die Metusklage sei von ihnen im gegebenen Fall als unpraktisch erkannt worden.

Gegenüber diesen Auslegungen durch die traditionelle Lehre[161] scheint der Versuch eine Chance zu haben, die überlieferte Fassung auf klassisches Recht hin zu befragen. Warum greift für Paulus die Metusklage nur bei erzwungener Erbschaftsausschlagung ein, nicht bei erzwungenem Erbschaftsantritt? Bei der Ausschlagung bestand die Möglichkeit, daß jemand anderer die Erbschaft erwarb, wenn nicht die Ausschlagung überhaupt im Hinblick darauf erzwungen wurde, was der Normalfall gewesen sein dürfte[162]. Wo dagegen jemand zur Erbschaftsannahme gezwungen wurde, war der Erwerb durch einen andern nicht möglich. In diesem Unterschied könnte der Schlüssel zum Verständnis des Paulus liegen, vorausgesetzt, daß auf die Restitu-

---

[157] v. Lübtow 18.

[158] Schulz, Metus 239 (für das klassische Recht zum Teil schlüssig zu entnehmen).

[159] Siehe auch Metus 238.

[160] Das wird für Schulz vor allem wegen § 1 zwingend gewesen sein: *Quod metus causa gestum erit, nullo tempore praetor ratum habebit.* Zu dieser Stelle oben S. 130 f.

[161] Gegen Schulz vgl. noch Sanfilippo 61. Auch die formalen Gründe, die Schulz für die Interpolation des § 6 anführt, überzeugen nicht. *Actionem praestare* ist ungewöhnlich, muß deshalb aber nicht unklassisch sein. Das Bild des Weges ist nicht so verkehrt, wie Schulz es darstellt, und durchaus mit seinem eigenen Vorschlag („der Prätor eröffnet mir zwei Wege, von denen ich den einen oder andern einschlagen darf") vereinbar.

[162] Vgl. auch Sanfilippo 60.

tionsfunktion der Metusklage das Schwergewicht gelegt und der auch für die Metusklage maßgebliche Tatbestand des Metusedikts beim Wort genommen wird, der nur die materielle Auswirkung einer Gewalthandlung normiert, nicht diese selbst[163]. Im Fall der Erbschaftsausschlagung war mit der (Erwerbs-)Handlung des Dritten das Tatbestandsmerkmal verwirklicht, das einer Restitutionsklage sinnfällig das Gepräge gibt. Daher die Metusklage in § 6. Im Fall des Erbschaftsantritts dagegen gab es keine (Erwerbs-) Handlung, kein *gestum* eines andern, auf das die Sanktion des Edikts abgestellt war. Daher das Fehlen der Metusklage in § 5. Eine Auslegung des Edikts, wie sie etwa Pomponius und Ulpian bei *manumissio* und *aedificii depositio* vertraten, erübrigte sich für Paulus, wenn die Metusklage nicht der Bestrafung des Zwingenden diente. Denn die angestrebte Restitution mochte dann einfacher über die feste Einrichtung des *ius abstinendi*[164] verwirklicht werden, das dem Gezwungenen ohne Rücksicht auf den Metustatbestand, aber ganz im Sinne der ratio edicti (Beseitigung der Folgen einer Zwangssituation) zuteil wurde und deshalb auch von der Ediktsankündigung gedeckt sein konnte[165].

Was im übrigen die *actiones utiles* in § 6 betrifft, so ist Vorsicht angebracht, sie als schlagenden Beweis dafür anzusehen, daß das Metusedikt allein prätorische Restitution verhieß[166]. Aus dem Text selbst ließe sich das höchstens zur Hälfte annehmen. Hinzu kommt folgendes: SCHULZ a. a. O. assoziiert mit fr. 21,6 wohl zu recht das Ulpianfragment 9,4 h. t., in dem eine *actio in personam rescissa acceptilatione* überliefert ist. Der überlieferten Fassung nach ist das aber eine zusätzliche Möglichkeit zum primären Rechtsbehelf des Metusedikts, demnach zur Metusklage. SCHULZ hält das für justinianisch. Gegengründe sind teilweise schon angeführt worden und sind noch zu erörtern[167]. Fr. 9,4 und die *actiones utiles* des Paulus

---

[163] Vgl oben S. 148, Einzelheiten unten S. 188 ff.; 192 ff.; 227 ff.

[164] Vgl. etwa die bei SANFILIPPO 49 ff. zusammengestellen Quellen. Siehe aber auch die folgende Anm. 165.

[165] *Facultas* bzw. *potestas abstinendi* sowie im entsprechenden Zusammenhang *se abstinere* überhaupt sollen nach SANFILIPPO a. a. O. außerhalb des Erbrechts, wo es für den *suus heres* bezeugt ist (vgl. z. B. Gai. 2,158; 160; 163), unklassisch sein. Dagegen schon MAIER, SZ 55 (1935) 403, neuestens CERVENCA, Restitutio 174 N. 24 und HARTKAMP 95, jeweils mit weit. Lit. Anders als CERVENCA sehe ich aber auch zwischen § 5: ... *sed per praetorem restituendus sum, ut abstinendi mihi potestas tribuatur* und Pap. D. 29,2,85: ... *detur abstinendi facultas* keinen Gegensatz. Paulus hebt nur die Restitutionswirkung der *potestas abstinendi* hervor, macht deren Erteilung nicht von einer weiteren Restitution abhängig. Vgl. auch MAIER a. a. O.

[166] Vgl. SCHULZ, Metus 238; 239.

[167] Oben S. 135; unten S. 215 f.

wären danach spätklassischer Herkunft. Die von SCHULZ selbst festgestellte Seltenheit prätorischer Restitution im Titel D. 4,2 läßt sich ohne Verschmelzungsthese und kompilatorisches Eingreifen erklären.

d) Wenn das Edikt mit *metus causa gestum (factum)* auf die (Erwerbs-) Handlung des Beklagten blickte, dann entfallen schließlich auch die Bedenken, die SCHULZ gegenüber einer Formulierung wie *restituere quod metus causa factum est*[168] erhebt. „Restituiert wird nicht, *quod metus causa factum est*, sondern was durch *metus causa factum* an den Beklagten gelangt ist."[169] *Factum* ergibt jetzt unmittelbar den Sinn, den SCHULZ, die Perspektive des Gezwungenen zugrunde legend, nicht finden kann.

III. Eine nichtjuristische Quelle ist im vorstehenden Zusammenhang auch deswegen von besonderer Bedeutung, weil sich mit ihr Überlegungen zur mutmaßlichen Gestalt der Metusformel verbinden.

Durch Cicero kennen wir einen *in personam* formulierten und vermutlich mit Restitutionsklausel ausgestatteten Rechtsbehelf gegen *vis* und *metus*, der auf einen Prätor Octavius zurückgeht und von L. Metellus 71 v. Chr. als Stadtprätor, im Jahre darauf als Proprätor in Sizilien ediziert wurde. In Sizilien beantragte C. Gallus die Erteilung dieses Rechtsbehelfs gegen Apronius, einen Gefolgsmann des Verres.

in Verrem II 3,152: ... Adventu L. Metelli praetoris ... aditum est ad Metellum; eductus est Apronius. Eduxit vir primarius, C. Gallus senator; postulavit ab L. Metello ut ex edicto suo iudicium daret in Apronium, QUOD PER VIM AUT METUM ABSTULISSET, quam formulam Octavianam et Romae Metellus habuerat et habebat in provincia.

1. Ohne Rücksicht auf historische Zusammenhänge läßt sich zunächst feststellen, daß der von Octavius[170] geschaffene Rechtsbehelf allem Anschein nach auf die (Erwerbs-)Handlung des Beklagten abstellt. Cicero wird allgemein so verstanden[171]. Seine Absicht, sich dem offiziellen Wortlaut anzupassen, ist unverkennbar und ein schwer zu entkräftendes Indiz. Hinzu kommt eine Anspielung Ciceros auf die *formula Octaviana* ad Quint.

---

[168] Ulp. D. 4,2,9,8.

[169] SCHULZ, Metus 242.

[170] Hinsichtlich der beiden Octavier, die gewöhnlich in Betracht gezogen werden (Cn. Octavius, Prätor 79, Konsul 76 v. Chr.; L. Octavius, Prätor 78, Konsul 75 v. Chr.) neigt man heute mehr zu Cn. Octavius. Zuletzt (ausführlich) HARTKAMP 247 N. 9; ferner GIRARD, Manuel[8] (1929) 446 N. 3; ARANGIO-RUIZ, Rariora (1946) 112 N. 1; KELLY, Roman Litigation (1966) 15 N. 3; LINTOTT, Violence in Republican Rome (1968) 129 f. BALZARINI 144 f. spricht sich für L. Octavius aus. Für Cn. Octavius könnte auch die Freundschaft mit Cicero sprechen. Unten S. 166 ff.

[171] Siehe etwa BALZARINI 143; ferner unten S. 162; 167.

frat. I 1,21: ... *cogebantur Sullani homines quae per vim et metum a b s t u l e r a n t reddere*[172].

Was demnach für die *formula Octaviana* maßgebend war, kann auch für das klassische Metusedikt maßgebend gewesen sein. Die *formula Octaviana* hat schon als solche Beweiswert für unsere These. Es ist nicht ersichtlich, welche Vorteile die Umpolung des Tatbestands auf die Person des Klägers hätte haben können.

2. Über das Verhältnis der *formula Octaviana* zum klassischen Metusrecht sind die Meinungen geteilt. Während man früher einen Zusammenhang speziell mit dem (vermuteten) Klageedikt für wahrscheinlich hielt[173], neigt man heute mehr dazu, die *formula Octaviana* als Ausgangspunkt für den prätorischen Rechtsschutz wegen *metus* überhaupt anzusehen[174]. Einzelheiten der Entwicklung scheinen aber nicht erkennbar. Von unserem Standpunkt aus vereinfacht sich die unbestreitbare historische Verbindung. Wir können Ciceros Bericht über die *formula Octaviana* mit derselben Logik für die Geschichte des klassischen Metusedikts in Anspruch nehmen, wie wir es mit Senecas Kontroversen über das Edikt in bezug auf die Metusklage haben tun können[175]. Ob das Metusedikt in seiner vorhadrianischen Gestalt in vollem Umfang auch das Edikt des Octavius war, ist eine Frage, zu welcher sich jetzt leichter Anhaltspunkte für eine positive Antwort finden lassen.

a) Was zunächst die Rechtsfolgeanordnung betrifft, so muß nach Cicero in Verr. II 3,152 offen bleiben, was im Edikt des Octavius gestanden hat. Dagegen lesen wir von demselben Metellus, *(qui) formulam Octavianam ... habebat in provincia* bei Cicero, in Verr. II 2,63, er habe es alsbald nach seiner Ankunft in der Provinz, nämlich in Sizilien, bewerkstelligt, *ut omnis istius* (scil. des Verres) *iniurias, quas modo posset, r e s c i n d e r e t et i n r i t a s faceret*. Damit klingt unüberhörbar Senecas *(per vim metumque gesta) irrita sint* an. Bei Seneca ist der Bezug auf das Metusedikt evident, bei Cicero rückt er in den Bereich des Möglichen, sogar Wahrscheinlichen. Auch Vertreter der traditionellen Lehre neigen dazu, *inritum facere* auf das Metusdedikt zu beziehen[176]. Bedenken müßten für sie aber deswegen

---

[172] Die Identität der beiden Rechtsbehelfe ist anerkannt. BALZARINI 143; HARTKAMP 245 f. Zu *reddere* als Indiz für eine Restitutionsklausel siehe noch unten S. 165 f.

[173] KRÜGER, Quellen² (1912) 42 N. 37; LENEL, Edikt 112 N. 8; SCHULZ, Metus 216 ff.; v. LÜBTOW 126 mit weit. Lit. Ferner spricht BONGERT im Zusammenhang mit der Verresstelle von der *a. metus*; Varia, Etudes de droit romain I (1952) 244. Wenig klar WATSON, The Law of Obligations (1965) 257.

[174] KUNKEL, RP 261; KASER, RP 1,212 f., aber auch SZ 81 (1964) 385 N. 30: kein Schluß auf die Metusklage.

[175] Oben S. 138 f.

[176] Sehr entschieden DUQUESNE, Annal. Grenoble 20 (1908) 25 f.; ferner CER-

bestehen, weil sich dann für die beiden Verrinenstellen ein Gegensatz zwischen judizialer Restitution (in Verr. II 3,152) und prätorischer Restitution (in Verr. II 2,63) ergäbe, was dem ersten Eindruck widerspricht, den man bei einem Vergleich gewinnt: daß der Rechtsschutz in Verr. II 2,63 (mindestens teilweise) identisch ist mit dem Rechtsschutz in Verr. II 3,152. Dieser erste Eindruck besteht m. E. zu Recht. Daß *inritum facere (ratum non habere)* mit judizialer Restitution einhergeht, brauchen wir nicht zu kritisieren, so wenig wie wir Seneca den Vorwurf eines laienhaften Verständnisses machen müssen, weil er gleichzeitig von *poena* spricht und dadurch auf eine Verknüpfung von Metusedikt und Metusklage schließen läßt. Diese Verknüpfung scheint das historisch Richtige zu treffen[177].

Nimmt man übrigens die romanistische Terminologie beim Wort, so enthält § 63 loc. cit. schon unmittelbar ein Indiz für judiziale Restitution — weil nämlich Metellus Restitution anbefahl: *quod Heraclium restitui iusserat ac non restituebatur . . .*[178]. Der Fall des Heraclius könnte zudem noch einen besonderen Beweiswert haben. Heraclius war in einem unter dem Druck des Verres zustande gekommenen Prozeß auf Herausgabe einer Erbschaft

---

VENCA, Studi Biondi I (1965) 604; FABBRINI, Labeo 13 (1967) 209. Für eine *i. i. r. propter absentiam* SARGENTI 262 ff. Gegen diesen Restitutionsgrund überzeugend schon DUQUESNE a. a. O. 26 N. 3.

[177] Daß gerade im Bereich der Unwirksamkeit von Rechtsgeschäften den Römern eine feste Terminologie fehlt, ist bekannt. Vgl. nur KASER, St. Biondi I (1965) 133.

[178] Siehe zunächst oben S. 2 f. Nicht überzeugend schließt HARTKAMP 266 und N. 92 aus *Heraclium restitui*, daß es hier um (prätorische) *i. i. r.* gehe. Entsprechend dem (aus sich selbst nicht verständlichen) Zitat LEVYS (Restitutio 362) in N. 92 scheint HARTKAMP in bezug auf Metellus von prätorischer Restitution *(restituam)* im Gegensatz zu befohlener *(restituas)* auszugehen. Nun spricht Cicero loc. cit. unmißverständlich: *restitui iusserat* und davon, daß diesem Befehl nicht Folge geleistet wurde. Daraus folgt m. E. gerade das Gegenteil dessen, was HARTKAMP annimmt. Auch sonst scheint das *iussum* des Metellus mit prätorischer Restitution schlecht vereinbar, es sei denn, man versteht es in Parallele zum *iussum* im dinglichen *iudicium rescissorium* — was indessen eine stattgehabte Restitution (der Rechtslage) voraussetzen würde. Ebenso ist das bei Cicero nachfolgende *Epicrates quidem continuo est restitutus* entgegen HARTKAMP a. a. O. kein zwingendes Indiz für prätorische Restitution. Wenn LEVY a. a. O. darauf hinweist, daß bei prätorischer Restitution oft eine Person in den vorigen Stand zurückversetzt werde, so schließt das nicht aus, daß jemand auch auf andere Weise als durch prätorische Restitution zu einem *restitutus* wird. Vgl. auch die Übersetzung Ciceros von CAROLI (Centro di studi Ciceroniani, Tutte le opere di Cicerone, vol. 2, 1966). Letzte Gewißheit läßt sich über das Vorgehen des Metellus gewiß nicht gewinnen, aber daß in Cicero loc. cit. die *formula Octaviana* mit im Spiel gewesen ist, die anderswo für den Proprätor Metellus ausdrücklich bezeugt ist, ist sehr wahrscheinlich. Eine andere Frage ist, ob wir das *inritum facere* damit und mit dem Metusedikt wie vorgeschlagen in Verbindung bringen dürfen.

verurteilt worden (§§ 41 ff.). DUQUESNE a. a. O. verweist dazu wohl zutreffend auf Cicero, pro Flacco 21,49, wonach vor Ciceros Bruder Quintus, als dieser in der Nachfolge des Flaccus Statthalter in Asia war, der in einem Regreßprozeß unterlegene Temnite Heraklides behauptete, *recuperatores vi Flacci coatos et metu falsum invitos iudicavisse*. Quintus beschied Heraklides u. a. dahin: *(ut), si metu coactos diceret, haberet eosdem recuperatores*. Es wird unten im einzelnen versucht werden, diesen von Q. Cicero in Aussicht gestellten Rechtsbehelf als die *formula Octaviana* resp. die Metusklage zu identifizieren[179].

b) Ob im Edikt des Octavius (und in dem des Metellus) *ratum non habebo* enthalten war, könnte dahingestellt werden, wenn der Sinn dieser Rechtsfolge nicht, wie es heute gemeinhin geschieht, auf prätorische Restitution eingeengt würde; dann ließe sich ein *iudicium dabo* des oktavianischen Edikts als im Metusedikt unter gleichgebliebenen Voraussetzungen aufgegangen denken[180]. Erhöhte Bedeutung erhält deshalb die Frage nach der Identität des Tatbestands. Sie dürfte weniger in der Schwebe bleiben, wenn man den bei Cicero mitgeteilten Tatbestand (der Formel oder des Edikts selbst) mit demjenigen des Metusedikts vergleicht, der ursprünglich lautete: *quod vi metusve causa gestum erit* (Ulp. D. 4,2,1)[181]. Daß sich die von Cicero mitgeteilten Worte von dem Wortlaut der (vermutlich) vorhadrianischen Ediktsfassung unterscheiden, kann in verschiedener Hinsicht kein Einwand mehr gegen eine Präzisierung der geschichtlichen Komponente sein.

(1) Die Substitution von *vi metusve causa* durch *per vim aut metum* ist uns von Seneca und dem Severenreskript her vertraut und läßt sich befriedigend erklären[182]. Man muß im Gegenteil auf die verblüffende Übereinstimmung in bezug auf das Begriffspaar *vis* und *metus* hinweisen, die a priori den Gedanken einer weitergehenden Übereinstimmung weckt und nur auf dem Boden der traditionellen Lehre nicht verwertet werden kann[183].

(2) So wenig wie *per vim aut metum* stört *auferre* (wozu Cicero wohl durch die Nähe des betreffenden Falles angeregt wurde). An *auferre* orientiert sich die allgemeine Meinung, der von Octavius geschaffene Rechtsbehelf

---

[179] S. 201 ff.

[180] SAVIGNY z. B. meint, das Metusedikt sei so allgemein gefaßt gewesen, daß es auf (prätorische) *i. i. r.* und Metusklage gepaßt habe; 7,193. Nicht recht ersichtlich wäre bei dieser Annahme freilich, welchen ins Auge fallenden praktischen Sinn eine derartige Doppelung des Rechtsschutzes wegen *metus* gehabt haben könnte. Vgl. im folgenden, insbesondere Anm. 185.

[181] Ausführlich zum Ulpianbericht unten S. 192 ff.

[182] Oben S. 144 f.

[183] Bezeichnend BALZARINI 142 und N. 163.

sei von der Handlung des Beklagten (Erwerbers) her konzipiert gewesen. Mit dieser zutreffenden Ansicht verbindet sich aber sogleich die Feststellung eines tiefgreifenden Unterschieds zur Metusklage; denn deren Formel soll, wie es auch für das Metusedikt angenommen wird, die Handlung des Klägers (Veräußerers) widerspiegeln[184]. Mir scheint indes von vornherein Skepsis angebracht, wenn bei letztlich gleichen Sachverhalten (und ohne daß im Vergleich zur *formula Octaviana* Metusklage und im Sinne prätorischer Restitution gedeutetes Metusedikt praktisch überlegen scheinen)[185] *per vim aut metum auferre* und (kausales) *vi metusve causa gerere* in einen solchen Gegensatz gebracht werden. Muß man nicht vielmehr im Hinblick auf die übereinstimmende Modalität und angesichts der brüchigen Hypothese eines neben dem Metusedikt bestehenden besonderen Klageedikts das konkretere *per vim aut metum auferre* fruchtbar zu machen suchen für das neutrale *vi metusve causa gerere*? Aus unserer Sicht und nach den bisherigen Überlegungen ist *auferre* der Funke, der zwischen dem Metusedikt und dem bei Cicero überlieferten Rechtsbehelf die tatbestandsmäßige Identität erhellen kann.

In formeller wie sachlicher Hinsicht würde *auferre* nur entgegenstehen, wenn Cicero die Worte des oktavianischen Edikts mitgeteilt hat. Die Auffassungen darüber sind nicht einheitlich. Gehört das *quod* noch zu einem amtlichen Text, so kann es sich nach SCHULZ nur um das die Klage verheißende Edikt handeln, nicht um die Klagformel; LENEL hingegen sieht *quod per vim aut metum abstulisset*, wohl des Kontextes wegen, als Tatbestand der (Muster-)Formel an[186]. Folgt man LENEL, wenn auch nur unter dem Vorbehalt, daß *quod abstulisset* so nicht in der Formel gestanden haben kann[187], so wäre der Ediktswortlaut schon deswegen durch *auferre* nicht präjudiziert, weil bereits die proponierte Formel eine beispielmäßige Konkretisierung des Ediktstatbestands gewesen sein kann[188]. Das gilt um so

---

[184] Zuletzt wieder BALZARINI 143 f.

[185] Dazu alsbald noch im Text. Erinnert sei an LEVY, der gelegentlich von einer „neben der Metusklage an sich schon problematische(n) *in integrum restitutio*" spricht; Konk. II 169 N. 5. Angriffsweise fällt prätorische Restitution bei erzwungener Stipulation zum Beispiel ganz aus. Oben S. 131 ff. Zur Lage bei Ausschlagung bzw. Antritt der Erbschaft oben S. 154 ff. Vgl. im übrigen oben S. 4 ff.

[186] SCHULZ, Metus 219 N. 5; LENEL, Edikt 111 N. 1. Für eine Formel mit *demonstratio* ARANGIO-RUIZ, Rariora (1946) 112. Kritisch dazu KASER, SZ 81 (1964) 385 N. 30.

[187] Vgl. WLASSAK, Klass. Prozeßformel (1924) 97 N. 67. Ferner bereits SCHMIDT 11 N. 9 mit dem Hinweis auf die konjunktivische Form *abstulisset*, die in keine Formel einer *actio* passe.

[188] Zur Metusklage siehe z. B. LENELS Formelvorschlag (Edikt 112 und N. 5) gegenüber seiner Rekonstruktion des Klageedikts (abgedruckt oben S. 126 Anm. 14).

mehr bei dem im Hinblick auf einen bestehenden Sachverhalt formulierten Wortlaut der Formel, mag er von Cicero vorgefunden oder von ihm selbst abgefaßt worden sein. Der Gedanke an einen bestimmten Sachverhalt scheint aber überhaupt den Vorzug zu verdienen gegenüber einer zu streng juristischen Interpretation Ciceros. Selbst wenn nämlich Cicero die Ediktsankündigung im Auge gehabt hat — wofür aus rhetorischen Gründen einiges spricht[189] —, so ist doch nicht ausgeschlossen, daß er einen amtlichen Ediktsausdruck, der mehr oder weniger abstrakt gewesen sein muß, für die Verwendung auf den zur Debatte stehenden Fall um der für die Zuhörer (Leser) bestimmten Anschaulichkeit willen in bezeichnender Weise konkretisiert hat[190].

Bei den Apronius zur Last gelegten Taten ging es scheints vor allem um das Ansichbringen körperlicher Vermögenswerte[191], eine Besonderheit, die in *auferre* stark mitschwingt[192] und deshalb dieses Wort (allgemein genug noch, um die verschiedensten Formen des Ansichbringens einzuschließen) als besonders geeignet erscheinen lassen konnte, eine im Edikt abstrakt umschriebene Tatbestandshandlung zu veranschaulichen. Man wird im Hinblick auf die Metusklage auch annehmen dürfen, daß die Verwendung der *formula Octaviana* gegen Apronius nicht dann problematisch gewesen wäre, wenn es sich beispielsweise um erzwungene Schuldbefreiung oder erzwungenen Forderungserwerb gehandelt hätte, bei welchem das Moment körperlichen Annehmens nicht gegeben war[193].

Anderer Ansicht ist allerdings BALZARINI. Er hat den Eindruck, im Vergleich zur Metusklage sei der Anwendungsbereich der *formula Octaviana* beschränkt gewesen allein auf die Fälle, in denen sich der Zwang in einem tatsächlichen Ansichbringen körperlicher Güter niedergeschlagen hatte[194]. Diese Vorstellung ist aber schon deswegen anfechtbar, weil auf der schmalen

---

[189] Ein Ediktswortlaut wie der des Metusedikts ließ sich zündender in die Rede einflechten als ein wie auch immer gearteter Formelwortlaut.

[190] Für Paraphrasierung des Edikts durch Cicero auch HARTKAMP 254, freilich nur im Hinblick auf eine passive Formulierung des Edikts und unter Ausschluß von *auferre* (249; 251; 252). Dazu im folgenden. HARTKAMPS Beweggrund ist der Versuch, entgegen der herrsch. Meinung die Drittwirkung der *formula Octaviana* zu belegen. Siehe dazu unten S. 165 und vor allem S. 177 und Anm. 253.

[191] In Verr. II 3,153 ... *et aratores vi et metu coactos Apronio multo plus quam debuerint dedisse.*

[192] GEORGES, s. v. *auferre.*

[193] Zur Anwendung der Metusklage auf diesen Fall Ulp. D. 4,2,9,7.

[194] 150. S. bereits MAIER 153, der von einer auf *auferre* beschränkten *formula Octaviana* spricht und damit meint, sie habe auf eine erpreßte Stipulation nicht gepaßt. Befürworter einer in diesem Sinn „begrenzten Zielsetzung" der *formula Octaviana* auch HARTKAMP 252. Vgl. schon oben Anm. 190.

Basis eines einzelnen Falles weitreichende und grundsätzliche Folgerungen gezogen werden. Berücksichtigt man ferner die verbreitete, auch von Balzarini geteilte Ansicht, wonach die *formula Octaviana* im Zusammenhang mit den Repetundengesetzen zu sehen ist[195], dann muß man sich darüber, daß Octavius zur Bezeichnung der tatbestandsmäßigen Handlung einen unzureichenden einzigen Begriff gewählt hat, um so mehr wundern, als bereits die *lex Acilia repetundarum*, lin. 3 fünf Begriffe verwendet: *quod ... ablatum captum coactum conciliatum aversumve siet.* Die Formen unrechtmäßiger Bereicherung werden aber in der Folgezeit weder abgenommen noch der Rechtsordnung aus dem Blickfeld geschwunden sein. Schließlich: Balzarini meint eine Begründung für den umfassenderen Anwendungsbereich der Metusklage darin erkennen zu können, daß deren Formel im Gegensatz zur *formula Octaviana* aus der Sicht des Klägers (Gezwungenen) konzipiert gewesen sei[196]. Daß, wie man danach annehmen muß, ein derartiger Wechsel der Blickrichtung erforderlich war, um das Anwendungsfeld zu erweitern, wird aber von Balzarini nicht weiter ausgeführt und läßt sich m. E. auch nicht begründen. Denn Fälle wie Schuldbefreiung oder Forderungserwerb müssen keineswegs von einer Formel ausgeschlossen sein, die an der Handlung des Beklagten ausgerichtet ist.

Nach allem wird deshalb der Anwendungsbereich der *formula Octaviana* nicht kleiner gewesen sein als derjenige der Metusklage[197]. Der von Seneca geschilderte Metusfall des proskribierten Dominus, der um seiner Rettung willen dem Freigelassenen die geschuldeten Dienstleistungen erläßt[198], muß in seinem juristischen Kern auch zur Entstehungszeit der *formula Octaviana* eine Rolle gespielt haben können. Ungleich näher als eine nolens volens gewagte hypothetische Ergänzung liegt dann aber die Annahme einer allgemeineren Fassung des oktavianischen Edikts, unter die sich auch eine unter Zwang erteilte Schuldbefreiung glatt subsumieren ließ. Damit zielen wir endgültig auf das Metusedikt. Unserer Vermutung nach ist das Edikt des Octavius mit diesem identisch, wodurch im Hinblick auf das paraphrastische *auferre* bestätigt würde, daß mit *gerere* die (Erwerbs-)Handlung gemeint ist.

(3) Diese Schlußfolgerung wird auch durch die (Tatbestands-)Variante *per vim auferre* nicht beeinträchtigt. Wir sind bisher stillschweigend von *auferre* im Sinne rechtsgeschäftlichen oder tatsächlichen Annehmens (annehmen, erhalten, erlangen) ausgegangen, mit welcher Bedeutung der Zusatz *per metum* ohne weiteres zusammenpaßt. Für *per vim auferre* könnte das

---

[195] Balzarini 147 mit Lit.

[196] 143 f. und N. 172, 150 f. Siehe bereits oben S. 162.

[197] So auch Schmidt 11 N. 9.

[198] Excerpt. contr. 4,8.

fraglich sein. *Auferre* bezeichnet auch „rauben, stehlen, hinwegtragen"[199]. Indessen braucht *auferre* die erste Bedeutung durch Hinzufügen von *per vim* nicht zu verlieren, so daß wir nicht annehmen müssen, *per vim auferre* bei Cicero meine Raub[200] und sei grundverschieden von dem *per vim* bzw. *vi gerere* der justinianischen Quelle, das nicht auf Raub gemünzt war. Ganz allgemein ergibt sich das daraus, daß *per vim* sogar zu eindeutig rechtsgeschäftlichen Handlungen hinzutreten kann, wie aus den Digesten das Beispiel *per vim stipulari* zeigt[201]. Für den Fall des Apronius findet sich bei Cicero selbst ein Beleg. Des Apronius habgieriges Verhalten wird einmal auch aus der Perspektive der Opfer geschildert (§ 153) ... *et aratores vi et metu coactos Apronio multo plus quam debuerint dedisse*[202]. Und fast 300 Jahr nach Cicero formuliert die kaiserliche Kanzlei einen Metusfall einmal so: ... *quae vi ablata sunt* (C. 2,19,1). *Per vim auferre* ist also durchaus vereinbar mit der Annahme, es handele sich bei Cicero um die konkretisierende Wiedergabe des vorhadrianischen Metusedikts[203].

(4) Auf einen weiteren Punkt, der noch selbständig zur Sprache kommen soll, sei nur kurz hingewiesen. Daß bei Cicero als genus verbi das Aktiv erscheint, erklärt sich am einfachsten aus der Konkretisierung des Edikts auf Apronius, bedeutet jedenfalls keinen sachlichen Unterschied zur passiven Formulierung des Metusedikts, derart etwa, das Metusedikt, nicht aber die *formula Octaviana* habe auch auf Dritte angewendet werden können. Das Metusedikt wäre gegen Dritte auch bei aktiver Fassung verwendbar gewesen[204].

(5) Anzumerken bliebe schließlich, daß allgemein auch für die *formula Octaviana* eine Verurteilung auf das Vierfache vermutet wird[205] und daß Cicero ad Quintum frat. I 1,21 mit *reddere* auf eine der Formel eigene

---

[199] Zu den beiden Bedeutungen Heumann-Seckel, Georges, s. v. *auferre.*

[200] So aber insbesondere Maschi, Il dir. rom. I. La prosp. stor. della giurisprud. class.[2] (1966) 642 f. Vgl. ferner Balzarini 149 ff. Zu ihm noch unten Anm. 207. Für Maschi entzündet sich die Frage an dem Ulpianbericht D. 4,2,1. Dazu im einzelnen unten S. 192 ff.

[201] Ulp. D. 4,2,9,7; eod. 14,9.

[202] Über die weitere Bedeutung dieses Passus' für die vorliegende Untersuchung oben S. 146.

[203] Gegen die Auffassung, in der *formula Octaviana* meine *per vim auferre* den Raub, neuestens auch Ebert, Die Geschichte des Edikts de hominibus armatis coactisve (1968) 108 ff. mit Lit., insbes. Schulz, CRL 600 (anders noch Metus 218). Das spezifische Beweisthema Eberts berührt uns freilich nicht. Vgl. noch unten Anm. 207. Zur Bedeutung des *vis*-Tatbestands in der *formula Octaviana* und entsprechend im Metusedikt unten S. 192 ff.; 231 ff.

[204] Siehe unten S. 177.

[205] Schulz, Metus 219; v. Lübtow 128; Balzarini 144 und N. 173.

Restitutionsklausel angespielt haben kann[206]. Insoweit schließt sich der Kreis der Argumente mit willkommener Vollständigkeit[207].

c) Eine Frage haben wir noch zu stellen, deren Gewicht schwer einzuschätzen ist. Spricht nicht der Umstand, daß die klassischen Juristen von keiner *formula Octaviana* (mehr) wissen, mit einiger Wahrscheinlichkeit dafür, daß dies bedingt ist durch eine Umgestaltung oder Weiterentwicklung des oktavianischen Rechtsbehelfs zum klassischen Metusedikt?

Nun ist bei der lückenhaften justinianischen Überlieferung die Möglichkeit nicht auszuschließen, daß hier die Schere der Byzantiner (nicht notwendig absichtlich) für die unergiebige Quellenlage verantwortlich zu machen ist. Näher liegt uns aber eine Gegenfrage: Ist es ausgemacht, daß die republikanischen Juristen von *formula Octaviana* gesprochen haben? Stützt sich Cicero auf eine Bezeichnung des Rechtsbehelfs wegen *metus*, die sich bereits eingebürgert hatte? Der traditionellen Lehre mag die Antwort nicht schwer fallen, obwohl sie außer Cicero keinen anderen antiken Autor anführen kann. Wir stehen der Frage skeptischer gegenüber, und schon der allgemein nicht auszuschließende Gedanke eines Alleingangs Ciceros (irgendjemand muß mit der Namengebung einmal anfangen)[208] scheint uns diskutabel. Etwas Plausibilität ließe sich so gewinnen:

Wir wissen von Cicero selbst (de fin. 2,93), daß er mit Cn. Octavius,

---

[206] So auch Balzarini N. 173.

[207] Einen ganz anderen historischen Zusammenhang sieht Balzarini 149 ff.: die *formula Octaviana* gleichsam eine Art Mutterklage, aus der sich die klassischen Rechtsbehelfe Metusklage, *actio vi bonorum raptorum* und die Ediktsklausel *Quod publicanus vi ademerit* entwickelt hätten. An sich würde für die Zwecke der vorliegenden Untersuchung eine Teilidentität zwischen *formula Octaviana* und Metusklage ausreichen, da es uns lediglich darum geht, die für die *formula Octaviana* charakteristische Perspektive auch für den klassischen Rechtsbehelf plausibel zu machen. Gegen Balzarini wäre dann nur einzuwenden, daß diese Besonderheit der *Octaviana* nicht aufgegeben werden mußte, als es um die Sanktion von erzwungenen Vermögensvorteilen nichtkörperlicher Natur ging. Ein Grund, zu diesem Zweck Metusedikt und Metusklage aus der Sicht des Klägers zu konzipieren, bestand nicht. Auch Balzarini vermag keinen aufzuzeigen. Seine Überlegungen erschöpfen sich in einem spekulativen Versuch, die ciceronische Überlieferung mit der nicht weiter in Frage gestellten Auffassung des klassischen Metusrechts zu harmonisieren. Vgl. schon oben im Text S. 163 f. Indessen scheint mir die ganze These Balzarinis aus den im Text insgesamt angeführten Gründen sehr anfechtbar. Wenn vor allem *auferre* wahrscheinlich nicht zu einem amtlichen Text gehört, dann rückt der Bericht Ciceros enger an die juristische Überlieferung, als man es bisher für möglich gehalten hat. Im gleichen Maße verlieren Vermutungen wie die Balzarinis an Glaubwürdigkeit.

[208] Darüber, wie es zu einer Benennung kam, wissen wir nichts. Daß auch Gerichtsredner eine Rolle gespielt haben, dürfte wahrscheinlich sein.

einem der beiden Octavier, die als Urheber der *formula Octaviana* in Betracht gezogen werden, befreundet war. Gesetzt den Fall, der Prätor Cn. Octavius (79 v. Chr.) hätte die endgültige Anerkennung des Rechtsbehelfs wegen *metus* vollzogen: ist dann die Vermutung abwegig, Cicero habe dem Mann, den er als *optimum atque humanissimum virum* rühmt (de fin. loc. cit.) und unter die *praesidia rei publicae* einreiht (Brutus 222), auch damit ein Denkmal setzen wollen, daß er die Gelegenheit einer Gerichtsrede ergriff, um die Metusformel mit dem Namen der Octavier zu verknüpfen? In gewisser Weise ein untauglicher Versuch, weil die zweite Rede gegen Verres nicht gehalten wurde. Aber gerade das wäre wieder ein Grund, warum die Bezeichnung *formula Octaviana* im Ansatz stecken geblieben sein könnte und Cicero mehr als 10 Jahre später (vgl. pro Flacco 21,49; ad Q. frat. I 1,21) und 20 Jahre nach der Prätur des Octavius darauf nicht mehr zurückkam. Der zeitliche Abstand zur Entstehungszeit des Rechtsbehelfs war zu groß geworden, als daß eine Benennung noch hätte in Gang gesetzt werden können. Schließlich scheint Cicero auch nicht über den Verdacht erhaben, daß er, der *homo novus*, dem Sproß der vornehmen Nobilitätsfamilie Cn. Octavius gegenüber nach Anerkennung und Dankbarkeit geschielt hat, eingedenk des Stellenwerts, den der Nachruhm für die Römer hatte.

3. LENELS Vorschlag zur Rekonstruktion der *formula Octaviana*, der sich ganz an Cicero anlehnt, ist schon mitgeteilt worden. SCHULZ, der bei Cicero mehr an das Edikt denkt, vermutet als dessen Wortlaut: *Quod per vim aut metum abstulisse dicetur*[209]. Insofern aber beide Rekonstruktionsversuche Cicero darin Rechnung tragen, daß sie den Tatbestand jeweils nicht an der Handlung des Gezwungenen ausrichten, sondern an der des andern Teils, kann für die hier vertretene Deutung von *gerere* auf SCHULZ und LENEL verwiesen werden, wenn der Rechtsbehelf des Octavius mit dem Metusedikt der Digesten identisch ist. Eine Rekonstruktion des Edikts erübrigt sich dann freilich auch. Daß all dies keine Verkürzung des Rechtsschutzes wegen *metus* bedeutet, ist schon gesagt worden.

Formelmäßig ergeben sich weitere Konsequenzen. Entsprechend der traditionellen Interpretation von *metus causa gestum* bzw. *metus causa factum* schlägt LENEL für die *intentio* der Metusformel beispielhaft ein *metus causa mancipio d e d i s s e* vor[210]. Dagegen ergeben sich jetzt Bedenken. Dürfen wir von dem Edikt auf die Formel schließen, dann muß für den Normalfall

---

[209] Metus 219 N. 5.

[210] *Si paret metus causa $A^m A^m$ fundum q. d. a. $N^o N^o$ mancipio dedisse* rel. LENEL, Edikt 112.

das Beispiel einer auf *metus causa accepisse* gestellten *intentio* ins Auge gefaßt werden[211]. Daß LENEL die Möglichkeit einer solchen Formelfassung nicht von vornherein abgelehnt hätte, möchte man seiner Bemerkung zur *formula Octaviana* entnehmen. Soweit LENEL sich indes bei der Metusklage durch Beispiele wie *metus causa, vi, per vim tradere* gebunden fühlen würde[212], ist dem das bereits mehrfach Gesagte entgegenzuhalten: dem Anschauungsmaterial der Juristen läßt sich Zwingendes prinzipiell nicht entnehmen. Der Gedanke kommt besonders anschaulich auch bei Cicero zum Ausdruck. Aus *vi et metu coactus dare* (vgl. in Verr. II 3,153) auf eine Formel zu schließen, die auf die Handlung des Gezwungenen abgestellt ist, wäre unzutreffend, wie in Verr. II 3,152 zeigt[213].

IV. Durch die hier vorgeschlagene Deutung von *metus causa gestum (factum)* wird eine strukturelle Kongruenz zur überlieferten *exceptio metus causa* hergestellt, die an sich zu erwarten ist, von der traditionellen Lehre aber nur um den Preis radikaler Textkritik erreicht werden kann. Die Quellen zur Formel der *exc. metus* verwenden nämlich *metus causa facere* in einer Weise, die einen Bezug auf die Handlung des Gezwungenen unzweifelhaft ausschließt. Für SCHULZ ist damit die Annahme einer Verfälschung unausweichlich[214]. Nach dem vorsichtigeren Urteil KUNKELS dagegen soll *metus causa* hier ausnahmsweise finale Bedeutung haben[215]. Zuzugeben ist, daß einer final gedeuteten *exc. metus causa factum* nicht die gleichen Bedenken entgegenstehen, wie sie in bezug auf das Edikt aufgezeigt worden sind. Denn im Gegensatz zum Tatbestand des Metusedikts wäre wegen der andersartigen Rechtsfolge die furchterregende Handlung als Tatbestand der *exceptio* denkbar. Es scheint jedoch, daß es auch dieses Zugeständnisses an die These MAIERS (der die beiden Zeugnisse über die *exceptio* überhaupt als die entscheidenden Belege in Anspruch nimmt)[216] nicht bedarf.

1. Gai. 4,117: In his quoque actionibus quae non in personam sunt exceptiones locum habent. Veluti si metu me coegeris aut dolo induxeris, ut tibi rem aliquam mancipio darem; nam si eam rem a me petas, datur mihi exceptio, per quam, si metus causa te fecisse vel dolo malo arguero, repelleris.

Facere kann, was MAIER[217] im Zusammenhang mit Recht bemerkt, nicht

---

[211] Z. B.: *Si paret* N^mN^m *fundum* A^iA^i *q. d. a. metus causa mancipio accepisse.*
[212] Vgl. Edikt 112 N. 5.
[213] Abgedruckt unten S. 158.
[214] Metus 227.
[215] RP 261 N. 5 in fin. Zustimmend KASER, RP 1,213 N. 19. Sehr bestimmt HARTKAMP 58 („zweifellos finale Bedeutung") und passim.
[216] 102 f.
[217] 102.

das eine Mal die Handlung des Beklagten, das andere Mal die des Klägers bezeichnen. Die Notwendigkeit, *fecisse* einheitlich auf den Kläger zu beziehen, besagt aber entgegen MAIER nichts dafür, daß *exc. doli* und *exc. metus* auch notwendig gleich aufgebaut sein müßten[218]. Die Möglichkeit unterschiedlicher Fassung wäre selbst dann einzuräumen, wenn *dolo malo fecisse* die spezifische Täuschungshandlung meinte. Indessen weist offenbar auch *dolo malo fecisse* (vgl. das *vi factum* des Interdikts) darüber hinaus auf das, was der Kläger mit Arglist erreicht hat: den Eigentumserwerb. *Te dolo malo fecisse* wirft dem Kläger vor, er habe die (Erwerbs-)Handlung arglistig herbeigeführt.

Sicherlich kann *te fecisse metus causa* auf die (Erwerbs-)Handlung des Klägers gehen. Es spricht dann aus, daß der Kläger beim Erwerb aufgrund von Zwang gehandelt hatte. Dieses Verständnis von *metus causa facere* ist unproblematisch, wenn auch in der *exceptio* bei *facere* der Akzent auf der durch Zwang ermöglichten (Erwerbs-)Handlung liegt. Erinnert sei zudem an *restituere quod metus causa factum est* (Ulp. D. 4,2,9,8), das nur aus der Perspektive der Erwerbshandlung einen Sinn abgibt[219]. Wie einerseits der Beklagte zurückgeben muß, *quod metus causa factum est*, so kann andererseits der Kläger nicht herausverlangen, *quod metus causa factum est*. Die *exceptio* spiegelt in dieser Sicht präzise den Zusammenhang, der zwischen Zwang und Streitobjekt bestehen muß. Im Vergleich zu finalem *metus causa te fecisse*, das diesen Bezug jedenfalls äußerlich nicht erkennen läßt, spricht für unsere Interpretation auch die glatte Lösung, daß der Edikts- bzw. Klagetatbestand einfach einredeweise geltend gemacht wird. Das ist vor allem dann zu berücksichtigen, wenn das Metusedikt auch die Verheißung der *exceptio* einschloß[220]. In jedem Fall muß die herrschende Meinung sich fragen lassen, welche Wahrscheinlichkeit dafür spricht, daß die Römer dem Ausdruck *metus causa factum*, der für den offensiven Rechtsbehelf eine feste Bedeutung hat, bei der *exceptio* einen völlig anderen Sinn beigelegt haben, wo es doch kein Problem gewesen sein dürfte, dem Exzeptionstatbestand das gängige *metum facere* zugrunde zu legen.

---

[218] In der traditionellen Lehre besteht verständlicherweise die Neigung, vom Dolus- auf das Metusrecht zu schließen. MAIER a. a. O.; v. LÜBTOW 188. Bezüglich der *exceptio* besonders deutlich jetzt HARTKAMP 58. Für HARTKAMP folgt daraus unmittelbar die finale Bedeutung von *metus causa* im Exzeptionstatbestand. Siehe Anm. 215.

[219] Oben S. 158.

[220] Dafür KLINGMÜLLER, RE 1 A (1914) 679; v. LÜBTOW 93. Auch HARTKAMP 273, mit dem anfechtbaren Resultat jedoch, daß dann eine kausal gemeinte Ediktsverheißung einen gleichlautenden, aber final gemeinten Exzeptionstatbestand eingeschlossen hätte.

Praktisch war schließlich dem Beklagten bei der hier vorgeschlagenen Bedeutung des Exzeptionstatbestands von vornherein besser gedient als bei finaler Auslegung. Die Überlegungen hierzu sind ein weiteres Argument für unsere These.

2. *Te fecisse metus causa* trifft den Kläger im Fall A wie im Fall B[221]. Zudem ist in diesen Fällen, soweit es um Rechtsgeschäfte geht, das Geschäft zwischen den Parteien rechtlich nicht einwandfrei zustande gekommen. Das kann man im Fall C in bezug auf die Weiterveräußerung nicht sagen. Vom Standpunkt einer rein kausal bedingten Erwerbshandlung, wie sie hier für den Metustatbestand vorgeschlagen wird, ist das aber auch unerheblich. Auch im Fall C beruht der Erwerb des Klägers auf *metus*. Dennoch könnte den römischen Juristen fraglich gewesen sein, ob sich auch im Fall C der Kläger ein *te fecisse metus causa* entgegenhalten lassen mußte. Sicherlich war es vor allem eine Frage der Wertung, wie weit dem Gezwungenen Schutz zuteil werden sollte. Aber die Entscheidung zu seinen Gunsten mochte deswegen erschwert gewesen sein, weil im Fall C der Kausalverlauf anders beschaffen ist, als in den beiden ersten Fällen, die einer engen Kausalitätsvorstellung in jedem Fall entsprachen.

Zu diesem Punkt sei daran erinnert, daß zum Beispiel im Recht der *lex Aquilia* noch bis in die hochklassische Zeit hinein der für die direkte Anwendung des Gesetzes tatbestandsmäßig erforderliche Kausalzusammenhang anscheinend nur dann bejaht wurde, wenn zwischen schadenstiftende Handlung und Schaden keine Zwischenglieder traten[222]. Bei einem expressis verbis mit Kausalität operierenden Tatbestand, wie er uns für das gesamte Metusrecht charakteristisch scheint, würde deshalb ein Problem des Kausalzusammenhangs, das mit der Frage nach dem Schutz des Gezwungenen im Fall C verknüpft gewesen wäre, nicht überraschen. In die Frage als solche führt für die *exceptio metus*

3. Ulp. D. 44,4,4,33 (76 ad ed): Metus causa exceptionem Cassius non proposuerat contentus doli exceptione, quae est generalis: sed utilius visum est etiam de metu opponere exceptionem. etenim distat aliquid doli exceptione, quod exceptio doli personam complectitur eius, qui dolo fecit: enimvero metus causa exceptio in rem scripta est ‚si in ea re nihil metus causa factum est', ut non inspiciamus, an is qui agit metus causa fecit aliquid, sed an omnino metus causa factum est in hac re a quocumque, non tantum ab eo qui agit. et quamvis de dolo auctoris exceptio non obiciatur, verumtamen hoc iure utimur, ut de metu non tantum ab auctore, verum a quocumque adhibito exceptio obici possit.

---

[221] Die oben S. 140 gebildeten Fallgruppen entsprechend abgewandelt: der zur Metusklage aktiv Legitimierte ist der Beklagte.

[222] Kaser, RP 1,518 f. mit reichen Belegen; Kunkel, RP 174; 227.

Bis auf den Satz, daß Cassius die *exceptio metus* nicht proponiert hatte, hält SCHULZ fr. 4,33 für eine nachklassische Arbeit. Seine Rüge stützt sich im wesentlichen auf das herkömmliche Verständnis von *metus causa facere*[223].

Alleingenommen wäre der Wortlaut der *exceptio metus* noch auf die Handlung des Beklagten, des Gezwungenen hin deutbar[224]. Der Vergleich mit der *exceptio doli* und die dabei ins Spiel gebrachte Einteilung in *exceptio in rem — in personam scripta* lassen das schon fraglich erscheinen[225]. *An is qui agit metus causa fecit aliquid* stellt vollends klar: *facere* kann keinesfalls auf die Handlung des Gezwungenen bezogen werden. SCHULZ meint deshalb, der Verfasser habe sich im Ausdruck völlig vergriffen; denn *metus causa facere* sage man von dem Gezwungenen[226].

Zu diesem Verdikt besteht für uns kein Grund. Wir brauchen auch nicht auf die These MAIERS zurückzugreifen. *Metus causa factum* als die durch die adverbiale Bestimmung des Grundes *metus causa* näher charakterisierte (Erwerbs-)Handlung paßt fugenlos in die Argumentation Ulpians:

> enimvero metus causa exceptio in rem scripta est ‚si in ea re nihil metus causa factum est', ut non inspiciamus, an is qui agit metus causa fecit aliquid, sed an omnino metus causa factum est in hac re a quocumque, non tantum ab eo qui agit.

Wenn daneben die obenerwähnte enge Kausalitätsvorstellung der *lex Aquilia* auch im Metusrecht eine Rolle gespielt haben sollte, dann haben die römischen Juristen ebenso einfach wie elegant diese Klippe umschifft, als es darum ging, den Schutz der *exc. metus* auf den Fall C auszudehnen. Durch die Formulierung *in rem* kommt es nicht darauf an, daß der Kläger aufgrund von *metus* gehandelt hat, in welchen Fall der *exceptio in personam scripta* die Fälle A und B eingeschlossen sind. Es genügt vielmehr, daß in der betreffenden Angelegenheit überhaupt jemals etwas *metus causa* vorgenommen (erworben) worden ist. Indem von der Verwirklichung des Exzeptionstatbestands *metus causa factum* in der Person des Klägers abgesehen wird, ist der Beklagte auch dem Kläger gegenüber geschützt, dessen Vor-

---

[223] Metus 227. An weiteren Verdachtsgründen nennt SCHULZ: *quae est generalis* — unklar und viel zu weitgehend (dazu unten S. 173); *opponere* anstatt *proponere* (dazu ebenfalls unten S. 174 Anm. 243); *distare* mit Ablativ statt mit Präposition. Wie SCHULZ teilweise schon BESELER, Beitr. 1,108; ferner v. LÜBTOW 97 N. 110 und jetzt HARTKAMP 270 N. 108. Mit Recht hält HARTKAMP den Text gleichwohl im Kern für klassisch.

[224] Vgl. etwa SCHMIDT 9 f.

[225] Allgemein zu *in rem scribere* MAIER 118, bezüglich der *exc. metus* KUNKEL, RP 262; KASER, RP 1,213; RZ 196 N. 47; siehe auch im folgenden. Gegen die Klassizität der Einteilung (vgl. noch Ulp. D. 44,4,2,1) SCHULZ, CRL 56.

[226] Metus 227; wie SCHULZ auch v. LÜBTOW 97 N. 110 und SCHMIDT 14 N. 13 in fin.

mann mit ihm — dem Beklagten — kontrahiert und folglich unmittelbar aufgrund von Zwang gehandelt hat.

Auf den Fall C steuert Ulpian im Fortgang der Stelle auch zu, und das könnte ein Indiz dafür sein, daß entsprechend unserer Auffassung die *exc. metus in personam scripta* nicht schon im Fall B ausfiel, wie das bei einer Interpretation im Sinne MAIERS anzunehmen wäre. Verständlicherweise bleibt Ulpian bei dem Fall C aber nicht stehen, denn als *in rem scripta* bedeutet die *exceptio metus* absoluten Schutz:

> et quamvis de dolo auctoris exceptio non obiciatur[227], verumtamen hoc iure utimur, ut de metu non tantum ab auctore, verum a quocumque adhibito exceptio obici possit.

Es ist gleichsam die Kehrseite des *in rem* formulierten Exzeptionstatbestands, wie wir ihn verstehen, daß jetzt je (in bezug auf den Klaggegenstand) erfolgte Anwendung von Zwang für exzeptionsrelevant erklärt werden kann. *Metus a quocumque adhibitus* muß deshalb nicht, wie man sonst vielleicht annehmen möchte, der Sache nach ein Synonym für das vorhergehende *metus causa factum a quocumque* sein. Der Passus praphrasiert m. E. die Tragweite der *exceptio,* losgelöst von Wortlaut und Konstruktion und dahin gewendet, daß Einwirkung von Zwang immer ein beachtlicher Einwand ist. Der Grund für diese isolierende Betrachtungsweise scheint in der eigenwilligen Behandlung des Stoffes zu liegen, da Ulpian zuvor auch den *dolus* abstrahierend einführt, ohne Berücksichtigung des genauen Exzeptionstatbestands.

4. Mit dieser Interpretation der *metus causa exceptio* läßt sich in Übereinstimmung bringen, was Ulpian über ihre Geschichte berichtet.

Daß es zur Zeit des Cassius die *exceptio metus* noch nicht gegeben habe[228], will Ulpian wohl nicht sagen. Wahrscheinlicher dürfte sein, daß Cassius die *exceptio* als solche zwar gekannt, sie aber für überflüssig gehalten hat[229]. Auch wird die Entscheidung des Cassius den zu seiner Zeit bestehenden Rechtsschutz des Gezwungenen nicht verschlechtert haben[230].

SCHULZ begründet das Verhalten des Cassius mit der Vermutung, die *exceptio metus* sei ursprünglich *in personam* abgefaßt gewesen. Das heißt nach SCHULZ: Einschränkung des Anwendungsbereichs der *exceptio* auf die

---

[227] Vgl. Ulp. eod. 4,28.

[228] So Kaser, RP 1,213 N. 25; MAYER-MALY, RE 9 A (1961) 331 s. v. *vis.* Ältere Literatur bei v. LÜBTOW 97.

[229] SCHULZ, Metus 226; v. LÜBTOW, a. a. O. mit weit. Angab.; ferner HARTKAMP 271.

[230] SCHULZ, a. a. O.; v. LÜBTOW 98 f.

Person des Zwingenden[231]. Für SCHULZ erklärt sich sodann die Entscheidung des Cassius von der römischen Auffassung her, die in den *dolus* die Ausübung von Zwang einschließt[232].

Bezeichnenderweise bleibt bei dieser Erklärung eine Feinheit des Textes ungenutzt und fällt sogar der Textkritik zum Opfer. SCHULZ beanstandet, was nach Ulpian den Cassius bewogen hat, sich mit der *exceptio doli* zu begnügen: *quae est generalis.* Den „unklaren, viel zu weit gehenden Ausdruck" setzt SCHULZ auf das Konto eines nachklassischen Paraphrasten, der damit einen klassischen Satz des Inhalts habe wiedergeben wollen: *qui metum facit is utique et dolo facit*[233, 234]. M. E. ist *quae est generalis* durchaus ernst zu nehmen, selbst wenn Ulpian es nicht geschrieben hat. Die *exceptio metus* erübrigte sich für Cassius allem Anschein nach (auch) deswegen, weil er die *exceptio doli* in der Form der sog. *exceptio doli praesentis* oder *generalis* verwendete: *si in ea re nihil dolo malo A^iA^i fiat*[235]. In dieser spätestens seit Labeo praktizierten Alternative der *exceptio doli*[236] wurde unter *dolo facere* sowohl das wissentlich der *bona fides* zuwiderlaufende Klagebegehren eingestuft, wie auch ein solches, das objektiv gegen die *bona fides* verstieß:

Paul. D. 44,4,8 pr. (6 ad Plaut): Dolo facit, qui petit quod redditurus est[237].

Sind diese Prämissen richtig[238], dann mag, wie SCHULZ vermutet, die *exc. metus* ursprünglich und noch zur Zeit des Cassius *in personam* formuliert gewesen sein. Nur scheint der Inhalt dieser Vermutung ein anderer, als SCHULZ angenommen hat. SCHULZ will die *exc. metus in personam scripta* auf die Abwehr des Zwingenden beschränken. Als *exceptio in personam scripta* indessen schloß die *exc. metus* den Kläger im Fall A wie im Fall B aus, und in beiden Fällen vermochte die *exceptio doli* die *exceptio metus* zu ersetzen. Im Fall A mußte sich der Kläger möglicherweise bereits entgegen-

---

231 Metus 226 f.; ebenso v. LÜBTOW 98 f.

232 Vgl. Ulp. D. 4,2,14,13; 47,8,2,8. SCHULZ, Metus 226 und N. 4.

233 Metus 227 im Anschluß an BESELER, Beitr. 1,108. Vgl. auch v. LÜBTOW a. a. O.

234 Gegen die Klassizität des von SCHULZ vermuteten Satzes etwa v. LÜBTOW 98; 263; HARTKAMP 270 N. 108. Siehe aber Ulp. D. 4,2,14,13, unten S. 233 ff.

235 Gai. 4,119. KUNKEL, RP 261; KASER, RP 1,422 N. 15.

236 PERNICE, Labeo II 1[2] (1895) 234; SOHM-MITTEIS-WENGER, Institutionen[17] (1923) 705 N. 3; v. LÜBTOW, Eranion Maridakis I (1963) 195. Siehe auch WACKE, RIDA 17 (1970) 345 N. 1.

237 Vgl. KASER a. a. O.

238 Daß Cassius die Stellung des Gezwungenen verschlechtert hat, ist nicht anzunehmen. Hat die *exc. metus* zur Zeit des Cassius noch nicht existiert, so würde das den Kern der folgenden Überlegungen gleichwohl nicht beeinträchtigen. Vgl. noch Anm. 241.

halten lassen, daß der von ihm ausgeübte Zwang unter *dolus* fiel[239]. Auf jeden Fall war sein Klagebegehren dolos. Der Vorwurf doloser Klageerhebung traf auch den Kläger im Fall B, und zwar unabhängig davon, ob er von der Zwangslage des Veräußerers gewußt hatte: weil er auf der anderen Seite der Metusklage ausgesetzt war[240].

Selbst nach dem Satz des Paulus versagte jedoch, von Bösgläubigkeit abgesehen, die *exc. doli generalis* gegenüber dem Kläger im Fall C, wenn, wozu die Annahme berechtigt ist, die Metusklage in diesem Fall zur Zeit des Cassius und noch lange danach nicht gegeben war[241]. Wie es scheint, hat Cassius sich mit dieser Rechtslage zufrieden gegeben, haben dagegen die Späteren stärker das Bedürfnis verspürt, den Rechtsschutz wegen *metus* auszubauen. Mit der *exceptio in rem scripta* war dem, soweit es die Verteidigung betraf, abzuhelfen, und solange Rechtsschutz klagweise nicht in Betracht kam, konnte die *exc. doli* der *exc. metus* den erweiterten Anwendungsbereich auch nicht streitig machen, so wie die *exc. metus* im Fall B erforderlich war, als man die Möglichkeit der *exc. doli generalis* noch nicht entwickelt hatte. Spätestens mit Ulpian freilich war auch der Klagschutz auf den Fall C ausgedehnt, bestand also wieder die Möglichkeit, nach dem Vorgang des Cassius die *exc. metus* durch die *exc. doli* abzulösen[242]. Fr. 4,33 schließt die Annahme nicht aus, daß Ulpian sich dessen bewußt war. Nur mußte natürlich dem Spätklassiker die dogmatische Verschiedenheit der beiden Exzeptionen ganz anders am Herzen liegen als seinem Fachgenossen 150 Jahre zuvor[243].

---

[239] Wenn man einen klassischen Satz dieses Inhalts annimmt. Vgl. oben S. 173 und Anm. 234.

[240] Siehe zu dieser Fallvariante noch unten S. 188 ff.

[241] Einzelheiten unten S. 208 ff.; 216 ff. Die Reichweite der *exc. doli* war danach für Cassius unabhängig davon eingeschränkt, ob es zu seiner Zeit schon eine *exc. metus* gab oder nicht. MAIER (154) nimmt an, die *exc. doli generalis* habe jeden Dritten zurückgeschlagen. Damit wird die Voraussetzung der Klagemöglichkeit nicht genügend berücksichtigt.

[242] Von diesem Standpunkt aus wäre also die *exc. metus* keine Abspaltung von der *exc. doli*, wie KASER, RP 1,213 N. 25 vermutet. Sie hätte vielmehr ursprünglich einen eigenen Anwendungsbereich gehabt, der ihr dann aber im Verlauf der Entwicklung von der *exc. doli* streitig gemacht wurde bzw. streitig gemacht werden konnte.

[243] Die vorstehenden Ausführungen berühren sich mit denjenigen HARTKAMPS 270 ff. (272), da auch HARTKAMP den Beweggrund für das Verhalten des Cassius in der präsentischen Funktion der *exc. doli* sieht. Im übrigen überzeugen mich die Überlegungen HARTKAMPS nichts. HARTKAMP wendet sich gegen die Annahme, fr.

So zeigt auch die Geschichte, die durch fr. 4,33 greifbar ist, warum Ulpian im letzten Satz auf den Fall C zu sprechen kommt.

V. Zum Abschluß des vorstehenden Paragraphen sei noch einmal an das erinnert, was MAIER zu seiner finalen, der traditionellen Deutung so radikal entgegengesetzten Auslegung von *metus causa gerere (facere)* geführt hat. Der Gedanke, die quellenmäßige Bezeichnung der Metusklage müsse das (tatbestandsmäßige) Verhalten des Beklagten widerspiegeln, hat sich als fruchtbar erwiesen. Nur ist dieses Verhalten nicht, wie MAIER angenommen hat, die spezifisch erpresserische Zwanganwendung, sondern, im Rahmen der Erpressung, der Tatbestandsausschnitt der auf Zwang beruhenden Erwerbshandlung des Erpressers. Es entspricht unseren methodischen Prämissen, daß wir dieses Zwischenergebnis nicht deswegen für bedenklich halten, weil es mit der herkömmlich gelehrten Deliktsnatur der Metusklage nicht in Einklang steht.

4,33 belege eine nachcassianische Erweiterung des defensiven Rechtsschutzes wegen *metus*. Cassius könne eine gegen jeden Dritten wirkende *exc. metus* vorgefunden und durch die *exc. doli* ersetzt haben. (Das ist von HARTKAMPS Standpunkt aus konsequent, weil seiner Meinung nach die Metusklage von jeher gegen jeden Dritten ging.) Warum, so fragt man dann, das Zurückgreifen auf die *exc. metus*? Weil es späteren Prätoren, meint HARTKAMP im Hinblick auf *utilius visum est*, praktischer erschienen sei, von der „zu engen Systematisierung abzusehen ... und durch die erneute Einführung einer gesonderten *exceptio metus* dem bedeutenden materiellen Unterschied zwischen beiden Einreden gerecht zu werden.“ Der Satz drückt ein theoretisches Interesse jener Prätoren aus, über ihre „Überlegungen praktischer Art“ (HARTKAMP 271) sagt er hingegen nichts. Man könnte daran denken, daß die Wiederproponierung der *exceptio metus* deswegen praktischer gewesen sei, weil damit auch nach außen hin diese Sanktion gegen Zwang sofort erkennbar war. Indessen, und das scheint mir nicht ohne Bedeutung, heißt es bei Ulpian nicht *proponere*, sondern *opponere*. Es geht also darum, daß der Beklagte *metus* einwenden kann, und das im Wege einer weitergehenden Schutz vermittelnden Exzeptionsform. Dahin ist *utilius* zu verstehen. Der ganze Tenor der Stelle, insbesondere am Schluß, vermittelt den Eindruck, daß Ulpian an eine Erweiterung des Rechtsschutzes denkt, wie immer man zu erklären sucht, daß auch Ulpian sich mit der *exc. doli* wieder hätte begnügen können. Die Schwierigkeit der Stelle liegt m. E. darin, daß ein entwicklungsgeschichtliches Moment der *exc. metus* durch die weitere Entwicklung des Metusrechts überholt wurde. Schließlich: daß „die Einführung einer *in rem* wirkenden *exceptio* wohl nicht *utilius* genannt worden“ wäre, wenn „die *exceptio metus* anfangs nur persönlich gewirkt hätte“ (HARTKAMP 271), ist dann kein überzeugendes Argument, wenn man den Anwendungsbereich der vorstehend gedeuteten *exc. metus in personam scripta* berücksichtigt und sieht, daß die Erweiterung des Rechtsschutzes in ihrer praktischen Bedeutung nicht die Zäsur darstellt, wie es bei einer *exceptio* der Fall wäre, die ursprünglich allein gegen den Zwingenden gerichtet werden konnte.

§ 12

Der Anwendungsbereich des Metusedikts nach Passivlegitimation und Art der Zwangslagen

Die Überlegungen des vorstehenden Paragraphen gelten dem Metusedikt vornehmlich unter dem Aspekt der verschiedenen Zwangslagen, zu deren Sanktion es allem Anschein nach geschaffen worden ist. Edikts- und klagetechnisch geht es dabei auch um das Merkmal *in rem scribere (loqui)*. Die damit zusammenhängende Frage der Wirkung des Edikts gegen Dritte soll aber zunächst für sich überprüft werden. Dabei und vorläufig überhaupt beschränken wir uns grundsätzlich auf den Fall B[244].

I. Ulp. D. 4,2,9,1 (11 ad ed): Animadvertendum autem, quod praetor hoc edicto generaliter et in rem loquitur, nec adicit a quo gestum. rel.

Wir haben den Nachsatz für die Interpretation des Edikts bereits ausgewertet. *Nec adicit a quo gestum* hat guten Sinn; denn *gestum* bezieht sich nicht auf die Handlung des Gezwungenen, sondern auf die des andern Teils. Freilich besagt unserer Meinung nach der Nachsatz selbst nichts über die Wirkung gegen Dritte. Mit ihm spielt Ulpian vielmehr darauf an, daß das Edikt keine besondere Qualifikation des Passivlegitimierten (Magistrat, Privater) verlangt[245]. Die Richtung gegen den Dritten ergibt sich dagegen unmittelbar aus dem Ediktstatbestand selbst, sobald der Bezug auf die Erwerbshandlung hergestellt wird. „Was aufgrund von Zwang vorgenommen worden ist." Das trifft auf den Erwerber im Fall A wie im Fall B zu.

Hier haben wir uns noch einmal gegen Maier abzugrenzen. Maier findet im Edikt die Wirkung gegen Dritte nicht[246]. Gleichwohl soll es, wie beispielsweise das Interdikt *Quod vi aut clam factum est*, auf Dritte Anwendung gefunden haben[247]. Damit scheint das Metusedikt aber in zweifacher Hinsicht verkannt. *Metus causa gestum* bzw. *metus causa factum* final und folglich als furchterregende Handlung gedeutet, stellt, anders als das Interdikt, in Wahrheit keinen brauchbaren Tatbestand für die Anwendung auf Dritte dar, so wenig, wie es ein Restitutionstatbestand gegen den Erpresser selbst ist[248]. Andererseits liegt, wenn unsere bisherigen Überlegungen richtig sind, die Wirkung gegen Dritte im Metusrecht auf einer anderen Ebene als beim Interdikt. Dort wird die Rechtsfolge, die das Interdikt angeordnet (Restitution), auf jemand erstreckt, der selbst den Tat-

---

[244] Zum Unterschied der Fallgruppen B und C oben S. 140.

[245] Oben S. 150.

[246] Vgl. Maier 111.

[247] Maier 110 f.; 120; 153.

[248] Oben S. 142 f.

bestand nicht verwirklicht hat[249]. Dagegen ist im Metusrecht die Wirkung gegen den Dritten tatbestandsmäßig vorgesehen.

Dieser Unterschied erklärt noch etwas anderes. Die Struktur der Handlung, die das Interdikt mißbilligt (modales *vi aut clam facere*), verlangt eine passive Formulierung des Tatbestands, soll die Haftung eines Dritten überhaupt erwogen werden können: *quod vi aut clam factum est*. In der Fassung *quod vi aut clam fecisti* würde das Edikt nur auf den Störer selbst anwendbar gewesen sein[250].

Solche Bedeutung des Passivs ist aber in erster Linie eine Besonderheit des Interdikts. Versteht man die tatbestandsmäßige Handlung des Metusedikts richtig als die auf Zwang beruhende (Erwerbs-)Handlung, dann läßt sich der Tatbestand ohne weiteres auch aktiv formulieren, ohne daß die Wirkung gegen den Dritten verlorengeht. *Quod metus causa gessisti* (was du aufgrund von Zwang erlangt hast) trifft den erpresserischen wie den Erwerber, der selbst keinen Zwang ausgeübt hat. Für die Wirkung des Edikts gegen Dritte war also nicht notwendig passive Formulierung Voraussetzung[251]. Es besteht infolgedessen auch nicht deswegen ein Gegensatz zwischen dem Edikt des Octavius und dem Metusedikt, weil Cicero jenes mit den Worten wiedergibt: *quod per vim aut metum abstulisset*[252]. Das Aktiv, das Cicero verwendet, darf nicht zu dem Schluß verleiten, die *formula Octaviana* sei persönlich, will sagen aktiv abgefaßt gewesen, was heißen soll, sie habe auf Dritte keine Anwendung gefunden[253].

II. Mit der Richtung des Edikts gegen Dritte ist ferner die Wendung *in rem scribere (loqui)* verknüpft. Ediktsankündigung, Klagformel und

249 Ulp.-Muc.-Lab. D. 43,24,5, 8 ff.

250 Ulp. eod. 5,13.

251 Aber auch für das Metusrecht empfahl sich das Passiv, um, wie beim Interdikt, dem Erwerber nahestehende Personen haftbar zu machen, denen das *gestum* zugute gekommen war. Vgl. Ulp. D. 4,2,16,1. Siehe außerdem unten S. 216 und Anm. 397.

252 Oben S. 158. Die Wendung darf eben nicht nur modal verstanden werden.

253 So aber Schulz 219; Maier 153; 158; anscheinend auch Lenel, Edikt² 109 N. 7. Entsprechend sucht Hartkamp (254), der andererseits für die *formula Octaviana* Drittwirkung annimmt, eine passive Formulierung des Edikts *(quod per vim aut metum ablatum esse dicetur)* plausibel zu machen: Ciceros Formulierungen seien Paraphrase. Das ist an sich richtig (dazu oben S. 161 ff.), die Wirkung des Edikts gegen Dritte stellt sich aber nicht erst durch die passive Formulierung ein. Schon Rudorff, Zeitschr. f. gesch. Rechtsw. 12 (1845) 153 bemerkt, Apronius, der mit Hilfe des Verres den Zehntpflichtigen unbillige Bedingungen und übermäßige Leistungen abgedrungen habe, sei nur der dritte Erwerber gewesen, Verres dagegen der eigentliche Urheber des Zwangs. Das ist im Grunde richtig gesehen, wiewohl man zu Apronius sagen könnte, er habe sich den allgemeinen Druck des Verres erpresserisch zunutze gemacht. Vgl. im übrigen unten S. 188 ff.

exceptio werden von Römern als „sächlich" abgefaßt bezeichnet *(in rem scriptae)*[254]. Diese, wie man heute sagt, unpersönliche Fassung versteht die traditionelle Lehre beim Edikt und bei der Klage im allgemeinen dahin, daß der Beklagte hier nicht als Täter bezeichnet wird, wodurch der Rechtsbehelf auch gegen Dritte tauglich ist. Die unpersönliche Fassung gilt folglich als Synonym für Drittwirkung[255]. Persönliche Fassung dagegen würde Abstellen auf den Beklagten als Täter und damit Ausschluß der Drittwirkung bedeutet haben[256].

Wie es scheint, verdeckt diese Lehre einen differenzierteren Zusammenhang. Sie darf sich auf den Nachsatz in fr. 9,1 1. Satz, gleichsam als auf eine Erläuterung des voraufgehenden *in rem loquitur*, nicht mehr unbesehen berufen, nachdem für *a quo gestum* ein anderer Bezugspunkt in Betracht kommen kann als derjenige, daß der Erwerber nicht der Zwingende zu sein braucht[257]. Daß das Metusedikt nicht auf die Person des beklagten Erwerbers als Täter abstellt, daß insoweit das Tatbestandsmerkmal *metus* verselbständigt ist, ist zweifellos eine unabdingbare Voraussetzung der Wirkung gegen Dritte. Eine andere Frage ist jedoch, ob sich darin die Bedeutung des *in rem scriptum* erschöpft. Das wäre der Fall, wenn *in personam — in rem scribere* beim offensiven Rechtsschutz nur in bezug auf die Person des Beklagten Bedeutung beigelegt wurde, so wie umgekehrt bei der *exceptio in rem scripta* die fehlende Zuordnung des Exzeptionstatbestandes auf den Beklagten ausschlaggebend war[258]. Für das Metusedikt und die Metusklage scheint das Begriffspaar indes abgestuft verstanden worden zu sein. Mit dem Verzicht auf die Qualifikation des Beklagten als Täter und der so gegebenen Drittwirkung war nicht ausgeschlossen, das Anwendungsfeld des Edikts gleichwohl noch einzuschränken. In der Entscheidung gegen diese Möglichkeit liegt m. E. die zusätzliche Bedeutung des *edictum in rem scriptum*.

Aufzeigen lassen sich die Zusammenhänge am besten nach einem Exkurs in das Recht der *a. Fabiana*. Gemeinhin gilt neben der Metusklage die *a. Fabiana* als Prototyp einer *actio in rem scripta*[259].

1. Mit der *a. Fabiana* als *actio in rem scripta* hat sich zuletzt Levy vor

---

[254] Vgl. noch Ulp. D. 4,2,9,8.

[255] Statt vieler Kunkel, RP 262; Kaser, RP 1,213; Schulz, Metus 245; Biscardi, Lezioni sul processo romano antico e classico (1968) 222 ff. Ferner Hartkamp op. cit. passim; siehe im Register s. v. *actio quod metus causa* (Drittwirkung), insbes. 202 N. 4; 204; 232; 244 N. 2 in fin. (245).

[256] So zu formulieren wäre jedenfalls konsequent.

[257] Oben S. 150.

[258] Ulp. D. 44,4,4,33, oben S. 171 f. Vgl. dazu Maier 118; Biscardi a. a. O. 224; 225.

[259] Vgl. zuletzt Hartkamp 236.

fast 60 Jahren eingehender befaßt[260]. Das erfordert zunächst eine knappe Würdigung seiner inzwischen für überholt angesehenen Lehre, die das Phänomen der *actio in rem scripta* aus einer sachenrechtlichen Perspektive in den Griff zu bekommen suchte. Auswirkungen der alten Auffassung scheinen auch heute noch manchmal durch. Was speziell die *a. Fabiana* betrifft, so bleiben vielleicht Implikationen unbewußt, die mit einer Berufung auf LEVY verbunden sind.

Bei seiner Beurteilung der *a. Fabiana* geht LEVY von der Metusklage aus, wie sie sich ihm bei Vermögensverschiebungen von körperlichen Gegenständen im Fall C darstellt[261]. Hier beruhe die Haftung des beklagten Dritten allein auf der Innehabung der *res*, *res* im „streng juristischen Sinn" verstanden: Sache. Formelmäßig wirkt sich das nach LEVY dahin aus, daß die *intentio* den Beklagten nicht nennt. Die Metusklage sei deshalb *in rem scripta*[262].

Zum gleichen Ergebnis gelangt LEVY für die *a. Fabiana* angesichts von

> Upl. D. 38,5,1,26 (44 ad ed): Haec actio in personam est, non in rem

und angeregt durch LENELS[263] Bemerkung: „Die ausdrückliche Warnung Ulpians ... läßt vermuten, daß die Fassung den Gedanken, die *actio contra quemcunque possidentem* zu erheben, nahelegte." Nicht anders als der unschuldige Zweiterwerber einer erpreßten Sache steht nach LEVY im Hinblick auf die subjektiven Tatbestandserfordernisse und auf die positiven Merkmale der Passivlegitimation der Gutgläubige, dem der *libertus* eine Sache *in fraudem patroni* veräußert hat. Infolgedessen sei die *a. Fabiana* gleichfalls eine *actio in rem scripta*: Die *res* ist zwar nicht selber Gegenstand des Prozesses (die *a. Fabiana* also keine dingliche Klage), sie bestimmt aber die Person des Beklagten[264].

Bedenken gegenüber dieser Auffasung bestehen einmal deswegen, weil LEVY von äußeren Ähnlichkeiten auf eine inhaltliche Übereinstimmung schließt. Es scheint auch willkürlich, wie die Tatbestände der beiden verglichenen Klagen zur Deckung gebracht werden. Bei LEVY beschränkt sich der relevante Metustatbestand auf den Fall C. Der Fall C weist das Schema auf, in das auch die *a. Fabiana* paßt: der Beklagte hat nicht vom Kläger erworben. Die Metusformel, wie LENEL sie rekonstruiert[265], tut ein übriges. Auf *$A^m A^m$ mancipio dedisse* lautend, kann die *intentio* im Fall C nur so

---

[260] Privatstrafe und Schadensersatz (1915) 69 ff.
[261] Einteilung der Fallgruppen oben S. 140.
[262] Privatstrafe 71. Vgl. auch Konk. I 275.
[263] 352 f.
[264] Privatstrafe 70 f.; 71.
[265] Edikt 112.

aussehen: *A^m A^m Lucio Titio mancipio dedisse*[266]. Den Beklagten nennt die *intentio* nicht, eine anscheinend beziehungsvolle Übereinstimmung mit der *formula petitoria*, in deren *intentio* gleichfalls die Bezeichnung des Beklagten fehlt[267].

Die von LEVY herangezogene Vergleichsbasis versagt jedoch bereits im Metusfall B. In diesem Fall hat der beklagte Dritte vom Kläger erworben. Auch auf dem Boden von LENELS Formelrekonstruktion gehört deshalb der Beklagte in die *intentio: A^m A^m N^o N^o mancipio dedisse*. Wäre das nun eine *formula in personam scripta*? LEVY selbst würde das verneinen, aus einem Grund freilich, der die angemeldeten Bedenken noch verstärkt. LEVYS Ansicht nach ist nämlich die Metusklage *in personam* formuliert, wenn sie gegen den Zwingenden geht[268]. Orientieren wir uns wieder an LENELS Formelvorschlag und daran, daß die allgemeine Meinung die Metusklage auch gegen denjenigen für gegeben hält, der die Manzipation nicht an sich, sondern an *Lucius Titius* erzwungen hat, dann müßte die Formel auf *A^m A^m Lucio Titio mancipio dedisse* abgestellt werden[269]. Sie wiese also eine *intentio* auf, die LEVY gerade als typisch für die *in rem* konzipierte Klage ansieht.

Über die *formula petitoria* ist also der *in rem* gefaßten Metusklage nicht beizukommen. Freilich ist schon das von LEVY zugrunde gelegte Verständnis von *res* problematisch. Ulp. D. 4,2,9,8, wo eingangs von der *actio in rem scripta* und von der Anwendung der Metusklage auf Dritte die Rede ist, hat ausschließlich obligatorische Rechte zum Gegenstand. Wenn man daher den Terminus *res* vermögensmäßig bestimmt sehen will, kann man ihn nicht allein dinglich verstehen, sondern nur in einer allgemeinen Bedeutung, die den Erwerb einer Forderung oder den Vermögensvorteil durch Befreiung von einer Schuld ebenso einschließt wie den Erwerb von Sachen[270]. Von hier aus führt aber kein Weg zu einer dinglichen Klage. Die modernere Lehre ist deshalb auch von LEVYS Bemühungen abgerückt und präzisiert die *actio in rem scripta* formelmäßig dahin, daß nicht der Beklagte in der *intentio* fehlt, sondern seine Qualifikation als Zwingender, wodurch bereits ein über den Täter hinausgehender Anwendungsbereich der Klage gegeben ist[271].

---

[266] LENEL, Edikt² 110; MAIER 133.

[267] Gai. 4,87.

[268] Privatstrafe 71 N. 2.

[269] Vgl. auch MAIER a. a. O.

[270] So schon SCHMIDT 5 ff.

[271] Siehe die Angaben oben S. 178 Anm. 255, ferner ARANGIO-RUIZ, Ist.[14] (1960) 106 N. 1 und aus dem letzten Jahrhundert DU ROI, Archiv f. civ. Praxis 6 (1823) 411 f. Schwankend noch MAIER, der einerseits, LEVY folgend, *in rem scripta* die Bedeutung gibt, in der Klagformel fehle die Bezeichnung des Beklagten (118 und

Eins verdient noch zusätzlich festgehalten zu werden. An Ulpian loc. cit. scheitert auch LEVYS Auffassung von der Tragweite des Prädikats *in rem scripta.* Der Formulierung Ulpians nach kommt es der Metusklage als solcher zu, muß es ein Wesensmerkmal der Klage in all ihren Anwendungsfällen sein. Zutreffend beantwortet sich deshalb die Frage nach der *in personam* gefaßten Metusklage nicht real, sondern hypothetisch: So wie die Metusklage als *actio in rem scripta* traditionell verstanden wird, wäre sie *in personam scripta* gewesen, wenn sie sich nur gegen den Erpresser gerichtet hätte. Im übrigen muß m. E. ganz allgemein und als eine Art Gegenprobe verlangt werden, daß die Frage nach der jeweils konträren Formelfassung eine befriedigende Antwort findet, wenn die Worte *in rem — in personam scribere* Sinn haben sollen.

2. Zurück zur *a. Fabiana.* Ausgangspunkt für LEVYS Interpretation der Warnung, *haec actio in personam est, non in rem,* ist die Prämisse, daß das ulpianische Diktum an den Begriffen *a. in personam — a. in rem* orientiert ist. Ulpian hätte also davor gewarnt, die *a. Fabiana,* die in Wahrheit eine *actio in rem scripta* war, als dingliche Klage anzusehen. Man fragt sich sofort, warum Ulpian ein solches Merkmal der *a. Fabiana* nicht unmittelbar bezeichnet hat. Im Metusrecht ist das geschehen, ohne daß die Kompilatoren daran Anstoß genommen haben[272]. Wie erklärt sich ihre Zurückhaltung hier, zumal eine so verklausulierte?

Mir scheint, daß unter LEVYS Voraussetzung dem in Rede stehenden Satz die ursprüngliche Bedeutung völlig genommen wird. Sicherlich warnt Ulpian. Aber er warnt nicht vor der unrichtigen Annahme einer dinglichen Klage. Dieser Aspekt führt auch hier nicht weiter. Mit *agere in rem* können Ulpians Worte nichts zu tun haben. Der Tenor des ganzen fr. 1,26 ist unverkennbar der einer generellen Aussage[273]. Ulpians Warnung betrifft die *a. Fabiana* schlechthin, gilt unabhängig vom Einzelfall und darum in jedem Einzelfall, also auch dann, wenn das den Patron benachteiligende Geschäft in Stipula-

N. 3), andererseits überraschend feststellt, die Metusklage sei, genau besehen, gar nicht unpersönlich gefaßt gewesen; denn sie habe den Beklagten erwähnt, in seiner Eigenschaft als Erwerber nämlich (154). Bei KASER, RZ 253 N. 33 heißt es, die *actio quod metus causa* werde untechnisch *actio in rem scripta* genannt, weil sie den Beklagten in der *intentio* nicht nenne (und daher nicht nur gegen den Erpresser, sondern auch gegen dritte Erwerber zustehe). Das dürfte nur für den Fall C richtig sein und auch nur auf der Basis von LENELS Formelrekonstruktion. Wenn mit unserem Vorschlag *N^{m}N^m mancipio accepisse* das Richtige getroffen ist (oben S. 167 f.), ließe sich auch im Fall C die Formel ohne Umgestaltung denken.

272 Ulp. D. 4,2,9,1; eod. 9,8.

273 *Haec actio in personam est, non in rem, et in heredem competit et in ceteros successores, et heredi et ceteris successoribus patroni, et non est hereditaria, id est ex bonis liberti, sed propria patroni.*

tion oder Bürgschaft besteht und an eine dingliche Klage kein Gedanke sein kann[274]. LEVY selbst macht Abstriche, weil die *a. Fabiana* zum Beispiel auch gegen denjenigen Kontrahenten des *libertus* geht, dessen Eigentumserwerb noch aussteht. *Res* sei hier nicht im „streng juristischen Sinn" zu nehmen[275]. Mit diesem Zugeständnis ist jedoch auch hier nichts gewonnen. Denn auch in der allgemeinen Bedeutung „Vermögenswert" läßt sich *res* (und in diesem Sinn *in rem scribere*) bei der *a. Fabiana* nicht unterbringen. Dies deshalb nicht, weil die berechtigte Gegenfrage, wie eine *a. Fabiana in personam scripta* aussehen würde, ohne plausible Antwort bleiben muß. Anders als bei der Metusklage kommt bei der *a. Fabiana* außer dem beklagten Dritten, der durch die *res* bestimmt werden soll, ein anderer Beklagter, der zudem noch in irgendeiner Weise qualifiziert sein müßte, sinnvoll nicht in Betracht. Offensichtlich konstituiert bei der *a. Fabiana* die Richtung gegen den Dritten den Tatbestand der Klage schlechthin (inkorrekt daher, im technischen Sinn von einer Wirkung gegen Dritte zu sprechen), so daß insoweit *in rem — in personam scribere* ohne Gefahr der Denaturierung nicht anwendbar erscheinen[276].

Was besagt dann der Satz Ulpians? Unserer Meinung nach zunächst das Gegenteil dessen, was gemeinhin angenommen wird: Die *a. Fabiana* ist, materiell gesehen, keine *actio in rem scripta* (was ihrer Wirkung gegen „Dritte" naturgemäß keinen Abbruch tut), sondern eine *actio in personam scripta*. Die *a. Fabaiana* erweckt zwar formal den Anschein einer *actio in rem scripta*, sie ist also nicht förmlich in *personam scripta* (daher die Warnung Ulpians), sie ist aber in diesem Sinn von den Juristen interpretiert und praktiziert worden. Ulpian äußert sich zur Sache direkt und unverhohlen.

Für die Frage, worauf sich in der Formel der *a. Fabiana* das *in personam scribere* der Sache nach dann bezieht, muß ins Auge gefaßt werden, daß die Klassiker *in personam — in rem sribere* nicht ausschließlich in bezug auf die Person eines am Prozeß Beteiligten verwendet haben könnten, wie man dem Beispiel der *exc. metus* vielleicht entnehmen möchte[277]. Bei der *a. Fabiana* spielt ein am Prozeß unbeteiligter Dritter eine Rolle: der (verstorbene) *libertus*. Die Veräußerung, die zwischen ihm und dem Beklagten

[274] Ulp. D. 38,5,1, 18. 19.

[275] Privatstrafe 72 und Jav. eod. 12.

[276] LEVY (a. a. O. 70 N. 4) verkennt nicht, daß die *a. Fabiana* im Vergleich zur Metusklage außer dem Erwerber keinen Beklagten hat. Das ist für LEVY aber nur „singulär" und daraus zu erklären, daß die *a. Fabiana* den Tod des *libertus* voraussetzt. M. E. wird eine solche Betrachtung der Eigenständigkeit der *a. Fabiana* nicht gerecht.

[277] Vgl. etwa MAIER 271.

zum Zweck der Benachteiligung des Patrons abgeschlossen wurde, bildet den Klagegrund der *a. Fabiana*. Dabei ist tatbestandsmäßig das Geschäft, das auf einer Benachteiligungsabsicht des Freigelassenen beruht. Weder ist kollusives Zusammenwirken der Geschäftspartner erforderlich noch wäre *dolus malus* allein des Kontrahenten oder eines Dritten ausreichend:

fr. 1,4 h. t.: Dolum accipere nos oportet eius qui alienavit, non eius cui alienatum est: et ita evenit, ut qui fraudis vel doli conscius non fuit, carere debeat re in fraudem patroni alienata, etsi putavit ingenuum nec credidit libertinum.

fr. 1,24 h. t.: si cum servo in fraudem patroni libertus contraxerit isque fuerit manumissus, an Fabiana teneatur, quaeritur. et cum dixerimus dolum tantum liberti spectandum, non etiam eius cum quo contraxit, potest manumissus iste Fabiana non teneri.

Wenn unsere Vermutung stimmt, dann liegt darin die Präzisierung der oben gegebenen Antwort: die *a. Fabiana* ist deswegen *in personam (scripta)*, weil allein der *dolus malus* des Freigelassenen maßgeblich ist, nicht *dolus malus* schlechthin. In dem Fall wäre die *a. Fabiana* entsprechend ihrer äußeren Fassung *(in rem)* praktiziert worden. Es verhält sich bei der *a. Fabiana* anscheinend umgekehrt wie im Fall der *cautio usufructuaria:*

Ulp. D. 7,9,5 pr. (79 ad ed): Huic stipulationi ‚dolum malum abesse afuturumque esse' continetur: et cum in rem sit doli mali mentio concepta, omnium dolum comprehendere videtur successorum et adoptivi patris.

Gegen diese Deutung muß nicht D. 38,5,1 pr. sprechen. Trotz

Si quid dolo malo liberti factum esse dicetur rel.

haben wahrscheinlich weder das Fabianische Edikt noch die Formel den Zusatz *liberti* enthalten[278]. Eine Stütze findet diese Annahme vor allem in der Art, wie Ulpian in fr. 1,4 h. t. das Wort *dolus* kommentiert. Der Satz *dolum accipere nos oportet eius qui alienavit, non eius cui alienatum est* müßte als äußerst trivial gelten, hätte *liberti* im Edikt oder in der Formel gestanden. Überdies heißt es in § 6 fr. de form. Fabiana:

Nam in formula ita est: mortis causa vel dolo malo.

Die *a. Fabiana* war äußerlich nicht erkennbar *in personam* (scil. *dolo malo liberti*) abgefaßt. Vielmehr wurde eine Formel, die sich äußerlich als *in rem scripta* darstellte, im Sinn einer *formula in personam scripta* interpretiert. Das erklärt einmal, warum Ulpian in fr. 1,26 den Ausdruck *scripta* vermeidet und lediglich sagt: *haec actio in personam est, non in rem.* Es erklärt sich jetzt auch die Warnung, die Lenel und Levy mit Recht aus den Worten Ulpians herausgehört haben. Nur ist Ulpians Motivation eine andere, als sie beide Autoren angenommen haben. Da die Maßgeblichkeit

[278] Fr. 1 pr. kann paraphrastische Einleitung sein. Vgl. Lenel, Edikt 352. Für den Zusatz Krüger-Kaser, SZ 63 (1943) 153. Vgl. aber im folgenden.

des *dolus malus liberti* formal nicht ersichtlich war, sah sich Ulpian zu einer Klarstellung veranlaßt[279].

Anzumerken ist abschließend: Wäre das Fabianische Edikt *in rem* praktiziert worden, so hätte das die Zahl der Anwendungsfälle erhöhen können. Es hätte aber die Richtung gegen den jeweiligen Kontrahenten des *libertus*, wie sie für die *a. Fabiana in personam* charakteristisch ist, nicht berührt. Dieser Befund muß für das Metusrecht unter umgekehrten Vorzeichen im Auge behalten werden.

III. 1. Mit dem zur *a. Fabiana* gewonnenen Ergebnis kehren wir zu Ulp. D. 4,2,9,1 zurück:

> Animadvertendum autem, quod praetor hoc edicto generaliter et in rem loquitur nec adicit a quo gestum: et ideo sive singularis sit persona, quae metum intulit, vel populus vel curia vel collegium vel corpus, huic edicto locus erit. sed licet vim factam a quocumque praetor conplectatur, eleganter tamen Pomponius ait, si quo magis te de vi hostium vel latronum vel populi tuerer vel liberarem, aliquid a te accepero vel te obligavero, non debere me hoc edicto teneri, nisi ipse hanc tibi vim summisi: ceterum si alienus sum a vi, teneri me non debere, ego enim operae potius meae mercedem accepisse videor.

Von den bislang zurückgestellten Textabschnitten interessieren zunächst der zweite Satz *et ideo — locus erit* und seine Verknüpfung mit dem ersten.

Schulz bemängelt „erstaunliche Logik". Wieso folge daraus, daß der Prätor sich über den Gezwungenen nicht äußere, etwas für die Person des Zwingenden[280]? Bezieht man den zweiten Satz derart auf das unmittelbar

[279] Eine verblüffende Parallele weist m. E. die *a. aquae pluviae arcendae* auf, die von manchen (vgl. Windscheid-Kipp 1,195 N. 6; Levy, Konk. I 275 ff.; Maier 117) ebenfalls als Beispiel einer *actio in rem scripta* angesehen wird, nicht zuletzt deswegen, weil Ulpian ähnlich wie von der *a. Fabiana* sagt: *Aquae pluviae arcendae actionem sciendum est non in rem, sed personalem esse* (D. 39,3,6,5). Aber die *a. aquae pluviae arcendae* ist materiell (!) so wenig *in rem scripta* (was wiederum nur indirekt aus fr. 6,5 gefolgert werden könnte) wie die *a. Fabiana*. Ulpian warnt auch hier nicht vor der Annahme einer dinglichen Klage (so indessen wiederum Lenel, Edikt 377 N. 3; Levy a. a. O.; vgl. auch Windscheid-Kipp a. a. O.). Seine Worte beziehen sich vielmehr darauf, daß als Beklagter nur der Eigentümer in Betracht kommt, nicht auch der Nießbraucher oder Pächter (Ulp. eod. 3,4; 4,2 f.; Paul. eod. 5; Pomp. eod. 22,2). Die *a. aquae pluviae arcendae* ist also *in personam* (scil. *domini*) ‚*scripta*', freilich wie die *a. Fabiana* der Sache nach, nicht äußerlich erkennbar. Denn aus der Formel ergibt sich die Einschränkung auf den Eigentümer nicht, wie mit Lenel aus Ulp. eod. 3,3 zu schließen ist. Sie beruht auf Jurisprudenz und Praxis. Lenel 375; 377 N. 1. Aus dieser Sachlage erklärt sich das *sciendum est* in fr. 6,5 sowie die Tatsache, daß Ulpian wie bei der *a. Fabiana scribere* vermeidet. Gegenstandslos erscheint demnach auch die Vermututng Brogginis (Iudex arbiterve 71 N. 63; 169 N. 27), die *a. aquae pluviae arcendae* könne (sogar) eine dingliche Klage gewesen sein. Dagegen schon Kaser, RZ 79 N. 13; Symb. David I (1968) 105 N. 5.

[280] Schulz, Metus 244; ebenso v. Lübtow 197; vgl. schon Schmidt 14 N. 13.

vorangehende *nec adicit a quo gestum*, bleibt in der Tat rätselhaft, welchen Sinn die Anküpfung *et ideo* haben könnte[281]. Das gilt aber auch dann, wenn man mit SCHULZ *cum quo gestum* liest oder, wie wir es tun, unter *gestum* nicht die Handlung des Gezwungenen versteht, sondern die des andern Teils. Daß es nicht darauf ankommt, mit wem oder von wem gehandelt worden ist, macht für den zweiten Satz die Anknüpfung *et ideo* genau so wenig schlüssig. Aus traditioneller Sicht scheint damit der Verdacht einer Textverderbnis unabweisbar; denn der noch mögliche Bezug auf *in rem loquitur* scheidet aus, weil diese Wendung nicht mehr besagen soll, als *nec adicit a quo gestum* angeblich ausspricht: Drittwirkung. Daraus folgt für die Person des Zwingenden nichts[282].

Die Schwierigkeiten der Verknüpfung könnten zweifach bedingt sein. Einmal wird verkannt, daß *nec adicit a quo gestum* einen eigenen Aussagewert hat: Die Geltung des Edikts wird durch keine Qualifikation des Beklagten (Amtsperson, Privater) eingeschränkt[283]. Diese Deutung führt schon näher an den zweiten Satz heran, wenn man sich den Beklagten als Erpresser denkt[284]. Weiterzuführen scheint mir aber die Korrektur des herkömmlichen Verständnisses von *in rem scribere*. Dessen Sinn liegt nicht nur darin, daß der Beklagte nicht der Täter zu sein braucht und daß folglich Drittwirkung gegeben ist. Neben der Entscheidung für die Haftung Dritter lassen sich seitens der Rechtsordnung unterschiedliche Antworten auf Zwangslagen, die zu Vermögensverschiebungen geführt haben, denken, je nachdem welcher Zwang im Hinblick auf konkrete Mißstände bekämpft werden soll: Zwang hervorgerufen durch einzelne, durch eine Gruppe von einzelnen (z. B. Banden), durch politische Gruppen etc. Das historische Metusedikt steht hier auf einem absoluten Standpunkt. Es erklärt jedweden Zwang für erheblich, ohne Unterschied der Person(en), durch die er erregt

---

Gegen den *ideo*-Satz an sich hat SCHULZ nichts einzuwenden; er hält nur den Standort für verfehlt; a. a. O. 245 f. und 246 N. 1. Anders v. LÜBTOW.

[281] SCHULZ (245) vermutet, die Kompilatoren hätten eine an den ersten Satz anschließende weitere Erörterung der *i. i. r.* gegen Dritte gestrichen, „zweifellos", wie HARTKAMP (63; vgl. auch 65) zustimmend meint, „weil sie (scil. die Kompilatoren) den Unterschied zwischen *i. i. r.* und *actio* aus den Quellen entfernt und ihnen daher die Erörterung der Drittwirkung der *actio* genügte". Siehe dazu im folgenden.

[282] Allein MAIER sieht kein Problem. Für ihn ist der zweite Satz vielmehr der entscheidende Text, der die finale Deutung von *metus causa* belegen soll: Wenn der Prätor nicht hinzugefügt, von wem (Zwang) erregt wird, folgt einleuchtend *et ideo* rel. MAIER 106. Indessen treffen die Prämissen für diesen Schluß nicht zu.

[283] Oben S. 150.

[284] Entsprechend der bei der Ediktsredaktion weggefallenen Tatbestandsalternative *(quod) vi (gestum erit)*. Einzelheiten unten S. 192 ff.

wird: *metus causa*. Der Form entspricht, anders als bei der *a. Fabiana*, auch die Sache.

Dieser komplexen Zielsetzung trägt meiner Meinung nach Ulpian mit *praetor generaliter et in rem loquitur* Rechnung, ein auch formal auffälliges Diktum. Das Metusedikt ist gleichsam zweistufig *in rem* konzipiert. Wäre das Tatbestandsmerkmal *metus* nur verselbständigt worden, insoweit der Beklagte nicht der Täter zu sein brauchte, wäre im übrigen aber ein lediglich von bestimmten Personen hervorgerufener *metus* tatbestandsmäßig gewesen, dann hätte eine der *a. Fabiana* vergleichbare Lage vorgelegen und möglicherweise wäre das Edikt solchenfalls (auch) als *in personam (scriptum)* bezeichnet worden (durch welche Eigenschaft der Anwendungsbereich aber nur quantitativ gemindert gewesen wäre). In die Entscheidung für die Konzeption *in rem* wurde indes auch die Entscheidung einbezogen, nicht nur qualifizierte Personen resp. Personengruppen als Urheber des Zwangs zu berücksichtigen[285]. Das Merkmal *metus* erfuhr dadurch die größtmögliche Abstraktion von personalen Faktoren. So fügt sich

> et ideo sive singularis sit persona, quae metum intulit, vel populus vel curia vel collegium vel corpus, huic edicto locus erit

in den überlieferten Kontext ein[286]. Soweit die Formulierung *in rem* aber besagte, daß der Beklagte nicht der Täter sein mußte, diente der Hinweis auf die Fassung *in rem* zugleich auch zur Bezeichnung der Wirkung gegen Dritte[287].

---

[285] So bereits CUJAZ ad h. l., Op. omn. I (Neapel 1758) col. 963; DU ROI, Archiv f. civ. Praxis 6 (1823) 411. Die Kritik, die SCHMIDT 13 von der Dolusklage her übt, ist von vornherein zurückzuweisen. Anders als mit *metus causa gestum* ist mit *dolo malo facta* die dolos vorgenommene Handlung formuliert (*dolo malo* als Abl. modi).

[286] Zu Unrecht kritisiert BESELER (und im gleichen Sinn v. LÜBTOW 115) Beitr. 1,72: „Der Passus ... tut so, als könne man Bedenken tragen, ein pluralistisches Subjekt des Zwangs gelten zu lassen." Genau darum geht es. Zwar räumt Ulpian keine Bedenken aus (das Edikt wird so praktiziert, wie es formuliert ist), aber er läßt die von den Ediktsverfassern abgelehnte Möglichkeit einer anderen Ediktsfassung erkennen. BESELER meint ferner, in Wirklichkeit könne doch einzig das zweifelhaft sein, ob die Pluralität als solche die Tat ihrer Komponeneten verantworten müsse. Daß das nicht das Problem sein kann, ergibt sich schon aus dem Fortgang der Stelle: man müßte eine Anwendung des Metusedikts auf Kriegsgegner oder Banditen in Erwägung ziehen. Vgl. auch im folgenden.

[287] Vgl. Ulp. D. 4,2,9,8: *Cum autem haec actio in rem sit scripta nec personam vim facientis coerceat, sed adversus omnes restitui velit quod metus causa factum est*; und ibid. in fin.: *... etiam adversus reum* (scil. den Dritten) *competere hanc actionem, cum in rem sit scripta*. Zur Stelle eingehend unten S. 212 ff. — Wie für *metus causa gestum* ließe sich auch für die später weggefallene Tatbestandsalternative *vi (gestum)*, hier freilich im Rahmen von Erpressung, differenzieren: Erpres-

Betont sei abschließend nochmals: Keinesfalls darf *res* als Vermögenswert oder gar Sache, wodurch die Person des Beklagten bestimmt werde, verstanden werden. *Res*, das ist: *metus*. Vom Standpunkt einer „aus Furcht vorgenommenen (Veräußerungs-)Handlung" mag freilich die Versuchung immer groß sein, *res* in dem abgelehnten Sinn für die Bestimmung der Passivlegitimation fruchtbar zu machen, weil sich darüber aus dem Ediktstatbestand nur mittelbar etwas ergibt (mit der Veräußerungshandlung korespondiert eine Erwerbshandlung). Erfaßt man *gerere* aus der Perspektive der Erwerbshandlung, besteht diese Gefahr nicht. Das Edikt umschreibt die Voraussetzungen der Passivlegitimation mit wünschenswerter Klarheit[288].

2. Der Schluß von fr. 9,1 rundet die Interpretation ab:

> sed licet vim factam a quocumque praetor conplectatur, eleganter tamen Pomponius ait, si quo magis te de vi hostium vel latronum vel populi tuerer vel liberarem, aliquid a te accepero vel te obligavero, non debere me hoc edicto teneri, nisi ipse hanc tibi vim summisi: ceterum si alienus sum a vi, teneri me non debere, ego enim operae potius meae mercedem accepisse videor.

Unter das Edikt fällt jeder Zwang, von wem auch immer er ausgeht, vom Feind, von Banditen, von einer Volksmenge etc. Wer aber in einer solchen Situation von dem Bedrohten um dessen Rettung willen materielle Vorteile

---

sung durch Einzelpersonen, Gruppen etc. Einzelheiten der Geschichte des Ediktswortlauts (vgl. Ulp. D. 4,2,1) unten S. 192 ff.

[288] Abzulehnen daher HARTKAMP, der die Passivlegitimation des Dritten durch das *pervenire*, das heißt „durch den faktischen Besitz der Sache zum Zeitpunkt der *litis contestatio* (*actio in r e m* scripta)" bestimmt sieht und daran weitreichende Folgerungen knüpft (232 und passim, bezeichnenderweise mit Berufung auf LEVY; Hervorhebung von HARTKAMP). Das überlieferte *rem ad aliquem pervenire* (z. B. Ulp. D. 4,2,14,5) zielt m. E. auf den tatbestandsmäßigen Erwerbsakt. Keinesfalls ist das hier eine Sache bezeichnende *res* identisch mit *res*, wie es für *in rem scribere (loqui)* verwendet ist. Man fragt sich auch, wie HARTKAMPS *actio in rem scripta* bei nichtdinglichen Vermögensverschiebungen (vgl. Ulp. eod. 9,8) zu präzisieren ist. Schließlich: HARTKAMP nähert mit seiner Formulierung die Metusklage wieder der Vindikation an, mit der Folge, daß der Dritterwerber, der weiterveräußert hat, nicht mehr passivlegitimiert ist (287). Die Passivlegitimation wird aber durch das *pervenire* bestimmt, das als Erwerbsakt so wenig wegfallen kann, wie der Besitz-e r w e r b, der freilich auch nicht Voraussetzung der Passivlegitimation bei der Vindikation ist. Im Verhältnis Erpresser — Dritterwerber wird das bestätigt durch fr. 14,5 cit. in fin. (jedenfalls aus unserer Sicht, wonach sich die Passivlegitimation für den Erpresser nicht anders bestimmt wie für den Dritten; vgl. auch fr. 16 pr. h. t.). Und für den ersten Teil der Stelle ist keineswegs ausgemacht, daß sich die Sache im Zeitpunkt der *litis contestatio* noch im Besitz des Dritten befand, wie HARTKAMP 222 ohne weiteres annimmt. Eine andere Frage ist die mildere Behandlung des Dritten im Rahmen der Restitution. Dazu eingehend HARTKAMP 219 ff.; 227 ff.

annimmt, ist nach Pomponius von der Haftung ausgenommen, es sei denn, er selbst habe die Zwangslage veranlaßt. Ehrliche Rettung des Bedrohten nimmt dem Erwerb das Anstößige. Ohne eine solche Rettungsaktion haftet aber auch der unschuldige Erwerber, wäre sinngemäß noch hinzuzufügen.

Im Zusammenhang gesehen bietet sich diese Auslegung unschwer an. Insbesondere wird man den Passus *ceterum si alienus sum a vi, teneri me non debere* nicht aus dem Kontext lösen und in jedem Fall den *alienus a vi* von der Haftung nach dem Metusedikt ausnehmen dürfen[289]. Damit wäre dem *eleganter dictum* des Pomponius das Licht ausgeblasen; versteht es sich doch offensichtlich als Ausnahme von der Regel[290]. Der *alienus a vi* in fr. 9,1 ist nicht davon zu trennen, daß er sich die vom Bedrohten erlangten Vorteile als Dank für die Rettung verdient hat. Diese Konstellation muß keineswegs immer vorliegen. Zudem ist durchaus nicht sicher, daß Rettung des Bedrohten von jeher die Anwendung des Metusedikts ausschloß[291].

IV. 1. Das Pomponiuszitat leitet zu einer Frage über, die im Rahmen der Arbeit bisher zurückgestellt worden ist. Es hat sich eingebürgert, das Metusedikt (wie auch die Metusklage) als Sanktion ausschließlich für Erpressung zu kennzeichnen, im Grundfall vom Beklagten kurzweg als vom Erpresser zu sprechen, den tatbestandsmäßigen *metus* zwar nicht aus dem Wortlaut des Edikts, wohl aber der Sache nach als final auf den Vermögensvorteil des Beklagten gerichtet zu verstehen[292]. Auch die vorliegende Untersuchung konnte sich bis jetzt im wesentlichen mit diesem Hintergrund begnügen. Die Anwendung des Edikts auf Dritte wäre demnach eine Anwendung auf den Nachmann des Erpressers (Fall C) oder, im Fall B, auf denjenigen gewesen, der unmittelbar von dem erpresserischen Zwang eines andern profitiert hatte. v. LÜBTOW bestreitet deshalb im Fall des Pomponius die Tatbestandsmäßigkeit. Die Abgabe der Willenserklärung sei nicht durch die Drohung bezweckt worden[293]. Das ist sicherlich richtig, ist aber kein Argu-

---

289 So aber MAYER-MALY RE 9 A (1961) Sp. 332 s. v. *vis*: „Wer *alienus a vi* ist, kann auch bei Vorliegen von *vis* nicht zur Restitution verhalten werden.“ In diesem Sinn anscheinend auch STEIN, Misbruik van omstandigheden als grond voor ongeldigheid van rechtshandelingen (Diss. Leiden 1957) 29, zitiert nach HARTKAMP 49. Zu der damit zusammenhängenden Frage, ob das Metusedikt auch die Ausnützung einer Notlage erfaßt, alsbald im Text.

290 Richtig SCHULZ, Metus 245; MAIER 110. Die Entscheidung des Pomponius ist uns auch PS 1,7,5 überliefert.

291 Jedenfalls wenn wir Seneca im Proskriptionsfall Excerp. contr. 4,8 praef. folgen dürfen.

292 Vgl. nur die Darstellungen bei SCHULZ, Metus passim; CRL 600 ff.; KUNKEL, RP 261 f.; KASER, RP 1,213; ARANGIO-RUIZ, Ist.[14] (1960) 105 f.; BURDESE, Manuale di dir. rom (1964) 230.

293 v. LÜBTOW 115.

ment für, sondern eines gegen die herrschende Meinung, wenn man die Quelle nicht pauschal verdächtigen will und das *eleganter dictum* ernst nimmt[294]. Auch für MAIER hätte fr. 9,1 problematisch sein müssen, da ihm der Sinn des Metusedikts nur als Erpressungssanktion annehmbar erschien[295].

Zweifellos steht beim Metusedikt für die klassischen Juristen fast ausschließlich die Erpressung im Vordergrund. Es hat aber ganz den Anschein, als ob dies allein der Tatsache zuzuschreiben ist, daß in der Epoche des Prinzipats mit ihrer beispiellosen Friedenszeit im Inneren des Reiches vornehmlich Metusfälle zu Diskussion standen, die durch individuellen Zwang gekennzeichnet waren, bei dem erpresserische Nötigung am nächsten liegt. Schon der Wortlaut des Edikts gibt nichts für die herrschende Meinung her, daß nur der erpresserische *metus* und das durch *metus* bezweckte *gestum* tatbestandsmäßig sind. Der Versuch MAIERS, das nachzuholen und *metus causa* final aufzulösen, ist fehlgeschlagen und wird mit Recht allgemein abgelehnt. Die kausale Bedeutung von *metus causa* und das heißt: das Fehlen eines eindeutig finalen, erpresserischen *metus*, scheint auch nicht zufällig, sondern ein Zeichen dafür, daß das Edikt auch Fälle erfassen will, in denen aufgrund von Zwang ein *gestum* zustandekommt, das weder vom Urheber des Zwangs für sich oder einen andern bezweckt noch von einem andern als dem Urheber des Zwangs erpresserisch herbeigeführt worden ist. Solche Fälle stellen sich insbesondere in unruhigen Zeiten ein, bei Bedrohung durch Aufruhr, (Bürger-)Krieg oder Bandenunwesen, wie Pomponius sie schildert. Hier kann die Person des Bedrohten sogar außerhalb der Vorstellung dessen bleiben, von dem die Bedrohung ausgeht[296]. Ausgeschlossen ist freilich nicht, daß jemand sich die Notlage eines andern erpresserisch zunutze macht. Aber es sind auch andere Fallgestaltungen denkbar, vor allem im Hinblick auf die mutmaßliche Entstehungszeit des Metusedikts, das für uns mit dem Edikt des Cn. Octavius identisch ist. Die ausgehende Republik mit ihren Machtkämpfen, wechselnden Verfolgungen und Proskriptionen ganzer Bevölkerungsteile muß ungleich mehr als die Prinzipatszeit zu Zwangslagen des einen Bürgers geführt haben, von denen der andere profitierte, ohne zugleich erpresserischen Willen zu betätigen. Ein solcher Vorgang brauchte auch nicht notwendig mit einer Rettungsaktion ver-

---

[294] Die herrschende Meinung läßt sich hier gegeneinander ausspielen: SCHULZ hat gegen das Pomponiuszitat und das darin richtig erkannte Regel-Ausnahmeverhältnis an sich nichts einzuwenden, v. LÜBTOW muß konsequent verdächtigen, weil er hier schärfer sieht als SCHULZ: mit Erpressung hat das Ganze nichts zu tun. Unbefriedigend sind die Ausführungen HARTKAMPS zu fr. 9,1 (48; 65).

[295] Vgl. schon KRELLER SZ 53 (1933) 578 f. mit dem Hinweis, daß es an einem Handeln, um Furcht zu erregen, fehle.

[296] So richtig KRELLER a. a. O.

bunden gewesen zu sein, wenn dieser Gesichtspunkt nicht überhaupt erst viel später erkannt und berücksichtigt worden ist. Ebenso lassen sich aus der Praxis römischer Provinzverwaltung gerade der späten Republik unschwer Fälle denken, in denen das Schreckensregiment eines korrupten und selbstherrlichen Staathalters auch Dritten außerhalb seines Gefolges Gelegenheit zu vorteilhaften Geschäften bot, die nicht auf Erpressung, wohl aber auf Zwang beruhten[297]. Schließlich kann auch individueller Zwang zu rechtlich nicht zu billigenden Vermögensverfügungen führen, die mit Erpressung nicht zu fassen sind.

Täuschen wir uns nicht, dann ging es bei dem Metusedikt in Übereinstimmung mit dem Wortlaut um die Einbeziehung auch des durch *metus* lediglich veranlaßten *gestum*, in welchen Tatbestand übrigens ein durch *metus* bezwecktes *gestum* ohne weiteres eingeschlossen war.

2. Die damit anvisierte Funktion des Metusedikts könnte zu einer Erscheinung der jüngsten, insbesondere deutschen Geschichte in überraschender Parallele stehen. Es handelt sich um das sog. Rückerstattungsrecht der Nachkriegszeit. Bei diesem Sonderrecht (das nicht zuletzt deswegen erforderlich war, weil für eine gerechte Lösung des Einzelfalls die Rechtsbehelfe des allgemeinen Rechts oft über Gebühr hätten strapaziert werden müssen) geht es um die vermögensmäßige Restitution vornehmlich solcher Personen, die wegen ihrer Zugehörigkeit zur jüdischen Rasse nationalsozialistischen Verfolgungsmaßnahmen ausgesetzt waren. Gesetzt den Fall, das zurückverlangte Vermögensobjekt war, individuell gesehen, nicht durch Erpressung oder sittenwidrige Ausnutzung einer Zwangslage in die Hände des jetzigen Beklagten und früheren Kontrahenten gelangt, sondern infolge der durch die staatlichen Machthaber herbeigeführten allgemeinen Bedrohung, die den Betroffenen veranlaßte, sich gezwungenermaßen zwar, in bezug auf das konkrete Geschäft aber ohne spezifische Nötigung oder Benachteiligung von seinem Besitz zu trennen (etwa, um Deutschland zu verlassen). Sollte in diesem Fall des sog. Kollektivzwangs Rechtsschutz gewährt werden? Die Frage wurde von den verschiedenen Rückerstattungsregelungen im Prinzip bejaht, wodurch den Besonderheiten des Einzelfalles (darunter auch den schon bei Pomponius anzutreffenden Motiven der Rettung und des Dankes) in weitem Umfang Rechnung getragen werden konnte[298].

---

[297] Vgl. beispielsweise den Fall des Hermippos (Cicero, pro Flacco 21,49 f., unten S. 201 ff.) aus der Sicht seines Gegenspielers Heraklides.

[298] Besonders erhellend ist die in Anlehnung an das französische Rückerstattungsrecht geschaffene Regelung für das frühere französische Besetzungsgebiet. Nach Art. 3 Abs. 1 der Verordnung Nr. 120 vom 10. 11. 1947 sind von den Gerichten Verfügungen des Eigentümers für nichtig zu erklären, wenn, wie es in der authen-

Aber nicht nur in bezug auf Massenverfolgungen finden sich im modernen Recht Parallelen zu der hier vorgeschlagenen Struktur des Metusedikts. Setzt zum Beispiel X dem Y mit ernstzunehmenden Morddrohungen zu und veräußert Y daraufhin sein Grundstück an Z, so ist nach §§ 875, 870 österr. ABGB die Veräußerung an Z wegen „ungerechte(r) und gegründete(r) Furcht“ anfechtbar, wenn Z von der Drohung des X wußte[299]. Anders als nach § 123 des deutschen BGB ist nach österreichischem Recht auch die durch die Drohung nur veranlaßte (nicht bezweckte) Willenserklärung anfechtbar[300]. Nach deutschem Recht käme in dem angenommenen Fall allenfalls eine Prüfung der Voraussetzungen des § 138 BGB (sittenwidriges Rechtsgeschäft) in Betracht[301]. Allein sittenwidrig nach deutschem wie nach österreichischem Recht wäre hingegen die durch Furcht vor Strafe motivierte Hingabe eines Vermögensvorteils, der den Nehmer zum Schweigen über eine Straftat des Gebers verpflichten soll[302]. Denn auch das bei Zwang weitergehende österreichische Recht verlangt doch eine (Furcht hervorrufende) ungerechte Drohung[303], die in der gesetzlichen Strafandrohung als solcher natürlich

---

tischen französischen Fassung heißt, le consentement du propriétaire „n'a été donné que sous l'empire de la contrainte physique ou morale“. Das gilt auch, wie in Frankreich, bei Kollektivzwang. Vgl. aus der Rechtsprechung etwa die Entscheidung des Oberlandesgerichts Koblenz (14. 11. 1949), Rechtspr. z. Wiedergutmachungsrecht 1 (1949/50) 133 f. unter Bezugnahme auf die bei MEZGER, Franz. Rückerstattungsrecht (1948) 34 ff. wiedergegebenen Entscheidungen des franz. Kassationshofs. Zur Verordnung Nr. 120 loc. cit. auch HACHENBURG, Probleme der Rückerstattung (1950) 32 („Der moralische Zwang ... erfaßt aber auch die nur aus der Zwangslage des Veräußerers zu erklärende Veräußerung ohne eine Nötigung durch den Erwerber“); zum Kollektivzwang allgemein und richtungweisend (allerdings noch in Anlehnung an § 123 BGB) bereits das Kammergericht (29. 10. 1946), Süddeutsche Juristenzeitung 2 (1947) 258 ff. Aus dem Rückerstattungsrecht für die amerikanische und die britische Zone vgl. Art. 4 Abs. 1 bzw. Art. 2 Abs. 1 jeweils Militärregierungsgesetz Nr. 59 vom 10. 11. 1947 bzw. 12. 5. 1949.

[299] § 870: Wer von dem andern Teil durch List oder durch ungerechte und gegründete Furcht (§ 55) zu einem Vertrag veranlaßt worden ist, ist ihn zu halten nicht verbunden. § 875: Ist einer der Vertragschließenden von einem Dritten durch List oder durch ungerechte und gegründete Furcht zu einem Vertrag bewogen; oder zu einer irrtümlichen Erklärung veranlaßt worden; so ist der Vertrag gültig. Nur in dem Falle, daß der andere Teil an der Handlung des Dritten teilnahm oder von derselben offenbar wissen mußte, kommen die §§ 870 bis 874 zur Anwendung.

[300] Statt aller KLANG-GSCHNITZER, Kommentar zum ABGB[2] IV (1968) 102 (zu § 870).

[301] Vgl. ENNECCERUS-NIPPERDEY, Allgem. Teil des bürgerlichen Rechts[15] (1960) § 173 N. 8 (S. 1062).

[302] KLANG-GSCHNITZER a. a. O. 194 (zu § 879); ENNECCERUS-NIPPERDEY a. a. O. § 191 III 4 (S. 1173).

[303] KLANG-GSCHNITZER a. a. O. 102 ff.

nicht gefunden werden kann. Das römische Recht geht hier nun noch weiter als das österreichische. Es regelt auch diesen Fall über die Furcht des Betroffenen vor der Strafe:

Ulp. D. 4,2,7,1 in fin. (11 ad ed): sed et si, ne prodatur ab eo qui deprehenderit, alienaverit, succurri ei per hoc edictum videtur, quoniam si proditus esset, potuerit ea pati quae diximus[304].

3. Zusammenfassend scheint mir der Schluß auf ein Metusedikt zulässig, unter welches neben dem erpreßten auch dasjenige *gestum* fiel, das auf einem *(iustus) metus* beruhte, der nicht erpresserisch hervorgerufen war. Der Fall wäre nach heutigem Recht möglicherweise auch ein *metus*-Fall oder aber unter dem Aspekt der Sittenwidrigkeit oder nach den Normen des Rückerstattungsrechts zu beurteilen. Der Tatbestand des Metusedikts hat also umfassendere Bedeutung gehabt, als heute allgemein angenommen wird. Das bestätigt auch der bei dem älteren Seneca überlieferte Rhetorendisput[305]. Es besteht kein Grund zu der Verdächtigung, die Rhetoren hätten auf eigene Faust eine andere Auslegung als die, die sie bei den Juristen vorfanden, ihrem Schulbetrieb zugrundegelegt[306]. Die in rhetorische Positionen eingekleidete Differenzierung nach Erpressen und Ausnützen einer Zwangslage bringt m. E. nur die schon von den Ediktsverfassern klar erkannte Unterscheidung der beiden als regelungsbedürftig empfundenen Fallgruppen zum Ausdruck. Das läßt sich auch an der im folgenden zu erörternden Geschichte des Ediktswortlauts ablesen.

V. 1. In D. 4,2,1 ist uns von Ulpian neben den Worten des Edikts folgender Bericht überliefert:

Olim ita edicebatur ‚quod vi metusve causa‘: vis enim fiebat mentio propter necessitatem impositam contrariam voluntati: metus instantis vel futuri periculi causa mentis trepidatio. sed postea detracta est vis mentio ideo, quia quodcumque vi atroci fit, id metu quoque fieri videtur.

---

[304] Vgl. auch die erste Hälfte der Stelle und Paul. eod. 8 pr. Die Interpretation zwingt keineswegs zu der Annahme, der dem auf frischer Tat ertappten Dieb oder Ehebrecher mit Tötung Drohende habe damit das *gestum* bezwecken wollen. Ebenso möglich, wenn nicht wahrscheinlicher, ist die Konstellation, daß der Drohende sich durch Bitten des Delinquenten bestimmen läßt, gegen die Annahme eines Vermögensvorteils oder des Versprechens einer Leistung von der (erlaubten) eigenmächtigen Tötung abzustehen. Vgl. zu diesen Fallgestaltungen für das moderne deutsche Recht ENNECCERUS-NIPPERDEY a. a. O. § 173 N. 8 (S. 1062).

[305] Contr. 9,3(26)8: *Vis est et necessitas ubi, velim nolim, subcumbendum est mihi.* § 9: *Nihil, inquit, refert mea, an tu cogaris, si non a me cogeris; meam culpam esse oportet, ut mea poena sit. Non, inquit; neque enim lex adhibenti vim irascitur, sed passo succurrit* rel. Excerpt. 4,8: *Non mea, inquit, sed aliena vis fuit. Aeque dignus est poena qui ipse vim adhibet et qui ab alio admota ad lucrum suum utitur.*

[306] In diesem Sinn jedoch HARTKAMP 263 f.

Einschneidend kritisiert hat vor allem SCHULZ den Text[307]. Es hat aber nie an Stimmen gefehlt, die ihn mindestens dem sachlichen Gehalt nach für echt ansehen. Ihre Zahl ist im Wachsen. Das gilt für den Kern des Berichts (Wegfall eines ursprünglich vorhandenen *vi*) und zumeist auch für die übrigen Teile, die Definitionen von *vis* und *metus* und den *quia*-Satz, die Begründung für den Wegfall des *vi*[308]. Entgegen KASER brauchen von den erklärenden Worten *vis enim — mentis trepidatio* nur die beiden letzten unecht zu sein. Vielleicht ein in den Text geratenes, definierendes Glossem *(metus = trepidatio mentis)*? Schon dann fällt die zweite Hälfte nicht mehr aus der Konstruktion: *metus* (zu ergänzen wäre *fiebat mentio*) *instantis vel futuri periculi causa.*

2. Die Analysen des ulpianischen Berichts, die in jüngster Zeit MASCHI, CERVENCA und EBERT vorgenommen haben[309], basieren ungeachtet der sachlichen Unterschiede unausgesprochen oder ausdrücklich auf der Auffassung des Metusedikts als Erpressungstatbestand. Bei MASCHI gilt das allerdings erst für seine Sicht des Edikts in klassischer Zeit[310]. Ursprünglich hätte *vis* die Ausschaltung des Willens durch körperliche Gewalt (die später sog. *vis absoluta*), insbesondere den Raub gemeint, *metus* demgegenüber die Beugung des Willens *(vis compulsiva)*. Nach der Verselbständigung des Raubtatbestands in der *a. vi bonorum raptorum* wäre das nunmehr einer eigenständigen Funktion bare *vi* gleichwohl zunächst noch beibehalten worden, jetzt aber bezogen auf den *metus*-Sachverhalt und gedeutet als aktiver Aspekt einer und derselben Form von Zwang (Drohung) in Entsprechung zu *metus* als dem passiven Aspekt (Hendiadyoin). Diese Entwicklung hätte aus Gründen der Klarheit schließlich zur Streichung von *vi* geführt.

Was MASCHIS Deutung des ursprünglichen Edikts betrifft, so sind ihm bereits CERVENCA und EBERT mit guten Gründen entgegengetreten[311]. *Vis*

---

[307] Metus 232 f.

[308] Siehe im einzelnen die Angaben bei EBERT, SZ 86 (1969) 403 N. 2, insbes. v. LÜBTOW 100; MAIER 107 N. 4 (108); KUNKEL, RP 261 N. 3; KASER, Festschrift SCHULZ II (1951) 41; MAYER-MALY, RE 9 A (1961) s. v. *vis*, Sp. 330; MASCHI, Il dir. rom. nella prospett. stor. della giurispr. class.[2] (1966) 641 f.; 647 ff.; 654 f.; CERVENCA, SDHI 31 (1965) 312 ff.; BALZARINI 137 ff.; HARTKAMP 5 ff. Die Diskussion ist deswegen sehr verwickelt und nicht immer klar genug, weil man nach herrschender Meinung unterscheiden muß zwischen *formula Octaviana*, Metusedikt und Metusklage, und weil nur für das Metusedikt eine Redaktion überliefert ist.

[309] Alle a. a. O.; vgl. ferner noch MASCHI, op cit.[1] (1957) 227 ff.; EBERT, Die Geschichte des Edikts de hominibus armatis coactisve (1968) 109; 112.

[310] Zum Folgenden MASCHI a. a. O. und op. cit.[2] (1966) 641 ff.

[311] CERVENCA, SDHI 31 (1965) 314 ff.; EBERT a. a. O. 108 ff.; 112 ff.; SZ 86 (1969) 404. Gegen MASCHI auch BALZARINI a. a. O.; HARTKAMP a. a. O. Eine ähn-

muß nicht notwendig *vis absoluta* bezeichnen und wird darauf auch nicht im Edikt gemünzt gewesen sein. Die *vis*-Definition Ulpians paßt viel besser zu einer Beseitigung des freien Gebrauchs des Willens als zu seiner Beseitigung schlechthin. Vor allem aber motiviert Ulpian den Wegfall von *vis* damit, daß für die Späteren der *vis*-Tatbestand im *metus*-Tatbestand enthalten und deswegen entbehrlich war. Als Sanktion für Raub hat das Metusedikt aber in bereinigter Fassung offensichtlich nicht gedient, folglich auch vorher nicht.

Mit seiner Auffassung von *vis* und *metus* als Hendiadys (und mit den daran geknüpften Folgerungen) befindet sich MASCHI dagegen in Übereinstimmung mit vielen anderen Autoren, für welche allerdings dieses Verhältnis der beiden Begriffe dem Metusedikt von Anfang an eigen gewesen ist[312]. Unterschiedliche Sachverhalte wären also weder nach dem alten Edkit noch später im Spiel gewesen. Das wird neuestens auch von BALZARINI befürwortet[313]. Entschieden abgelehnt wird dagegen diese Ansicht von EBERT[314]. Bei aller Kritik an MASCHIS Deutung der alten Ediktsfassung teilt EBERT die Überzeugung MASCHIS, daß *vis* und *metus* ursprünglich nicht auf einen identischen Sachverhalt gehen. Anders als MASCHI sieht er die Lösung aber nicht in zwei verschiedenen Delikten (Raub und Erpressung), sondern in zwei verschiedenen Formen desselben Delikts: Erpressung mittels kompulsiver physischer Gewalt *(vis)* einerseits, mittels Drohung *(metus)* andererseits[315]. Im Wege einer komplizierten Gedankenführung, die schließlich, mit der gebotenen Vorsicht freilich, auch Parallelen im modernen Erpressungsrecht berührt, sucht EBERT sodann den Bericht Ulpians aufzuhellen.

3. Was an EBERTS Überlegungen auffällt, ist ihre ausdrückliche Ausrichtung auf das Metusedikt als Erpressungstatbestand. In der Tat: nur unter dieser Voraussetzung, für die sich EBERT aber zutreffend auf allgemeine Anerkennung beruft[316], diskreditieren die von EBERT selbst festgestellten Unstimmigkeiten seinen Gedankengang nicht von vornherein. Teilt man

---

liche Deutung wie diejenige MASCHIS für das Metusedikt hatte SCHULZ für die *formula Octaviana* vertreten; Metus 218; 220. Aufgegeben in CRL 600 f.

[312] Vor MASCHI schon v. LÜBTOW 100 ff.; PETERLONGO, La transazione nel dir. rom. (1936) 279; SCHULZ, CRL 600 f.; BERGER, Encycl. Dict. of Rom. Law (1953) 768 s. v. *vis*; ferner CERVENCA a. a. O. 316 ff.

[313] 138 f.; 149 ff.; ebenso HARTKAMP 5; 12.

[314] SZ 86 (1969) 404 ff.

[315] In diesem Sinn für das Metusedikt schon CASTELLO, AG 121 (1939) 163; MONIER, Manuel 2^5 (1954) 66 und N. 3; KASER, RP 1,213, für die *formula Octaviana* KUNKEL, RP 261; KASER a. a. O. 212 f. Vgl. EBERT a. a. O. 406 N. 15 und 16.

[316] A. a. O. 406.

diese Grundauffassung nicht, dann ist bereits EBERTS für das alte Edikt vorgenommene Ableitung des Erpressermittels „Drohung" aus dem Begriff *metus* (= Furcht) problematisch. *Metus* kann dann auch für einen unabhängig von einer erpresserischen Tätigkeit eingetretenen Seelenzustand stehen, läßt also keineswegs allein den Schluß auf erpresserische Drohung zu, die um eines materiellen Vorteils willen ein künftiges Übel in Aussicht stellt und dadurch Furcht hervorruft. EBERT selbst räumt das ein[317]. Im übrigen scheint es, als widerlege ihn auch unter seinen eigenen Voraussetzungen Ulpians *metus*-Definition: *metus (fiebat mentio) instantis vel futuri periculi causa.* EBERTS Meinung, hier werde *metus* zukunftsbezogen als Drohung im engen Wortsinn definiert[318], ist m. E. im Hinblick auf das *periculum instans* nicht haltbar[319].

Schon damit wird EBERTS Abgrenzung zweifelhaft[320]. Aber folgen wir seinem Gedankengang weiter. Unstreitig definiert Ulpian in D. 4,2,1 *vis* nicht als (kompulsive) physische Gewalt, wie es EBERTS Erklärung des alten Edikts entspräche, sondern als *necessitas,* also ganz allgemein als Zwang, der auch die Drohung einschließt. Andererseits motiviert Ulpian den Wegfall von *vi* damit, daß jede *vis* zugleich auch *metus* sei. *Metus* kann hier nicht die von EBERT zuvor für Ulpian angenommene enge Bedeutung (Drohung), sondern muß eine ebenso weite wie *vis* haben und ist zudem noch dadurch ausgezeichnet, daß es bei der Neufassung des Edikts *vis* vorgezogen wurde. „Wie reimt sich das zusammen?" fragt EBERT[321].

Ferner: Daß der *vis*-Begriff des alten Edikts erst allmählich eine Bedeutungserweiterung auf psychischen Zwang erfahren habe, kann EBERT nur als möglich hinstellen. EBERT selbst macht auch darauf aufmerksam, daß bei den Interdikten schon früh ein sehr weiter *vis*-Begriff verwendet wurde[322]. Es ist also nicht auszuschließen, daß die „erstaunliche Situation" (EBERT) nicht darin besteht, daß der erweiterte und jetzt umfassende Begriff *(vis)* dem engeren und jetzt überflüssigen *(metus)* zum Opfer gefallen ist, sondern darin, daß ein seit je gehandhabter weiter *vis*-Begriff den engeren *metus*-Begriff leer laufen ließ, ehe er von diesem verdrängt wurde. In jedem Fall aber muß eine Erweiterung des *metus*-Begriffs plausibel gemacht und dargetan werden, warum gerade *metus causa* im Edikt stehen blieb und nicht *vi.* EBERTS Antwort darauf ist zwiespältig. Einerseits sagt ihm die

---

[317] A. a. O.

[318] 407.

[319] Kritisch auch HARTKAMP 14 f.

[320] Ist das Erheben des Stockes, das den Bedrohten zum Handeln veranlaßt, *metus,* ein Schlag mit dem Stock, der die gleiche Folge zeitigt, *vis?*

[321] 408.

[322] Siehe 408 und N. 24; 408 f.; ferner unten S. 197 Anm. 326.

Vorstellung nicht ganz zu, bei physischer *vis* compulsiva, eine oder mehrere Ausführungshandlungen vorausgesetzt, handele das Opfer nicht infolge der bereits zugefügten, sondern aus Furcht vor weiterer Gewalt. Andererseits aber hält er es nicht für ausgeschlossen, daß im Laufe der Zeit den römischen Juristen bei der Erpressung parallel zu modernen Vorstellungen weniger die beiden im *vis*-Begriff jetzt zusammengeflossenen erpresserischen Tätigkeiten Gewalt und Drohung entscheidend schienen, als vielmehr deren übereinstimmende Wirkung auf das Opfer, die Zwangslage des Erpreßten, für die mit solcher Passivierung des Erpressungstatbestands an den *metus*-Begriff angeknüpft werden konnte[323].

4. Zustimmen möchte ich EBERT und MASCHI in dem Gedanken, daß mit *vi metusve causa* nicht zwei Aspekte desselben Sachverhalts gemeint waren. Richtig finde ich auch die Deutung, die EBERT der *vis*-Definition Ulpians *(necessitas imposita contraria voluntati)* gibt: erpresserischer Zwang schlechthin, also (kompulsive) physische Gewalt und Drohung. Der Bezug auf Nötigung und damit auf Erpressung scheint durch die *necessitas*, die dem Willen auferlegt wird, klar ausgedrückt. Im Gegensatz zu EBERT (und MASCHI) bin ich aber der Meinung, daß dieser *vis*-Begriff dem Edikt von Anfang an eigen war. *Olim ita edicebatur ... vis enim fiebat mentio ...* Unbefangen gelesen lassen die Worte Ulpians insoweit eigentlich keinen Zweifel.

Neben dem *vis*-Tatbestand enthielt das alte Edikt den *metus*-Tatbestand. M. E. läßt dieser sich jetzt in seinem Kern genau bezeichnen, obwohl die Abgrenzung zum *vis*-Tatbestand in praxi fließend gewesen sein wird, was aber wegen der gleichen Rechtsfolge unproblematisch war[324]. *Metus (fiebat mentio) instantis vel futuri periculi causa.* Im Unterschied zum *vis*-Tatbestand fehlte im *metus*-Tatbestand die zweckgerichtete Beugung des Willens. Maßgeblich war vielmehr ein durch gegenwärtige oder künftige Gefahr hervorgerufener *metus*. Über den praktischen Fall können wir uns nach allem eine Vorstellung machen: ein durch Furcht (lediglich) veranlaßtes *gestum*, wie es sich bei Kollektivgefahr oder Strafandrohung ergeben kann[325]. *Metus causa* nimmt Bezug auf einen psychischen Zustand, der nicht zum Zweck der Erlangung eines Vermögensvorteils geschaffen oder nachträglich ausgenützt wird, der vielmehr den Betroffenen selbst dahin führt, einem andern den Erwerb eines Vermögensvorteils zu ermöglichen. Der vom Edikt intendierte Unterschied zum *vis*-Fall schloß freilich nicht

---

[323] EBERT 410 f.

[324] Vermutlich war die Anordnung der gleichen Rechtsfolge u. a. durch Beweisschwierigkeiten bedingt. Unten S. 231 f.

[325] Oben S. 188 ff.; 190 ff.

aus, daß auch für den konkreten *metus*-Fall die Verwendung des Terminus *vis* möglich war. Der ediktale *vis*-Begriff konnte nur ein technischer sein und den Gebrauch von *vis* für die Schilderung spezifischer *metus*-Fälle, das heißt als Ursache gegenwärtiger oder künftiger Gefahr, nicht blockieren. Das ist der eine Grund für die immer wieder beobachtete wechselweise Verwendung von *vis* und *metus*: der Ausdruck *vis* schließt verschiedene Begriffe ein[326].

Die Verfasser des Edikts haben also mit *vi metusve causa* zwei Tatbestände geregelt, die auch nach heutigem Recht unterschieden werden, zum Teil aber dogmatisch abweichend konzipiert sind. Ein weiteres Charakteristikum der Ediktsfassung bestand darin, daß der zweite Tatbestand eine Formulierung erfuhr, die den *vis*-Tatbestand einschloß: Durch *metus* als Folge (und im Sinne) gegenwärtiger oder zukünftiger Gefahr (Ulpian) ist auch in den Erpressungsfällen die Lage des Veräußerers gekennzeichnet. Man wird nicht folgern können, die Ediktsverfasser hätten das übersehen. Wie fortschrittlich sie ediktstechnisch schon gewesen sind, zeigt im Vergleich zu der umständlichen Aufzählung verschiedener Erwerbshandlungen in den Repetundengesetzen[327] die Wahl des neutralen und daher umfassenden Begriffs *gerere*. Wahrscheinlich sind es (rechts-)politische Gründe gewesen, die eine Normierung der Erpressung nahegelegt haben, Gründe, die im Laufe der Zeit hinfällig wurden und damit den Weg für die Ediktsredaktion frei machten[328]. *Quia quodcumque vi atroci fit, id metu quoque fieri videtur.* Daß ein Vermögensvorteil auf Erpressung beruhte, trat nun auch tatbestandsmäßig hinter den allgemeinen und an sich seit je ausreichenden Gesichtspunkt zurück, daß er auch in diesem Fall auf gegenwärtiger oder

---

326 Der andere Grund besteht darin, daß auch im spezifischen *vis*-Fall *metus* vorliegt. Dazu sofort im Text und Anm. 329. Daß die Bedeutung von *vis* im Privatrecht nicht immer dieselbe ist, ist anerkannt. BERGER, Encycl. Dict. of Rom. Law (1953) 768 s. v. *vis*. Auch die herrsch. Meinung setzt im Metusedikt einen technischen *vis*-Begriff voraus. Im Bereich der Interdikte wird *vis* seit alters im weitesten Sinn (verbotswidriges Verhalten) verstanden. BERGER, RE 9 (1916) Sp. 1614; 1663 ff. s. v. *interdictum*; MAYER-MALY, RE 9 A (1961) Sp. 325 f. s. v. *vis*. Für das Interdikt *Quod vi aut clam* können wir das bis zu Q. Mucius Scaevola verfolgen, Ulp. D. 43,24,1,5. BERGER a. a. O. Sp. 1663; MAYER-MALY a. a. O.

327 Vgl. nur die *lex Acilia repetundarum*, die rund 50 Jahre älter ist als die *formula Octaviana*, lin. 3: *(quod)... ablatum captum coactum conciliatum aversumve siet.*

328 Siehe dazu noch unten S. 231 ff., insbes. auch zu der Frage eines einheitlichen Tatbestands für zwei verschiedene Fallgruppen. — KASER, Festschrift SCHULZ II (1951) 41 zieht in Erwägung, daß *vi metusve causa* vielleicht weiterhin in der Ediktsrubrik stand (von wo es dann in die des Codex übergegangen sein könnte) und die Digestenrubrik demnach die allein revidierte Fassung des Ediktstextes wiedergibt. Zustimmend MAYER-MALY a. a. O. 330.

künftiger Gefahr beruhte, woraufhin formal zunächst nur der *metus*-Fall ausgerichtet war[329].

Damit klärt sich auch die von EBERT zu Recht aufgeworfene Frage, warum bei der Neufassung des Edikts *metus causa* bevorzugt wurde[330]. Die Frage stellt sich hier allerdings nicht in so einschneidender Weise und beantwortet sich gleichsam von selbst, faßt man die technische Bedeutung des *vis*-Begriffs ins Auge. Auf *metus* beruhender Erwerb kann auch ein solcher sein, der erpreßt wurde; nicht aber läßt sich unter einen Tatbestand erpresserischer Nötigung ein durch *metus* lediglich veranlaßter Erwerb subsumieren. Die Richtung der Ediktsreform war also vorgegeben. Das ist gegen EBERT und die herrschende Meinung zu betonen, von deren Standpunkt aus eingeräumt wird oder eingeräumt werden muß, daß eine Straffung des Edikts auch umgekehrt möglich gewesen wäre[331]. *Sed postea detracta est vis mentio ideo, quia quodcumque vi atroci fit, id metu quoque fieri videtur.* Es ist vielleicht nicht nur sachlich bedingte Voreingenommenheit, wenn wir dieser Aussage schon formal ansehen möchten, daß sie nicht umkehrbar ist.

Schließlich: Die Ediktsreform machte tatbestandsmäßig aus den früheren *vis*-Fällen *metus*-Fälle. Das berührte aber sachverhaltsmäßig den Gegensatz zwischen den spezifischen, ursprünglichen *metus*-Fällen und den *vis*-Fällen nicht. Durch die Neufassung ließ sich naturgemäß an den faktischen Gegebenheiten nichts ändern. Es ist deshalb ganz in Ordnung, daß Ulpian das bereinigte Edikt so erläutert (D. 4,2,3 pr.):

Continet igitur haec clausula et vim et metum.

Das geht auf den weiterhin bestehenden sachverhaltsmäßigen Unterschied. Bei Annahme einer Streichung von *vi* im Sinne EBERTS (auf der Basis von Erpressung Überwindung sowohl des erweiterten *vis*-Begriffs wie des alten *metus*-Begriffs zugunsten eines neuen *metus*-Begriffs) wäre

---

[329] Die promiscue Verwendung von *vis* und *metus* (vgl. oben Anm. 326) war also von vornherein auch von der *metus*-Seite her gegeben. Man konnte hiernach denselben Sachverhalt durch *vis*, durch *metus* oder konjunktiv durch beide Termini kennzeichnen bzw. umgekehrt für verschiedene Sachverhalte einheitlich nur *vis* oder nur *metus* verwenden. Im letzteren Sinn beispielsweise Ulp. D. 4,2,9,1 Satz 2 und der Beginn von Satz 3, oben S. 184.

[330] SZ 86 (1969) 411 ff.

[331] EBERT a. a. O. stellt zutreffend fest, daß die Frage, warum gerade *metus causa* im Edikt gehalten wurde, selten aufgeworfen und nicht befriedigend beantwortet wird. Vgl. KARLOWA, RG 2,1068; v. LÜBTOW 101. Konsequent deshalb HARTKAMP, der sich mit der Feststellung begnügt, einer der beiden Termini hätte entbehrt werden können; 12; 17.

fr. 3 pr. inkonsequent. Ebert behilft sich mit der Feststellung, Ulpian sei bei der Erläuterung der zuvor (D. 4,2,1) begründeten neuen Ediktsfassung in die alten, gerade doch überwundenen Auffassungen von *vis* und *metus* zurückgefallen[332]. Dieser Vorwurf trifft Ulpian nicht.

§ 13

Die Geschichte der Anwendung des Metusedikts auf Dritte und ihre Bedeutung für das dingliche Restitutionsverfahren

I. Vom Standpunkt der vorliegenden Arbeit aus ist die Frage, ob die Metusklage auf Dritte anwendbar war, identisch mit der Frage nach der Anwendbarkeit des Metusedikts auf Dritte. Die darin liegende Problematisierung — allgemeiner Ansicht nach soll im klassischen Recht die Klage anderen Grundsätzen folgen als das Edikt — ist weniger befremdlich, als es auf den ersten Blick aussehen mag. Es sei noch einmal daran erinnert, daß die traditionelle Lehre, der die absolute Wirkung des Metusedikts wegen der hier vorausgesetzten prätorischen Restitution selbstverständlich ist, diese ihre These nur unter Annahme eines die verschiedenen Unstimmigkeiten kompensierenden Verschmelzungsprozesses von *i. i. r.* und *actio* zu entwickeln vermag. Das gilt vor allem für die Überlieferung der dinglichen Klage[333], das gilt aber auch für den oben behandelten Kommentar Ulp. D. 4,2,9,1 Satz 1, der durch Konjektur „verbessert" und/oder mit dem Prädikat der Unvollständigkeit versehen wird, „zweifellos, weil sie (scil. die Kompilatoren) den Unterschied zwischen *i. i. r.* und *actio* aus den Quellen entfernt haben und ihnen daher die Erörterung der Drittwirkung der *actio* genügte"[334]. Einleuchtend ist auch das Argument nicht. Für die *actio* ist in den Quellen eine Kontroverse unter den Klassikern bezeugt[335], und man fragt sich, welches Interesse die Kompilatoren an dieser Überlieferung hätten haben können, wenn es bei einer Verschmelzungsaktion möglich gewesen wäre, seit je unstreitige Sätze über den absoluten Schutz, wie sie gemeinhin für das Metusedikt gelehrt werden, zu verwerten.

In der hier ins Auge gefaßten Identität erschließt sich unter den bisher entwickelten Voraussetzungen des Ediktstatbestands das Problem der Wir-

---

[332] Ebert 415.

[333] Oben S. 134 ff.

[334] Hartkamp 63. Vgl. oben S. 176 ff.

[335] Ulp.-Jul.-Marc. D. 4,2,9,8; Ulp.-Viv.-Ped. eod. 14,5. Einzelheiten unten S. 208 ff.

kung gegen Dritte gleichsam von selbst. Wenn, wie die Lehre meint, *metus causa gestum (factum)* die aus Furcht vorgenommene Handlung des Veräußerers ist, dann läßt sich allerdings aus dem Tatbestand nichts oder alles für die Drittwirkung herleiten; dann entscheiden über die Frage außerhalb des Tatbestands liegende Kriterien: Die Drittwirkung der prätorischen, rein aufhebenden Restitution erscheint unbedenklich, diejenige der Klage wegen des *quadruplum* problematisch, mit der Folge, daß im ersten Fall allgemein volle Drittwirkung seit alters gelehrt wird, daß hingegen im zweiten die Meinungen zwischen den Extremen strikter Ablehnung und weitester Anwendung der Drittwirkung variieren[336]. Im Vergleich dazu gewinnt aus der Perspektive der auf Zwang beruhenden Erwerbshandlung die ganze Frage der Anwendung auf Dritte an Präzision und Durchsichtigkeit, nicht zuletzt auch im Hinblick auf die erwähnte Klassikerkontroverse. Mit der Erwerbshandlung *metus causa* ist die Richtung gegen den Dritten tatbestandsmäßig vorgesehen, ein Ergebnis, das durch die eingehende Analyse von Ulp. loc. cit. und der Geschichte des Ediktswortlauts bestätigt worden ist. Freilich haben wir es dabei mit Sachverhalten zu tun gehabt, die dem Typ nach in die Fallgruppe B gehören. Diese Einschränkung berührt indessen gerade den m. E. entscheidenden Punkt, der die Geschichte des Metusrechts weiter erhellen könnte. Allem Anschein nach geht es nämlich bei dem Meinungsstreit im 2. nachchristlichen Jahrhundert lediglich um Fälle der Gruppe C. Der Fall B war scheints unproblematisch und kann es aus unserer Sicht des Metustatbestands auch gewesen sein. Genau genommen ist er gar kein Fall von Drittwirkung. Dagegen läßt sich der Fall C gut als umstritten denken: Beruht auch der Erwerb durch diesen Dritten auf Zwang?

Für das moderne Denken wäre der Kausalzusammenhang nicht fraglich, rechtlich allerdings auch kein ausreichendes Kriterium. Ob der Dritte haften soll, unterliegt wertender Entscheidung[337]. Wertungsmäßige Gesichtspunkte werden auch den Römern nicht fremd gewesen sein. Möglicherweise aber

---

[336] Bezeichnend BESELER, Beitr. 1,74: „Nach klassischem Recht trifft die prätorische Restitution wie billig auch den Dritten, geht aber die quadruplatorische Klage, welche selbsttätige Restitution durch den Ausüber des Zwangs bewirken soll, einzig gegen den Delinquenten selber.“ Vgl. ferner SCHULZ, Metus passim. Für umfassende Drittwirkung auch der Klage seit alters dagegen die Lehre vor SCHULZ und BESELER (vgl. etwa GRADENWITZ, Ungültigkeit 50; KARLOWA, RG 2, 1068 sowie die bei SCHULZ a. a. O. 240 N. 5 angeführten Autoren) und neuestens wieder HARTKAMP 12; 201 ff. Die vermittelnde Entwicklungsthese MAIERS findet Zustimmung bei KUNKEL, RP 263; KASER, RP 1,213.

[337] Vgl. etwa § 123 Abs. 1 in Verbindung mit § 142 Absatz 2 BGB. Maßgeblich ist das Kennen oder Kennenmüssen der Anfechtbarkeit.

waren der Erweiterung des Anwendungsbereichs aufs Ganze gesehen doch dadurch zunächst Grenzen gesetzt, daß dem tatbestandsmäßig vorgegebenen Weg ein Kausalitätsverständnis zugrunde lag, nach welchem nur die dem Zwang nächste Erwerbshandlung berücksichtigt werden konnte — ein formales Kriterium, das doch zugleich eine Wertung einschloß, insofern es den Anwendungsbereich auf die Erwerbshandlungen reduzierte, die unter Zwang zustande gekommen und in besonderer Weise der Mißbilligung durch die Rechtsordnung ausgesetzt waren. Eine allmähliche Lockerung der Kausalitätsgrundsätze, wie sie für die hochklassische Zeit vermutet wird[338], könnte dann die Voraussetzungen für den Gedanken eines weitergehenden Schutzes des Gezwungenen geschaffen haben; zur Quellenlage im Metusrecht würde das gut passen. Wenn es bis dahin eine analoge Anwendung des Metusedikts nicht gab, dann mochte das daran liegen, daß mit dem Ersterwerber regelmäßig ein Beklagter vorhanden war. Denn die Weiterveräußerung mußte die Passivlegitimation zur persönlichen Klage unberührt lassen.

Die Frage der Kausalität ist schon bei Gelegenheit der *exc. metus* angeschnittten worden[339]. Hier wie dort ist über Vermutungen nicht hinauszukommen. Es genügt uns aber auch die Feststellung, daß die streitigen Fälle des 2. Jahrhunderts in die Gruppe C gehören und daß mit der Zeit der absolute Schutz des Gezwungenen allgemein befürwortet wurde. Andererseits sieht es so aus, als ob in republikanischer und frühklassischer Zeit das Metusedikt auf den Fall C nicht angewendet wurde. Damit würde sich uns in Parallele zur Geschichte der *exc. metus* eine Entwicklungslinie abzeichnen, deren einzelne Stationen im folgenden näher zu betrachten sind.

II. 1. Aus republikanischer Zeit gehört hierhin der Fall, den Cicero in seiner Rede für Flaccus erwähnt und der insgesamt einer etwas eingehenderen Erörterung bedarf.

Unter der Stadthalterschaft des Flaccus in Asia war ein gewisser Heraklides aus Temnos von seinem Landsmann Hermippos, der für ihn gebürgt hatte, auf Regreß verklagt und nach Verurteilung in Privathaft weggeführt worden. Im Anschluß daran ereignete sich nach Cicero folgendes (pro Flacco 21,49 f.):

> Atque is ab Hermippo missus, cum ei pauca mancipia vendidisset, Romam se contulit, deinde in Asiam rediit, cum iam frater meus Flacco successisset. Ad quem adiit causamque ita detulit, recuperatores vi Flacci coactos et metu falsum invitos iudicavisse. Frater meus pro sua aequitate prudentiaque decrevit ut, si

[338] Im Bereich der *lex Aquilia*, ohne daß dies aber praktische Auswirkungen hatte; festgehalten wurde an der Tradition der analogen Klagen. Kaser, RP 1,519.

[339] Oben S. 170.

iudicatum negaret, in duplum iret; si metu coactos diceret, haberet eosdem recuperatores. Recusavit et, quasi nihil esset actum, nihil iudicatum, ab Hermippo ibidem mancipia quae ipse ei vendiderat petere coepit. M. Gratidius legatus, ad quem est aditum, actionem se daturum negavit; re iudicata stari ostendit placere. Iterum iste, cui nullus esset usquam consistendi locus, Romam se rettulit; persequitur Hermippus, qui numquam istius impudentiae cessit. Petit Heraclides a C. Plotio senatore, viro primario, qui legatus in Asia fuerat, mancipia quaedam quae se, cum iudicatus esset, per vim vendidisse dicebat. Q. Naso vir ornatissimus, qui praetor fuerat, iudex sumitur. Qui cum sententiam secundum Plotium se dicturum ostenderet, ab eo iudice abiit et, quod iudicium lege non erat, causam totam reliquit.

a) Ciceros Bericht wirft eine Reihe von Fragen auf, die im Hinblick auf die vorliegende Arbeit im ganzen von Interesse sind. Was zunächst die Vorgänge vor dem neuen Statthalter Quintus Cicero betrifft, so stellen sie sich in meiner Sicht folgendermaßen dar.

Quintus eröffnet Heraklides zwei Möglichkeiten, die zur Abwendung der Personalexekution übereigneten Sklaven wieder an sich zu bringen (und damit das Urteil anzugreifen): das *in duplum ire (revocatio in duplum)* und ein Verfahren mit denselben Rekuperatoren, die Heraklides verurteilt haben, die aber jetzt, wie im Sinne Ciceros zu ergänzen ist, nicht mehr unter dem von Heraklides behaupteten Druck des Flaccus stehen. Die Annahme einer Alternative[340], die schon grammatisch nahegelegt wird, braucht nicht deswegen aufgegeben zu werden, weil es sich bei dem rekuperatorischen Verfahren um eine Wiederholung des alten Prozesses gehandelt hätte, die für den siegreichen Kläger Hermippos ohne Interesse war und von dem Beklagten Heraklides nicht in Gang gesetzt werden konnte. Der an sich einleuchtende Einwand[341], der dazu führt, die ganze Stelle nur auf die *revocatio in duplum* zu beziehen, sticht nicht, wenn wir, was Ciceros Formulierungen ohne weiteres erlauben, das rekuperatorische Verfahren nicht vor dem Hintergrund traditionell gelehrter *i. i. r.* verstehen[342], sondern dem Begehren des Heraklides so angepaßt, wie es die *revocatio in duplum* vermutlich gewesen ist: auf Rückgabe der Judikatsleistung gerichtet[343]. Auch spricht Cicero nur von denselben R e k u p e r a t o r e n, nicht vom selben

[340] Dafür Duquesne, Ann. Grenoble 20 (1908) 25 N. 2 (SA); Apelt, Urteilsnichtigkeit (o. J.) 117; Sargenti, Restitutio 272 f. Vgl. jedoch im folgenden und Anm. 342.

[341] Koschaker, SZ 58 (1938) 361 N. 2 gegen Apelt a. a. O. Zustimmend Medicus, SZ 81 (1964) 290 N. 13. Vgl. auch Kaser, RZ 290.

[342] Wie es bei den in Anm. 340 genannten Autoren der Fall ist. Vgl. insbesondere Sargenti a. a. O., der ohne weiteres von „rinnovare il processo", „ripetizione del processo" spricht.

[343] Vgl. zur *revocatio in duplum* hier Apelt 117; Medicus 287 ff. (290); Kaser, RZ 290. Zuletzt allgemein Dieter Simon, TR 37 (1969) 551 ff. mit überzeugenden Gründen für die Klassizität des Ausdrucks *revocatio in duplum*.

Prozeß. Und Heraklides liegt offensichtlich alles an der Rückgewinnung der Sklaven, wie sich daran zeigt, daß er das Dekret des Quintus ignoriert und ohne Rücksicht auf die vorangegangenen Ereignisse die Rückgabe der Sklaven zu erreichen sucht. Auch im Prozeß gegen Plotius ging es aller Wahrscheinlichkeit nach um dieselben Sklaven.

Der Versuch, über die schlichte Rückforderung das Urteil zu entkräften, muß natürlich scheitern[344]. Aber Heraklides lehnt es ab, die von Rechts wegen zur Verfügung stehenden Verfahren in Anspruch zu nehmen, von denen das rekuperatorische für Cicero durch den Bezug zum *metus* anscheinend ausreichend individualisiert ist. Für uns heute liegt das Gemeinte nicht auf der Hand, eine Möglichkeit läßt sich jedoch aufzeigen.

Die *formula Octaviana*, die Metellus gut zehn Jahre zuvor in Sizilien praktiziert hatte (in Verr. II 3,152 f.), wird auch in dem Edikt des Quintus Cicero nicht gefehlt haben; sie könnte mit dem von Cicero angesprochenen Verfahren gemeint sein. Bei Costa[345] findet sich im vorstehenden Zusammenhang der zur *formula Octaviana* gut passende Gedanke einer mittelbaren Bekämpfung des Urteils im Wege der Anfechtung des Sklavenverkaufs. Und vor Costa hat Schwalbach[346] im Umkreis der Metusklage eine Lösung gesucht, was von unserem Standpunkt aus gleichfalls als Votum für die *formula Octaviana* verwertet werden kann. Der Gedanke an die Verresrede scheint auch im engeren Kontext selbst nicht ohne Anhaltspunkte, angefangen bei den Rekuperatoren, die beide Male als Richter fungieren würden bis hin zu dem, was Heraklides in Rom zur Begründung seiner Klage gegen Plotius vorbringt: *petit ... mancipia quaedam quae se, cum iudicatus esset, per vim vendidisse dicebat.* Die unter Hinweis auf die Verurteilung aufgestellte Behauptung, *per vim vendidisse*, indiziert m. E. (vom Kläger her gesehen) den Tatbestand der *formula Octaviana* resp. der Metusklage und ist ein Argument, dem vor allem Hermippos ausgesetzt ist, bei dem es im Gegensatz zu Plotius nicht zweifelhaft ist, daß er von Heraklides selbst gekauft hat. Bezeichnend könnten auch gewisse übereinstimmende Formulierungen Ciceros sein. Im Fall des Apronius heißt es, *aratores vi et metu coactos Apronio multo plus quam debuerint dedisse.* Der von Heraklides erhobene Vorwurf geht dahin, *recuperatores vi Flacci coactos et metu falsum invitos iudicavisse.* Bei Heraklides führt freilich erst das Urteil der angeblich eingeschüchterten Richter zu einer Zwangslage, aus der heraus auf *vis* und *metus* plädiert werden kann, wie Cicero es für das Auftreten des Heraklides in Rom bezeugt. Die behauptete Einflußnahme des

---

[344] Medicus 290 f.

[345] Cicerone giureconsulto² (1927) 41.

[346] SZ 7 (1886) 119 N. 1.

Flaccus auf die Rekuperatoren bleibt indessen beachtlich als die eigentliche Ursache der Zwangslage. So ist es zu verstehen, daß in dem Dekret des Q. Cicero das Argument *metus* mit den Rekuperatoren gekoppelt ist: *si metu coactos diceret, haberet eosdem recuperatores.*

Nach allem wäre das rekuperatorische Verfahren wie die *revocatio in duplum* ein auf Rückgabe der Judikatsleistung gerichtetes Verfahren, im Unterschied zur *revocatio in duplum* aber nicht auf eine *negatio iudicati* gegründet, sondern — parallel zu den erzwungenen Geschäften des Privatrechts — darauf, daß das Judikat zwar gültig, aber unter Einwirkung von Zwang zustandegekommen und unrichtig ist. Die *revocatio in duplum* kennen wir nicht näher. Dagegen können wir uns für die *formula Octaviana* ein Bild machen. Durch die obligatorische Rückabwicklung der Judikatserfüllung wird sowohl diese selbst wie das Judikat in dem spezifischen Sinn aufgehoben, der uns für die judiziale Restitution charakteristisch scheint: formell bleibt der angegriffene Rechtsakt in Kraft. Als Parallele des modernen Rechts sei auf die viel diskutierte und gelegentlich auch praktizierte Möglichkeit hingewiesen, ein rechtskräftiges Urteil mit Tatbeständen des materiellen Rechts zu bekämpfen, die auf Restitution der Urteilserfüllung gerichtet werden und naturgemäß den Bestand des Urteils formell nicht antasten. Um wieviel mehr muß diese Möglichkeit für eine Rechtsordnung wie diejenige Roms, zumal der Republik, in Betracht gezogen werden, die, wie auch KOSCHAKERS Kritik erkennen läßt, mit Sicherheit noch kein einheitliches Restitutionsverfahren kennt, wie es moderne Zivilprozeßordnungen ohne nach der früheren Parteirolle des Restitutionsuchenden zu unterscheiden zur Verfügung stellen. Es scheint mir zu einseitig, bei dem Stichwort Restitution allein an die Wiederholung des alten Prozesses zu denken[347].

Im übrigen ist nichts dagegen einzuwenden, daß Quintus Cicero die *formula Octaviana* gegen einen am Zwang unbeteiligten Dritten erteilt hätte, grundsätzlich wie im Hinblick auf das spezielle Beweisthema nicht. Der Rechtsbehelf ist nicht allein auf den Erpresser zugeschnitten, und der von Heraklides behauptete Sachverhalt wäre in die Gruppe B einzuordnen.

b) *Petit Heraklides a C. Plotio senatore, viro primario, qui legatus in Asia fuerat, mancipia quaedam quae se, cum iudicatus esset, per vim ven-*

---

[347] Bedenklich daher SARGENTI, Restitutio 271; 273. Der ganzen Frage kann hier nicht näher nachgegangen werden. Zu prozessualen Rechtsbehelfen gegen ein Urteil siehe noch KASER, RZ 290. — Zu dem im Text angeschnittenen modernrechtlichen Problem statt aller STEIN-JONAS-POHLE, Kommentar zur Zivilprozeßordnung II[19] (1972) Ziff. XI 4 zu § 322 ZPO. Im Mittelpunkt steht die Klage aus § 826 BGB (sittenwidrige vorsätzliche Schädigung) auf Rückzahlung der Urteilssumme. Für das österreichische Recht vgl. FASCHING, Kommentar zu den Zivilprozeßgesetzen III (1966) NN. 54 ff. zu § 417 ZPO.

didisse dicebat. Zur Frage der von Heraklides in Rom gegen Plotius angestrengten Klage ist die Antwort bereits in die vorstehenden Überlegungen eingeflossen. Schon an sich ist *petere* kein zwingendes Indiz für eine dingliche Klage, im Munde Ciceros wohl erst recht nicht[348]. KASER[349] erwägt insoweit mit Recht (auch) eine *condictio certae rei.* Interessanter ist der Vorschlag MARRONES: „*Actio in factum* del tipo della classica *actio quod metus causa.*"[350] Die Annahme lediglich einer *actio in factum* nach dem Muster der Metusklage ist wohl wiederum durch die Meinung bedingt, daß jedenfalls in republikanischer Zeit *iudicia* wegen *metus* auf Dritte nicht unmittelbar anwendbar waren. Von unserem Standpunkt aus läßt sich dagegen der von MARRONE zutreffend empfundene Gedanke an die Metusklage voll ausschöpfen. Bei dem *iudicium* gegen Plotius wird es sich um die *formula Octaviana* gehandelt haben, die seit jeher zur Anwendung gegen Dritte taugte, ursprünglich beschränkt freilich, wie wir meinen, auf den Fall B.

c) Diese Feststellung leitet über zu dem vornehmlich interessierenden Sachverhalt im Fall des Plotius. Hatte Plotius die offenbar von Heraklides stammenden Sklaven über Hermippos erworben oder von Heraklides selbst? Wenn KASER an eine *condictio certae rei* denkt, versteht er Cicero wohl im Sinn der zweiten Möglichkeit[351]. Ist das richtig, so bleibt aus unserer Sicht gegen die Erteilung der *formula Octaviana* nichts einzuwenden. Der Fall des Plotius war dann ein Fall der Gruppe B.

Es spricht jedoch viel dafür, daß Plotius die betreffenden Sklaven nicht von Heraklides gekauft hatte. Wenn bei Cicero anfangs davon die Rede ist, daß Heraklides aus der Privathaft entlassen wurde, nachdem er Hermippos einige Sklaven verkauft hatte, und wenn es später heißt: *petit Heraklides ... mancipia quaedam quae se, cum iudicatus esset, per vim vendidisse*

[348] *Petere, petitio* wird für *actiones in rem* wie *in personam* gebraucht, KASER, RP 1,197; RZ 174. Dies gegen HARTKAMP 123. SARGENTIS Entscheidung für eine *rei vindicatio* (271; 274 f.) beruht u. a. auf der an sich richtigen Annahme, daß sich die Metusklage z. Zt. Ciceros noch nicht auf den Nachmann erstreckte. Der Schluß auf eine dingliche Klage ist jedoch nicht zwingend. Vgl. im folgenden.

[349] Studi Albertario I (1953) 34.

[350] L'efficacia pregiudiz. della sentenza nel proc. civ. rom., Ann. Pal. 24 (1955) 548 N. 103.

[351] Vgl. auch SARGENTI, Restitutio 274. Für direkten Erwerb von Heraklides ferner HARTKAMP (123), allerdings mit wenig überzeugenden Gründen: Cicero spreche in bezug auf Plotius von *per vim vendere,* während er zuvor in bezug auf Hermippos zweimal einfach von *vendere* gesprochen habe; es könne deshalb nicht derselbe Kauf gemeint sein. HARTKAMP verkennt, daß Cicero einerseits die Behauptung des Heraklides wiedergibt *(per vim vendere),* andererseits den seiner — des Cicero — Meinung nach objektiven Sachverhalt; da war von *vis* keine Spur.

dicebat, so liegt es nahe anzunehmen, daß der Prozeß mit Plotius Sklaven aus dem Geschäft mit Hermippos betraf. Die Wahrscheinlichkeit dieser Annahme wird durch den Schlußsatz getragen, wie sich alsbald zeigen wird. Plotius als Nachmann gehört freilich in die Fallgruppe C. Das paßt anscheinend schlecht zu unserer These von dem ursprünglichen Anwendungsbereich des Rechtsbehelfs wegen *metus*. Immerhin sei darauf hingewiesen, daß der zum Richter bestellte Naso Heraklides wissen ließ, er werde die Klage abweisen. Die Entscheidung mochte darin begründet gewesen sein, daß die Metusklage dem Nachmann gegenüber noch keine Anwendung fand. Die kritische Frage, warum das *iudicium* dann überhaupt erteilt worden war, ist allerdings berechtigt, bedeutet aber kein echtes Gegenargument. Mit ihr muß sich jede Interpretation auseinandersetzen. Denn offensichtlich ist mit dem *iudicium* etwas nicht in Ordnung gewesen.

Nachdem Cicero den negativen Bescheid des Q. Naso erwähnt hat, heißt es weiter:

> (Heraklides) ab eo iudice abiit et, quod iudicium lege non erat, causam totam reliquit.

Warum war das *iudicium* nicht *lege*, so daß Heraklides von der weiteren Verfolgung des Prozesses Abstand nahm? Entsprach es, eine *condictio* vorausgesetzt, der *lex Aebutia* nicht, die das Formularverfahren für die zunächst nur mit Legisaktionen durchsetzbaren Kondiktionen unter Bürgern zugelassen hatte, ein Möglichkeit, die im Fall des peregrinen Klägers ausschied (kein *legitimum*, auf Gesetz beruhendes *iudicium*)? Dieser Ansicht Kasers[352] wäre entgegenzuhalten, daß dann ein amtsrechtliches Verfahren vorlag[353], das als solches kein Grund für den Abbruch des Prozesses sein konnte. Allenfalls könnte man erwägen, daß zu jener Zeit die Klage mit *condictio* Ausländern auch im Formularprozeß noch nicht möglich war[354]. Daß das der Prätor übersehen hätte, ist aber eine sehr unwahrscheinliche Annahme.

Wer mit Marrone in der Klage gegen Plotius eine *actio in factum* nach dem Muster der Metusklage sieht, kann *lege* nicht auf die *lex Aebutia* beziehen. Denn bis zur stadtrömischen *Lex Iulia* war, wie man heute überwiegend annimmt, das Verfahren aus allen *actiones honorariae* immer ein

---

[352] Studi Albertario I (1953) 34. Zur Bedeutung der *lex Aebutia* ebenda passim und RZ 114 f.

[353] Vgl. auch Kaser, Studi Albertario a. a. O. N. 3 (im Anschluß an Pflüger): Cicero habe den Ausdruck *iudicium imperio continens* vermutlich noch nicht gekannt.

[354] Zu dieser Frage allgemein Kaser, SZ 83 (1966) 5 ff.

amtsrechtliches Verfahren[355], auch unter römischen Bürgern, so daß der vorerwähnte Gegensatz zur Zeit Ciceros gar nicht bestehen konnte. MARRONE stellt deshalb auf die Rechtsgrundlage des geltend gemachten Anspruchs ab. Das *iudicium* sei sehr wahrscheinlich deswegen als *non lege* bezeichnet worden, weil es sich nicht um einen zivilrechtlichen Anspruch *(iudicium legitimum)* gehandelt habe, sondern um einen honorarrechtlichen[356]. Auch mit diesem Vorschlag scheint mir nichts gewonnen. Gegen ihn bestehen die gleichen Bedenken wie gegen die Auslegung KASERS. Aus der Tatsache allein, daß ein amtsrechtlicher Anspruch Gegenstand des Verfahrens war, ist das Verhalten des Heraklides nicht zu erklären. Daran aber, meine ich, muß festgehalten werden, daß sich *quod iudicium lege non erat* mit auf den Grund bezieht, aus dem Heraklides auf die Fortführung des Prozesses verzichtete, wie immer man den Passus in die Konstituierung des Textes einordnet[357]. Außerhalb dieser Fragestellung und als Gegensatz zu einem so oder so verstandenen *iudicium legitimum* gedeutet, bleibt er inhaltsleer.

Damit kehren wir zur eigenen Interpretation zurück. Unserer Meinung nach besagt *iudicium lege non erat* schlicht: das *iudicium* war nicht rechtens[358], und das deswegen nicht, weil zur *formula Octaviana* nach damaligem Recht der Zweiterwerber nicht passiv legitimiert war. Er war nicht der richtige Beklagte. Daß das ein Grund war, die Klage fallen zu lassen, leuchtet ein. Ebenso verständlich ist es, warum es dennoch zur Einsetzung des *iudicium* gekommen war. Vor dem Prätor wird Behauptung gegen Behauptung gestanden haben, eine Annahme, die bei der von Cicero geschilderten Natur des Heraklides nicht abwegig ist. Erst in der Beweisaufnahme vor Q. Naso wird sich die wahre Lage abgezeichnet haben, woraufhin Heraklides die Konsequenzen zog.

2. Auch die Beispiele und Argumente in dem wiederholt berührten Rhetorendisput bei Seneca lassen keinen über die Fallgruppe B hinausreichenden zwingenden Schluß zu. Das gilt für Excerp. contr. 4,8:

---

[355] KASER, Studi Albertario 28; RZ 115.

[356] A. a. O. (oben Anm. 350).

[357] Bei MARRONE liest man: *qui, cum sententiam secundum Plotium se dicturum ostenderet, et ab eo iudice abiret; quod iudicum* rel. Das ist bis auf das Semikolon paläographisch möglich, ergibt mir aber, anders als die oben im Text wiedergegebene Lesart, die auf die von Faernus (1563) veranstaltete Ausgabe der Flacciana zurückgeht und heute allgemein akzeptiert wird, keinen rechten Sinn.

[358] Zu *lex* als möglicher Bezeichnung für das objektive Recht etwa MITTEIS, RP 30 ff. (43) mit Hinweis auf Cicero, in Verr. II 1,117 (34 N. 14). *Lex* in diesem Sinn ist auch sonst für Cicero belegt, vgl. GEORGES h. v. lit. 1 b *β*. Stellen im Corpus iuris bei HEUMANN-SECKEL h. v. lit. 1 c. Vielleicht meint Cicero mit *lex* auch nur das prätorische Edikt. Vgl. die berühmte Stelle von der *lex annua*, in Verr. II 1,109.

Bello civili patronus victus et proscriptus ad libertum confugit. receptus est ab eo et rogatus ut operas remitteret. remisit consignatione facta. restitutus indicit operas. contradicit.

Non mea, inquit, sed aliena vis fuit. Aeque dignus est poena qui ipse vim adhibet et qui ab alio admota ad lucrum suum utitur.

Ebenso verhält es sich mit Contr. 9,3(26),9, wo es gleichfalls darum geht, ob der Kontrahent des Opfers Zwang ausgeübt haben muß oder nicht:

An si in re vis et necessitas est, ita tantum rescindantur quae per vim et necessitatem gesta sunt, si vis et necessitas a p a c i s c e n t e adhibita est. Nihil, inquit, refert mea an tu cogaris, si non a me cogeris; meam culpam esse oportet, ut mea poena sit. Non, inquit; neque enim lex adhibenti vim irascitur, sed passo succurrit et iniquum illi videtur id ratum esse quod aliquis non quia voluit pactus est, sed quia coactus est.

Andererseits wird man aber aus Seneca nicht folgern dürfen, die Anwendung des Metusedikts im Fall B sei bei den Juristen umstritten gewesen[359]. Daß der Gerichtsredner die Rechtslage anzweifelt, liegt auf einer anderen Ebene[360].

3. Über die Haftung des Nachmanns werden wir dagegen durch das Ulpianfragment D. 4,2,14,5 (11 ad ed) 2. Hälfte unterrichtet:

Unde quidam putant bona fide emptorem ab eo qui vim intulit comparantem non teneri nec eum qui dono accepit vel cui res legata est. sed rectissime Viviano videtur etiam hos teneri, ne metus quem passus sum, mihi captiosus sit. Pedius quoque libro octavo scribit arbitrium iudicis in restituenda re tale esse, ut eum quidem qui vim admisit iubeat restituere, etiamsi ad alium res pervenit, eum autem ad quem pervenit, etiamsi alius metum fecit: nam in alterius praemium verti alienum metum non oportet.

Auch die extreme Interpolationenkritik hat die Echtheit des Kerns, insbesondere des Pediuszitats, nicht angezweifelt[361]. Aus ihrer Sicht war aber die Stelle von den Kompilatoren aus dem originalen Zusammenhang mit der *i. i. r.* in den überlieferten der Metusklage gestellt worden. Diese Annahme muß von vornherein auf Ablehnung stoßen, wenn die Voraussetzungen brüchig geworden sind, unter denen der überlieferte Zusammenhang

---

[359] So aber Schulz, Metus 225 (seiner Sicht entsprechend für prätorische *i. i. r.*).

[360] Im übrigen sei hier noch einmal darauf hingewiesen, daß in dem Satz *iniquum illi videtur id ratum esse quod aliquis non quia voluit pactus est, sed quia coactus est* kein Einwand gegen die von uns angenommene Beziehung des Ediktstextes auf die Handlung der Gegenpartei gefunden werden muß. Die notwendige Kehrseite zur Erwerberperspektive ist der Standpunkt des Opfers, von dem aus, wie Cicero und die Juristen, auch Seneca so gut und solange argumentieren kann, wie es auf die technische Bedeutung nicht ankommt. Vgl. nur oben S. 146 ff. Das zeigt bei Seneca auch der erste Satz, in dem *paciscente* auf *gesta* Bezug nimmt, wiewohl eindeutig der Zwingende gemeint ist.

[361] Beseler, Beitr. 1,75 f.; Schulz, Metus 252 ff.; v. Lübtow 198 f.; ferner Kaden, Deutsche LitZ 55 (1934) 1192 f.

überhaupt fraglich werden konnte. Sie ist darüber hinaus auch auf dem Boden der traditionellen Lehre von MAIER im einzelnen und mit überzeugenden Gründen zurückgewiesen worden[362]. MAIERS u. a. auf die vorliegende Stelle gestützte These von der Anwendung schon der klassischen Metusklage auf Dritte hat gewichtige Zustimmung gefunden[363].

a) Von Interesse ist zunächst die Kontroverse. Mit großer Wahrscheinlichkeit können wir ihr entnehmen, daß Ulpians Eintreten für die absolute Drittwirkung ein Indiz für die herrschende Meinung in der Spätklassik ist[364]. Wie es sich insoweit für die Zeit davor bis hin zu Vivian und Pedius verhält, ist schwerer zu beurteilen, weil wir über Rang, Zahl und Zeit der *quidam* nichts erfahren. Immerhin schließt Ulpians Bericht nicht aus, Vivian und Pedius als Vorreiter einer gegen die traditionelle, engere Auffassung der *quidam* gerichteten umfassenden Anwendung der Metusklage anzusehen[365]. *Quidam* muß nicht notwendig „einige wenige" bezeichnen[366], wenn es nicht überhaupt von den Kompilatoren stammt, die allerdings ein Interesse haben konnten, die Bedeutung der Gegenmeinung herabzuspielen. Schließlich dürfen wir ausweislich des alsbald zu erörternden fr. 9,8 h. t. Julian zu den *quidam* rechnen, wiewohl natürlich auch die Autorität Julians nicht zwingend herrschende Meinung verbürgt.

b) Die Klage gegen den Zweitkäufer bedeutet eine Härte, wenn er sich wegen des Kaufpreises nur an seinen Vormann halten kann[367]. Sie greift zudem in das Rechtsverhältnis Verkäufer — Zweitkäufer ein, das zwar auf Zwang zurückgeht, aber nicht selbst unter Zwang zustandegekommen ist. Diese Bevorzugung des Gezwungenen scheint gegenüber dem unentgeltlichen Dritterwerber, der nur seinen Vorteil herausgeben muß, erträglicher. Gleichwohl soll nach Meinung der *quidam* die Metusklage auch gegen den Legatar und den Beschenkten versagt sein. Die modernen Autoren vermissen hier die Differenzierung und verdächtigen fr. 14,5 insoweit nachklassischer Eingriffe[368].

[362] MAIER 131 ff. Gegen die früheren Verdächtigungen der Stelle jetzt auch HARTKAMP 211 ff.

[363] KUNKEL, RP 263; KASER, RP 1,213.

[364] Vgl. auch MAIER 152; 153; HARTKAMP 217 f.

[365] Ebenso MAIER a. a. O. Ganz anders jetzt HARTKAMP 275 und passim. Danach wäre die absolute Wirkung der Metusklage stets herrschende Meinung gewesen, hätten die *quidam* nur eine erfolglose Mindermeinung vertreten. Zu dieser Auffassung noch unten S. 216 ff. (218 ff.).

[366] KASER, IURA 18 (1967) 215 gegen SCHINDLER, Justinians Haltung zur Klassik (1966) 164.

[367] Zu dieser Frage neuestens HARTKAMP 231 ff.

[368] Vgl. BESELER, Beitr. 1,75; v. LÜBTOW 198 f.; MAIER 132; 133; HARTKAMP 213 N. 59.

Plausibel ist das nicht. Die Kompilatoren kommen als Urheber nicht in Betracht. Sie teilen offensichtlich die Meinung Ulpians und seiner Gewährsmänner und konnten deshalb keinen Anlaß gehabt haben, die Gegenmeinung auszubauen[369]. Im Hinblick auf den Tenor der ganzen Stelle muß aber auch ein Glossem ausscheiden, will man sich nicht mit willkürlichen Vermutungen begnügen[370]. Es fragt sich deshalb, ob der Stelle mit Recht klassischer Gehalt abgesprochen wird. Unsere Deutung des Metusedikts legt es nahe, zunächst wieder an die Kraft eines formalen Kriteriums zu denken: auch dieser Erwerb beruht nicht unmittelbar auf Zwang. Wichtiger scheint aber wohl folgendes. Unabhängig von der Natur des Erwerbsgrundes konnte die Metusklage gegen den gutgläubigen Dritten ein Problem sein, dessen Lösung nicht fraglos zugunsten des Gezwungenen ausfallen mußte: dann nämlich, wenn der Dritte schuldlos nicht in der Lage war, den erworbenen Gegenstand zu restituieren. Die Verurteilung in das *quadruplum* ließ sich dann schwer rechtfertigen. Gegen diese drohende Konsequenz mußten Vorkehrungen getroffen sein, wenn die Klage gegen den Dritten nicht zu Ungerechtigkeit führen sollte. Die Mittel für eine gerechte Behandlung des gutgläubigen Dritten sind von den römischen Juristen in der Tat auch entwickelt worden, allerdings, wie es scheint, relativ spät[371], in Übereinstimmung also mit der hier angenommenen Entwicklung der Haftung überhaupt. Ein Beispiel findet sich in der ersten Hälfte von fr. 14,5:

> Aliquando tamen et si metus adhibitus proponatur, arbitrium absolutionem adfert. quid enim si metum quidem Titius adhibuit me non conscio, res autem ad me pervenit, et haec in rebus humanis non est sine dolo malo meo: nonne iudicis officio absolvar? aut si servus in fuga est, aeque, si cavero iudicis officio me, si in meam potestatem pervenerit, restituturum, absolvi debebo[372].

Von hier aus könnte auch die Anknüpfung der zweiten Hälfte *(unde)* einsichtig werden. Für Ulpian war das Problem bis zur Selbstverständlichkeit einer die Problematik aber doch nicht ganz verdeckenden rhetorischen Frage geklärt. Für die *quidam* dagegen wäre es noch ungelöst und ein (zusätzlicher) Grund gewesen, die Klage gegen den Dritten abzulehnen[373].

---

369 So einleuchtend MAIER selbst.

370 MAIER denkt an eine mechanische Ausdehnung des vom Käufer Gesagten auf die anderen Singularsukzessoren.

371 Siehe dazu MAIER 152; HARTKAMP 243; 275.

372 Vgl. auch Ulp. eod. 14,11. Zur Frage der unterschiedlichen Haftung des gutgläubigen Dritten insgesamt MAIER 135 ff. und jetzt HARTKAMP 219 ff.; 227 ff. Die Klassizität des Problems kann m. E. nicht geleugnet werden, mag auch die Quellenlage unbefriedigend sein und das aus ihr abgeleitete Ergebnis vielleicht nicht immer überzeugen.

373 Über eine mögliche Parallele im Obligationenrecht alsbald S. 212 ff. (215 f.).

Der bösgläubige Nachmann ist freilich schon weniger schutzwürdig. Hier mag die Einbruchsstelle für die allmähliche Erweiterung des Anwendungsbereichs gelegen haben. Dem Edikt konnte man einerseits die Bösgläubigkeit als konkludente Voraussetzung entnehmen; denn im Fall B wird der Beklagte in den seltensten Fällen sich auf Unkenntnis haben berufen können. Andererseits aber war die Bösgläubigkeit nicht ausdrücklich Tatbestandsmerkmal[374], so daß die Ausdehnung auch auf den redlichen Nachmann unternommen werden konnte. Auf einen solchen Entwicklungsprozeß wäre nicht zuletzt für die Frage zu verweisen, warum das Edikt, trotz seiner umfassenden Anwendbarkeit, gegen einen Nachmann eine besondere Formel enthielt: gegen den Erben auf *id quod pervenit*[375]. Der Fall des Erben gehört sachlich in die Gruppe C. Wenn diese Fälle zunächst nicht unter das Edikt fielen, ließ sich die begreiflicherweise als vordringlich empfundene Haftung des Erben nur über eine besondere Formel verwirklichen, da die passive Vererblichkeit wegen der *poena quadrupli* nicht in Frage kam[376]. Diese Formel wurde verständlicherweise beibehalten, als die reguläre Formel schließlich auch gegen den Erben tauglich gewesen wäre. War man doch wenistens in diesem Fall nicht mit Problemen belastet, die die quadruplatorische Klage gegen den redlichen Singularsukzessor nach sich zog[377].

---

[374] Vgl. Ulp. D. 4,2,14,3 init. Siehe auch Hartkamp 256 N. 47.

[375] Ulp. eod. 16,2; eod. 20; Gai. eod. 19. Lenel, Edikt 111 f.; Maier 44 f.

[376] Ulp. eod. 16,2. Vgl. vorstehend auch Maier 155: Als man dazu schritt, die Metusklage auf den Dritten zu erstrecken, sei die Erbenformel längst im Edikt verheißen gewesen. Da Maier aber nicht nach Fallgruppen unterschied, ergab sich für ihn das Problem einer seit je unpersönlich gefaßten Metusformel, die erst später unpersönlich praktiziert worden war. Maier vermutete als Grund, es sei nicht so einfach gewesen, die Metusformel persönlich zu konzipieren (154). Das ist schon in sich nicht überzeugend.

[377] Die besondere Erbenhaftung muß also nicht dafür sprechen, daß die Metusklage nur gegen den Zwingenden gerichtet war, wie v. Lübtow (185) meint. Andererseits genügt es uns, daß die besondere Erbenformel ein Argument zugunsten unserer These sein kann. Nicht übersehen werden soll ferner, daß der Erbschaftserwerb auch unter dem Gesichtspunkt des *gestum* Probleme aufwerfen mochte. Siehe aber auch oben S. 177 und Anm. 251. — Neuerdings vertritt Hartkamp 257 ff. die Auffassung, wie gegen jeden beliebigen Nachmann sei die *formula Octaviana* resp. die Metusklage ursprünglich und mit aller Schärfe auch gegen den Erben gegangen. Die besondere Bereicherungshaftung sei erst nachträglich geschaffen worden. So sehr eine spätere Datierung der Erbenhaftung diskutabel scheint — die originär absolute Wirkung des Rechtsbehelfs wird von Hartkamp teils nur postuliert (vgl. 258), teils

4. Zu der oben[378] geäußerten Vermutung, daß die Entscheidung für oder gegen die Anwendung der Metusklage auf den redlichen Nachmann abhängig gewesen sein wird von den jeweils für möglich angesehenen und akzeptierten Mitteln einer Haftungsmilderung, läßt sich eine Querverbindung zum Obligationenrecht ziehen. Es handelt sich um einen der zentralen Texte des Metusrechts, an dem das Problem im Rahmen erzwungener Akzeptilation aufgezeigt werden kann:

Ulp. D. 4,2,9,8 (11 ad ed) Cum autem haec actio in rem sit scripta nec personam vim facientis coerceat, sed adversus omnes restitui velit quod metus causa factum est: non immerito Iulianus a Marcello notatus est scribens, si fideiussor vim intulit, ut accepto liberetur, in reum non esse restituendam actionem, sed fideiussorem, nisi adversus reum quoque actionem restituat, debere in quadruplum condemnari. sed est verius, quod Marcellus notat: etiam adversus reum competere hanc actionem, cum in rem sit scripta.

a) An herkömmlichen Kriterien gemessen sperrt sich die Stelle einer befriedigenden Auslegung. Man sieht hier judiziale Restitution mit prätorischer unzusammenhängend verquickt: einerseits der überlieferte Kontext (in fr. 9,7 beginnt die Kommentierung der Metusformel), die Entscheidung des Marcellus und diejenige Julians, soweit sie den Bürgen betrifft; andererseits teilweise der einleitende Satz, vor allem aber Julians Diktum *in reum non esse restituendam actionem*. Schulz und v. Lübtow zufolge hat fr. 9,8 ursprünglich prätorische Restitution zum Gegenstand gehabt; die überlieferte Fassung soll im Zuge der Verschmelzung von *i. i. r.* und *actio* entstanden sein[379]. Für Maier dagegen stammt das Fragment aus dem Kommentar zur Klage[380]. Insbesondere der erste Satz zwingt seiner Meinung nach nicht zur Annahme prätorischer Restitution. Vor Julians *in reum non esse restituendam actionem* macht indes auch Maier Halt. „Allerdings hat Julian auch von der *i. i. r.* gesprochen."[381] Damit bleibt Maiers behutsamer Konservierungsversuch eben dem Einwand ausgesetzt, der immer wieder gegen die vorliegende Fassung von fr. 9,8 erhoben wird: Marcellus rede in seiner Note an Julian vorbei; denn Julian habe sich insoweit zur Metusklage gar nicht geäußert[382]. Freilich: Wenn Julian schon prätorische Restitution versagt hat, dann wohl erst recht die Strafklage. Mit diesem Argu-

---

nicht überzeugend aus dem Repetundenrecht abgeleitet. Einzelheiten unten S. 218 ff.

[378] S. 210.

[379] Schulz, Metus 242 f.; v. Lübtow 192 ff. (196). Vgl. bereits Beseler, Beiträge 1,74.

[380] Maier 125 ff.

[381] Ähnlich jetzt auch Hartkamp 208.

[382] Beseler a. a. O.; Schulz 242; v. Lübtow 193.

ment[383] bekommt man das Fragment jedenfalls sachlich wieder in den Griff. Rätselhaft bleibt dann aber die Frage, warum Julian prätorische Restitution gegen den Hauptschuldner abgelehnt hat[384]. Für die quadruplatorische Klage ist seine Entscheidung im Hinblick auf einen redlichen Dritten verständlicher.

b) Bevor wir uns dieser entscheidenden Frage zuwenden, sind verschiedene andere Anstände zu entkräften, die dem Bezug des Fragments auf die Metusklage angeblich entgegenstehen. Für den ersten Satz kann weitgehend auf die von MAIER m. E. völlig zu Recht vorgebrachten Argumente verwiesen werden. Die bildhafte Ausdrucksweise *actio nec coerceat, actio velit restitui* ist keineswegs so ungewöhnlich, daß der Schluß auf *praetor* als ursprünglich im Text enthaltenes Subjekt zwingend wäre[385]. Zudem würde auch bei Substitution durch *praetor* die Stelle durchaus mit judizialer Restitution vereinbar sein; denn die Art und Weise des Vorgehens ist damit noch nicht präjudiziert, wie etwa Ulp. fr. 12,1 h. t. zeigt[386]. Nicht stichhaltig gegen judiziale Restitution spricht auch *a d v e r s u s omnes (restitui velit)*[387]. Zwar wird bei judizialer Restitution effektiv v o m Beklagten restituiert. Aber das berührt die Tatsache nicht, daß die judiziale Restitution die Folge des g e g e n den Beklagten gerichteten *iudicium* ist und daß insoweit die Restitution auch g e g e n ihn geht. Bei der Bedeutung, die die prozessuale Komponente für das römische Recht hat, sollte der übergreifende Gesichtspunkt nicht weiter auffallen. Schließlich paßt *quod metus causa factum est* einwandfrei zu judizialer Restitution[388].

Ein Stein des Anstoßes ist teilweise, daß es vom Bürgen heißt: *nisi ... actionem restituat*[389]. Sicherlich kann der Bürge keine Klage, kein *iudicium* restituieren (= erteilen). Aber es hat auch noch kein *iudicium* vorgelegen, das restituiert werden könnte. Deshalb gibt nur *actio* in der materiellrechtlichen Bedeutung „Klagerecht" einen Sinn und einen mit judizialer Restitution verträglichen dazu. Das ist Paul. fr. 11 h. t. zu entnehmen: *non tenebitur fideiussor, ut rei quoque obligationem restituat.* Allerdings sagt Julian

[383] MAIER 128; HARTKAMP 209. Zurückhaltend demgegenüber KASER, Krit. Viertelj.Z 63 (1935) 81.

[384] Vgl. HARTKAMP 208. MAIER äußert sich nicht, siehe aber 153.

[385] MAIER 126 mit reichen Belegen. Vgl. auch Seneca, Controv. 9,3 (26) 9: *... neque enim lex adhibenti vim irascitur, sed passo succurrit et iniquum illi videtur id ratum esse quod* rel.

[386] *... restitui praetor velit.* Die Stelle stammt anerkanntermaßen aus Ulpians Kommentar zur Klage.

[387] Nach SCHULZ sollte bei judizialer Restitution *ab omnibus* stehen. Metus 242; 243. So auch BESELER, Beitr. 1,74; EISELE, SZ 30 (1909) 106. Ferner v. LÜBTOW 192.

[388] Siehe oben S. 158.

[389] LEVY, Restitutio 365 N. 24. Nicht beanstandet von SCHULZ (242). Auch MAIER (128 f.) läßt erkennen, daß er hier keine Probleme sieht.

vom Bürgen noch: *nisi adversus reum ... actionem restituat.* Doch ist auch hier die Betonung in Richtung g e g e n den Beklagten kein zwingendes Indiz für prätorische Restitution. Ob man wie Julian formuliert oder mit Paulus *ut rei ... obligationem restituat* schreibt, kann sachlich keinen Unterschied machen, da die Verbindlichkeit d e s Beklagten auch die Forderung g e g e n den Beklagten ist. Zudem kennen die Quellen *restituere obligationem adversus aliquem*[390]. An der inhaltlich nicht zu tadelnden Aussage (der Bürge kann seine Verurteilung abwenden, wenn er den Hauptschuldner zur Erneuerung der erloschenen *obligatio* bringt)[391] ist deshalb auch formal nichts auszusetzen.

Es bleibt Julians Entscheidung: *in reum non esse restituendam actionem.* Da nach Julian der Bürge auf die Restitution der Verbindlichkeit des Hauptschuldners hinwirken muß, kann das nicht absolut verstanden werden. Nimmt man die Entscheidung des Marcellus hinzu, der die Metusklage gegen den Hauptschuldner befürwortet, dann müßte, sinnvoller Zusammenhang auch äußerlich vorausgesetzt, Julian mit seinen Worten die Metusklage gegen den Hauptschuldner abgelehnt haben.

Die Bedingungen einer solchen Deutung sind oben im einzelnen erörtert worden[392]. *Restituere actionem (obligationem) adversus, in aliquem* kann eine spezifisch prozessuale Bedeutungskomponente aufnehmen, wenn nicht ein Privatmann, wie zum Beispiel der Bürge, das Subjekt zu *restituere* bildet, als solches vielmehr der Prätor oder die von ihm verheißene *actio* zu denken ist: gegen den Schuldner, das heißt durch Klage gegen ihn, wird die Forderung (das Klagerecht) wiederhergestellt resp. nicht wiederhergestellt. Über die Art der Restitution ist damit noch nichts gesagt. Restituiert werden kann die Verbindlichkeit als Reflex der (fiktizischen) Klage (prätorische Restitution) oder im Wege einer Arbiträrklage (judiziale Restitution). Daß bei Julian die zweite Möglichkeit gemeint ist (keine Metusklage gegen den Hauptschuldner auf Wiederherstellung der Schuld), liegt nach dem ganzen Kontext nahe, zumal Julian selbst hinsichtlich des Bürgen auf der Ebene der Metusklage argumentiert.

Von prätorischer Restitution ist demnach bei Julian nicht die Rede. Das Problem, das hier vermutet wird, ist m. E. ein Scheinproblem[393]. Vorgreifend wäre das Ergebnis noch durch einen Gedanken abzustützen, der par-

---

[390] Ulp. D. 16,1,8,2.

[391] Levy a. a. O. Für uns heute weniger mißverständlich formuliert Gaius D. 4,2,10,1: *... non solum illud continetur* (scil. im *arbitrium iudicis*), *ut in tua persona redintegretur obligatio, sed ut fideiussores quoque vel eosdem vel alios non minus idoneos adhibeas.*

[392] S. 45 f.

[393] Ältere Autoren kommen zu diesem Ergebnis über eine Konjektur: *in reum*

allel liegt zur Rechtsentwicklung bei Veräußerungsgeschäften. Wenn, wie wir meinen, der absolute Schutz des Gezwungenen im Wege der Metusklage Voraussetzung ist für die Gewährung einer (fiktizischen) dinglichen Klage[394], dann könnte im Obligationenrecht der Gedanke einer fiktizischen persönlichen Klage solange nicht spruchreif gewesen sein, wie die umfassende Anwendung der Metusklage auch hier noch nicht erreicht war[395]. Schon deshalb müßte in fr. 9,8 für Julian prätorische Restitution ausscheiden. Nicht zuletzt sei noch einmal an die grundsätzliche Problematik erinnert. Die Verquickung von judizialer und prätorischer Restitution, die konstatiert wird, aber nicht plausibel gemacht werden kann, verliert als Erklärungsversuch in dem Maße an Überzeugungskraft, wie die herkömmliche Unterscheidung zwischen *i. i. r. propter metum* und Metusklage ins Wanken gerät. Der Boden überhaupt, auf dem Verschmelzungs- und Unechtheitsthesen gedeihen können, engt sich zusehends ein, wenn für die *i. i. r.* der Vorrang prätorischer Restitution bezweifelt werden darf.

c) Damit kommen wir schließlich zu der Frage, warum Julian die Metusklage gegen den Hauptschuldner nicht zuläßt. Daß der Kausalverlauf den Fall der Beispielsgruppe C annähert, weil die vom Hauptschuldner erlangte Befreiung erst die weitere Folge der dem Bürgen erteilten Akzeptilation ist[396], könnte ein Argument sein[397]. Gewichtiger aber scheint, daß vom Restitutions- und Kondemnationsmechanismus her gesehen der Fall beim gutgläubigen Hauptschuldner ähnlich liegt wie beim redlichen Dritterwerber. Zwar ist der Hauptschuldner jederzeit in der Lage, die erloschene Verbindlichkeit erneut zu begründen. Darin besteht ein Unterschied zum Dritterwerber, der die Sache etwa verloren hat. Fraglich könnte jedoch sein, ob der Hauptschuldner nach Auffassung Julians mit der Wiederher-

---

non esse constituendam resp. *dandam actionem.* SCHMIDT 4 N. 5; EISELE, SZ 30 (1909) 106. Gegen dieses willkürliche Verfahren mit Recht schon SCHULZ, Metus 242. Vgl. auch MAIER 128 N. 2.

[394] Unten S. 222 ff.

[395] Wird die Akzeptilation hinwegfingiert, leben alle Rechte, also auch solche gegen Dritte, wieder auf. Siehe ferner Ulp. D. 4,2,9,4, woraus sich für die reszissorische *a. in personam* ebenfalls die Besonderheit eines zusätzlichen Rechtsbehelfs ergibt: *volenti autem datur.* Nur scheinbar trifft die Reszission der Akzeptilation den Dritten weniger hart als diejenige der Veräußerung. Dazu sofort im Text.

[396] Ulp. D. 46,4,13,7.

[397] KADEN, Deutsche LitZ 55 (1934) 1192 f. meint allerdings, der Hauptschuldner habe unmittelbar durch das erpresserische Geschäft Vermögensvorteile erlangt, im Unterschied zum Dritterwerber, der nicht unmittelbar durch das erzwungene Geschäft erwerbe. Von unserem Standpunkt aus wäre noch zu berücksichtigen, daß ein *gestum* des Hauptschuldners genau genommen nicht vorliegt. Wegen der rechtlichen Verknüpfung seiner Befreiung mit der des Bürgen ließ sich seine Haftung

stellung der eigenen Verbindlichkeit seiner Pflicht zur Restitution genügt hätte. Es ist allgemeine Meinung, daß in fr. 9,8 der Akzent auf dem Umfang der Restitution liegt. Die Bürgenentscheidung und der systematische Zusammenhang mit Gai. fr. 10, Paul. fr. 11 (eine Note zu Julian!), den einschlägigen Fragmenten zur milderen Haftung des Dritten[398], sprechen dafür. Unter diesen Umständen ist es denkbar, daß Julian die Wiederherstellung der Obligation des Hauptschuldners durch Klage gegen diesen deswegen verneint hat, weil aus seiner Sicht der Dinge die Restitution dem Beklagten auch die Wiederherstellung der Bürgenverpflichtung auferlegt hätte — ein Ergebnis, das im Hinblick auf die Berechnung des *quadruplum* nach dem Umfang der (ausgebliebenen) Restitution beim redlichen Hauptschuldner nicht gerechtfertigt war[399]. Erst die Möglichkeit einer abgestuften Haftung, wie sie bei Gaius und Paulus zu erkennen, für Marcellus und Ulpian zu vermuten ist, hätte demnach die von diesen Autoren befürwortete Anwendung der Metusklage auf den redlichen Dritten annehmbar gemacht[400].

III. Bevor die vermutete Entwicklungsgeschichte der Metusklage im Hinblick auf die restitutionsweise gewährte dingliche Klage ausgewertet werden soll, empfiehlt es sich, die Meinungen der modernen Romanistik zum Problem der Drittwirkung im Metusrecht zusammenhängend Revue passieren zu lassen und gegebenenfalls mit zusätzlicher Kritik zu versehen.

1. Für die Lehre vor Schulz war die Wirkung gegen Dritte im ganzen kein Problem. Wie für die (prätorische) *i. i. r.*, so wurde sie auch für die Metusklage im weitesten Umfang bejaht und damit begründet, daß zum Tatbestand des Klagschutzes anscheinend nicht ohne Absicht die aus

---

aber aus der passiven Formulierung des Ediktstatbestands herleiten. Vgl. oben S. 177 und Anm. 251.

[398] Zu den Stellen zuletzt Hartkamp 209 f. und 230. Sie sind nicht zu beanstanden.

[399] Zum Umfang des *quadruplum* Ulp. D. 4,2,14,7. Die Strenge der Restitutionspflicht wäre zu erklären aus der Rückbeziehung auf die Zeit der Einwirkung des *metus*, mit welchem zusammen die *gesta* die obligationserzeugenden Tatsachen bilden, deren nachteilige Folgen durch die Klage beseitigt werden sollen. Allgemein dazu Kaser, Restituere als Prozeßgegenstand[2] (1968) 38 f. Aufmerksamkeit verdienen im vorstehenden Zusammenhang vielleicht auch die Entscheidungen Julians D. 4,6,17 pr. und 21,2,39 pr., die Restitution gegen den Dritterwerber befürworten, der nur in das *simplum* verurteilt werden würde.

[400] In diesem Sinn hat sich auch Maier 152 ausgesprochen. Für Wechselwirkung zwischen Haftungserleichterung und Umfang des Anwendungsbereichs ferner Hartkamp: 243; 275; auch 230. Nach Hartkamp passim ist aber die abgestufte Haftung nicht eine Voraussetzung der Haftung überhaupt. Vielmehr soll die von jeher bestehende Haftung des Dritten erst vom 2. Jhdt. n. Chr. an gemildert worden sein. Siehe schon oben Anm. 377. Zu dieser These alsbald im Text.

Furcht vorgenommene Handlung des Gezwungenen erhoben worden war[401]. Legte man *metus causa factum* mit Recht so aus, dann hatte in der Tat die Annahme etwas für sich, daß der absolute Schutz des Gezwungenen bezweckt worden war. Zudem ließen die Quellen eine privilegierte Haftung des gutgläubigen Nachmanns erkennen. Keine besondere Beachtung erfuhr dabei die späte Herkunft dieser Regelung und vor allem die Tatsache, daß ein Juristenstreit überliefert war, der von Vivian und Pedius über Julian und Marcellus bis zu Ulpian reichte und die Anwendung der Metusklage auf den Nachmann zum Gegenstand hatte.

Demgegenüber suchte SCHULZ zu zeigen, daß die klassische Metusklage allein gegen den Erpresser zuständig gewesen war und daß die mit dieser These nicht übereinstimmende justinianische Überlieferung erklärt werden mußte aus einer kompilatorischen Einschmelzung der im klassischen Recht allein mit Drittwirkung ausgestatteten (prätorischen) *i. i. r.* in das Recht der Metusklage[402].

SCHULZ' Verschmelzungsthese wird seitdem allgemein akzeptiert, wenn auch mehr oder weniger mit Vorbehalten gegenüber seiner Quellenkritik im einzelnen[403]. Seine Auffassung von der Beschränkung der klassischen Metusklage auf den Furchterregenden (nach allgemeiner Meinung den Erpresser) hat dagegen zusehends an Anhängern verloren. MAIERS Kritik an SCHULZ hat, in der deutschen Romanistik jedenfalls, breite Zustimmung gefunden[404]. Und die jüngst erschienene Darstellung von HARTKAMP kehrt sogar auf die Linie der älteren Lehre zurück: Nach HARTKAMP war der Metusklage von Anfang an absolute Wirkung gegen Dritte eigen[405].

2. MAIER gegenüber können wir uns nach allem auf den Hinweis beschränken, daß es sich mit der Drittwirkung der Metusklage differenzierter verhält. Nur die Fallgruppe C ist Gegenstand des Juristenstreits. Der Fall B gehört in den genuinen Anwendungsbereich der Metusklage. MAIERS zutreffende Beobachtung, daß die Metusformel von Hause aus den Beklagten nicht als Urheber des *metus* (MAIER: als Erpresser) nennt, kommt so ins Lot. Die seit je gegen Dritte taugliche Formel ist seit je gegen Dritte praktiziert worden, nicht erst, wie MAIER wenig überzeugend meint, im Verlauf des 2. Jahrhunderts. (Daß die Metusklage gar nicht den Zwingenden als solchen

[401] Statt aller nochmals GRADENWITZ, Ungültigkeit 50; KARLOWA, RG 2,1068.

[402] SCHULZ, Metus 216 ff.; 228 ff. und passim.

[403] Siehe dazu die Arbeiten von MAIER und HARTKAMP.

[404] KUNKEL, RP 262; KASER, RP 1,213. Vgl. ferner BIONDI, Ist. di dir. rom.[3] (1956) 207. Zurückhaltend ARANGIO-RUIZ, Ist.[14] (1960) 106. Auf dem Standpunkt SCHULZ' stehen dagegen etwa VOCI, Ist.[3] (1954) 183; BURDESE, Manuale di dir. rom. priv. (1964) 230.

[405] Op. cit. 189 ff. und passim.

treffen will, steht noch auf einem andern Blatt.) Zustimmung aber verdient MAIER darin, daß die Kontroverse im 2. Jahrhundert die Tendenz einer Erweiterung des Anwendungsbereichs der Klage zum Ausdruck bringt[406].

3. Im Gegensatz zu MAIER hat HARTKAMP die gegenständliche Beschränkung des Juristenstreits berücksichtigt und entsprechend seiner Grundauffassung, daß die Anwendung der Klage gegen den gutgläubigen Nachmann Praxis von alters her war, gewürdigt. Die Meinungsgegensätze spiegeln für HARTKAMP den erfolglosen Versuch einer Mindermeinung, den Anwendungsbereich der Klage einzuschränken und den Fall C von der Haftung auszunehmen[407].

Im Kern dieser Auffassung findet sich wieder die für die ältere Lehre typische Überzeugung, daß zum Zweck der Wirkung gegen Dritte die Formulierung *metus causa* = aus Furcht gewählt worden sei[408]. Schon deswegen stehen HARTKAMPS Thesen für uns unter Vorbehalten. Sie sind aber auch in ihren Implikationen und Begründungen angreifbar. Wie schon angedeutet, liegt in der Konsequenz von HARTKAMPS Betrachtung das Fazit, daß vor Einführung der abgemilderten Haftung im 2. nachchristlichen Jahrhundert die Metusklage rigoros auch gegen den redlichen Nachmann praktiziert worden sein muß[409]. Ein solcher Rechtszustand scheint indes wenig glaubhaft, weil die Quellen einen Bedingungszusammenhang zwischen der Erweiterung der Passivlegitimation und den differenzierten Haftungsregelungen nahelegen. Einen Zusammenhang sieht zwar auch HARTKAMP, nur wäre aus seiner Sicht die mildere Haftung des redlichen Dritten lediglich einer Abwehrmaßnahme der herrschenden Meinung gegen die Mindermeinung zuzuschreiben[410]. Daß indessen die Erörterung abgestufter Haftung für die nachträgliche Korrektur einer ursprünglich und bis ins 2. nachchristliche Jahrhundert unterschiedslos gehandhabten Anwendung der Metusklage sprechen könnte und nicht vielmehr für die Absicherung einer Neuerung, ist m. E. auch wegen des römischen Sinns für Billigkeit schwer annehmbar. Hinzu kommt ein weiteres Argument, das mehr für eine den Anwendungsbereich erweiternde Entwicklung spricht als für die von HARTKAMP befürwortete. Für die Zeit vor Pedius und Vivian findet sich kein Hinweis auf einen Fall der Haftung eines (gutgläubigen) Nachmanns, weder in den juristischen noch in den literarischen Quellen. Auch HARTKAMP weiß keinen solchen Fall anzuführen. HARTKAMP stützt sich deshalb auf allgemeine

---

[406] MAIER 152 f.
[407] HARTKAMP passim, insbes. 212 f.; 217 f.; 273 ff.
[408] HARTKAMP 12.
[409] Besonders deutlich (im Zusammenhang mit der Erbenhaftung) 258 ff.
[410] HARTKAMP 243; 275.

Überlegungen, deren Schlüssigkeit aber in verschiedener Hinsicht ebenfalls anfechtbar scheint.

So etwa schließt HARTKAMP sich der Ansicht RUDORFFS an, nach welcher die *formula Octaviana* resp. die Metusklage mit den Repetundengesetzen in historischem Zusammenhang steht[411]. Da nun, wie wir wissen, unter bestimmten Voraussetzungen im Repetundenprozeß auch der Nachmann belangt werden konnte[412], folgert HARTKAMP für den Rechtsbehelf wegen *metus* das Gleiche: „Nur der Zusammenhang mit den Repetundengesetzen (kann) die bemerkenswerteste Eigenschaft der *actio quod metus causa*, nämlich ihre Drittwirkung, erklären."[413] Einen weiteren Beweis für die von Anfang an bestehende absolute Drittwirkung sieht HARTKAMP ferner darin, daß die Verurteilung im Metusprozeß keine Infamie nach sich zieht[414].

Allein zum letzten Punkt ist sofort zu sagen, daß bereits die Anwendbarkeit der Metusklage im Fall B das Fehlen der Infamie zureichend begründen könnte; denn dieser Dritte ist, wenn auch (regelmäßig) bösgläubig, so doch *alienus a vi*. Aber berücksichtigen wir HARTKAMPS Argumente zusammenhängend. Die Repetundengesetzgebung richtet sich gegen ausgesprochen deliktisches Verhalten, gegen bestechliches und vor allem erpresserisches Geldnehmen (römischer Magistrate und Senatoren)[415]. Die Verurteilung führt zur Infamie[416], ein weiteres Zeichen, daß eine als besonders verwerflich angesehene Handlung geahndet werden soll. Von hier aus wäre die Regelung zu erklären, daß nach den Gesetzen sogar Dritte, an die aus einer solchen Handlung stammende Beträge geflossen sind, belangt werden können. Der gesetzgeberische Skrupel, unbeteiligte Dritte zu behelligen, kommt aber beredt genug zum Ausdruck: Der Dritte haftet nur bei Insol-

---

[411] RUDORFF, Zeitschr. f. gesch. Rechtsw. 12 (1845) 155 ff. HARTKAMP 250 ff. Der Ansicht RUDORFFS wird heute allgemein gefolgt (vgl. die bei HARTKAMP 250 N. 21 angeführten Autoren), ohne daß freilich ihre Begründung einer Überprüfung unterzogen worden wäre. Das hat schon EBERT angemerkt. Gesch. des Edikts de hom. arm. coact. (1968) 110 N. 21. Siehe im folgenden.

[412] Vermutlich seit der *lex Servilia Glaucia* (111 v. Chr.). MOMMSEN, Strafrecht 732 mit Cicero, pro Rab. post. 4,9. Zur *lex Julia* Cicero loc. cit. 4,8: *Iubet lex Iulia persequi ab iis, ad quos ea pecunia, quam is ceperit, qui damnatus sit, pervenerit.* Vgl. noch HARTKAMP 253 und N. 32 mit weit. Lit.

[413] HARTKAMP 253.

[414] HARTKAMP 255 f.

[415] *Pecunias capere, cogere, auferre, avertere. Lex Acilia repet.* lin. 3. Dazu EBERT a. a. O. 109 f.

[416] Mit Ausnahme der älteren Gesetze bis zur *lex Acilia* (zweifelhaft). Einzelheiten bei KASER, SZ 73 (1956) 255 ff. mit weit. Lit. insbes. MOMMSEN, Strafrecht 729.

venz des verurteilten Täters und vermutlich nicht mit der Folge der Infamie[417].

Wie liegen aus HARTKAMPS Sicht die Dinge im Metusrecht? HARTKAMP kann mit Recht von der allgemeinen Meinung ausgehen, wonach hier ausschließlich Erpressung der rechtserhebliche Tatumstand ist, so daß sich für ihn im Tatsächlichen eine mit den Repetundengesetzen vergleichbare Lage ergibt. Hinsichtlich der Rechtsfolgen läßt sich aber Ähnliches nicht festellen. Im Metusrecht trifft, was unbestritten ist, selbst den Erpresser keine Infamie und nach HARTKAMP haftete der redliche Nachmann ursprünglich nicht nur gleichrangig neben dem Erpresser, sondern auch mit der ganzen Schärfe wie dieser — eine im Vergleich zum differenzierten Repetundenrecht rückschrittliche und jedenfalls sehr unterschiedliche Regelung, die m. E. mit den Repetunden als Vorbild plausibel nicht in Verbindung gebracht werden kann, auch nicht in der Weise HARTKAMPS[418]. Wenn ein gemeinsamer Nenner bezeichnet werden soll, so kann es nur ein sehr allgemeiner sein, der die entscheidenden Fragen ganz offen läßt: möglichst umfassende Restitution.

4. Die vorgetragene Kritik soll sich schon an dieser Stelle nicht in Feststellungen negativen Inhalts erschöpfen. Lassen sich die Besonderheiten der Metusklage (Restitutionsklausel, keine Infamie bei Verurteilung) erklären, ohne daß man zur Annahme originärer Wirkung gegen den Nachmann greifen muß? (So muß wohl das Problem formuliert werden, dessen Lösung HARTKAMP durch die Rückkehr zur älteren Doktrin zu geben sucht.)

Wir begnügen uns bei der Antwort vorerst mit einer Tatbestandsanalyse. Heranzuziehen sind dazu die Argumente, die aus der vorliegenden Untersuchung zur Begründung unserer Ansicht, der Nachmann sei erst später in die Haftung einbezogen worden, gesammelt werden können. Als Anknüpfungspunkt bietet sich die heute unbestrittene und sicher richtige Meinung an, daß die Metusformel von Hause aus die Person des Furchterregenden nicht nennt. Für uns folgt das bereits mit Notwendigkeit aus der Formulierung des Metusedikts[419]. Der Rechtsbehelf zeigt damit aber nicht nur Drittwirkung an (den Umfang einmal dahingestellt), sondern auch die tatbestandsmäßige Irrelevanz der spezifischen furchterregenden Handlung. Das läßt sich von der Vorstellung her, die Metusklage sei eine Sanktion wegen Erpressung, schwer erklären, zu allerletzt mit der Annahme, die Schöpfer

---

[417] Cicero, pro Rab. post. 4,8 (Insolvenz des verurteilten Täters). MOMMSEN, Strafrecht 732. Dort auch zum Fehlen der Infamie.

[418] Soweit HARTKAMP von *auferre* in der *lex Acilia* auf *auferre* in der *formula Octaviana* schließt (254 f.), vgl. die Kritik oben S. 163 ff.

[419] In der redigierten Fassung *metus causa gestum.* Modales *vi gestum* geht freilich auf den Beklagten als Zwingenden. Siehe dazu noch unten S. 231 ff.

der Metusklage wären um eine einheitliche, gegen den Erpresser wie den Dritten taugliche Formel bemüht gewesen, was bedeuten würde, sie hätten um der Formel willen die Privilegierung des Erpressers einerseits, die rigorose Behandlung des Dritten andererseits in Kauf genommen. Das wäre, mit RUDORFF zu sprechen, „ungefähr so befriedigend, wie wenn jemand verlangte, die Gestalt einer Person müsse sich nach dem Schnitt des für sie verfertigten Gewandes richten"[420]. Die von RUDORFF selbst freilich angeführten materiellen Prinzipien — Schutz des Gezwungenen, Auskehrung des Vorteils auch beim Dritten —, die „in derselben Weise für die Erpressung der Magistrate wie der einzelnen maßgebend gewesen" sein sollen, sind gerade dies doch offensichtlich nicht und erklären auch keineswegs, warum der verurteilte private Erpresser von der Infamie verschont bleibt und warum den Dritten die Strafe des *quadruplum* treffen kann, wenn deren Legitimation wesentlich in der erpresserischen Handlung zu sehen ist. Wie es scheint, ist die entscheidende Frage der inhaltlichen Kriterien bei RUDORFF nicht tief genug, nämlich als Frage nach dem rechtlich erheblichen Tatumstand, angesetzt. Es ist oben[421] versucht worden, die auch von RUDORFF geteilte Auffassung der Metusklage als Sanktion allein gegen Erpressung am Beispiel des Kollektivzwangs zu widerlegen, welcher Fall uns als ein der Metusklage von Anfang an eigener und typischer Anwendungsfall erschienen ist. Die Qualität der obligationserzeugenden Tatsache (Profitieren von einer Zwangslage) ist hier von der Art, die sowohl die Möglichkeit der Restitution und das Fehlen von Infamie verständlich macht, wie auch die Einstellung des „Gesetzgebers", der selbst mit den Kautelen der Repetundengesetze keine Haftung des Nachmanns anordnet. Zu erklären bleibt freilich das *quadruplum*, jetzt aber unter der m. E. allein zutreffenden Fragestellung einer Rechtsfolge für n i c h t erpresserisches Handeln, ein Gesichtspunkt, der auch die spätere (im Wege der Interpretation erfolgte) Einbeziehung des Nachmanns maßgeblich beeinflußt haben wird[422].

Für den Erpressungsfall kommt man zum gleichen Ergebnis, wenn es,

---

[420] RUDORFF a. a. O. 160 f. Bedenklich deshalb HARTKAMP, wenn er meint, die Erklärung für das Fehlen der Infamie liege „besonders darin, daß gegen den Erpresser und den Dritten dieselbe Formel gilt" (255). Oder: Daß die Verurteilung den Erpresser nicht infam macht, ergebe „sich daraus, daß im Prozeß die Schuld des Beklagten nicht bewiesen zu werden braucht" (256). Schließlich: Da im Repetundenverfahren die Prozesse gegen den Täter und den Dritten unterschieden wurden, sei „eine Differenzierung bei den mit der Verurteilung verbundenen Folgen möglich" gewesen (ebendort). Die Frage ist doch: Warum die gleiche Formel? Der Vergleich mit den Repetunden gibt nichts her. Vgl. noch sofort im Text.

[421] S. 188 ff.

[422] Siehe oben S. 208 ff.; ferner unten S. 232 f.

anders als bei den Repetundengesetzen, bei der Metusklage letztlich nicht um die Ahndung der spezifisch erpresserischen Tätigkeit geht. Insoweit schneidet *metus causa gestum* aus dem umfassenden Sachverhalt erpresserisch herbeigeführter Bereicherung lediglich die Schlußphase, den gleichsam neutralen, auf Furcht beruhenden Erwerb als den für die rechtliche Beurteilung entscheidenden Tatumstands heraus. Erpressung und Profitieren von einer Zwangslage erweisen sich unter dem Aspekt *metus* als zwei ineinander liegende verschieden große Kreise, von denen der innere die rechtlich maßgebenden Kriterien enthält[423].

In beiden Fällen zeigt sich das Besondere einer Haftung des Nachmanns: Die tatbestandsmäßige Handlung des Vormanns ist nicht von der Qualität des Repetundentäters, die von vornherein eine wie auch immer beschaffene Haftung des Nachmanns als selbstverständlich erscheinen lassen mußte. Damit ist ein weiteres Argument für die These gegeben, daß der Fall C, zum mindesten was den gutgläubigen Nachmann betrifft, erst nachträglich in den Anwendungsbereich der Metusklage einbezogen wurde und dies der Gegenstand des Juristenstreits gewesen ist.

IV. Daß die absolute Wirkung der Metusklage Bestrebungen entspringt, den ursprünglichen Anwendungsbereich der Metusklage zu erweitern, könnte für die dingliche Klage, so wie Ulpian in D. 4,2,9,6 (11 ad ed) auf sie zu sprechen kommt, von besonderer Bedeutung sein, zumal uns Ulpian als entschiedener Verfechter eines umfassenden Klageschutzes entgegentritt:

> Licet tamen in rem actionem dandam existimemus, quia res in bonis est eius, qui vim passus est, verum rel.

Das Merkwürdige, daß die *in rem actio* Meinungssache sein kann, ist oben[424] schon erörtert worden. Ebenso merkwürdig mag der im Text ausgedrückte Zusammenhang zwischen der dinglichen Klage und dem *in bonis esse* berühren[425]. Für gewöhnlich wird die Klage als ein konstitutives Element des bonitarischen Eigentums angesehen[426], nicht als dessen Folge. Eine ältere Lehre huldigte deshalb hier einem Satz, wonach die erzwungene Manzipation nur quiritisches Eigentum übertragen und dem Veräußerer bonitarisches Eigentum belassen hätte, ohne daß damit eine Klagemöglichkeit verbunden gewesen wäre. Dieses *in bonis esse* soll dann im Wege der *i. i. r.* durch eine „restituierte“ Vindikation vervollständigt worden sein[427].

---

[423] Warum, bleibt allerdings die weitere Frage. Dazu unten S. 231 ff.

[424] S. 136. Über die in der Stelle behandelte Klagenkonkurrenz unten S. 233 ff.

[425] Zum sog. bonitarischen Eigentum Gai. 1,54; 2,40. Kunkel, RP 123; Kaser, RP 1,342 mit weit. Lit. Zuletzt Kaser, SZ 78 (1961) 173 ff.

[426] Statt aller Kaser, SZ a. a. O. 184.

[427] Erman, SZ 13 (1892) 199 N. 1; Levy, Konk. II 164; 172 N. 7. — Eine ins-

Demgegenüber hat BESELER wieder das konstituierende Moment der Klage in den Vordergrund gerückt und, von dieser Warte aus konsequent, die Echtheit des Textes angezweifelt: „Das *quia* verwechselt Ursache und Wirkung."[428] Müßte es in der Tat nicht richtig heißen: die Sache ist *in bonis*, weil es eine dingliche Klage gibt[429]?

Diese Überlegung mag dem Einwand ausgesetzt sein, hier werde der Logik zuviel abverlangt. Indessen läßt sich der kritische Ansatz absichern und der überlieferte Text durchaus streng interpretieren, wenn die *in rem actio* als Folge eines bereits anderweitig konstituierten *in bonis esse* angesehen werden kann. Über *dandam existimemus* kommt man ohnehin nicht so leicht hinweg. Nicht ohne Belang ist vielleicht auch, daß für Ulpian die Konsumption der dinglichen Klage durch die quadruplatorische im Vordergrund steht.

Die Lehre scheint wohlbegründet, daß erst der absolute Schutz des Begünstigten bonitarisches Eigentum schafft[430]. In bezug auf offensive Rechtshilfe heißt das Klage gegen jedermann. Gedacht wird dabei an eine

---

besondere von SCHULIN (Über einige Anwendungsfälle der Publiciana in rem [1873] 45 ff.) vertretene Lehre folgerte aus fr. 9,6, daß dem gezwungenen Veräußerer ohne weiteres die *actio Publiciana* zugestanden habe. Durchschlagend dagegen bereits SCHLOSSMANN, Zwang 103; 105; ferner SCHULZ, Metus 175 N. 1; MAIER 53. SCHLOSSMANN selbst nimmt es mit dem Ursachenzusammenhang in fr. 9,6 aber nicht so genau; a. a. O. 108.

[428] BESELER, Beitr. 1,73; v. LÜBTOW 256. Vgl. auch SCHULZ, Metus 200.

[429] Mit dieser Kritik wird die Annahme bonitarischen Eigentums des gezwungenen Veräußerers aber nicht preisgegeben. Vgl. v. LÜBTOW 12 f.; 24 f.; SCHULZ, Metus 175 und N. 1. Ganz anders dagegen MAIER 53: solange keine Beseitigung der Veräußerung durch *i. i. r.*, solange keine reszissorische Vindikation und damit auch kein bonitarisches Eigentum; die bloße Restitutionsmöglichkeit begründe kein *in bonis esse*. Diese Deutung, mit der MAIER, soweit ich sehe, allein geblieben ist, dürfte heute wohl überholt sein, nachdem auch die traditionelle Lehre nicht mehr auf einem separaten Vorverfahren mit Restitutionsdekret besteht, sondern die Möglichkeit einer durch Erteilung der reszissorischen Vindikation gewährten *i. i. r.* einräumt. Oben S. 95 f. Ab wann sollte der Gezwungene als bonitarischer Eigentümer anzusehen sein? (Siehe im übrigen zu den Implikationen der These MAIERS noch unten Anm. 435.) Damit erledigt sich auch MAIERS Meinung, nur der gezwungene Veräußerer (Manzipant), der nicht übergeben habe, sei bonitarischer Eigentümer. Neuerdings hat HARTKAMP (128 f.) diesen Gedanken wieder aufgegriffen, mit der, wenn ich ihn recht verstehe (vgl. noch 133), merkwürdigen Konsequenz, daß (anders als für MAIER) selbst *i. i. r.* und reszissorische Vindikation den besitzlosen Veräußerer nicht zum bonitarischen Eigentümer machen, es sei denn, er habe den Besitz zwischenzeitlich einmal wiedererlangt. Dunkel sind mir auch HARTKAMPS Ausführungen zu fr. 9,6 selbst (129).

[430] KASER, SZ 78 (1961) 184 und passim. Für bonitarisches Eigentum auch desjenigen (Ersitzungsbesitzers), der noch der *rei vindicatio* des zivilen Eigentümers ausgesetzt ist, dagegen WUBBE, Res aliena pignori data (1960) 75 N. 5; 76 und

dingliche Klage, wie sie den verschiedenen Erscheinungsformen des bonitarischen Eigentums zu entnehmen ist und wie es der dinglichen Berechtigung entspricht, die per se Schutz gegenüber Dritten gewährt[431]. Daraus kann m. E. aber nicht ohne Bedenken gefolgert werden, daß die Möglichkeit bonitarischen Eigentums auf die Begründung durch *a. in rem* beschränkt ist. Das *in bonis esse* reflektiert umfassenden prozessualen Schutz, und dieser Gedanke ist auch dann verwirklicht, wenn der absolute Schutz durch eine persönliche Klage hergestellt wird. Die herausragende Bedeutung der *a. in rem* für das bonitarische Eigentum wäre danach der Tatsache zuzuschreiben, daß persönliche Klagen in der Regel ausscheiden, weil sie sich ihrer Natur nach nur gegen eine bestimmte Person richten. Wo aber ausnahmsweise das Gegenteil der Fall ist, müßte die Begründung bonitarischen Eigentums durch *a. in personam* in Betracht gezogen werden. Quellenmäßig ist hier auf einen Satz Modestins, des nach der Überlieferung letzten Klassikers, zu verweisen, der das *in bonis esse (habere)* so umschreibt:

Mod. D. 41,1,52 (7 reg) Rem in bonis nostris habere intellegimur, quotiens possidentes exceptionem aut amittentes ad reciperandam eam actionem habemus.

Der Gedanke, daß mit der *actio* allein auf die *Publiciana* angespielt sein könnte und entsprechend mit der *exceptio* auf die *exc. rei venditae et traditae,* ist aus traditioneller Sicht verständlich[432], wenngleich im Hinblick auf die reszissorische Vindikation des gezwungenen Veräußerers vielleicht zu eng. Uns scheint freilich von größerer Bedeutung, daß überhaupt ganz allgemein von *actio* die Rede ist, ohne Einschränkung auf eine dingliche Klage, und entsprechend neutral von *exceptio.* Die Umschreibung in fr. 1,52 trifft exakt auf die Rechtsstellung des Metusopfers so zu: Als Beklagten schützt ihn die *exc. metus* absolut[433] und spätestens seit Ulpian ist solcher Schutz auch mit der Metusklage gegeben. Damit wären die Voraussetzungen für das *in bonis esse* erfüllt, das im Gewand eines abstrakten Satzes übrigens gut zu Modestin und der Literaturform der *regulae* passen würde[434], ohne daß Modestin eigens an den Metusfall gedacht haben muß[435].

Zurück zu Ulpians Diktum:

Licet tamen in rem actionem dandam existimemus, quia res in bonis est eius, qui vim passus est rel.

---

ihm folgend Wieacker, TR 30 (1962) 65 ff.; Feenstra, Symb. David I (1968) 65 ff. Die Frage kann hier auf sich beruhen.

[431] In Frage steht jeweils die *a. Publiciana.* Kaser a. a. O.

[432] Kaser a. a. O. 183 f.

[433] Oben S. 117 f.

[434] Schulz, Geschichte der röm. Rechtsw. (1961) 210.

[435] Soweit fr. 1,52 konkret verdächtigt wird (Kaser a. a. O. 183), geht das vor

Das Neuartige der *in rem actio*, das in *dandam existimemus* zum Ausdruck kommt und durch *postquam placuit in rem quoque dari actionem* aus dem Reskript Gordians[436] bestätigt wird, könnte in aufschlußreicher Beziehung zur Einstellung Ulpians in dem Meinungsstreit über die Haftung des Zweiterwerbers stehen. War man einmal bei einem Anwendungsbereich der Metusklage (und der *exc. metus*) angelangt, der den Gezwungenen zum Bonitarier machte, so konnte und mochte man sich überlegen, ihm entsprechend abgewandelt auch den dem Bonitarier sonst zustehenden dinglichen Klageschutz zu gewähren, der dort freilich das bonitarische Eigentum erst konstituierte, hier dagegen nur mehr in Konsequenz eines zuvor schon entstandenen *in bonis esse* zum Zuge kam. Ein höchst praktischer Grund wird dabei nicht außer acht gelassen werden dürfen. Auf dem Wege eines dinglichen Restitutionsverfahrens ließ sich mit Sicherheit die Gefahr vermeiden, die allen prozessualen Schutzmaßnahmen zum Trotz die quadruplatorische Klage für den redlichen Dritten heraufbeschwor[437]. Das ist etwa gegen Schlossmann zu betonen, der an sich richtig die Sonderstellung der *a. in rem* im Rahmen des Rechtsschutzes wegen *metus* erkannt hat[438]. Schloss-

allem auf Maiers (53) Kritik zurück. Daß ausschließlich dingliche Klagen bonitarisches Eigentum zu begründen vermögen, wird indessen von Maier postuliert, nicht bewiesen. Der schon oben Anm. 429 beanstandete formale Standpunkt dient denn auch einem anderen Zweck als dem einer unvoreingenommenen Würdigung des Modestinfragments. Maier geht es um die Absicherung seiner Interpretation von D. 40,13,2, in welcher Stelle Maier zufolge (49 ff.) Marcellus die Nichtigkeit der testamentarischen Freilassung eines unter Zwang veräußerten Sklaven wahrscheinlich aus der *lex Aelia Sentia* folgert. Diese Deutung sieht Maier gefährdet, wenn der Sklave im bonitarischen Eigentum des Gezwungenen steht und schon deshalb vom Erwerber nicht freigelassen werden kann. Vgl. Gai. 1,54; 167. Hier bewährt sich unsere Auffassung von der Entwicklung des Rechtsschutzes wegen *metus*. Wenn das bonitarische Eigentum des Gezwungenen nicht seit je infolge prätorischer *i. i. r.* diskutabel war, sondern erst in der Spätklassik über den absoluten Schutz durch die Metusklage, dann argumentierte der Hochklassiker Marcellus (trotz D. 4,2,9,8) zu Recht mit der *lex Aelia Sentia*, abgesehen davon, daß im Fluß der geschichtlichen Entwicklung nicht von heute auf morgen gleichsam automatisch nach allen Richtungen hin eine Gleichstellung des gezwungenen Veräußerers mit den bis dato anerkannten Bonitariern vorgenommen worden sein wird; die prozessuale Anpassung lag da am nächsten. Das wäre vielleicht gegen Modestin (und Ulpian) einzuwenden. Immerhin erwirbt nach PS 1,7,6 der *servus per metum mancipatus* für den Veräußerer. Andererseits scheint die Freilassung durch den Erwerber wirksam gewesen zu sein, so jedenfalls bei der vergleichbaren Veräußerung durch den Minderjährigen, PS 1,9,5 a = D. 4,4,48,1. Vorrang des *favor libertatis*?

[436] C. 2,19,3. Oben S. 136 f.

[437] Oben S. 210.

[438] Zwang 102. Schlossmann, sieht aber in der Metusklage nur eine *i. i. r.* im weiteren Sinn (oben S. 124 Anm. 4), die „wahre *i. i. r.*" ist auch für ihn die prä-

MANN meint aber im Hinblick auf die ihn sonst beispiellos dünkende „Luxuriosität in Gewährung von Rechtsmitteln“, die *a. in rem* sei zu einer Zeit eingeführt worden, in welcher sich die Wirkung der Metusklage gegen Dritte noch nicht durchgesetzt hatte[439]. Das steht aber nicht nur in Widerspruch zu den Quellen, die die *a. in rem* als eine späte Erscheinung ausweisen, nicht älter als die Metusklage gegen den Nachmann. Es bleibt dabei auch außer acht, daß mit dem Anwendungsbereich der Metusklage wohl jeweils die Grenzen des Rechtsschutzes wegen *metus* überhaupt abgesteckt waren. Die *a. in rem* als Zeichen einer (prätorischen) Aufhebung der ersten Veräußerung mit den Konsequenzen, die sich aus der römischen Ablehnung des gutgläubigen Erwerbs ergeben *(erga omnes)*, erweckt jetzt den Eindruck eines abstrakten Schemas, dem die differenzierte Geschichte des Metusrechts an historischer Wahrscheinlichkeit überlegen scheint.

Nach allem muß die *in rem actio* als Folge eines *in bonis esse* den wahren Sachverhalt keineswegs auf den Kopf stellen, wie es für BESELER den Anschein hat. Das Phänomen kann den Entwicklungsprozeß spiegeln, der sich im Anwendungsbereich der Metusklage vollzieht.

Abschließend wäre zur dinglichen Klage noch folgendes zu bemerken. Es ist an anderer Stelle dafür plädiert worden, daß es sich um eine reszissorische Vindikation gehandelt haben wird[440]. Wenn es nun richtig ist, daß hier eine Schöpfung spätklassischen Juristenrechts vorliegt, dann ist ihre Einführung durch ein besonderes (Restitutions-)Edikt nicht zu erwarten, nachdem unter Hadrian die Jurisdiktionsedikte endgültig festgelegt worden waren[441]. Möglich wäre es, daß ihre Erteilung an das Metusedikt angelehnt wurde, für wahrscheinlicher halte ich eine Lokalisierung bei der *rei vindicatio* mit ihren fiktizischen Fassungen. Dies einmal deswegen, weil *ex hoc edicto* in D. 4,2,9,7, das sich in unserer Sicht auf das Metusedikt bezieht, einen bezeichnenden Gegensatz zu der im vorangegangenen Paragraphen erwähnten dinglichen Klage erkennen lassen könnte[442]. Vor allem aber dürfte das Gordianreskript C. 2,19,3 jetzt beweiskräftig sein. Danach wurde die *in rem actio* gewährt *secundum formam perpetui edicti.*

---

torische; a. a. O. 94; 100. Sie hat es seiner Meinung nach freilich bei *metus* außer in den Fällen von Erbschaftsantritt und Erbschaftsausschlagung nicht gegeben; a. a. O. 96 ff. Zu diesen Fällen oben S. 154 ff.

[439] Zwang 109.

[440] Oben S. 134 Anm. 54.

[441] Const. Tanta 18. KUNKEL, Röm. Rechtsgesch.[5] (1967) 96; KASER, Röm. Rechtsgesch.[2] (1967) 148. Beide Autoren weisen darauf hin, daß seitdem der Rechtswissenschaft (zunehmend freilich der Kaisergesetzgebung) die Fortbildung des Rechts oblag.

[442] Oben S. 137 f.

§ 14
Schlußfolgerungen

I. 1. Dem Tatbestand entsprechend, der im vorliegenden Kapitel für Metusedikt und -formel entwickelt worden ist, muß als Konsequenz ins Auge gefaßt werden: auf *Titius*, der die Manzipation nicht an sich, sondern an *Seius* erzwungen hat, treffen die Voraussetzungen des Rechtsbehelfs nicht zu. Ebensowenig kommt im Fall nichtfinaler Furchterregung (z. B. bei Kollektivzwang) die Person des Furchtauslösenden als Beklagter in Betracht. Es wäre nur eine reine Vermutung und außerdem kein prinzipielles Gegenargument, daß die Formel durch Umstellung[443] oder auf andere Weise gegen den materiell nicht Begünstigten brauchbar gemacht worden sein könnte. Der „unzweifelhaft klassische Fall"[444] ist nicht belegt[445], und ließen sich Anzeichen für ihn finden, so würde er den Rahmen einer die Regel bestätigenden Ausnahme nicht sprengen müssen[446]. Man muß sich auch fragen, gegen wen und auf welche Weise etwa bei *vis hostium vel latronum* (Pomp. D. 4,2,9,1) die Metusklage denkbar gewesen wäre außer gegen den allein erreichbaren Erwerber. Und im Fall des Heraklides (Cicero, pro Flacco 21,49) ist offensichtlich selbst der verschlagene Temnite nicht auf den Gedanken gekommen, gegen den von ihm als Urheber des *metus* bezeichneten Flaccus gerichtlich vorzugehen. Wenn wir es richtig sehen, dann scheidet nach der Zielsetzung der Metusklage die Haftung des uneigennützigen Täters mit derselben Logik aus, wie es bei prätorischer Restitution der Fall ist: Wo kein (rechtsgeschäftlicher) Erwerb vorliegt, kann weder Reszission noch Restitution angeordnet werden.

Bestätigt wird das durch einen Satz Ulpians:

> D. 4,2,9,8 (11 ad ed) Cum autem haec actio in rem sit scripta nec personam vim facientis coerceat, sed adversus omnes restitui velit quod metus causa factum est: rel.

Levys Kritik[447] („Der bis zu einer Verneinung des *personam vim facientis coercere* sich versteigende Satz ... ist interpoliert.") kommt noch aus

---

[443] So Maier 133.

[444] Maier a. a. O.

[445] Auch nicht durch das Pediuszitat in D. 4,2,14,5 (oben S. 208 f.), wie Schmidt 19 meinte. Der Kontext spricht für Zwischenerwerb (vgl. auch Maier 131 ff.; Hartkamp 211 ff.; 217), jedenfalls kann ein solcher nicht ausgeschlossen werden. Gleiches gilt in anderen Fällen, etwa Ulp. eod. 16 pr.

[446] Zu verweisen wäre allenfalls auf die Fälle, in denen überhaupt keine Erwerbshandlung vorlag, Ulp. D. 4,2,9,2, oben S. 152 ff. Bezeichnenderweise aber haben sich die Juristen hier mit der Auslegung von *gestum* beholfen.

[447] Privatstrafe 73 N. 7.

der Sicht der Lehre vor SCHULZ, die die Anwendbarkeit der Metusklage auf Dritte für klassisch hielt, an der Klassizität einer Haftung des uneigennützigen Erpressers *Titius* aber ebensowenig zweifelte. Mit einer geringfügigen Korrektur ließ sich fr. 9,8 dieser Lehre anpassen. SCHULZ' Unechtheitsvermutungen fallen entsprechend seiner strengen Grundauffassung anders aus. Nach SCHULZ hat Ulpian fr. 9,8 zu dem prätorische Restitution verheißenden Metusedikt geschrieben: *cum autem praetor hoc edicto in rem loquatur nec personam vim facientis coerceat*[448]. Das ist, hält man das Schlußstück für echt, aus traditioneller Sicht nur folgerichtig; denn gegenüber *Titius* ist prätorische Restitution nicht denkbar.

Wir können jetzt gleichsam das Mittel aus dieser gegensätzlichen Quellenkritik ziehen und die jeweils für echt gehaltenen Teile zum überlieferten, echten Ganzen wieder zusammenfügen. *Nec personam vim facientis coerceat* bedarf der Ausrichtung auf prätorische Restitution nicht, würde sie wegen *coercere* auch schwerlich tragen. Der Satz läßt sich ohne weiteres für die Klage mit derjenigen Auslegung des Klagetatbestands halten, die im Mittelpunkt der vorliegenden Untersuchung steht.

2. Damit hat sich in gewisser Weise eine Umkehrung des SCHULZschen Standpunkts ergeben. Nach SCHULZ geht die klassische Metusklage nur gegen den Zwingenden und kann folglich im Fall B nur gegen *Titius* gerichtet sein[449]. An der Haftung des *Titius* zweifeln aber auch diejenigen nicht, die der Metusklage bereits für die klassische Zeit Wirkung gegen Dritte zuschreiben[450]. Daß die Metusklage vor allem eine Strafklage wegen erpresserischer Furchterregung ist, gilt als ein gesicherter und der Nachprüfung nicht weiter bedürftiger Satz der modernen Romanistik. Jede Diskussion darüber scheint durch die *poena quadrupli* abgeschnitten, das höchste Vielfache, das im römischen Recht bei der Normierung von Strafen zur Anwendung kommt[451].

Man darf indessen nicht auf das *quadruplum* verweisen, ohne zugleich das für eine quadruplatorische Klage ganz und gar Ungewöhnliche zu erwähnen, daß die Klage eine Restitutionsklausel enthält und daß die Verurteilung nicht infam macht. Wie ist diese „auffällige Verbindung von Strenge und Milde"[452] zu erklären?

SIBER[453] sieht darin Rücksichtnahme auf Erpressungen in den Provinzen.

---

[448] Metus 243. Vgl. ferner v. LÜBTOW 193 f.
[449] So ausdrücklich v. LÜBTOW 258.
[450] Z. B. MAIER 133.
[451] Vgl. I. 4,6,21.
[452] KASER, SZ 84 (1967) 512 N. 12.
[453] Röm. Privatrecht (1928) 234.

Kaser[454] denkt an Mißbrauch politischer Macht, gegen welchen sich die Metusklage offensichtlich primär gerichtet habe. Für Kelly[455] wiederum ist das Fehlen der Infamie ein Zeichen dafür, daß die Metusklage insbesondere zur Anwendung auf Erpresser minderen Standes gedacht war, die keine bürgerliche Ehre zu verlieren hatten. Politische Motive vermutet auch er hinter der Einführung des Rechtsbehelfs, ebenso wie letzthin Balzarini[456]. Präzisieren läßt sich das Argument aber anscheinend nicht.

3. a) Der wohl zutreffende Gedanke an politische Hintergründe wird ergiebiger, wenn man sich zunächst von der Auffassung trennt, die auch bei Kaser und den anderen Autoren durchscheint: daß tatbestandsmäßig nur die final durch Zwang herbeigeführte Vermögensverschiebung ist. Ist man für einen umfassenderen Anwendungsbereich offen, dann zeichnet sich hinter dem Tatbestand *metus causa gestum* das Bild eines Rechtsbehelfs ab, der keineswegs allein durch Erpressung gekennzeichnet ist, sondern vielmehr auch Fälle erfaßt, in denen jemand von der Zwangslage eines andern profitiert, ohne sich selbst erpresserisch zu betätigen. Den solcherart politisch relevanten Fall haben wir u. a. im Bereich der Proskriptionen aufgesucht[457], die anscheinend nicht zufällig ihr Unwesen erstmalig zu einer Zeit treiben, in die aller Wahrscheinlichkeit nach die Entstehung des Metusedikts fällt. Sollte hier Ausgleich bzw. Rückgabe verlangt werden können, so kam als Beklagter nur der materielle Nutznießer, kam als Grundlage eines entsprechenden *iudicium (in factum)* nur der auf Zwang beruhende Vermögensvorteil in Betracht. Dabei mochte in scharfem politischen Gegenzug das *quadruplum* als willkommenes Instrument empfunden worden sein, den Erwerb *metus causa* seinem objektiven Verstoß gegen eine wiederhergestellte Rechtsordnung nach eindringlich zu mißbilligen und die angestrebte Restitution zu garantieren[458]. Ein solches Element der Erfolgshaftung war um so eher vertretbar, als der Beklagte in der Regel die Zwangslage des Klägers gekannt haben wird und vielleicht sogar nicht immer über den Verdacht erpresserischer Ausnutzung der Zwangslage erhaben war. Das

---

[454] A. a. O.; ferner RP 1,213.

[455] Roman Litigation (1966) 16.

[456] 144 f.: im Rahmen einer antisullanischen Politik. Das ist nicht von der Hand zu weisen. Vgl. alsbald im Text. Gegen Balzarini Hartkamp 247 N. 9 in fin. (248). Zu Hartkamps eigenem Versuch, über die Repetundengesetze eine Erklärung zu gewinnen (vgl. noch 249 N. 17), siehe oben S. 219 ff.

[457] Oben S. 189 f.

[458] Fielen die Regelungen der Repetundengesetze der politischen Stellung ihrer Urheber entsprechend jeweils unterschiedlich aus (Mommsen, Strafrecht 709), so ließ sich der neutrale Metustatbestand sozusagen nach jedem „Umschwung" praktizieren.

Bewußtsein, wenn nicht spezifisch rechtswidrig, so doch moralisch anfechtbar gehandelt zu haben, ließ sich nicht leicht ableugnen. Dennoch leuchtet es ein, daß auch dem Bösgläubigen eine Restitutionsmöglichkeit offen gehalten und davon abgesehen wurde, seiner Verurteilung auf das Vierfache infamierende Wirkung beizulegen; denn ein spezifischer, erpresserische Zwanganwendung betreffender Vorwurf konnte konkret nicht erhoben resp. bewiesen werden[459].

Diese Eigentümlichkeit der Metusklage spiegelt sich schon in den Kontroversen Senecas.

Excerp. contr. 4,8: Non mea, inquit, sed aliena vis fuit. Aeque dignus est poena qui ipse vim adhibet et qui ab alio admota ad lucrum suum utitur.

Contr. 9,3 (26),9: An si in re vis et necessitas est, ita tantum rescindantur quae per vim et necessitatem gesta sunt, si vis et necessitas a paciscente adhibita est. Nihil, inquit, refert mea an tu cogaris, si non a me cogeris; meam culpam esse oportet, ut mea poena sit. Non, inquit; neque enim lex adhibenti vim irascitur, sed passo succurrit et iniquum illi videtur id ratum esse quod aliquis non quia voluit pactus est, sed quia coactus est.

Und für Senecas Zuverlässigkeit spricht

Ulp. D. 4,2,14,3 (11 ad ed) In hac actione non quaeritur, utrum is qui convenitur an alius metum fecit: sufficit enim hoc docere metum sibi illatum vel vim, et ex hac re eum qui convenitur, etsi crimine caret, lucrum tamen sensisse rel.

Trotz *poena* (vgl. auch Ulp. eod. 13,2 und öfter) kommt es nicht auf *culpa*, nicht auf *crimen* an! Wir müßten dieses hybride Gebilde für ganz und gar unklassisch erklären, hätten wir nach allem nicht mehr Grund, es einem hybriden Zeitalter zuzuschreiben, das im Umbruch vom aristokratischen Stadtstaat zum monarchisch regierten Weltreich eine Anwort auf die Erschütterung seiner politischen Fundamente zu geben sucht[460].

---

[459] Zum Gedanken einer Strafe ohne Schuld auch Hartkamp 244 N. 2 in fin. (245), allerdings ganz unter dem Aspekt einer Haftung für Erpressung des Vorerwerbers. Weder in dieser Form noch als Haftung des Nachmanns bei Ausnutzung einer Zwangslage stand u. E. eine Drittwirkung bei Abfassung des Metusedikts zur Debatte. Es geht aber um die Begründung der Klage in ihren Ausgangsfällen. Zur Erpressung alsbald im Text.

[460] Gegen die Verdächtigung von fr. 14,3 durch Beseler, Beitr. 1,48; 75; Schulz, Metus 249 („freie Schöpfung der Kompilatoren"); v. Lübtow 183 f. siehe schon Maier 122 ff. und jetzt Hartkamp 204 f. Was Maier allerdings an Verdachtsgründen gegen den zweiten Satz anführt (nicht die Beweiserleichterung sei bei einer *actio in rem scripta* das Entscheidende gewesen, sondern die Richtung gegen den Dritten), ist durch die oben S. 178 ff. kritisierte Auffassung der *actio in rem scripta* bedingt. Im übrigen wird *lucrum* nicht technisch „Bereicherung" bedeuten (den Gedanken des Wegfalls der Bereicherung womöglich noch eingeschlossen, vgl. Schulz a. a. O.; Hartkamp 205 N. 21). Ferner ist *lucrum sensisse* ein weiteres Indiz für

b) Der erste Satz von fr. 14,3 führt noch einen notwendigen Schritt weiter. Es bleibt unbefriedigend, daß das soeben Gesagte auch für den (politisch motivierten) Erpresser gelten soll, bei dem sich der Tatbestand des rein kausal auf Zwang beruhenden Erwerbs zwar herausheben läßt, dieserhalb seine Gleichstellung aber noch nicht plausibel wird. Wenn freilich ein gemeinsamer Rechtsbehelf für beide Fallgruppen beabsichtigt war, dann konnten die Rechtsfolgen nur an dem minder schweren Fall orientiert werden. Weshalb aber wäre ein einziger Rechtsbehelf gewollt gewesen? Ein Blick auf die historische Ausgangslage gibt hier vielleicht eine Antwort.

Trifft es zu, daß bei der Abfassung der Metusklage der Restitutionszweck im Vordergrund stand und daß auch lediglich kausaler Zwang berücksichtigt werden sollte, dann könnte dadurch allerdings ein einheitlicher Straftatbestand *(vi metusve causa gestum)* gegenüber zwei selbständigen *(vi gestum* und *metus causa gestum)* präjudiziert gewesen sein — der Ausschlußwirkung wegen. Gerade die Metusfälle, die sich infolge von Proskriptionen ergaben, mögen beweismäßig oft schwierig gelegen haben, weil sich nicht feststellen ließ, ob der Beklagte in erpresserischer Ausnutzung der Zwangslage (z. B. Drohung mit Denunziation oder Preisgabe an die Häscher) gehandelt hatte oder nicht[461]. Eine reine Klage wegen Erpressung *(vi gestum)* hätte hier nicht durchdringen können, der Weg über den zweiten Rechtsbehelf *(metus causa gestum)* aber wäre möglicherweise versperrt gewesen, da mit der Finalität des Zwangs auch dessen Kausalität bereits zur Debatte gestanden hatte[462]. Mit einem Rechtsbehelf, der die beiden Tatbestände vereinigte, war diese Komplikation vermieden. Haftete der Beklagte nicht nach der einen Alternative, so nach der anderen. Damit aber war entschieden, daß sich das Edikt gegen den Erpresser nur richten konnte, insoweit er (materiell begünstigt und) m ö g l i c h e r w e i s e ein Erpresser war. Dieser Umstand mochte in einer Art Kompensation dem Rechtsbehelf zu seiner eigentümlichen Gestalt mitverholfen haben: Wenn der Beklagte ein Erpresser war, dann traf ihn die *poena quadrupli* zu Recht. War er keiner, dann blieb ihm die Möglichkeit, durch Restitution die Verurteilung abzuwenden. Daß auch dem Erpresser diese Möglichkeit

---

gestum als Erwerbshandlung, auch wenn die nachfolgenden Beispiele aus der Perspektive des Opfers gebildet sind. Siehe oben S. 146 ff. Ebenso läßt sich das *damnum* Ulp.-Jul. D. eod. 12,2, wenn überhaupt echt, in Korrelation zur Erwerbshandlung begreifen.

[461] Ähnliche Situationen sind bei Beklagten denkbar, die sich im Gefolge eines so tyrannischen Statthalters wie Verres Vermögensvorteile zu verschaffen wußten.

[462] Allgemein zur Ausschlußwirkung KASER, RZ 229 ff.; 234 f. — Zu Ulp. D. 44,7,60 (vgl. auch 50,17,130 und I. 4,9,1 in fin.) eingehend LEVY, Konk. II 225 ff.

offenstand, mußte in Kauf genommen werden. Infamie aber hatte bei einem solchen Tatbestand auszuscheiden.

In der judizialen Praxis mußte bei dieser Sachlage, wenn wir sie richtig sehen, die Alternative *metus causa gestum* als die beweismäßig günstigere dominiert haben, und da sich an ein bewiesenes *vi gestum* keine anderen Rechtsfolgen anknüpften, war diese Tatbestandsalternative genau besehen sogar überflüssig. Der hieraus zu erwartende Einwand gegen unsere Überlegungen wandelt sich im Hinblick auf die Geschichte des Metusedikts in ein Argument dafür: Mit der Redaktion wurde formal nachgeholt, daß die Erpressung praktisch gesehen von vornherein auf die Tatbestandsalternative *metus causa* abgedrängt war[463]. Den Verfassern des Metusedikts wäre indessen zugute zu halten: Aus dem prozessualen Problem die Konsequenz zu beherzigen, daß man auf *vi (gestum)* verzichten konnte, hätte auch den Verzicht auf gelegentliche Subsumtion einer Erpressung bedeutet, des Falles, der, wenn auch im Rahmen eines größeren rechtsetzenden Programmes nur unvollkommen regelbar, rechtspolitisch doch mit im Zentrum des Metusedikts stand. Die vermutlich hadrianische Ediktsredaktion bewiese demnach nicht nur den römischen Sinn für juristische Ökonomie, sondern auch die Tatsache, daß seit Augustus bestimmte politische Implikationen des Rechtsbehelfs weggefallen waren.

Wir sehen also die Metusklage hervorgegangen aus den Wirrnissen der späten Republik und zu dem Zweck geschaffen, zwei Fallgruppen zu erfassen, bei welchem Vorhaben politische und prozessuale Momente die Gestalt des Rechtsbehelfs maßgeblich beeinflußt haben.

4. Daß ein Rechtsbehelf den Erpresser nur bedingt wegen der erpresserischen Zwanganwendung treffen will, kann eine Lehre, die den Römern eine von jedem pönalen Element freie prätorische *i. i .r.* zuschreibt, eigentlich nicht so befremdlich finden. Das *quadruplum* sollte den Blick für die tatbestandsmäßigen Zusammenhänge nicht trüben. Charakteristisch sind für den Tatbestand des Edikts, nach der formalen Bereinigung auch äußerlich präzisiert, Voraussetzungen, zu denen erpresserischer Zwang gerade nicht gehört. Das Besondere der Metusklage scheint nicht das eines zum *quadruplum* (doch erst) hinzugedachten Erpressungstatbestands, wobei sich der eigennützige Täter der Verurteilung, die überdies nicht infam macht, durch Restitution entziehen kann, was sich mit anderen quadruplatorischen Klagen nicht zusammenreimt. Erklärt werden muß vielmehr die Merkwürdigkeit, daß das *quadruplum* zu einem neutralen Tatbestand hinzutritt[464], der

---

[463] Zur Ediktsredaktion oben S. 192 ff.

[464] Müßte das nicht auch bei *metus causa* = „aus Furcht" berücksichtigt werden?

unserer Meinung nach durch die Perspektive der auf Zwang beruhenden Erwerbshandlung zutreffend erfaßt wird. Von hier aus verliert dann auch die Anwendung der Metusklage auf den Nachmann viel von ihrer Unverträglichkeit mit einer Pönalklage. Die Akribie, mit der zum Beispiel MAIER (auch) diesen Anwendungsfall zu belegen sucht, steht in auffälligem Kontrast zu der vermuteten inneren Begründung der Erscheinung. Ein praktisches Bedürfnis liege hier zugrunde und „Fortbildung des Rechts unter zäher Festhaltung alter Denk- und Prozeßformen"[465]. Das klingt für eine Klage, die von Hause aus angeblich den Erpresser bestraft, wenig überzeugend, und man versteht KADENS auf dem Boden der traditionellen Lehre formulierte Kritik[466], daß „es sich nicht nur um die ‚Fortbildung des Rechts unter zäher Festhaltung alter Denk- und Prozeßformen' handelt, sondern um die jeder Analogie bare Anwendung einer Deliktsklage gegen einen unschuldigen Dritten". KADEN behält aber nur indirekt Recht, denn die Metusklage ist keine Deliktsklage in dem herkömmlichen Verständnis. Die Tatbestände sind eben nicht, wie MAIER[467] meinte, „grundverschieden, je nachdem der Erpresser oder der Dritte verklagt wird". Das Problem des *quadruplum* stellt sich freilich auch, jetzt aber in einem andern Licht, zumal, wenn man die geschichtliche Komponente berücksichtigt. Erst die Spätklassiker haben sich endgültig und nicht ohne Verantwortung für die Problematik der Rechtsfolge zum absoluten Schutz des Gezwungenen entschlossen. Die Quellen verdienen auch insoweit Vertrauen, mögen die Kriterien der Haftungsabstufung auch nicht immer mit Sicherheit zu erkennen sein[468].

II. Das *quadruplum* der Metusklage rechtfertigt den geläufigen Schluß auf die Deliktsnatur der Klage nicht. Dieses Ergebnis bestätigt vielleicht auch die Konkurrenzentscheidung

> Ulp. D. 4,2,14,13 (11 ad ed) Eum qui metum fecit et de dolo teneri certum est, et ita Pomponius, et consumi alteram actionem per alteram exceptione in factum opposita[469].

Die Stelle ist letztens von ALBANESE[470] radikal verworfen worden, weil sie mit dem für die klassische *a. de dolo* geltenden Grundsatz der Subsidiari-

---

[465] MAIER 112 f.; 152; 155.

[466] Deutsche LitZ 55 (1934) 1192.

[467] 152.

[468] Um die Klärung der damit zusammenhängenden Frage bemühen sich MAIER 135 ff.; HARTKAMP 219 ff.; 227 ff.

[469] Das Konkurrenzproblem stellt sich bei demjenigen Erwerber nicht, der *alienus a vi* ist. Folgerichtig hebt Ulpian nicht auf den Tatbestand der Metusklage ab. Ein Beweis für die Haftung des uneigennützigen Erpressers ist fr. 14,13 daher nicht.

[470] Annal. Pal. 28 (1961) 291 f.

tät[471] nicht in Einklang stehe. Auf das Problem kann hier nicht näher eingegangen werden. Der erste Halbsatz mag seine Formulierung prozeßökonomischen Gesichtspunkten verdankt haben. Sollte die mangels sicherer Metusindizien erteilte Dolusklage (vgl. Ulp.-Lab. D. 4,3,7,3) abgewiesen werden, wenn sich vor dem *iudex* doch *metus* herausstellte? Wenn nicht, dann mußte, wollte man Kumulation vermeiden, die Metusklage gehemmt werden, und umgekehrt die Dolusklage, wenn derselbe Sachverhalt bereits zu einer Verurteilung nach der Metusklage geführt hatte. In beiden Fällen konnte es die Sachlage gebieten, dem *iudex* die Klärung der Sachverhaltsidentität zu überlassen. Jedenfalls scheint es methodisch anfechtbar, wegen einer für uns heute nicht prima facie erkennbaren Berücksichtigung der Subsidiarität, die auch die Römer selbst vor Probleme stellte, dem Text jede Bedeutung für das klassische Recht abzusprechen.

Die ältere Lehre hat über das Subsidiaritätsproblem zumeist hinweggesehen und die von Ulpian entschiedene Konkurrenz im Sinne von *eadem res* erklärt[472]. Levys gegen (von ihm sog.) zivile Konsumption geltend gemachten Einwände sind jedoch schlagend[473]. Die *exceptio in factum* wie (vielleicht) die Erwähnung der *exceptio* überhaupt sprechen gegen eine Konsumption durch *exceptio rei iudicatae vel in iudicium deductae*.

Levy selbst strebt eine Lösung nach vorgängiger Beantwortung der Subsidiaritätsfrage an: Ulpian habe die postannalen Klagen gemeint[474]. Daraus folgt für Levy einmal die Neutralisierung der für die Dolusklage angeordneten Subsidiarität; denn auch die postannale Metusklage ist subsidiär[475]. Ferner ergeben sich ihm die Voraussetzungen prätorischer Konsumption, auf welche die *exceptio in factum* hindeutet: Die postannalen Klagen stimmten zwar in der *causa (metum facere)* überein, nicht dagegen im Klageziel; die postannale Metusklage gehe auf Strafe, die postannale Dolusklage auf Bereicherung[476].

Wir können uns kürzer fassen, als Levy es im einzelnen tut[477]. Die Annahme postannaler Klagen ist nicht minder anfechtbar[478] als Albaneses

[471] Ulp. D. 4,3,1,1.

[472] Belege bei Levy, Konk. II 158.

[473] A. a. O.

[474] A. a. O. 157, im Anschluß an eine mündlich geäußerte Ansicht Seckels.

[475] Ulp. D. 4,2,14,1 f. Levy a. a. O. 157 f. Wie Levy auch v. Lübtow 263.

[476] Levy a. a. O.; ferner v. Lübtow 269.

[477] Auf die Besonderheiten bei Levy 160 ff. braucht nicht mehr eingegangen zu werden. Sie erledigen sich jetzt von selbst.

[478] Gegen Levy mit beachtlichen Gründen schon Maier 42 f.

vorab erklärte Verurteilung der Stelle. LEVYS Lösungsvorschlag hat aber einen bezeichnenden Hintergrund. LEVY möchte dem überlieferten Text die Anerkennung nicht versagen, nur paßt die mit der *exceptio in factum* zu verbindende prätorische Konsumption zum herkömmlichen Verständnis der annalen Klagen nicht. Für sie sollte, anders als für die postannalen, Übereinstimmung von Klagegrund (Delikt) und Klageziel (Strafe), also zivile Konsumption gelten.

Gegen die bei LEVY durchscheinende communis opinio läßt sich die überlieferte Fassung von fr. 14,13 für das klassische Recht jetzt so zurückgewinnen: *Causa* der (konkreten) Dolusklage ist das *metum facere*[479], *causa* der Metusklage, „was aufgrund von Zwang vorgenommen (erlangt) worden ist". Die beiden Strafklagen differieren im Klagegrund. Gehemmt werden können sie deshalb nur durch mittelbare Konsumption. Daher die *exceptio in factum.*

Daneben steht, eine Art Gegenprobe, Ulp. fr. 9,6 h. t.:

> Licet tamen in rem actionem dandam existimemus, quia res in bonis est eius, qui vim passus est, verum non sine ratione dicetur, si in quadruplum quis egerit, finiri in rem actionem vel contra.

Der Eindruck ziviler Konsumption, unter deren Vorbehalt gleichsam Ulpian die neue Klagemöglichkeit der *a. in rem* einführt, verträgt sich mit der traditionellen Lehre nicht: Metusklage und fiktizische Vindikation[480] stimmen zwar im Klageziel überein, weil die Strafklage auch reipersekutorisch ist[481], nicht aber im Klagegrund, der bei der Metusklage ein deliktischer sein soll. Aus unserer Sicht ist dagegen an ziviler Konsumption nichts auszusetzen. Auch im Klagegrund überschneiden sich die beiden Klagen. Zur Klagegrundlage der *a. in rem* gehört — außer dem durch Fiktion wiederbelebten dinglichen Recht — ein nichtdeliktisches, mit der Klagegrundlage der Metusklage gleichwohl identisches *metus causa gestum (factum).* Das mußte der Richter zunächst feststellen, bevor er den Rechtsverlust des Klägers als nicht eingetreten behandeln durfte[482].

III. RUDORFFS Vermutung eines besonderen Klageedikts[483], von DONELLUS[484] lange vorweggenommen, wird heute allgemein geteilt. Auf das Mißliche dieser Annahme sind wir jedoch schon zu Beginn des Kapitels ge-

---

479 Dazu auch oben S. 173 bei Gelegenheit der *exc. metus.* Vgl. ferner v. LÜBTOW 263.

480 Oben S. 134 Anm. 54.

481 Ulp. D. 4,2,14,2; eod. 16,2. LEVY a. a. O. 168; v. LÜBTOW 236 ff.

482 Vgl. auch LENELS Formelvorschlag Edikt 110.

483 Ed. perpet. (1869) 56.

484 De iure civ. lib. 15, cap. 39, nr. III, Op. omn. 4 (1764) 357.

stoßen[485]. Die dort aufgezeigten Unstimmigkeiten hat die Verschmelzungsthese Schulz' nicht überzeugend zu erklären vermocht. Das wäre hinzunehmen, wenn an der geläufigen Auffassung von *i. i. r. propter metum* und Metusklage nicht gezweifelt werden könnte. Solche Beruhigung scheint indessen nicht mehr am Platze. Eine Nachlese soll den bereits oben ausgesprochenen Gedanken absichern, daß es ein besonderes Klageedikt nicht gegeben hat, daß vielmehr die Metusklage mit dem Metusedikt verheißen wurde.

1. Angeblich kommt Ulpian in D. 4,2,9,7 auf das Klageedikt zu sprechen[486]. Da er sofort in die Erörterung der Restitution eintritt, liegt der Schluß auf ein Edikt mit Restitutionsklausel nahe. Lenel rekonstruiert es so:

> Quod metus causa factum erit neque restituetur, de eo in quadruplum iudicium dabo[487].

Daß Ulpian loc. cit. eine ediktale Restitutionsklausel kommentiert, stimmt jedoch mit dem Fortgang der Stelle nicht überein. Dort wird für den Fall der Restitutionsverweigerung, wie Lenel selbst feststellt[488], „bereits die *condemnatio in quadruplum* erwähnt". Das befremdet um so mehr, als fast einhelliger und richtiger Ansicht nach die Metusformel eine Restitutionsklausel enthält, die Erwähnung der *condemnatio* also, wäre die Theorie vom Klageedikt richtig, nicht nur die Klageerteilung unterschlägt, die nächste Folge der *in iure* ausgebliebenen Restitution, sondern auch davon keine Notiz nimmt, daß der Beklagte noch *apud iudicem* restituieren und der Verurteilung entgehen kann. Das gleiche Problem stellt sich für das anschließende fr. 9,8, wo dem Bürgen Verurteilung aufs Vierfache angedroht wird, wenn er nicht restituiert. Es begegnet modifiziert in der Stelle Gai. eod. 10,1, die ebenfalls eine Erörterung des Klageedikts enthalten soll. Hier ist die Rede vom *arbitratus iudicis, apud quem ex hoc edicto agitur*. Was, fragt man sich, hat ein *iudex* im Verfahren *in iure* zu suchen?

v. Lübtow[489] sucht dieser Schwierigkeiten Herr zu werden mit der Hypothese einer einheitlichen Erläuterung von Edikt und Formel. Doch wären damit die logischen Brüche und Gedankensprünge insbesondere der Ulpianfragmente keineswegs aus der Welt geschafft, ganz abgesehen von dem Ungewöhnlichen, das die Lehre in einer solchen Erscheinung sieht. Letzteres

---

[485] Oben S. 123 ff.

[486] Lenel, Edikt 111.

[487] Festgabe Sohm (1914) 209 N. 2 mit spezieller Bezugnahme auf Ulp. D. 4,2,14,1. Dazu unten S. 237 f. Levy vermutet folgende Fassung der Restitutionsklausel: *neque ea res arbitrio iudicis restituetur*. SZ 36 (1915) 23.

[488] Edikt 111.

[489] 141.

hat MAIER zu bedenken gegeben und sich dabei zu der Äußerung veranlaßt gesehen: „Eher noch könnte man die seit LENEL allgemein angenommene Existenz des zweiten Edikts wieder in Frage stellen."[490]

Damit scheint in der Tat das Kernproblem angesprochen. SAVIGNY[491] war der Meinung, das Metusedikt sei so allgemein gefaßt, daß es für *i. i. r.* und Metusklage gepaßt habe. Zutreffend daran ist die Überzeugung einer breiten Bedeutung von *ratum non habebo*, in der auch die Verheißung der Metusklage Platz finden kann. Zu korrigieren aber wäre SAVIGNY, insoweit auch er *i. i. r.* und Metusklage auseinanderhält. Das für SAVIGNY (und die Romanistik überhaupt) Charakteristische der *i. i. r.*, die „wahre *in rem actio*", hat sich uns als eine Erscheinung dargestellt, die fast drei Jahrhunderte jünger sein dürfte als das Metusedikt. Ob die Rechtsschutzverheißung des Metusedikts hernach auf die dingliche Klage erstreckt oder ob diese als eine an das Vindikationsedikt angelehnte Restitutionsmöglichkeit praktiziert wurde (wofür Indizien angeführt werden können), ist eine Frage von untergeordneter Bedeutung[492].

Demnach hätten wir uns das Metusedikt insgesamt so zu denken, wie LENEL[493] bei der *alienatio iudicii mutandi causa facta* vermutet: neben der Ediktsankündigung die Proponierung einer Musterformel. Die unübersehbare Zäsur in fr. 9,7 deutet also nicht auf eine zweite Rechtsschutzverheißung. Hier setzt der Kommentar zur Formel ein, unmittelbar mit der Erläuterung der Restitutionsklausel; denn auf die dem ediktalen *metus causa gestum* entsprechenden Formelpartien brauchte Ulpian nicht mehr zurückzukommen[494]. Folgerichtig ist deshalb auch von der Kondemnation die Rede, die sich an die ausgebliebene Restitution anschließt. Daß die Metusklage eine Restitutionsklausel enthält, könnte im übrigen mögliche Bedenken gegen die Verheißung einer quadruplatorischen Klage durch ein schlichtes *ratum non habebo* zerstreuen. Die Metusklage läßt sich auch sonst in kein uniformes Muster zwängen.

2. Nicht ernstlich vermag Ulp. D. 4,2,14,1 (11 ad ed) den Gedankengang in Frage zu stellen:

> Si quis non restituat, in quadruplum in eum iudicium pollicetur; quadruplabitur autem omne quodcumque restitui oportuit. satis clementer cum reo praetor egit, ut daret ei restituendi facultatem, si vult poenam evitare.

---

[490] 92 N. 1 in fin.

[491] 7,193.

[492] Siehe aber auch oben S. 226.

[493] Edikt 128.

[494] Richtig, wiewohl aus der Sicht der traditionellen Lehre, MAIER 103; 105.

Daß *iudicium pollicetur* nicht den Schluß auf ein förmliches *iudicium dabo* erzwingt, dürfte sicher sein. Durch die paraphrasierende Ausdrucksweise[495] wird ebensogut die Proponierung einer Formel gedeckt. Läßt man sich auf der anderen Seite von dem Eindruck leiten, die Erteilung des *iudicium* werde von einer Restitution *in iure* abhängig gemacht[496], dann muß man sich mit Rücksicht auf den zweiten und dritten Satz konsequent zu der Annahme bequemen, das *iudicium* selbst habe eine Restitutionsklausel nicht enthalten[497]; denn die Restitution, durch welche Strafe vermieden wird, ist offensichtlich mit der eingangs erwähnten identisch. Ferner wären sämtliche soeben behandelten Texte für interpoliert zu erklären.

Die entsprechende These BIONDIS[498] hat schon bisher wenig Anklang gefunden. An dem arbiträren Charakter der Metusformel wird im allgemeinen und mit Recht festgehalten[499]. Andererseits läßt der dritte Satz von fr. 14,1 durchaus eine Bezugnahme auf judiziale Restitution zu. Der erste Satz nämlich kann als Umschreibung dafür angesehen werden, daß das vom Prätor (schlüssig) verheißene und erteilte *iudicium* auf das Vierfache geht, wenn nicht restituiert wird. Daß diese Interpretation möglich ist, zeigt fr. 14,3 h. t. Dort befaßt sich Ulpian unbestrittenermaßen mit der Metusformel[500]. Und doch lautet der Schlußsatz:

> nec cuiquam iniquum videtur ex alieno facto alium in quadruplum condemnari, quia non statim quadrupli est actio, sed si res non restituatur[501].

---

[495] v. LÜBTOW 162 hält sie im Anschluß an BESELER für ein nachklassisches Produkt, das den ursprünglichen Ediktswortlaut verdrängt habe.

[496] BIONDI, Actiones arbitr. (1913) 38 f.; vgl. LENEL, Festgabe Sohm 209.

[497] Diese Zwangsläufikeit läßt LENEL a. a. O. außer acht.

[498] A. a. O. 38 ff.; 45 f.

[499] LENEL, Festgabe Sohm passim; ferner KUNKEL, RP 262; KASER, RP 1,213. Unentschieden ARANGIO-RUIZ, Ist.[14] (1960) 106 N. 2.

[500] LENEL läßt hier den Kommentar zur Formel beginnen. Pal. 2,463.

[501] Vgl. auch LENEL, Festgabe Sohm 220; ferner MAIER 124. — Mit der vorgeschlagenen Ediktsfassung erledigt sich auch die Streitfrage um die in Ulp. D. 4,2,14,11 als *verba edicti* überlieferten Worte *neque ea res arbitrio iudicis restituetur*. LEVY rechnet sie zur Klageverheißung, SZ 36 (1915) 23; ebenso BIONDI a. a. O. 50, der aber seiner Lehre gemäß *iudicis* durch *meo* (scil. *praetoris*) ersetzen will. Gegen beide LENEL, Edikt 113 und Festgabe Sohm 209 ff. LENEL denkt an eine notgedrungene Interpolation des ursprünglichen *verba formulae*. Möglich ist auch, daß Ulpian hier *edictum* in der Bedeutung verwendet, die die proponierte Formel einschließt. Vgl. HEUMANN-SECKEL h. v. lit. b γ. Daß die Existenz der Restitutionsklausel in der Formel eine solche Klausel auch im Edikt erforderlich gemacht habe (LENEL, Festgabe Sohm 209 f.), wäre, wenn überhaupt (kritisch dazu LEVY a. a. O.

IV. Seit Savigny wird viel über die Frage gerätselt, in welchem zeitlichen Verhältnis *i. i. r.* und Metusklage stehen. Bald ist es die Unvollkommenheit, die Beschränkung auf Rechtsgeschäfte, die für ein höheres Alter der *i. i. r.* ins Feld geführt wird[502]. Bald gilt die rein sachverfolgende Natur der *i. i. r.* als Fortschritt gegenüber der Strafklage, die deshalb für älter erachtet wird[503].

Quellenmäßig gibt es in dem Streit der Meinungen nur einen festen Punkt: die Datierung der *formula Octaviana* in die Zeit zwischen 80 und 71 v. Chr. Alles übrige ist Hypothese, wie zum Beispiel die Überlegung, die *i. i. r.* müsse schon deswegen älter sein als die Metusklage, weil die beiden Rechtsbehelfe nicht innerhalb einer Zeitspanne von zehn Jahren oder weniger entstanden sein könnten[504] (zu welcher Annahme man genötigt ist, wenn man die für Metellus in Sizilien bezeugten Restitutionen Cicero, in Ver. II 2,63 im Sinn traditionell gelehrter *i. i. r.* versteht und für deren Entstehungszeit in Ansatz bringt). Anderen scheint gerade die zeitliche Koinzidenz besonders plausibel, jedenfalls im Verhältnis *i. i. r.* und *formula Octaviana,* deren Tatbestand auf *auferre* beschränkt gewesen sein soll[505].

Das Problem, als unentwirrbares Knäuel bezeichnend genug, erweist sich in Konsequenz der vorliegenden Arbeit als ein Scheinproblem. Levys Wort von der „neben der Metusklage an sich schon problematische(n) *in integrum restitutio*"[506] ist von größerer Tragweite, als bisher angenommen wurde. Des Metellus Restitutionen lassen sich einleuchtend auf die *formula Octaviana* beziehen, und diese wiederum steht der Metusklage um nichts nach, weil sie selbst die Metusklage ist[507]. Die Metusklage aber hätten wir als *i. i. r.* zu identifizieren, was genausowenig eine Einschränkung des Rechtsschutzes wegen *metus* bedeutet[508]. Was wir daher für die *formula Octaviana*

---

22), nur zwingend bei dem von Lenel vorausgesetzten *iudicium dabo*-Edikt. *Ratum non habebo* erweckt beim Kläger nicht die Erwartung, er werde trotz Restitution eine *condemnatio in quadruplum* erzielen (vgl. Lenel a. a. O. 210).

502 Statt aller Savigny 7,192.

503 So etwa Girard, Manuel⁸ (1929) 446 N. 4 (447); Cuq, Manuel² (1928) 583 N. 1. Neuestens zur Frage Fabbrini, Labeo 13 (1967) 210 ff. sowie Hartkamp 267 f., beide mit weit. Lit.

504 Fabbrini 211.

505 Hartkamp 269.

506 Konk. II. 169 N. 5.

507 Oben S. 158 ff.; 161 ff.

508 Von den angeblichen Nachteilen der Metusklage (Hartkamp 267 N. 101 in fin.) ist nur der erzwungene Erbschaftsantritt belegt. Siehe dazu aber oben S. 194 ff. Die traditionelle Lehre muß sich im übrigen fragen lassen, ob die *i. i. r.*. von

(auch) zeitlich ausmachen können, wäre zugleich eine Antwort auf die Frage nach dem Alter von *i. i. r.* und Metusklage.

Justinian in die Metusklage eingeschmolzen worden wäre, wenn damit der Rechtsschutz an Effektivität eingebüßt hätte.

VIERTES KAPITEL UND SCHLUSS

§ 15

Die Restitution wegen *dolus* und *alienatio iudicii mutandi causa facta*

Die Überlegungen zur Restitution *propter metum* begünstigen die abschließende Stellungnahme zur Restitution wegen *dolus* und *alienatio iudicii mutandi causa facta*; dort begegnet uns die gleiche Problematik, wie sie aus konventioneller Sicht für das Metusrecht charakteristisch ist.

I. Umstritten ist in der modernen romanistischen Forschung die Frage, ob „das Album neben dem Edikt über die *actio de dolo* noch die Verheißung einer eigentlichen *i. i. r. propter dolum*" enthalten hat[1].

1. Eine Antwort auf diese Frage läßt sich, wie es scheint, von unserem Standpunkt schon im Rahmen allgemeiner Überlegungen geben. Die Befürworter einer „eigentlichen", also prätorischen *i. i. r.* stützen sich für ihre Ansicht zunächst und vor allem auf die Stellung der auch für die Dolusklage kennzeichnenden judizialen Restitution[2] inmitten des Titels *De in integrum restitutionibus* (dies wäre der Anziehungskraft eines spezifischen Dolusedikts zuzuschreiben); ferner darauf, daß in Ulp. D. 4,1,1 und PS 1,7,2 *dolus* als Restitutionsgrund erscheint[3]. Dabei wird nicht verkannt, daß die Überlieferung weder von dem postulierten Edikt noch von dem dazu vermuteten Kommentar eine Spur aufweist[4]. Diese Quellenlage soll jedoch

---

[1] LENEL, Edikt 115. LENEL selbst verneint die Frage. Ebenso SCHULZ, Metus 237 N. 5; CRL 608; v. LÜBTOW 87 ff. Vgl. ferner KUNKEL, RP 260 N. 3. Entschieden verneinend neuestens auch WACKE, SZ 88 (1971) 105 ff. Zu ihm im einzelnen unten S. 249 ff. (Den hier und im folgenden zitierten Aufsatz WACKES „Kannte das Edikt eine in integrum restitutio propter dolum?" hatte mir der Verfasser dankenswerterweise schon im Manuskript zugänglich gemacht.)

[2] Paul. D. 4,3,18 pr. Dazu KUNKEL, RP 260 mit N. 6; ferner KASER, RP 1,214; 254. Anders BIONDI, Studi sulle actiones arbitr. (1913) 78 ff.

[3] Siehe vorstehend DUQUESNE, Annal. Grenoble 20 (1908) 23 (SA); Mélanges Fournier (1929) 187 f.; BIONDI a. a. O. 101; LEVY, Restitutio 411 (mit weit. Angab. 410 N. 5); KASER, RP 1,214 und N. 34; RZ 330 N. 7. PS 1,7,2 zählen *dolus* ausdrücklich unter den *causae* der *integri restitutio* auf. Ulpian spricht von *calliditas*. Darin ist kein Unterschied zu sehen, wie in der sedes materiae Ulp. D. 4,3,1 pr. zeigt, vielleicht aber eine stilistische Eigenheit des Autors, da nach HEUMANN-SECKEL *calliditas* nur bei Ulpian vorkommt.

[4] Statt aller BIONDI 101 ff. Auch fehlt jegliches Indiz für eine reszissorische *actio in rem*.

nach einer erstmals von KARLOWA geäußerten Vermutung auf die Kompilatoren zurückgehen, die (u. a. nach dem Vorgang bei der Restitution wegen *metus*) die *i. i. r.* wegen *dolus* in der *a. de dolo* hätten aufgehen lassen[5].

Es ist zu Beginn des dritten Kapitels[6] bereits auf die Unstimmigkeit aufmerksam gemacht worden, die darin liegt, daß solcher Auffassung zufolge die Kompilatoren bei dem identischen Programm einer Einschmelzung der *i. i. r.* in die *actio* dem Endprodukt ihrer Unternehmung einmal das Edikt über die *i. i. r.* vorangestellt haben (so bei *metus*), das andere Mal dagegen das Klageedikt (so bei *dolus*). Diese von vornherein wenig tragfähige Annahme verliert vollends an Glaubwürdigkeit, wenn das überlieferte Metusedikt und die Metusklage einander zugeordnet werden müssen. Außerdem scheint es ziemlich ausgeschlossen, daß irgendwie Überreste einer prätorischen *i. i. r.* nicht zu entdecken wären, hätte es eine solche neben der Dolusklage gegeben. Eine so tiefgreifende Veränderung der Rechtsmaterie, wie sie die Verfechter einer prätorischen Restitution *propter dolum* anzunehmen geneigt sind, müßte doch mehr oder minder ähnliche Spuren hinterlassen haben, wie sie SCHULZ im Metusrecht glaubt feststellen zu können. Es scheint nicht ohne Bedeutung, daß SCHULZ die Existenz eines weiteren Dolusedikts verneint hat[7].

Ein weiterer Punkt betrifft die Altersfrage. Wie im Metusrecht müssen sich diejenigen, die für eine prätorische *i. i. r. propter dolum* eintreten, die Frage nach der zeitlichen Einordnung von Dolusklage und *i. i. r.* vorlegen[8]. Den Daten zufolge, die hier zur Verfügung stehen bzw. verfügbar gemacht werden, wären die Rechtsbehelfe in einem Zeitraum von zwei Jahren entstanden[9]. Das überzeugt auch die traditionelle Lehre nicht mehr. Die folglich aufgestellte Vermutung eines höheren Alters[10] der *i. i. r.* verdeckt in-

---

[5] KARLOWA, RG 2,1069; BIONDI a. a. O.; KASER, RP 2,61 (auch 318) mit N. 50 im Anschluß an LONGO, Contributi alla dottrina del dolo (1937) 247 ff.

[6] Oben S. 126.

[7] Metus 237 N. 5. Bezeichnenderweise macht aber auch SCHULZ für die Stellung der *a. de dolo* eine „wahre *i. i. r.*" unter der Rubrik *de dolo malo* verantwortlich: im vorjulianischen Edikt sei hier die *i. i. r.* wegen Gläubigerbenachteiligung verheißen gewesen.

[8] DUQUESNE, Annal. Grenoble a. a. O. 29 ff.; zuletzt FABBRINI, Labeo 13 (1967) 210 ff. und CERVENCA, Studi Biondi I (1965) 603 f., beide mit weit. Lit.

[9] Nach Cic. de off. 3,60 und de nat. deor. 3,74 geht die *a. de dolo* auf Aquilius Gallus zurück, der sie vermutlich als Fremdenprätor im Jahre 66 v. Chr. eingeführt hat. Vgl. JÖRS, RE 2 (1896) 329. Andererseits erschließt DUQUESNE 37 ff. aus Cic. pro Flacco 13,30—14,32 für eine prätorische *i. i. r. propter dolum* das Jahr 64 v. Chr.

[10] FABBRINI 211. So schon KLINGMÜLLER, RE 1 A (1914) 679 f., mit Einschränkung allerdings auf den prozessualen Bereich.

dessen auch hier, daß es sich in Wirklichkeit um ein Scheinproblem handeln dürfte[11].

Schließlich wäre die Subsidiarität der *a. de dolo* gegen eine prätorische *i. i. r. propter dolum* ins Feld zu führen[12]. Die Klage tritt generell zurück: *Si de his rebus alia actio non erit* (Ulp. D. 4,3,1,1 ff.). Diese Voraussetzung der Dolusklage fehlt auch dann, wenn die Möglichkeit einer *i. i. r.* besteht:

> Ulp. D. 4,3,1,6 (11 ad ed) Idem Pomponius refert Labeonem existimare, etiam si quis in integrum restitui possit, non debere ei hanc actionem competere rel.

Versteht man *in integrum restituere* hier konventionell und als Restitutionsmöglichkeit schlechthin, dann müßte die Dolusklage auch gegenüber einer *i. i. r. propter dolum*, falls es sie gegeben hätte, subsidiär und dementsprechend in ihrem Anwendungsbereich erheblich eingeschränkt gewesen sein (etwa nur bei dolos herbeigeführten tatsächlichen Nachteilen)[13]. Feststellen läßt sich aber eine relativ starke Ausbildung der Dolusklage. „Alle Stellen, in denen eine *actio de dolo* für zulässig erklärt wird, (enthalten) ein indirektes Zeugnis gegen die Wiedereinsetzung wegen Betrugs." Das Argument Windscheids[14] sticht freilich erst wieder, wenn die These von der Einschmelzung der *i. i. r.* in die *actio* aufgegeben ist, womit es sich wiederum erübrigt, mit Hilfe des Subsidiaritätsgedankens gegen eine neben der Dolusklage stehende *i. i. r. propter dolum* zu plädieren.

2. Es scheint deshalb der Schluß begründet, daß es ein prätorische Restitution verheißendes Dolusedikt nicht gegeben hat. Entsprechend unserer Auffassung einer nicht auf prätorische Restitution beschränkten Verwendung des Terminus *i. i. r.* zögern wir darüber hinaus nicht, die Dolusklage als *i. i. r. propter dolum* anzusehen. So erklärt sich am einfachsten die Stellung der *a. de dolo* im Ediktstitel *De in integrum restitutionibus*.

Es ist schon für die Befürworter einer prätorischen *i. i. r.* nicht unproblematisch, einerseits die technische Bedeutung von *i. i. r.* zu verfechten, andererseits

---

[11] Gegen Duquesne wäre noch anzumerken, daß sich aus *(praedia) a nostris magistratibus restituta* (pro Flacco 32,79) begrifflich nichts für prätorische Restitution herleiten läßt. Außerdem sticht das Argument nicht, mit dem Duquesne 29 N. 2 im konkreten Fall den Restitutionsgrund *metus* ausscheidet: die *i. i. r.* habe bei tatsächlichen Veränderungen keine Anwendung gefunden.

[12] Siehe dazu jetzt auch Wacke, SZ 88 (1971) 107 ff.

[13] Levy (Restitutio 411) meint: „Schon bei den Klassikern trat sie (scil. die prätorische *i. i. r.*) in der Praxis hinter den *bonae fidei iudicia* und der *a. de dolo* zurück." Das ist aber entgegen der Formulierung eine Hypothese, die die Annahme prätorischer Restitution nicht glaubwürdiger macht. Zutreffend Wacke 108 f.

[14] Windscheid-Kipp 1, 594 N. 6.

seits die judiziale Restitution der Dolusklage an dieser Stelle plausibel zu machen; die Anziehungskraft des Restitutionsedikts soll über die Systemgerechtheit triumphiert haben[15]. Mißlicher wird es für diejenigen, die bereits auf dem Boden der traditionellen Lehre ein weiteres Dolusedikt ablehnen[16]. Von ihnen wird eine mittelbare Verknüpfung zur Diskussion gestellt: engste Verwandtschaft zwischen Dolusklage und Metusklage, welch letztere ihre Stellung wiederum der Verwandtschaft mit der *i. i. r. propter metum* verdankt[17].

Was von einer Verwandtschaft zwischen Dolus- und Metusklage zu halten ist, dürfte jetzt klarer zu erkennen sein, ganz abgesehen vom eigentlichen Thema. Das heißt aber nicht, (andere) Systemwidrigkeiten heraufzubeschwören, auch wenn sie nach einem Wort LENELS „im Edikt zu häufig sind, als daß sie irgendwie Bedenken erregen könnten"[18]. In unserem Fall wäre solche Kritik nicht sachgemäß, weil die Unterschiedlichkeit der Rechtsbehelfe und der mit ihnen verfolgten Ziele hinter den gemeinsamen und maßgebenden wenn auch sehr allgemeinen Gedanken der Restitution zurücktreten konnte.

3. Im Zuge der vorstehenden Überlegungen müssen wir uns allerdings noch einmal Ulp. D. 4,3,1,6:

> Idem Pomponius refert Labeonem existimare, etiam si quis in integrum restitui possit, non debere ei hanc actionem competere rel.

zuwenden. Widerspricht es unserer Schlußfolgerung nicht, daß von Labeo *i. i. r.* und Dolusklage entgegengesetzt werden? Das wäre der Fall, wenn *i. i. r.* nur in einem bestimmten Sinn verstanden werden könnte. Weniger, was die Restitutionsweise betrifft, als vielmehr dahin, daß *i. i. r.* hier den Rechtsbehelf schlechthin meint, ohne Rücksicht auf den Restitutionsgrund[19]. Das muß jedoch bezweifelt werden. Meines Erachtens gehört der fr. 1,6 zu entnehmende Gegensatz einer spezifischen Nomenklatur an und beläßt dem Begriff *i. i. r.* durchaus die in der vorliegenden Arbeit verfochtene Bedeutungsbreite von *i. i. r.*, so daß auch die Dolusklage in ihm Platz findet.

Es ist LEVY aufgefallen, daß der Terminus *i. i. r.* in nachklassischer Zeit vornehmlich bei der Restitution Minderjähriger begegnet. Als Rechtsbehelfe wegen *metus* und *dolus* erscheinen in den zeitgenössischen Quellen Metus-

[15] Statt aller nochmals KASER, RP 1,214 N. 34.

[16] Nach SCHULZ „muß einmal unter der Rubrik *de dolo malo* eine wahre *i. i. r.* gestanden haben, sonst hätte unmöglich die *actio de dolo* im Titel *de in integrum restitutionibus* proponiert werden können". Metus 237 N. 5. SCHULZ denkt aber an eine *i. i. r.* wegen Gläubigerbenachteiligung. Siehe schon oben Anm. 7.

[17] v. LÜBTOW 87. Zustimmend WACKE 133 f.

[18] LENEL, Edikt 437.

[19] In diesem Sinn etwa WACKE 109.

und Dolusklage. LEVY zieht daraus den Schluß, in nachklassischer Zeit seien die *i. i. restitutiones propter metum et dolum* von den entsprechenden Klagen endgültig verdrängt und aufgesogen worden, die schon in klassischer Zeit den „beschwerlichen Behelf der *i. i. r.*" an praktischer Bedeutung überflügelt hätten[20]. Umgekehrt sieht LEVY den Grund für die, wenn auch schließlich in veränderter Gestalt, nämlich als *actio* fortlebende *i. i. r. minorum* darin, daß es hier an einer individuellen *actio* gefehlt habe, mit der die *i. i. r.* einfach hätte verschmelzen können[21].

Was LEVY für das nachklassische Recht feststellt, haben wir aller Wahrscheinlichkeit nach bereits mit dem klassischen in Einklang zu bringen. Die justinianische Überlieferung, zunächst der Digesten, verdient nicht mehr das Mißtrauen, das LEVY ihr entgegenbringt. Es zeigt sich deshalb schon für das Klassische Recht hinsichtlich der hier behandelten Restitutionsedikte: Als *i. i. r.* kommen Metus- und Dolusklage primär wegen ihrer Stellung im Titel *De in integrum restitutionibus* in Betracht. Vereinzelt (und spät) werden sie auch ausdrücklich *i. i. r.* genannt[22]. Gewöhnlich aber laufen diese *i. i. restitutiones* unter eigenem Namen: *actio quod metus causa, actio de dolo.* Im Gegensatz dazu wird die dem Minderjährigen zur Verfügung gestellte Restitutionsmöglichkeit (unserer Meinung nach gleichfalls eine *actio,* freilich eine jeweils ad hoc geschaffene) durchweg als *i. i. r.* oder einfach als *restitutio* bezeichnet. Mit anderen Worten: Außer als Gattungsbegriff, unter den auch die beiden vorbenannten Klagen fallen, wäre *i. i. r.* speziell als Name für die restitutorische Klage des *minor* verwendet worden[23].

Erklären läßt sich das aus unserer Sicht einmal so: Entgegen LEVY hat es auch bei der *i. i. r. minorum* nicht an einer individuellen *actio* gefehlt. Nur wird als Folge des weitreichenden Rechtsschutzes, mit dem zahllose Formen der *circumscriptio* erfaßt wurden, der Klagegrund jeweils auch so individuell formuliert gewesen sein, daß sich anders als bei *metus* und *dolus* eine charakteristische Bezeichnung, die namengebend hätte wirken können, nicht herausgebildet hat[24]. Wir brauchen nur einen Blick auf die Restitutionsedikte zu werfen, um hierfür Anhaltspunkte zu gewinnen. Dem farblosen *Quod cum minore ... gestum esse dicetur,* aus dem erst im Wege der *cognitio praetoris* die Tatbestandsvoraussetzungen der konkreten Restitution

---

[20] Vorstehend LEVY, Restitutio 375 ff.; 378 ff.; insbes. 409 ff.

[21] LEVY 410. Siehe auch KASER, RZ 471.

[22] Ulp. D. 4,2,9,3 *(metus)*; Diocl. C. 4,44,10 *(dolus)*. Zu dieser Stelle noch unten S. 247 ff.

[23] Hinzu kommt *i. i. r.* als spezielle Bezeichnung der *restitutio maiorum.* Vgl. alsbald im Text.

[24] Wäre *actio minorum (de minoribus)* eine Möglichkeit gewesen?

bestimmt werden[25], stehen die prägnant gefaßten Ediktstatbestände *Quod metus causa gestum erit* und *Quae dolo malo facta esse dicentur* gegenüber. Beim Klagschutz des Minderjährigen orientierte man sich deshalb terminologisch am besten an der Restitution selbst. Die Fülle der Restitutionstatbestände mag im übrigen auch bei der Restitution der *maiores* (vgl. D. 4,6,1,1) dafür ursächlich gewesen sein, daß sich für sie — die Form der Restitution dahingestellt — über *i. i. r.* oder schlicht *restitutio* hinaus gleichfalls keine individualisierende Bezeichnung eingebürgert hat.

Hinzu kommt wesentlich noch folgendes. Es spricht einiges dafür, daß der Ediktstitel *De in integrum restitutionibus* seine Existenz erst einer Zusammenfassung der verschiedenen in D. 4,2—4,7 überlieferten restitutorischen Rechtsbehelfe verdankt und nicht umgekehrt deren Quelle gewesen ist. Wir dürfen mit einer geschichtlichen Entwicklung der Restitutionen rechnen, bei welcher die der *minores* und *maiores*, auch sie vermutlich nicht gleichzeitig, am Anfang gestanden haben könnten[26]. Eine derartige Sachlage würde erklären, daß unter *i. i. r.* vornehmlich diese Restitutionen verstanden wurden, auch nachdem ihnen weitere Restitutionsmöglichkeiten an die Seite gestellt worden waren. Auch darf nach allem für die Erkenntnis des klassischen Rechts nicht mehr fraglos darüber hinweggesehen werden, daß im Codex Justinianus, der zum Beispiel bei *metus* eigenwillig an dem ursprünglichen Wortlaut des Edikts[27] festhält (C. 2,19 R) und die in klassischer Zeit vorgenommene Ediktsredaktion ignoriert, ein Titel *De in integrum restitutionibus* nicht existiert und der Terminus *i. i. r.* erstmals in der Überschrift C. 2,21 erscheint, mit welchem Titel die Restitution der Minderjährigen (C. 2,21—2,49) eingeleitet wird. Rubrikmäßig findet sich *i. i. r.* ferner bei der Restitution der *maiores* (C. 2,53; vgl. auch 2,50 f.). Allein aus C. 2,52 R folgt eine allgemeinere Verwendung von *i. i. r.* Der Gattungsbegriff *i. i. r.* scheint eine besondere Rolle nicht gespielt zu haben; verständlicherweise, wenn es sich um einen reinen Ordnungsgesichtspunkt handelte, mit dem jenseits von Restitution im allgemeinsten Sinn begrifflich nichts

---

[25] Siehe oben S. 104 f.

[26] SCHULZ, Metus 222 N. 5 (223): „Die Überschrift des Abschnitts *Ex quibus causis maiores viginti quinque annis in integrum restituuntur* setzt voraus, daß vorher allein von der *i. i. r.* der *minores* gesprochen worden ist; in der Julianschen Ordnung ist diese Überschrift unlogisch, denn die *i. i. r.* wegen Zwangs ist ja auch eine *i. i. r. maiorum XXV annis.*" Im gleichen Sinn GIRARD, Manuel[8] (1929) 1128 mit N. 5: Die Großjährigenrestitution gehe in eine Zeit zurück, „où elle était, à côté de la *restitutio* du mineur, la seule *restitutio* des majeurs." Die beiden Restitutionen „semblent les plus anciennes".

[27] Oben S. 192 ff.

festgelegt war. Der Rückgriff auf das frühere, den allgemeinen Titel nicht aufweisende Album war so unschädlich wie die Reminiszenz an *vi metusve causa*.

Für die Entstehung des Digestentitels *De in integrum restitutionibus* könnte danach gut (und spätestens) Hadrians Ediktsreform in Frage kommen. Der Gedanke freilich, daß mit der Bildung des Gattungsbegriffs *i. i. r.* möglicherweise die Auflösung eines ursprünglich im Sinne prätorischer Restitution technischen Begriffs *i. i. r.* einherging, würde schon allgemeinen, dem klassischen Recht zugeschriebenen Entwicklungstendenzen zuwiderlaufen[28] und müßte selbst dann nicht zugestanden werden, wenn etwa für die *i. i. r. minorum* prätorische Restitution unumstößlich feststünde; die Form der Restitution ist m. E. in keinem Fall durch den Terminus *i. i. r.* präjudiziert.

Zurück zu Ulp. D. 4,3,1,6:

> Idem Pomponius refert Labeonem existimare, etiam si quis in integrum restitui possit, non debere ei hanc actionem competere rel.

Ulpian und Pomponius, erst recht Labeo haben danach *i. i. restituere* in dem Sinn einer Bezeichnung spezieller Restitutionen, vermutlich die der Minderjährigen und Großjährigen, verwendet, unbeschadet also einer mindestens den beiden jüngeren Juristen geläufigen generellen Bedeutung von *i. i. r.*, die sich auch auf die Dolusklage erstreckt[29].

4. Für den Gattungsbegriff *i. i. r.* ist abschließend noch ein Reskript

---

[28] Der Prozeß der Technisierung nimmt im Verlauf der klassischen Zeit zu. KASER, Studi Biondi I (1965) 97 ff.

[29] Siehe auch Ulpian D. 4,3,38 (5 op): *Quidam debitor epistulam quasi a Titio mitti creditori suo effecit, ut ipse liberetur: hac epistula creditor deceptus Aquiliana stipulatione et acceptilatione liberavit debitorem: postea epistula falsa vel inani reperta creditor maior quidem annis viginti quinque de dolo habebit actionem, minor autem in integrum restituetur.* Auch in diesem Fall muß zunächst darauf geachtet werden, daß in *integrum restituere* zur Bezeichnung des konkreten Rechtsbehelfs (hier ausdrücklich des *minor*) dient und nicht abstrakt ein Rechtsinstitut meint, das an sich auch für den *creditor maior* zum Zuge kommen könnte. Sonst drängt sich bei der Interpretation zwangsläufig ein praktisch irrelevanter Verfahrensgegensatz in den Vordergrund (der *minor* erhält die ursprüngliche *actio*, der *maior* dagegen die *a. de dolo*; vgl. WACKE 110 f.; 113; 133), der in Wirklichkeit erst noch thema probandum wäre, und zwar im Anschluß an die Entscheidung Ulpians: Für den *maior creditor* kommt ohne Frage die *a. de dolo* in Betracht; im Fall des minor aber führt der *dolus* nicht etwa zur Unzuständigkeit der *i. i. r.*, weil *dolus* hier nicht tatbestandsmäßig ist; denn wo der objektive Nachteil bereits ausreicht, kommt es auf die Täuschung nicht an (anders bei Freilassung, vgl. unten S. 250 ff.). Man sieht: Ein umfassender Begriff *i. i. r.* ist dabei so gut diskutabel, wie prätorische Restitution als Prinzip der *i. i. r. minorum*.

Diokletians zu betrachten. Wie im klassischen Recht richtet sich auch im nachklassischen die *a. de dolo* nur gegen den Betrüger[30]. War beispielsweise beim Verkauf einer Sache Arglist des Käufers im Spiel gewesen, so konnte sich der Verkäufer lediglich an seinen Geschäftspartner halten, nicht an den zweiten Erwerber, an den der erste Käufer die Sache weiterverkauft hatte. Rechtsschutz wegen *dolus* gewährte also die Rechtsordnung in einem viel engeren Rahmen als bei *metus*, wo das spätklassische Recht die Haftung auf den Nachmann ausgedehnt und damit die Voraussetzungen auch einer dinglichen Klage geschaffen hatte[31]. Man kann sich aber gut vorstellen, daß ein betrogener Verkäufer, die Rechtslage bei *metus* vor Augen, zum mindesten im Hinblick auf die dingliche Klage vergleichbaren Schutz als recht und billig fordern mochte — ein freilich vergeblich an den Kaiser gerichtetes Begehren, der den Verkäufer auf die *i. i. r.* gegen den ersten Käufer verweist:

C. 4,44,10 (s. a.) Dolus emptoris qualitate facti, non quantitate pretii aestimatur. quem si fuerit intercessisse probatum, non adversus eum, in quem emptor dominium transtulit, rei vindicatio venditori, sed contra illum cum quo contraxerat in integrum restitutio competit.

Lenel[32] rügt den Schluß *in integrum restitutio competit*: „Man fragt sich, was eine *i. i. r.* in dem entschiedenen Fall dem Käufer helfen soll." Der Einwand sticht aber nur, wenn die *i. i. r.* notwendig zu einer *a. in rem* führt, die gegen den nichtbesitzenden ersten Käufer illusorisch ist[33]. Vom selben Restitutionsbegriff ausgehend sucht andererseits Levy[34] gerade umgekehrt den Schluß zu retten:

Dolus emptoris qualitate facti, non quantitate pretii aestimatur. quem si fuerit intercessisse probatum, [non] adversus eum, in quem emptor dominium transtulit, [rei vindicatio venditori, sed contra illum cum quo contraxerat] in integrum restitutio competit.

Nur so ergibt sich für Levy ein brauchbarer Sinn der in der überlieferten Form „schlechterdings unverständlichen" Stelle. Doch ist Levys Vorschlag schon auf dem Boden der traditionellen Lehre problematisch. Mit der Existenz einer prätorischen *i. i. r.* schlechthin absoluten Schutz zu verbinden,

---

[30] Statt aller Kaser, RP 1,214; 2,61.

[31] Der weiterreichende Schutz, den die Metusklage im Vergleich zur Dolusklage gewährt, wirkt sich z. B. auch bei der Erbschaftsausschlagung aus. Dem Gezwungenen stehen anstelle der Metusklage auch *actiones utiles quasi heredi* zur Verfügung (Paul. D. 4,2,21,6), der Betrogene hat lediglich die Dolusklage gegen den Betrüger (Diocl. C. 2,20,7). Vgl. auch Ulp. D. 4,3,9,1.

[32] Edikt 116.

[33] Siehe noch Carrelli, SDHI 4 (1938) 39 f.

[34] Restitutio 412.

entspringt einem formalen Konzept, das der Bedeutung des individuellen Restitutionsgrundes nicht gerecht wird. Mit anderen Worten: Es ist durchaus fraglich, ob sich eine prätorische *i. i. r. propter dolum* auch gegen den redlichen Nachmann gerichtet hätte[35]. Andererseits brauchen wir um der Erhaltung des Textes willen nicht zu Vermutungen greifen, in deren Konsequenz u. a. die Problematik eines völlig neuen Restitutionsgrundes läge[36]. Es verhält sich in c. 10 relativ einfach, wenn die *i. i. r.* die Dolusklage ist, zu welcher der Betrüger ohne Rücksicht auf den Besitz der Sache passivlegitimiert ist.

II. Zu dem Ergebnis, daß es ein prätorische Restitution verheißendes Dolusedikt nicht gegeben hat, ist jüngst auch WACKE in eingehender Analyse des einschlägigen Quellenmaterials gekommen[37]. Über das Ergebnis hinaus ist dabei für uns besonders die Feststellung von Interesse, daß von der *a. de dolo* (und der *exceptio* bzw. *replicatio doli*) die Funktion einer prätorischen Restitution wahrgenommen worden sei, und zwar auch in bezug auf Arglist im Prozeß[38]. Das paßt vorzüglich zu dem, was wir am Beispiel der Metusklage für die vielseitige Verwendbarkeit einer zumal arbiträren *nova actio*, die nicht aus der Wiederbelebung früherer materiell- oder prozeßrechtlicher Sachlagen resultiert, ins Feld geführt haben[39]. Hinge-

---

[35] So mit Recht auch WACKE, SZ 88 (1971) 132.

[36] WACKE a. a. O. denkt an den Fall, daß dem Betrüger eine *res mancipi* nur tradiert wurde und dessen Abkäufer sie noch nicht ersessen hat. Auch der Zweitkäufer erhalte die *exc. rei venditae et traditae*, die aber ihm gegenüber durch die *repl. doli* des Betrogenen nicht ausgeräumt werden könne. „Die im Text genannte *i. i. r.* gegen den Betrüger soll somit nur die Folgen des zweiten, von der arglistigen Täuschung unbeeinflußten Verkaufs beseitigen. Durch sie soll der Getäuschte den Betrüger so belangen können, wie wenn dieser die gekaufte *res mancipi* noch besäße. Die Weiterveräußerung bildet somit den Restitutionsgrund, nicht etwa der *dolus*." Diese Überlegungen scheinen mir schon unzureichend abgesichert. Nicht nur muß WACKE *dominium transtulit* untechnisch verstehen (132 N. 117), bleibt er Näheres über die neue *i. i. r.* wegen Weiterveräußerung schuldig (um die *alienatio iudicii mutandi causa facta* kann es sich nicht handeln; sie setzt dolose Weiterveräußerung voraus, D. 4,7,4,3). Man vermißt bei WACKES Auffassung auch eine Auseinandersetzung mit dem Problem einer Vindikation gegen den fiktiven *possessor*. Letztlich wird gerade deswegen von den bei WACKE 131 N. 114 genannten Autoren (LENEL, CARRELLI, LEVY) c. 10 beanstandet. Mit der Auswechslung des Restitutionsgrundes ist insoweit nichts gewonnen.

[37] SZ 88 (1971) 105 ff.

[38] WACKE 114; 116 ff.; 133 f.

[39] Oben S. 201 ff. Hinzu kommt, daß im Alltagsprozeß *dolus* eine ungleich größere Rolle gespielt haben muß als *metus*. Das wird auch durch die Quellenlage bestätigt.

wiesen sei hier nur auf die *a. de dolo* im Fall des Beklagten, der einen Freispruch arglistig erwirkt hat[40].

Allerdings ist WACKE ganz der traditionellen Lehre verpflichtet und lehnt es ab, *a. de dolo* und *i. i. r. propter dolum* als ein und dasselbe zu betrachten. WACKE verweist einmal auf den Strafcharakter und die infamierende Wirkung der Dolusklage, wogegen „der Anwendungsbereich der *i. i. r.* nicht von vornherein auf eine bestimmte Klage zugeschnitten oder auch nur auf bestimmte Arten von Klagen begrenzt“ sei. Zweitens stützt WACKE sich darauf, „daß die Regel über die Unzulässigkeit von Wiedereinsetzungen gegenüber Freilassungen für die *actio de dolo* nicht“ gelte[41].

1. Obwohl WACKE *i. i. r.* konventionell versteht, mißt er doch dem einzelnen Restitutionsgrund maßgebliche Bedeutung für den Anwendungsbereich einer prätorischen Restitution zu. Darauf wurde soeben schon hingewiesen. Auch eine prätorische *i. i. r. propter dolum* würde nach WACKE nur auf den Täter anwendbar gewesen sein. Bei dieser Sachlage wird dann aber mit dem Hinweis auf die infamierende Wirkung einer Strafklage die Möglichkeit prätorischer Restitution nicht schlüssig plausibel gemacht: Warum sollte dem Arglistigen die Wohltat einer von pönalen Elementen freien Restitution gewährt werden? Und was in diesem Zusammenhang das weitere Argument betrifft, „der Anwendungsbereich der *i. i. r.* (sei) nicht von vornherein auf eine bestimmte Klage zugeschnitten oder auch nur auf bestimmte Arten von Klagen begrenzt“, so ist damit nur der modale Unterschied zwischen judizialer und prätorischer Restitution ausgesprochen, der lediglich in überkommener Sicht die Subsumtion der Dolusklage unter den Ausdruck *i. i. r.* hindert.

2. Auch WACKES Berufung auf die Lage bei *manumissio* ist nur scheinbar überzeugender. Wir stellen zunächst die beiden wichtigsten Digestenstellen[42] zusammen:

> Ulp. D. 4,3,7 pr. (11 ad ed) Et eleganter Pomponius haec verba ‚si alia actio non sit‘ sic excipit, quasi res alio modo ei ad quem ea res pertinet salva esse non poterit. nec videtur huic sententiae adversari, quod Iulianus libro quarto

---

[40] Paul. D. 4,3,20,1. WACKE 116 ff. Zur dolos herbeigeführten Klagenverjährung Paul.-Trebat. D. eod. 18,4; Ulp. eod. 1,6. WACKE 119 ff. Wenn WACKE seit der Hochklassik Anzeichen für prozessuale prätorische Restitution glaubt feststellen zu können (115; 121 ff.; 124 ff.), so doch nicht aufgrund eines entsprechenden Dolusedikts. WACKE denkt an das Edikt über die *maiores*. Das liegt außerhalb unserer Fragestellung. Wie aber im prozessualen Bereich auch für die *minores* prätorische Restitution nicht auszuschließen ist, so mit Sicherheit nicht für die *maiores*. Der Frage wäre im ganzen näher nachzugehen.

[41] WACKE 114.

[42] Zu weiteren, vornehmlich Codexstellen alsbald mit Anm. 44; ferner Anm. 51.

scribit, si minor annis viginti quinque consilio servi circumscriptus eum vendidit cum peculio emptorque eum manumisit, dandam in manumissum de dolo actionem ... et quod minor proponitur, non inducit in integrum restitutionem: nam adversus manumissum nulla in integrum restitutio potest locum habere.

Ulp. D. 4,4,9,6 (11 ad ed) Adversus libertatem quoque minori a praetore subveniri impossibile est.

Insbesondere auf fr. 7 pr. und fr. 9,6 wird der Satz gestützt, daß es (wegen des *favor libertatis*) *i. i. r.* gegen Freilassungen (genauer: gegen den Freigelassenen) nicht gibt. Unter *i. i. r.* versteht man hier also den Rechtsbehelf als solchen, ohne Unterschied des Restitutionsgrundes[43]. Die Tatsache, daß der *manumissus* hingegen der Dolusklage unterliegt (fr. 7 pr.), führt sodann zu dem Schluß, daß die Dolusklage keine *i. i. r.* ist.

Eine Entgegensetzung von *i. i. r.* und Dolusklage, die diesem Gedankengang die Schlüssigkeit nimmt, haben wir schon kennen gelernt. Sehen wir vorerst davon ab (und lassen wir auch die Frage der Restitutionsprinzipien weitgehend beiseite), so fällt auf, daß dem allgemeinen Satz von der Unzulässigkeit der *i. i. r.* gegenüber Freilassungen wesentlich Quellen zum Minderjährigenrecht zugrunde gelegt werden[44]. Schon deswegen könnte man sich fragen, ob die Texte richtig interpretiert werden, wenn man ihnen über die *i. i. r. minorum* hinaus Aussagekraft zulegt. Einer einschränkenden Auslegung widerstreben sie nicht. *Nam adversus manumissum nulla in integrum restitutio potest locum habere.* Die kategorische Feststellung läßt sich durchaus im Rahmen des Minderjährigenrechts halten: Gegen den Freigelassenen gibt es in keinem Fall (auch nicht bei *dolus*, vgl. alsbald) die *i. i. r.* wegen M i n d e r j ä h r i g k e i t. Wenn sich damit unvermittelt der Akzent auf den Restitutionsgrund verlagert, dann scheint uns das in der Tat ein fruchtbarer Ansatz für eine Aufhellung der anstehenden Frage. Auch fr. 9,6 verträgt entgegen dem Anschein eine Beschränkung der Aussage. Der Schluß des voraufgehenden Paragraphen: *ceterum cessabit restitutio* erleichtert zusätzlich die bei der Elastizität des lateinischen Satzbaus auch vorher schon mögliche Interpretation: auch der Freilassung gegenüber kann der Prätor dem Minderjährigen (qua Minderjährigkeit) nicht helfen. Nicht, wie man auf den ersten Blick vielleicht anzunehmen geneigt ist: der Freilassung gegenüber kann der Prätor auch (sogar) dem Minderjährigen nicht helfen[45]. Woraus sich dann wieder ein Satz allgemeinen Inhalts ableiten

---

[43] Raggi, Restitutio 187 ff.; Kaser, RZ 331 N. 19; Wacke 112. Besonders nachdrücklich Hartkamp 137; 141.

[44] Das gilt ferner für Paul. D. 4,4,48,1 und Sev. Ant. bis Diocl. C. 2,30,1—4. Zu Ulp. D. 4,3,24 und Diocl. et Max. C. 2,20,4 siehe unten A. 51.

[45] Vgl. Hartkamp 141.

ließe, mit dem allerdings Ulpian nur — und das bestärkt uns in der Argumentation nicht unwesentlich — mit sich selbst in Widerspruch geriete:

D. 4,2,9,2 (11 ad ed) Idem Pomponius scribit quosdam bene putare etiam servi manumissionem vel aedificii depositionem, quam quis coactus fecit, ad restitutionem huius edicti porrigendam esse.

Das Metusedikt findet auch gegen den *per metum manumissus* Anwendung. Die bisher beigebrachten Erklärungen, wie fr. 9,2 mit den Quellen aus dem Minderjährigenrecht zu vereinbaren sei, überzeugen nicht. Die Annahme, daß Ulpian anderer Meinung gewesen sei als Pomponius[46], verliert in dem Maße an Boden, wie die *aedificii depositio* einen Anhaltspunkt für kompilatorische Veränderungen und Kürzungen nicht mehr abgibt. Es erübrigt sich aber auch der Gedanke an eine Ausnahme, wiewohl diese Meinung mit Recht Ulpian auf der Linie des Pomponius sieht[47].

Nimmt man nun hinzu, daß *i. i. r.* zur Bezeichnung speziell der Minderjährigenrestitution verwendet werden konnte, dann steht auch D. 4,3,7 pr. nicht entgegen, die Dolusklage mit der *i. i. r.* zu identifizieren: im Sinne des Gattungsbegriffs[48]. Insoweit aber bildet die Art des Restitutionsgrundes den Schlüssel zum richtigen Verständnis der Freilassungsproblematik.

Bei *dolus* und *metus* richtet sich die *i. i. r.* auch gegen den *manumissus*, wobei wir nach der Struktur des Metusedikts zusätzlich den Fall ins Auge fassen müssen, daß der Freigelassene nicht selbst, sondern ein Dritter *metus* erregt hat (Fall B). *Dolus* und *metus* sind Restitutionsgründe, denen der *favor libertatis* weichen muß. Anders im Fall der *i. i. r. minorum*. Hier dominiert der *favor libertatis* wegen der geringen Voraussetzungen der Restitution: ein objektiver Nachteil reicht aus. Daran ändert sich auch nichts, wenn *dolus* im Spiel (und die *circumscriptio* massiv) ist; denn dessen Voraussetzungen brauchen im Rahmen dieser Restitution nicht dargetan zu werden[49]. Deshalb scheidet sie aus[50]. Es verhält sich hier wegen des *favor libertatis* umgekehrt wie sonst im Fall doloser *circumscriptio minorum*, in welchem der *dolus* die Zuständigkeit der *i. i. r.* nicht berührt[51].

---

[46] Hartkamp 137; 140 f. Für Verneinung der *i. i. r.* durch beide Juristen Schulz, Metus 189.

[47] Raggi a. a. O.; zustimmend Kaser, RZ 331 N. 19. Siehe zu fr. 9,2 noch oben S. 152 ff.

[48] Dasselbe gilt im Verhältnis von Ulp. D. 4,4,9,6 und eod. 11 pr. (init.).

[49] Diocl. et Max. C. 2,21,5 pr.

[50] Ausnahmsweise gewährt sie der Prinzeps, Paul. D. 4,4,10.

[51] D. 4,3,38, oben S. 247 A. 29. — Es paßt in den Rahmen der vorstehenden Überlegungen, daß anscheinend auch Abwesenheit kein Restitutionsgrund ist, welcher der *libertas* gegenüber Vorrang hat: Ulp. D. 4,3,24. Der *dolus* des Dritten *(adsertor)* kann dem im Freiheitsprozeß Befangenen nicht angelastet werden; daher nur Dolusklage gegen jenen. Vgl. ferner Diocl. et Max. C. 2,20,4, wonach gleichfalls nur

So gewinnen in fr. 7 pr. Julians Entscheidung und Ulpians Räsonnement eine ganz andere Tiefe, als es vor dem Hintergrund eines inhaltlich abstrakten Satzes — keine *i. i. r. adversus libertatem* — der Fall wäre[52]. Im übrigen bleibt festzuhalten, daß *i. i. r.* (unspezifisch verstanden) *adversus libertatem* meint: *i. i. r.* gegen den *manumissus*. Im Prozeßrisiko einer Arbiträrklage also scheint, jedenfalls zum Teil, der Angriff auf die *libertas* zu liegen, der gegebenenfalls durch den *favor libertatis* abgeschlagen wird. Das ist weniger überraschend, als es den Anschein hat. Auch prätorische Restitution nach dem Muster einer *vindicatio in servitutem rescissa manumissione*[53] würde effektiv davon abhängen, ob das *iussum de restituendo* befolgt wird; geschieht das nicht, kommt es lediglich zur Geldkondemnation[54]. Aus der Literatur gewinnt man gelegentlich den Eindruck, als wäre die *i. i. r. adversus libertatem* nicht mit dem Prinzip der Geldkondemnation belastet.

Nur am Rande sei noch einmal die Form der Minderjährigenrestitution zur Sprache gebracht. Die *i. i. r. minorum* erhält der lediglich objektiv benachteiligte minderjährige Freilasser zwar nicht; wohl aber eine *actio utilis in id quod minoris interfuit non manumitti* (Ulp. D. 4,4,11 pr.). Diese *actio* könnte „brauchbar infolge Abänderung der Grundformel" deswegen

---

der dolose Dritte belangt werden kann, nicht die Freigelassene; keine *potestas revocandae libertatis*. Die *a. de dolo* gegen den Dritten ist natürlich auch eine Form der *i. i. r.*, aber keine *adversus libertatem* scil. *adversus manumissum*. Vgl. noch alsbald im Text.

[52] Die umfangreichen Ausführungen Hartkamps zu fr. 7 pr. (137; 140 f.) sind aus unserer Sicht von vornherein anfechtbar, weil Hartkamp D. 4,2,9,2 entnimmt, Pomponius habe die *i. i. r. minorum* gegen den *manumissus* zugelassen. Auch ist die Annahme zu fr. 9,2, Ulpian sei anderer Meinung als Pomponius gewesen, nicht begründet. Der Hinweis auf Schulz (Metus 189) greift nicht durch; denn nach Schulz ist sowohl von Ulpian wie von Pomponius die *i. i. r. propter metum* abgelehnt worden. Überhaupt scheint mir die Art, wie Hartkamp fr. 7 pr. angeht, nicht ganz glücklich, wenn er das Fragment für einen, wenn auch scheinbaren Gegensatz zwischen Pomponius (der *i. i. r.* zulasse, *a. de dolo* folglich ablehne) und Julian (der umgekehrt verfahre) in Anspruch nimmt. Ulpian demonstriert, daß Julians Entscheidung dem allgemeinen Satz des Pomponius nicht widerspricht. Da liegt sachliche Übereinstimmung der Gewährsmänner näher, von den weiteren Implikationen in Hartkamps These abgesehen (siehe o.), die freilich seine Einstellung zu fr. 7 pr. bedingen. — Wenn Albanese, Ann. Pal. 28 (1961) 187 ff. das Fragment verdächtigt, (das vor der Freilassung begangene Delikt begründe keine Klage, vgl. Gai. 4,78), so berücksichtigt er wohl nicht genügend die Besonderheit eines *dolus* bei der *manumissio* selbst resp. eines solchen, der in der Folge zur Veräußerung und *manumissio* führt. Siehe Ulp. D. 4,4,11 pr. in fin., von Albanese freilich als „como di confusione" apostrophiert. Vgl. ferner noch Hartkamp 141 f.

[53] Maier 50 N. 5.

[54] Siehe zum Freiheitsprozeß Kaser, RP 1,249.

gewesen sein, weil in der Arbiträrklage *i. i. r.* die Restitutionsklausel weggelassen war[55].

III. Kürzer können wir uns bei der Restitution wegen *alienatio iudicii mutandi causa* fassen.

Die weithin geteilte Vermutung einer prätorischen Restitution neben der quellenmäßigen *actio in factum*[56] ist systematisierender Betrachtungsweise stark verdächtig. Die Quellen sind unergiebig, bis auf einen anscheinend schlagenden Satz des Gaius: *Proconsul in integrum restituturum se pollicetur*[57]. Damit scheint die Frage entschieden. Auch Lenel, der die herrschende Meinung nicht teilt, entzieht sich dem Einfluß dieser Stelle nicht. Prätorische Restitution und damit eine *actio in rem* lehnt Lenel zwar ab, aus dogmatisch-konstruktiven Gründen. Die persönliche *actio in factum* als „Mittel der *i. i. r.*" ist aber ganz von der retrospektiven Natur der prätorischen Restitution her konzipiert. Sie soll den Kläger in diejenige Lage zurückversetzen, in der er ohne die Besitzveränderung gewesen wäre. Es habe dem Prätor nur darauf ankommen können, „dem geschädigten Kläger alles zu gewähren, was er mittels der verlorenen *actio in rem* gegen seinen ursprünglichen Gegner hätte erreichen können"[58]. Bei einer *actio in personam* läßt sich in der Tat das Eigentum des Klägers ohne Rücksicht darauf zur Klagegrundlage machen, ob der Beklagte die Sache besitzt.

Der Anstoß zur Kritik kommt von Lenel selbst. Mit einem Anflug von Überraschung macht er auf die Eigentümlichkeit der Formel aufmerksam, die „das klägerische Recht durch ihren Wortlaut nicht unmittelbar, sondern nur mittelbar zur Kognition der Geschworenen" stellt[59]. Das folgt aus

---

[55] Soweit im Fall dolos beeinflußter *manumissio* der Minderjährige die Wahl zu haben scheint (Ulp. loc. cit.: *vel de dolo vel utilis actio erit*), so muß das dem für die *a. de dolo* geltenden Subsidiaritätsprinzip nicht zuwiderlaufen, wie Albanese (oben Anm. 52) 196 meint. Von den Rechtsfolgen her gewährt die arbiträre Dolusklage dem *minor* mehr als die *actio utilis*. Durch diese kann deshalb jene nicht ausgeschlossen sein. Auf die Dolusklage wird der *minor* aber verzichten können.

[56] Gai. D. 4,7,1 pr. Siehe dazu schon oben Einleitung S. 12 f.

[57] Gai. eod. 3,4 (4 ad ed prov): *Ex quibus apparet, quod proconsul in integrum restituturum se pollicetur, ut hac actione officio tantum iudicis consequatur actor, quantum eius intersit alium adversarium* (scil. einen Vindikationsbeklagten) *non habuisse*. Das Anakoluth (*apparet* mit *quod* statt A. c. I.) ist — vor allem im Spätlatein — möglich, Hofmann-Szantyr, Lat. Syntax und Stilistik (1965) 731. Lenels Kritik (Edikt 126) scheint daher nicht zwingend.

[58] Edikt 128; SZ 37 (1916) 111. Siehe schon oben S. 12 und Anm. 58.

[59] SZ a. a. O. 113 f.

Ulp. D. 4,7,4,5 (13 ad ed) Haec actio in id quod interest competit. proinde si res non fuit petitoris aut si is qui alienatus est sine culpa decessit, cessat iudicium, nisi si quid actoris praeterea interfuit.

Was Lenel weiterhin bemerkt[60], erklärt allerdings nicht, warum die Eigentumsfrage erst bei der Ästimation zur Sprache kommt. Von seinem Standpunkt aus wäre es logisch, fände sie in der *intentio* ihren Platz.

Unserer Meinung nach folgt die *actio in factum* gerade keiner „retrograden Tendenz", immitiert sie die *actio in rem* nicht. Angenommen, die mit einer Restitutionsklausel[61] versehene Klage will den Beklagten zur Wiederherstellung der vor der *alienatio* gegebenen prozessualen Ausgangslage (*pristina iudicii causa*, Paul. loc. cit.) zwingen. Folgerichtig steht dann die Prüfung des Eigentums erst an, wenn der Beklagte dem Restitutionsbefehl des *iudex* nicht nachgekommen ist. Die mittels *actio in factum* verheißene Restitution entspricht exakt dem Prinzip der judizialen. Um so höher bewerten wir: *Proconsul in integrum restituturum se pollicetur.*

§ 16

Ausblick auf das Thema

Die *alienatio iudicii mutandi causa facta* faßt den Gegenstand der vorliegenden Arbeit wie in einem Brennspiegel zusammen. *I. i. r.* und arbiträre *actio in factum*, die Verbindung dieser Begriffe bis hin zu ihrer Identifizierung als Möglichkeit des klassischen Rechts diskutabel zu machen — das findet hier knapp aber prägnant eine Stütze. Der Gegensatz zur traditionellen Lehre ist groß. Aber der Abschied von einem festen, auf prätorische Restitution fixierten Terminus *i. i. r.* verspricht auch Vorteile, indem ein bislang unreflektiertes Vorverständnis bewußt gemacht und der Weg zu weiterführenden Auslegungsmöglichkeiten beschritten wird. Letztlich gilt es, darüber Einverständnis zu erzielen, daß wir für die römische *i. i. r.* mit einem größeren Spielraum der Verfahrensgestaltung zu rechnen haben, als heute allgemein angenommen wird, und daß die begriffliche und terminologische Trennung zwischen *i. i. r.* und *actio* höchst fragwürdig im eigentlichen Wortsinn ist; so selbstverständlich wie bisher darf die *i. i. r.* vom *ordo iudiciorum* nicht mehr getrennt werden. Wie es scheint, trifft auch hier das Wort Kasers zu, „daß wir den Klassikern besser gerecht werden, wenn

---

[60] „Daß der Kläger nicht Eigentümer der von ihm beanspruchten Sache oder daß diese Sache durch Zufall untergegangen ist, kommt hiernach nur deshalb zur Berücksichtigung, weil es solchenfalls am Interesse fehlt, *rem alienatam non esse.*" SZ a. a. O. 114. Vgl. auch Edikt 129.

[61] Ulp. D. 4,7,4,6; Paul. eod. 8 pr.; Lenel, Ed. 129.

wir ihnen eine größere Freiheit des Ausdrucks vergönnen"[62]. Wenn dabei in dieser Arbeit die Akzente stärker zugunsten judizialer Restitution verschoben worden sind, so mag das gelegentlich, weil seinerseits einseitig, anfechtbar erscheinen; die prinzipielle Frage sollte dadurch nicht diskreditiert sein. Nicht zuletzt bietet auch die Einstellung späterer Zeitalter zur römischen *i. i. r.* beziehungsvolle Anhaltspunkte für eine Neubesinnung.

Daß zum Beispiel dem minderjährigen Veräußerer wahlweise ein persönliches oder dingliches Restitutionsverfahren zu Gebote steht (Ulp. D. 4,4, 13,1, oben S. 61 ff.), ist der antiken Rechtstradition noch gegenwärtig, wie die Basiliken (10,4,13) erkennen lassen. Mit dem Zerfall der Rechtskultur im frühen mittelalterlichen Abendland scheint der Faden abzureißen. Die Beschäftigung mit dem römischen Recht, insbesondere den wiederentdeckten Digesten, die am Ausgang des 11. Jahrhunderts den Grundstein für die europäische Rechtswissenschaft legt, zeigt von Anfang an der modernen Romanistik vertraute Züge: *i. i. r.* und *actio in rem* werden, dem logisch verlockenden Schema folgend[63], am liebsten funktional aufeinander bezogen:

> D. 4,4,13,1 gl. Praetoria: Quatuor modis expone. 1 Primo ut cognitio praetoria sine officio iudicis habeat locum, quando minor non fuit dominus. alias restituitur ad vindicationem... 2 Secundo dic quod si habeat causam possidendi a minore prior emptor tunc ad rei vindicationem restituatur: si autem non, licet ab eo emerit, quia prius habebat eam, tunc cognitione praetoria. 3 Tertio dicas quod tam officium quam utilis rei vindicatio dentur... 4 Quarto dic (quod puto verius) quod primo petatur restitutio in integrum per officium iudicis: ut D. 4,4,24,5 per quam rescinditur alienatio: ut pro non facta habeatur. et sic rei vindicatione utili agit... et pones vel pro et[64].

Im Metusrecht hingegen konserviert die Betrachtungsweise der Glossatoren und die ihrer Nachfolger zunächst noch eine dem klassischen Recht nahekommende Auffassung. Neben der *restitutio iure actionis quod metus causa*[65] erscheint eine *utilis in rem actio*, die man sich nicht *per iudicis officium*, also durch *i. i. r.* vermittelt denkt, sondern *ab edicto praetoris ipso iure*[66]. Die Entwicklung in den folgenden Jahrhunderten geht jedoch dahin,

---

[62] Studi Biondi I (1965) 99.

[63] Vgl. oben S. 95 f.

[64] Gesperrt von Verf. Bezeichnend ist der Schluß. — Vgl. ferner DURANDUS, Speculum iuris lib. 2 part. 3, de rest. in integr. § 3 N. 10; lib. 4 part. 1, De in integr. rest. § 1 NN. 4 und 6; BAPT. DE SANCTO BLASIO, De actione et eius natura, Secunda actio N. 7, Tractatuum vol. 5 (Lugduni 1549) fol. 59 v.; PETRUS DE UNZOLA, Practica artis notar., Tractatuum vol. 11 fol. 137 r. N. 32.

[65] Azo zu C. 2,19, Summa Codicis (Lugduni 1540) fol. 26 v.

[66] Vgl. BARTOLUS zu D. 4,2,9,4, Op. omn. 1 (Venetiis 1615) fol. 124 v.; BAPT. DE

auch diese *actio in rem* einer Theorie der *i. i. r.* nach dem Muster der *i. i. r. minorum* zu unterwerfen. DONELLUS nimmt hier in jeder Hinsicht die Lehren der modernen Romanistik vorweg. Nicht nur bleibt der Terminus *i. i. r.* jetzt allein der prätorischen *i. i. r.* vorbehalten[67]. Auch ein Satz wie *ratum non habebo* dünkt den großen Systematiker charakteristisch für prätorische Restitution:

> Restitutionem veteris iuris atque actionis pollicetur praetor initio his verbis. Quod metus causa gestum erit, ratum non habebo. Si ratum non habet praetor quod gestum est, sequitur videlicet ut actio vetus et ius idem metum passo integrum maneat[68].

Folgerichtig verbindet sich damit die Vermutung einer besonderen, der Metusklage gewidmeten Ediktsankündigung[69]. Eine prätorische *i. i. r. propter dolum* kennt DONELL noch nicht[70]. Doch ist es nur eine Frage der Zeit, bis die Systematik sie auch hier „entdeckt". Für BURCHARDI und SAVIGNY steht sie außer Frage[71]. Gleiches geschieht schließlich auch bei der *alienatio iudicii mutandi causa facta*[72].

SANCTO BLASIO a. a. O., Nona actio N. 32, Tractat. a. a. O. fol. 61 v.

[67] Vgl. die Darstellung De iure civili lib. 21 cap. 5 Ziff. 8 und 9, Op. omn. 5 (Lucae 1764) col. 1057 f.

[68] De iure civ. lib. 15 cap. 39 Ziff. 20, Op. omn. 4 col. 370.

[69] A. a. O. Ziff. 3 col. 358. Vgl. auch DUARENUS, In tit. D. 4,2, Op. omn. (Francofurti 1592) 76 ff.

[70] Siehe das Zitat in Anm. 67 (Ziff. 9).

[71] BURCHARDI 376 ff.; SAVIGNY 7, 198 ff.

[72] Vgl. DONELLUS, De iur. civ. lib. 15 cap. 28 Ziff. 4 (Op. omn. 4 col. 232 f.) einerseits, SAVIGNY 7,212 andererseits. — Dieser Entwicklung entsprechend wird die mit rückwirkender Kraft ausgestattete Anfechtung des deutschen BGB aufgrund von Zwang und argilistiger Täuschung als das Gegenstück zur römischen *i. i. r.* angesehen. SOHM-MITTEIS-WENGER, Inst.[17] (1923) 219.

QUELLENREGISTER

I. JURISTISCHE QUELLEN

1. Alte und mittelalterliche Quellen

Basiliken

Codex Justinianus

Codex Theodosianus

Consultatio

Digesten

2. Neuzeitliche Quellen

II. NICHTJURISTISCHE QUELLEN

SACHREGISTER

FSC
www.fsc.org
MIX
Papier | Fördert gute Waldnutzung
FSC® C083411

Kolibri 360 GmbH
Ferdinand-Jühlke-Straße 7
99095 Erfurt, Deutschland
produktsicherheit@kolibri360.de